Hans Peter Richter

USA Nordwesten

Idaho • Montana • Oregon South Dakota • Washington • Wyoming

REISE Stein HANDBUCH

USA Nordwesten

3. überarbeitete und erweiterte Auflage 1997

Dieses ReiseHandbuch wurde konzipiert und redaktionell erstellt vom Conrad Stein Verlag, Eichkoppelweg 51, 24119 Kronshagen, ☏ 0431/545-8888, FAX 0431/545-8800, e-mail: SteinVerlag@t-online.de, internet: http://home.t-online.de/home/SteinVerlag, für die ReiseHandbuch Stein KG, Kronshagen.

Auslieferung für den Buchhandel: (D) Rotation, Berlin, und alle Barsortimente, (CH) AVA-buch 2000, Affoltern, (A) Freytag & Berndt, Wien

Der Autor ist für Lesertips und Verbesserungen unter Angabe der Auflagen- und Seitennummer dankbar. Leser, deren Einsendung verwertet wird, werden in der nächsten Ausgabe genannt und erhalten als Dank ein Exemplar der neuen Auflage oder ein anderes Buch ihrer Wahl aus dem Programm des Verlags.

Text	Hans Peter Richter
Fotos	Hans Peter Richter, Steffen Achenbach, Ralf Lutz
Lektorat	Gunna Westphal
Karten und Pläne	Franny Petersen-Storck
Farbige Übersichtskarte	Carsten Tolkmit
Gesamtherstellung	Norddruck Neumann KG, Kiel

Das Titelfoto zeigt das Mt. Rushmore NM in South Dakota.

Von Hans Peter Richter sind im Conrad Stein Verlag ebenfalls erschienen: *USA Südwesten*, *Alaska*, *Kanada-Alaska Highways*, *Island*.

Dieses ReiseHandbuch hat 407 Seiten mit 16 farbigen und 5 schwarzweißen Abbildungen sowie 11 Karten und Plänen und eine farbige Übersichtskarte in der Umschlagklappe. Es wurde auf chlorfrei gebleichtem Papier gedruckt.

ISBN 3-89392-252-0 003480

Inhalt

Symbole und Abkürzungen

Achtung, Vorsicht
Amerikanischer Automobilclub
Aquarium
Aussichtspunkt
Auto, Taxi, Mietwagen
Bademöglichkeit
Bank
Botanischer Garten, Park
Buchtip
Cafeteria
Campingmöglichkeit
Dusche
Einkaufsmöglichkeit
Entfernung
Fototip
geöffnet
hin und zurück
Höhe ü. NN
Indianer
Information
Jugendherberge
Kanu
Kirche
Klima
Markt, Laden
Museum
Museumsbahn
Parkplatz
Pioniermuseum
Post
Postleitzahl, Adresse
Restaurant
Rodeo
Routenfortführung
Rundflüge
Sanistation für
Seilbahn
Sportmöglichkeiten
Stellplatz
Tankstelle
Theater
Tierbeobachtung
Tip
Universität
Unterhaltung
Unterkunft
Verkehrsmittel
Vogelreservat
Vorwahlnummer
Wandern
Waschmöglichkeit
Werkstatt
Wildcamping möglich
Zoo

Ave	Avenue
AYH	American Youth Hostel
Blvd	Boulevard
CA	California
CG	Campground
CO	Colorado
CR	County Road
Dr	Drive
FR	Forest Road
Ft.	Fort
Hwy	Highway
I-	Interstate Highway
ID	Idaho
Jct	Junction
Ln	Lane
Mi	Mile (Meile)
mph	Miles per hour
MT	Montana
NE	Nebraska
NF	National Forest
NFS	National Forest Service
NHP	National Historic Park
NHS	National Historic Site
NM	New Mexico
NM	National Monument
NP	National Park
NRA	National Recreation Area
NWR	National Wildlife Refuge
OR	Oregon
Rd	Road
SD	South Dakota
SHP	State Historic Park
SHS	State Historic Site
SM	State Monument
SP	State Park
SR-	State Highway
SRA	State Recreation Area
St	Street
US-	US Highway
UT	Utah
VC	Visitor Center
WA	Washington
WY	Wyoming

Vorwort

Jahr für Jahr fahren unzählige Touristen in den Westen der USA. Klassisches Ziel ist dabei der Südwesten. Doch immer größer wird die Zahl derer, die sich auch dem unbekannten Nordwesten zuwenden, der von vielen als "Geheimtip" bezeichnet wird. Nicht zu Unrecht, denn die sechs Staaten Idaho, Montana, Oregon, South Dakota, Washington und Wyoming können wirklich Interessantes bieten. Es sind nicht nur die großen Nationalparks, allen voran der fantastische Yellowstone NP, die den Reiz ausmachen. Auch viele kleine und unbekannte Parks lohnen eine weite Anreise.

Der prächtig blaue Crater Lake, der üppig grüne Olympic NP, der herrliche Mt. Rainier sowie das eindrucksvolle Mt. St. Helens NM mögen noch da und dort bekannt sein. Wer aber weiß schon etwas über den Hells Canyon, der tiefer als der Grand Canyon ist, die Sawtooth NRA mit herrlicher Bergwelt oder das Craters of the Moon NM - die Reihe ließe sich endlos fortsetzen.

Doch auch die Geschichte ist hier allgegenwärtig. Beginnend mit der denkwürdigen Expedition von Lewis und Clark, dem Oregon Trail über Goldrauschnester wie Idaho City, Bannack oder Virginia City zu den Orten großer Indianerschlachten am Big Hole und Little Bighorn und der traurigen Geschichte der Nez-Perce-Indianer kann man einen historischen Streifzug unternehmen.

Faszinierend ist aber auch die Vielgestaltigkeit der Landschaft, sei es die rauhe malerische Küste in Oregon, alpine Gebiete in den Cascades und Rockies, Vulkanismus, ausgedehnte Wälder oder wüstenartige Gegenden in Südost-Oregon und Süd-Idaho, alles strahlt einen herrlichen Reiz aus und ist oft noch unbeleckt vom Massentourismus.

Das Buch zeigt dem Leser den Weg in diese unbekannte Welt, zu dem, was man in diesem schönen Winkel der USA sehen kann. Dazu gibt es sowohl für die Planung als auch für den Aufenthalt in den USA eine Menge nützlicher Informationen.

Das beschriebene Gebiet wird dem Leser auf neun Routen erschlossen. Diese enthalten neben Beschreibungen der Parks (National Parks, National Monuments, State Parks usw.) auch alle wichtigen und interessanten Orte und Sehenswertes am Wege und in der Nähe. Ein allgemeiner Teil vermittelt alle wissenswerten Informationen, die man für eine Reise in die USA benötigt.

Hans Peter Richter — Kiel, im April 1997

Über den Autor

Hans Peter Richter, Dozent in Kiel, ist Verfasser mehrerer ReiseHandbücher, die im Conrad Stein Verlag erschienen sind. Er ist seit vielen Jahren immer wieder in Nordamerika unterwegs und entdeckte dabei auch für diesen Teil des Westens der USA seine Liebe. Unberührte Landschaft, die mit ständig wechselnder Gestalt aufwartet, zog ihn ebenso in den Bann wie die Urgewalten der Erde in Form der Geysire, Vulkane und Gletscher.

Nach einer ausgedehnten Tour durch den Nordwesten im Jahre 1988 entstand die erste Auflage dieses Buches. Auch in den folgenden Jahren bereiste er mehrfach das Gebiet, zuletzt 1996.

Dankeschön

Zuerst gilt mein Dank Rudi und Marlies in Kanada, von denen aus ich die Reisen antrat und die sich wie immer so lieb um meinen Wagen gekümmert haben. Besonders danke ich Christiane, die mir unterwegs hilfreich zur Seite stand. Dank auch den vielen Amerikanern, insbesondere den Rangern, die mir stets alle nur erdenklichen Informationen beschafften und mich immer freundlich willkommen hießen.

☺ Aktualisierungen zu diesem ReiseHandbuch und anderen Büchern finden Sie in der Homepage des Conrad Stein Verlags im Internet:

http://home.t-online.de/home/SteinVerlag

Reise-Infos von A bis Z

Anreise

Linienflüge sind schon lange nicht mehr die teuerste Art der Atlantiküberquerung, wenn man nicht die hohen Normaltarife zahlen muß. Diese Normalpreisflüge bieten aber einige **Vorteile**. So kann bis kurz vor Abflug gebucht werden, und man braucht auch erst dann zu bezahlen. Außerdem ist das Ticket ein Jahr gültig. **Nachteil**: ein hoher Preis.

Das Angebot an **Direktflügen** in den Westen der USA (insbesondere nach San Francisco und Los Angeles, aber auch nach Seattle) ist im Linienflugbereich kaum überschaubar, da nahezu jede größere Fluggesellschaft einen derartigen Linienverkehr unterhält. Zu erwägen ist auch, statt nach Seattle in das nahe Vancouver zu fliegen, wenn man einen preisgünstigen Flug dorthin ergattern kann.

Billige Linienflüge: Unter verschiedenen Bezeichnungen bieten Linienflieger ein begrenztes Platzkontingent zu einem stark reduzierten Preis an (z.B. Holiday-, Super-Apex-Tarif usw.). Bei diesen Flügen müssen jedoch Buchung und Bezahlung meist 30 Tage im voraus erfolgen und der Aufenthalt muß mindestens 14, höchstens 90 Tage (selten sieben bis 180 Tage) dauern. Diese Flüge sind angesichts des günstigen Preises meist früh ausgebucht. Daher möglichst fünf bis sechs Monate im voraus buchen.

Die **Gepäckbestimmungen** kommen dem Reisenden, insbesondere wenn er einen Campingurlaub plant, sehr entgegen. Erlaubt ist das Mitnehmen von zwei Gepäckstücken von je 32 kg, deren Kantenlänge (Höhe + Breite + Länge) zusammen nicht mehr als 273 cm und für jedes Gepäckstück allein 152 cm betragen darf.

Zusätzlich erlaubt ist die Mitnahme **eines** Handgepäckstücks in die Kabine. Damit hat man sogar ausreichende Gepäckkapazität, um eine komplette Campingausrüstung mitzunehmen.

Viele Reiseveranstalter bieten ebenfalls günstige Linienflüge an, die oft sogar billiger sind, als wenn man direkt bei der Fluggesellschaft bucht.

☺ Lassen Sie sich in einem guten Reisebüro beraten. Es gibt ständig wechselnde Angebote, auch billige Linienflüge nach Seattle bzw. Vancouver, eventuell mit Anschluß von kleineren Flughäfen oder mit Rail & Fly. Oft ist der Preis dann sogar noch günstiger als für einen Charterflug!

Charterflüge sind eigens angesetzte Flüge zu festen Hin- und Rückflugterminen, bei denen eine Änderung des Flugtermins nicht möglich ist. Buchung und Bezahlung müssen in der Regel 30 Tage im voraus erfolgen. **Nachteil** ist das oft geringe Freigepäck (20 bis 30 kg) - gegen einen saftigen Aufpreis darf zusätzliches Gepäck aber meistens mitgenommen werden. **Vorteil**: ziemlich preiswert, viele Angebote.

Ausrüstung

Es gibt ein paar Dinge, die überall nützlich sein können: Alleskleber, Taschenlampe, Streichhölzer, Brotbeutel, Flaschenverschlüsse, Taschenmesser (nicht im Handgepäck mit ins Flugzeug nehmen!), Dosen-/Flaschenöffner, Nähzeug, Reisewecker.

☺ Verstauen Sie nicht alle Gegenstände in einem Rucksack oder Koffer. Kommt dieser nämlich abhanden, stehen Sie "ohne" da.

Papiere und Geld am Körper tragen, (diesen) Reiseführer, Karten, Medikamente, Waschzeug u.ä. ins Handgepäck!

Campingausrüstung

Wer drüben Zelt, Rucksack oder Schlafsack benötigt, steht vor der Frage, ob er dies hier oder dort kaufen soll. Für einen Kauf in den USA spricht derzeit der günstige Preis wegen des niedrigen Dollarkurses. Insbesondere gute Schlafsäcke sind dort erheblich billiger. Außerdem braucht man die Sachen dann nicht ins Gepäck zu quetschen.

Zelt, Rucksack und Schlafsack usw. kann man natürlich aber auch schon zu Hause in einem guten Ausrüstungs-, Tramper- oder Globetrotterladen kaufen. Wenn kein Laden in der Nähe ist: einige Ausrüster versenden Kataloge kostenlos. Die **Vorteile** beim Kauf zu Hause:

- Man hat mehr Zeit und Muße fürs Aussuchen und für eine gute Beratung (auf deutsch).
- Eventuelle Reklamationen werden nach deutschem Recht behandelt - bei einem Kauf in den USA und anschließendem Mangel sind Sie wahrscheinlich nicht mehr in der Stadt, in der Sie eingekauft haben.
- Sie können den Aufbau eines Zeltes in Ruhe vor der Reise üben.

Große, schwere oder sperrige Campingartikel, z.B. Kanu, Paddel, Fahrrad, Angel, Coleman-Kocher usw., sollte man in den USA kaufen.

Diplomatische Vertretungen

In Deutschland

- Botschaft der USA, Deichmanns Aue 29, 53179 Bonn/Bad Godesberg, ☏ 0228/3391.
- Generalkonsulat der USA, Clay-Allee 170, 14195 Berlin, ☏ 030/8324087.
- Generalkonsulat d. USA, Siesmayerstr. 21, 60323 Frankfurt/M., ☏ 069/7535-0.
- Generalkonsulat der USA, Alsterufer 27-28, 20354 Hamburg, ☏ 040/411710 oder ☏ 41171/213.
- Generalkonsulat der USA, Königinstr. 5, 80539 München, ☏ 089/2888-0.
- Generalkonsulat der USA, Urbanstr. 7, 70182 Stuttgart, ☏ 0711/242565.
- Generalkonsulat der USA, Wilhelm-Seyfehrt-Str. 4, 04107 Leipzig, ☏ 0341/ 2138420.

In der Schweiz

- Botschaft der USA, Jubiläumstr. 93, CH-3005 Bern, ☏ 031/437011.
- Generalkonsulat der USA, Zollikerstr. 141, CH-8008 Zürich, ☏ 01/552566.

In Österreich

- Botschaft der USA, Boltzmanngasse 16, A-1090 Wien, ☏ 0222/315511.
- Generalkonsulat d. USA, Franz-Josef-Kai 1, A-5020 Salzburg, ☏ 0662/46461.

In den USA

- **Botschaft der Bundesrepublik Deutschland**, 4645 Reservoir Road NW, Washington DC 20007, ☏ 202/298-4000.
  Deutsche Generalkonsulate befinden sich in den größten Städten.
- Deutsches Konsulat, 1960 Jackson St, San Francisco, CA 94109, ☏ 415/ 775-1061.
- 6222 Wilshire Blvd, Suite 600, Los Angeles, CA 90048, ☏ 213/930-2703.
- **Österreichisches Konsulat**, 456 Montgomery St, Suite 1000, San Francisco, CA 94104, ☏ 415/986-4040.
- 3440 Wilshire Blvd, Suite 910, L.A., CA 90010, ☏ 213/380-7550.
- **Schweizer Konsulat**, 456 Montgomery St, Suite 1500, San Francisco, CA 94104-1233, ☏ 415/788-2272.
- 3440 Wilshire Blvd, Suite 817, L.A., CA 90010, ☏ 213/388-4127.

Einkaufen

Einkaufen ist eine Wohltat, denn egal ob man einen Supermarkt oder ein Shopping-Center aufsucht, es herrscht eine ruhige, gepflegte Atmosphäre mit ausgesprochen freundlicher Bedienung. Die Öffnungszeiten sind ungewöhnlich ausgedehnt, meist bis 20:00, einige Läden haben sogar bis Mitternacht geöffnet.

Sehr preiswert kauft man in sogenannten *Factory Outlets* ein, das sind Fabrikläden, die von den Herstellern betrieben werden, z.B. Levi's-Jeans, Helly Hansen, Ralph Lauren.

Malls

Auch am Wochenende kann man in vielen Geschäften einkaufen, besonders in großen Shopping-Centers, auch *Malls* genannt, bei denen sich manchmal mehr als 100 Geschäfte unter einem Dach befinden. Ausreichender Parkraum sowie eine nicht selten eigenwillige Architektur mit schön gestaltetem Inneren (Grünpflanzen usw.) vermitteln ein ausgesprochen angenehmes Einkaufserlebnis.

Lebensmittel

Für Lebensmittel sollte man die oft außerhalb der Malls liegenden Supermärkte aufsuchen. Das Lebensmittelsortiment ist sehr gut. Es gibt nichts, was man nicht bekommt. Derzeit ist fast alles billiger als in Deutschland, insbesondere Fleisch und Obst.

Fleisch ist anders aufgeschnitten, und was wie ein Steak aussieht, eignet sich nicht immer zum Kurzbraten. Steaks werden in den USA meist mit Fett und oft mit Knochen geschnitten!

Erstaunlich: Sehr teuer und nicht in gewohnter Vielfalt erhältlich sind Dosenfertiggerichte! Unglaublich reichhaltig ist dagegen das Angebot an Tiefkühlwaren. Preiswert: gutes Eis sowie Cornflakes o.ä., recht teuer sind Schokolade und Süßigkeiten.

Getränke

Das Getränkeangebot in den Supermärkten ist vielfältig. Es reicht von Milch bis hin zu Spirituosen. Die meisten Supermärkte bieten auch Bier (das gar nicht so schlecht ist), Wein und Spirituosen an. Nur in der Nähe von Indianerreservaten gibt es manchmal Alkoholika nur in sogenannten *Liquor Stores*. Unbedingt probieren sollten Sie die unbekannten, aber gar nicht so schlechten Weine aus Oregon! Amerikanisches Bier sollte man sehr kühl trinken, sonst schmeckt es nicht!

Ausrüstung

Die meisten Haushaltwaren, die man auf einer Campingreise benötigt, kann man, soweit nicht schon im gemieteten Fahrzeug vorhanden, zu erschwinglichen Preisen in fast jedem Supermarkt erstehen.

Zu annehmbaren Preisen werden **Camping- und Sportartikel** in großer Auswahl und guter Qualität angeboten. Der Kauf lohnt meist schon bei einem Kurs um DM 1,60 je Dollar und bei wirklich guten Sonderangeboten, die es fast immer gibt.

Beim Kauf von **Zelten** ist Vorsicht geboten, da es sowohl welche von hervorragender, aber auch welche von miserabelster Qualität gibt. Die sonstigen **Zubehörartikel** (beispielsweise Kocher von Coleman) sind wirklich ausgezeichnet. Bedenken Sie, daß Sie Gaskocher zu Hause wegen des anderen Gewindes nicht benutzen können.

Hochwertige Schlafsäcke mit Kunstfaserfüllung, alle Arten von Sportkleidung, Markenjeans, modische Damenbekleidung und Kosmetika sind derzeit in den USA sehr günstig. Auch Mountainbikes, Golfschläger, Skier, Tennisschläger sowie Sport- und Wanderschuhe (auch Computer-Software in englischer Version) sind teilweise fast um die Häfte billiger als bei uns.

Kleidungsgrößen - Herren							
Hemden	Europa	37	38	39	40	41	42
	USA	14½	15	15½	16	16½	17
Oberbekleidung	Europa	44	46	48	50	52	54
	USA	34	36	38	40	42	44
Schuhe	Europa	39	40	41	42	43	44
	USA	8	9	9½	10	11	11½
Kleidungsgrößen - Damen							
Oberbekleidung	Europa	36	38	40	42	44	46
	USA	10	12	14	16	18	20
Schuhe	Europa	36	37	38	39	40	41
	USA	6½	7½	8	9	9½	10
Kleidungsgrößen - Kinder							
Kleidung	Europa	2	4	6	8	10	12
	USA	40/45	50/55	60/65	70/75	80/85	90/95
Schuhe	Europa	19	20	21	22	23	24
	USA	3½	4½	5½	6½	7½	8-9

Der deutsche Zoll wird bei großen Gegenständen wie Golfschlägern und Bikes sofort mißtrauisch und kontrolliert. Wer beim Schmuggeln erwischt wird, ist sein Schnäppchen los und wird auch noch bestraft. Ob sich allerdings Ehrlichkeit auszahlt, nachdem Mehrwert- und Einfuhrumsatzsteuer entrichtet worden sind, ist ein Rechenexempel (bis DM 350 dürfen Waren als Geschenk zollfrei eingeführt werden).

☺ Wenn Sie alles regulär verzollen wollen, sollten Sie Quittungen, Bons, Kreditkartenslips aufbewahren, um den Kauf belegen zu können.

Wenn nicht, sollten Sie die Bekleidung während der Reise schon getragen haben, auf jeden Fall sollten die Etiketten abgetrennt sein. Bewahren Sie dann keine Quittungen oder Kreditkartenslips auf.

Beachten Sie aber besser die Zollbestimmungen (☞ Zoll) bei der Rückkehr nach Deutschland.

✋ Achten Sie bei Preisangaben darauf, daß eine *Eins* als gerader Strich ohne den Aufwärtshaken geschrieben wird. Die *Sieben* dagegen hat keinen Querstrich, so daß sie leicht als eine Eins durchgehen kann.

Einreise

Paß

Deutsche (ebenso Schweizer und Österreicher) benötigen für die Einreise in die USA einen **Reisepaß**, der mindestens sechs Monate länger gültig ist, als sie in den USA zu bleiben gedenken.

Visum

Seit 1989 benötigen Sie als Deutscher, Schweizer und Österreicher kein Visum mehr, wenn

- Ihr Aufenthalt nicht länger als 90 Tage dauert,
- Sie als Tourist, Geschäftsreisender oder im Transit einreisen,
- Sie ein Rückflugticket mit dem Vermerk haben, daß dieses in den USA nicht eingelöst werden kann.

Dies sind nur die wichtigsten Regeln. Bei weiteren Fragen wenden Sie sich am besten an Ihr Reisebüro oder an das Konsulat. Außerdem müssen Sie ein Formular ausfüllen, das Ihnen im Flugzeug ausgehändigt wird. Erledigen Sie es vor der Kontrolle, um Wartezeiten zu vermeiden.

Seit 1991 gelten diese Regeln auch, wenn Sie auf dem Landweg in die USA einreisen.

Nähere Auskünfte: ☎ 0228/339-2454 oder bei den Konsulaten.

✋ Ohne Visum haben Sie bei Verweigerung der Einreise nicht einmal das Recht auf eine Anhörung. Schon deshalb halte ich ein Visum für empfehlenswert!

Dem Antragsformular für das Visum (gibt es bei Reisebüros, Amerika-Häusern und Konsulaten) müssen ein Paßbild, das auf der Rückseite mit dem vollen Namen unterschrieben ist, und eine schriftliche Erklärung über den Zweck der Reise - besonders über die zur Verfügung stehenden Geldmittel - beigefügt sein. Sofern Sie dies nicht persönlich bei dem für Ihren Wohnort zuständigen Konsulat abgeben können (Sie können meist den Paß mit Visum gleich wieder mitnehmen), müssen Sie einen mit Ihrer Anschrift versehenen und als Einschreiben frankierten Umschlag beifügen und an das Konsulat schicken. Die Ausstellung des Visums ist kostenlos.

☺ Es empfiehlt sich, ein *Indefinite Valid* bzw. *Multiple Entry Visa* zu beantragen (Visum mit unbegrenzter Gültigkeit für beliebig viele Einreisen).

Die Formalitäten sind meist schnell erledigt, wenn der Paß und/oder das Visum in Ordnung sind und der Reisende dem Paßbeamten nicht "verdächtig" erscheint. Oft wird die Angabe einer Anschrift in den USA verlangt, geben Sie dann einfach die des ersten Hotels an.

Vor allem sollte man den Eindruck vermeiden, daß man in den USA bleiben oder arbeiten will (Rückflugticket und ausreichend Geld, z.B. Reiseschecks oder Kreditkarte, und Arbeit oder Studium zu Hause vorweisen).

✋ Es hat in letzter Zeit einige Fälle gegeben, bei denen meist jüngeren Rucksackreisenden die Einreise trotz eines Visums verwehrt wurde! Eine rechtliche Handhabe gegen diese Entscheidung des Beamten haben Sie nicht: also hübsch freundlich sein!

Führerschein

Der deutsche Führerschein ist ausreichend. Ein internationaler Führerschein ist jedoch ratsam, da dieser auch in englischer Sprache ausgestellt ist und im Zweifelsfall keine Sprachprobleme entstehen.

Eintrittsgelder

Normalerweise muß man für jeden Park, jedes Monument usw. Eintritt bezahlen (meist $ 3 bis 5, z.T. bis zu $ 10, aber manchmal auch nur einen Dollar).

☺ Der **Golden Eagle Pass** (☞ National Parks) kostet $ 25 und gilt ein Jahr lang in allen National Parks, National Monuments, National Historic Parks, NHS usw.

Die kleinen regionalen Museen sind oft kostenlos, bitten aber um eine Spende (*Donation*). Private Museen, Ausstellungen usw. sind meist erheblich teurer als vergleichbar staatliche, $ 5 bis 10 können schon mal verlangt werden.

Elektrizität

Die Stromspannung in den USA beträgt 110 Volt, so daß unsere Geräte gar nicht oder zu langsam laufen. Prüfen Sie, ob Ihr Gerät auf 110 V umschaltbar ist. Hinzu kommen die anderen Steckdosen, die Sie aber mit einem Adapter benutzen können, den Sie hier in Ausrüstungsläden oder im Elektrofachhandel erhalten. Steckdosen in Dusch- und Waschräumen sind häufig nur für Rasierer geeignet, ein Haarfön funktioniert meist nicht!

Essen und Trinken

Besonders der Campingreisende wird die **Eigenverpflegung** wählen. Wer die meiste Zeit in Hotels verbringt, ist auf Mahlzeiten in Restaurants angewiesen. Deren Küche ist vielfältig und keineswegs so primitiv, wie es Vorurteile hier stets darlegen. Denn: Fast food, wie beispielsweise McDonalds, und Restaurants sind zweierlei - auch in den USA. Zwar kann man nicht von **der** amerikanischen Küche sprechen, weil die USA viel von den verschiedenen Volksgruppen, die dieses Land prägen, auch in ihre Küche übernommen haben. Doch ist der Qualitätsstand in Restaurants recht gut.

Vorteil der **Vielvölkerküche** sind die vielen Spezialitätenrestaurants der Länder. Vom Luxus- bis zum einfachen Restaurant gibt es alles, und man bekommt außer dem Essen auch Alkoholika. Der Besuch eines Restaurants nur zum Zwecke des Alkoholgenusses wird allerdings meist auf Schwierigkeiten stoßen. Oft gibt es aber eine **Bar** oder **Cocktail-Lounge** zu diesem Zweck im gleichen Haus.

Selten ist draußen am Restaurant eine **Speisekarte** angebracht. Man kauft daher sozusagen "die Katze im Sack".

☺ Beachten sollte man die besonderen **Umgangsformen** und **Verhaltensregeln** in einem Restaurant:

Zunächst einmal gilt, daß man sich seinen **Platz niemals selbst aussuchen** kann. Dazu wird ein Mitarbeiter des Hauses dem Gast aber auch kaum die Gelegenheit geben. Er nimmt sich der Gäste sofort an, fragt nach deren Wünschen und weist ihnen einen freien Tisch zu. Sind alle Tische belegt, so bittet er zu warten, bis etwas frei wird. Etwas anderes gilt nur dann, wenn ein Schild ausdrücklich gestattet, den Platz selbst zu wählen.

Unüblich ist es, sich auf freie Plätze an einen Tisch **zu anderen Leuten** zu setzen. Jeder Tisch bildet eine Art Privatsphäre, in die man nicht eindringt.

Die **Rechnung** weist neben dem Speisepreis die Umsatzsteuer (*Tax*) und das Bedienungsgeld (*Service*) zusätzlich aus. Will man der Bedienung ein übliches zusätzliches **Trinkgeld** (10 bis 15%, *Tip* genannt) zukommen lassen, so kann man dies auf dem Tisch deponieren (dann kommt's ihr oder ihm zugute) oder an der Kasse in einen großen Topf geben (dann ist es für alle Angestellten). Ist in der Endrechnung keine Bedienung ausgewiesen, so wird mindestens 10 bis 15% Aufschlag als Trinkgeld erwartet. Neuerdings gehen viele Restaurants dazu über, in den Speisekarten Inklusivpreise (mit Bedienung) anzubieten, also aufpassen!

Bemerkenswert ist das **Nachschenken beim Kaffee**. Bestellt man einen Kaffee, so kann man sich vielerorts die Tasse sooft füllen lassen, wie man mag, ohne einen Cent dafür extra zu bezahlen - nachfragen! Oft ist der Kaffee so dünn, daß sich ein "Verstärken" auf gewohnten Standard durch mitgebrachten Instant-Kaffee empfiehlt.

Für den Reisenden interessant sind die vielen **Schnellgaststätten**. Sie ersetzen unsere einfachen Gasthäuser und Imbißstände. Es gibt sie an allen großen Straßen der Städte, und selbst in den kleinsten Nestern findet sich oft ein **McDonald's**, dessen großes gelbes "M" weithin sichtbar ist. Es gibt dort neben den auch hier bekannten "Burgers" noch andere Speisen wie preiswertes Frühstück und z.T. auch Pizza. Der Vorteil von McDonald's liegt darin, daß man stets einen Sitzplatz bekommt und schnell und freundlich bedient wird - bei peinlicher Sauberkeit und konkurrenzlos günstigen Preisen (ca. die Hälfte hiesiger Preise!). Auf der gleichen Linie liegt **Burger King**, das etwas teurer als McDonald's ist.

McDonald's und andere Fast-food-Läden gibt es wie hier auch als sogenannte **Drive Through**, d.h. man bestellt auf der einen Seite des Hauses, fährt um das Haus herum und erhält dann dort sein Essen.

Weitere Schnellrestaurantketten sind: **Kentucky Fried Chicken** (deren Speisen ausschließlich aus Hähnchen bestehen; recht teuer), **A&W** (Burger usw.), **Jack in the Box** (Burger usw.), **Taco Bell** (Tacos in jeder Form) und **Dairy Queen** (einst reine Milchbars, mittlerweile erhält man auch Burger usw.).

Die aus alten Filmen bekannten **"Drive-In"-Gaststätten** (dort braucht man seinen Wagen nicht zu verlassen, sondern gibt seine Bestellung bei einem Serviermädchen auf, die das Essen dann zum Auto bringt und das Tablett am Autofenster einhängt) sind praktisch ausgestorben.

Preiswert essen und vor allem ausgiebig **frühstücken** kann man auch in den **Coffee Shops**, die es überall in den Städten gibt. Außerdem hat jede Mall (Einkaufszentrum) mehrere Restaurants und Schnellgaststätten.

Feiertage

Washingtons Geburtstag	22.2. bzw. dritter Montag im Februar
Memorial Day	30.5. bzw. letzter Montag im Mai
Independence Day	4. Juli
Labor Day	1. Montag im September
Columbus Day	12.10. bzw. zweiter Montag im Oktober
Veterans Day	11.11. bzw. zweiter Montag im November
Thanksgiving Day	vierter Donnerstag im November
Kirchliche Feiertage	Ostersonntag, 1. Weihnachtstag

Foto und Film

Filme sind in den USA nahezu überall erhältlich (fast nur Kodak, allenfalls noch Fuji) zu erträglichen, wenn auch höheren Preisen als in Deutschland. Entwicklung ist nie im Preis inbegriffen. Das Mitnehmen von Filmen ist daher anzuraten.

☺ Bei den **Sicherheitskontrollen** auf den Flughäfen in den USA werden keine Systeme benutzt, die normale **Filme zerstören**. Nur bei sehr empfindlichem Filmmaterial sollte man besser nachfragen!

Hinsichtlich spezieller Ausrüstung sollten Sie sich von Ihrem Fotofachgeschäft beraten lassen: z.B. welche Filter Sie mitnehmen sollten. Informieren Sie sich darüber hinaus, was beim Fotografieren unter extremen Lichtverhältnissen, z.B. Schnee und Gletscher im Glacier oder Mt. Rainier NP, hinsichtlich der Belichtung usw. zu beachten ist.

🕮 ***Fotografieren***, Basiswissen für Draußen (Band 12), von Ralf Gantzhorn und Stephan Husen, Conrad Stein Verlag, Kronshagen, ISBN 3-89392-112-5, DM 12,80.

Geld

Eine verbindliche Aussage über den Kurs des Dollar läßt sich angesichts der starken Schwankungen nicht machen.

☺ Devisen am besten in Deutschland besorgen. Deutsches Geld in den USA zu tauschen, ist häufig mit Schwierigkeiten verbunden und nur bei größeren Banken möglich.

Euroschecks werden nicht angenommen, der Umtausch von Banknoten erfolgt zu einem sehr schlechten Kurs.

Reiseschecks

Am günstigsten ist es, sich mit Reiseschecks in US-Dollar einzudecken. Besonders zu empfehlen sind American Express Travellerschecks, die überall in Nordamerika wie Bargeld behandelt werden. Vorteil: Sie sind gegen Diebstahl und Verlust versichert. Dazu ist es wichtig, die Nummern der eingetauschten Schecks zu notieren, damit man im Verlustfall darlegen kann, welche Schecks abhanden gekommen sind. Bei Verlust fungieren die zahlreichen Holiday Inn Hotels als Vertretungen der American Express Company. Dort kann man den Verlust melden und bekommt bis zur endgültigen Regulierung, die meist sehr schnell erfolgt, soviel Geld, daß man sich über Wasser halten kann.

☺ Für die Ankunft sollten Sie etwas Bargeld in kleinen Noten ($ 1, 2 und 5) mitnehmen, um z.B. den Gepäckkarren aus dem Automaten zu bekommen oder den Airport-Bus bezahlen zu können.

Kreditkarten

Am besten und günstigsten bezahlt man aber mit **Kreditkarten**, die von verschiedenen Unternehmen herausgegeben werden. Welche Anforderungen für die Ausgabe gestellt werden, läßt sich heute nicht mehr allgemein sagen. Jedenfalls ist sie nicht mehr nur auf solche Leute beschränkt, die gut verdienen. Für die Karte ist ein Jahresbeitrag (unterschiedlich, ab ca. DM 40) zu zahlen.

Die gebräuchlichsten Kreditkarten sind Visa, Eurocard/Mastercard, American Express, Diners. Mit Eurocard/Mastercard und Visa hat man nirgends Probleme; American Express und Diners werden vor allem in Hotels und Restaurants der höheren Kategorien sowie von Autovermietungen und Fluggesellschaften angenommen.

Mit Kreditkarten kann man bei bestimmten Banken (muß man erfragen), und, wenn man sich vor der Abreise seine Geheimnummer geben läßt, auch an vielen Geldautomaten Bargeld bekommen. Dafür wird jedoch eine üppige Gebühr in Rechnung gestellt.

Vorteil der Karte: Die Abrechnung wird auf der Basis des amtlichen Mittelkurses durchgeführt (günstiger als der Notenkurs für Bargeld), und die Beträge werden erst im Folgemonat vom Konto abgebucht. Bei Verlust der Karte läßt man sie sperren, die Haftung ist auf DM 100 beschränkt.

Der eigentliche Sinn der Karte liegt für einen Urlaubsreisenden darin, hohe unvorhergesehene Ausgaben bewältigen zu können, insbesondere Arzt-, Krankenhausrechnungen usw.

Das Kreditkartensystem ist in den USA derzeit stark im Wandel begriffen. So akzeptieren viele Billigtankstellen keine Kreditkarten mehr. An anderen Tankstellen ist der Preis geteilt in "Cash" (Bargeld, Reiseschecks) und "Credit" (Kreditkarten), wobei der Credit-Preis deutlich höher liegt. Manche Kaufhäuser akzeptieren keine Karten, bei Supermärkten kann man zunehmend auch mit der Plastikkarte zahlen.

Sollten auf der Reise **Geldmittel abhanden kommen** und nicht ersetzt werden oder das mitgenommene Geld nicht ausreichen, so können Sie entweder eine auf Dollar lautende Postanweisung an den Aufenthaltsort senden lassen (eventuell auch postlagernd = *general delivery*) oder in Dollar ausgestellte Namensbarschecks (per Luftpost) schicken lassen. Bezieher muß dabei eine amerikanische Bank, der Aussteller ein deutsches Kreditinstitut sein. Fragen Sie Ihre Bank. Bei Verlust oder Diebstahl müssen Sie Ihre Karte so schnell wie möglich sperren lassen:

Notfallnummern

	Kreditkarte	*Travellerschecks*
♦ American Express	☎ 1-800/233-5432	☎ 1-800/221-7282
♦ Eurocard/Mastercard	☎ 1-800/826-2181	
♦ Visa	☎ 1-800/336-8472	☎ 1-800/227-6811
♦ Thomas Cook/Mastercard		☎ 1-800/223-7373
♦ Bank America		☎ 1-800/227-6811
♦ Citicorp		☎ 1-800/645-6556

Als **allerletzte Möglichkeit** bleibt schließlich noch der Weg zu einem Konsulat oder einer Botschaft. Die Beamten dort helfen zwar (das müssen sie auch in Notsituationen), sind jedoch nicht sehr erfreut über die entstehenden zusätzlichen Arbeiten.

Wer plant, seine Finanzen durch **Arbeit in den USA** aufzubessern, tut gut daran, sich bei den Vertretungen der USA über die Möglichkeiten einer Arbeitserlaubnis (schwierig) zu informieren. Illegale Arbeit ist nicht nur verboten, sondern führt auch zur sofortigen Ausweisung aus den USA. Später hat man dann große Schwierigkeiten, jemals wieder in die USA einzureisen bzw. ein Visum zu bekommen.

Banknoten und Münzen

Münzen: 1 Cent (Penny genannt), 5 Cents (Nickel), 10 Cents (Dime), 25 Cents (Quarter), 1 $. Noten: $ 1, 5, 10, 20, 50, 100, 500, 1.000.

BANK Die **Banken** sind normalerweise montags bis freitags von 9:00 bis 15:00 geöffnet. Längere Öffnungszeit meist an einem Tag in der Woche.

Alle Geldscheine haben die gleiche Größe und Farbe! **Verwechslungsgefahr** - also beim Wechselgeld aufpassen.

Große Noten ($ 100 und mehr) werden in den meisten Läden nur ungern oder gar nicht angenommen!

Gesundheit

Für die Einreise in die USA sind derzeit **keine Impfungen** vorgeschrieben, es sei denn, Sie reisen aus einem Land ein, das seuchengefährdet ist.

Die Mitnahme von ständig benötigten Medikamenten ist sinnvoll; bei solchen, die als Betäubungsmittel einzuordnen sind, unbedingt eine entsprechende Bescheinigung des Arztes mitführen!

☺ Im übrigen sollte man angesichts der astronomischen Preise für ärztliche Behandlungen in den USA vor einer Reise zu Hause Arzt und Zahnarzt aufsuchen und sich noch einmal "durchchecken" lassen.

Indianer

In den Staaten des Nordwestens leben die Indianervölker der **Sioux**, **Cheyenne**, **Blackfeet**, **Crow**, um nur einige zu nennen. Anders als im Südwesten gibt es hier so gut wie keine Spuren prähistorischer Indianerkulturen, wie z.B. der **Anasazi**, die als Pueblo-Bauern in die Geschichte eingingen.

Das weiße Amerika betrachtet die einzelnen Siedlungsgebiete immer noch als Reservate, während die Indianer zum Teil selbst ihr Land als Nation mit einer entsprechenden Hauptstadt und Verwaltung verstehen.

Information

- Fremdenverkehrsamt der USA, "United States Travel Service", Platenstr. 1, 60320 Frankfurt, ☏ 069/95679018, FAX 561130.

Amerika-Häuser

Infos in beschränktem Umfang sind über Amerika-Häuser erhältlich:

- 10623 Berlin, Hardenbergstraße 22-24, ☏ 030/310001.
- 20148 Hamburg, Tesdorferstraße 1, ☏ 040/450104/0.
- 24103 Kiel, Holtenauer Str. 9, ☏ 0431/554866.
- 60323 Frankfurt, Staufenstr. 1, ☏ 069/9714480.
- 70174 Stuttgart, Friedrichstraße 23 A, ☏ 0711/229830.
- 80333 München, Karolinenplatz 3, ☏ 089/5525370.

Sonst kann man sich auch direkt an die **Touristeninformationszentren** der einzelnen US-Bundesstaaten wenden (dauert z.T. recht lange):

Idaho

- Idaho Travel Council, Box 83720, Boise, ID 83720.

Montana

- Montana Travel Promotion Division, 1424 9th Ave, Helena, MT 59620.

Nebraska

- Nebraska Travel and Tourism Division, Box 94666, Lincoln, NE 68509.

Oregon

- Tourism Division, Oregon Department of Economic Development, 775 Summer St NE, Salem, OR 97310.

South Dakota

- South Dakota Department of Tourism, 711 E Wells Ave, Pierre, SD 57501.

Washington

- Travel Development Division, General Administration Building, Olympia, WA 98504.

Wyoming

♦ Wyoming Division of Tourism, I-25 at College Drive, Cheyenne, WY 82002.

AAA Der amerikanische Automobilclub versorgt Mitglieder des ADAC kostenlos mit guten Informationen (Karten usw.), allerdings nur in den USA, es wird nichts verschickt! Adressen ☞ bei den jeweiligen Orten.

Kleidung

Die Kleidungsfrage hängt maßgeblich von Reiseziel, -zeit und -art ab. Wer im Hochsommer in die Wüstengebiete Oregons, Idahos oder Wyomings reist, braucht überwiegend leichte Sommerkleidung. Sonnenbrille und Kopfbedeckung nicht vergessen! Dennoch sollte man auch warme Sachen einpacken. Die relativ hohe Lage einiger Sehenswürdigkeiten (z.B. Yellowstone NP) hat oft selbst im Sommer sehr kühle Abende zur Folge. Manchmal gibt es heftige Gewitterschauer, Regenzeug mitnehmen!

Wer sich vorwiegend im Gebirge oder an der Küste aufhält, sollte mehr warme Kleidung und Regenzeug einpacken. Für Wanderungen ist neben festen Schuhen und Regenzeug ausreichend Sonnenschutz erforderlich.

Wer in die Berge z.B. des Glacier NP reist, sollte mit kühlem Wetter, viel Regen und bis ins Frühjahr oder ab frühem Herbst mit Frost und Schneefall rechnen und seine Garderobe dementsprechend wählen.

Bequeme Freizeitkleidung ist empfehlenswert, sie wird überall in den USA getragen. Mit ihr kann man auch - sofern in halbwegs ordentlichem Zustand - die meisten normalen Restaurants betreten. Nur wer Bars, exklusive Clubs und Hotels aufsuchen will, sollte eine Kombination mit Krawatte bzw. Kleid o.ä. mitnehmen.

National Parks, National Monuments, State Forests

Normalerweise muß man für jeden Park, jedes Monument usw. Eintritt bezahlen: $ 1 bis 5 sind die Regel, z.T. aber auch bis $ 10.

☺ Der **Golden Eagle Pass** für $ 25 ist ein Kalenderjahr gültig und berechtigt zum Eintritt in alle Nationalparks usw. der USA. Er gilt nicht in State Parks usw.

Maße und Gewichte

Längenmaße

1 inch (in)	2,54 cm
1 foot (ft)	0,304 m
1 yard (yd)	0,914 m
1 mile (Mi)	1,609 km

Flächenmaße

1 square inch (sq in)	6,452 cm^2
1 square foot (sq ft)	0,093 m^2
1 square yard (sq yd)	0,836 m^2
1 square mile (sq Mi)	259 ha
1 acre	0,4 ha
1 quarter	64,7 ha

Hohlmaße

1 pint (pt)	0,473 l
1 quart (qt)	0,946 l
1 gallon (gal)	3,785 l

Gewichte

1 ounce (oz)	28,35 g
1 pound (lb)	453,59 g
1 short ton (sh t)	907,19 kg

Temperaturen werden in den USA in Grad Fahrenheit angegeben.
Der Gefrierpunkt von Wasser liegt auf der Fahrenheitskala bei 32 Grad, der Siedepunkt liegt bei 212 Grad. Daraus ergibt sich die Formel: Fahrenheit minus 32, durch 9, mal 5 gleich Celsius.

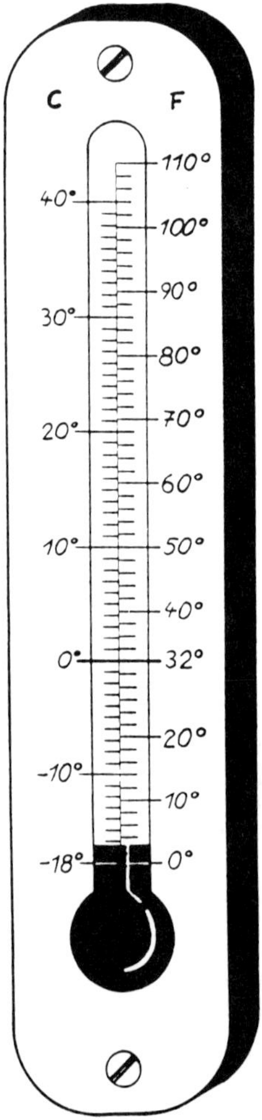

☝ Sofern Sie beabsichtigen, in einem Park zu wandern, Kanu zu fahren, zu reiten o.ä., müssen Sie sich erkundigen, ob Sie dazu eine Erlaubnis benötigen (**Permit**). In den meisten Parks ist dies nur für Übernachtungstrips der Fall, teilweise aber auch für bestimmte Trails oder gar für jede Wanderung. Auskunft erteilen das jeweilige Visitor Center oder die Park Ranger. Die Permits sind kostenlos. In stark besuchten Gegenden muß man sich jedoch ein Permit meist lange im voraus **reservieren**. Schon am Eingang der Parks erkundigen, ob Sie andere Dinge beachten müssen, z.B. ob Sie ein Lagerfeuer anzünden dürfen.

Sanitäreinrichtungen finden Sie in Parks oder sonst in der Öffentlichkeit unter der Bezeichnung *Restrooms*. Sie sind meist erstaunlich sauber und stets kostenlos.

Infos über National Parks und Monuments

Idaho

- Craters of the Moon NM, Box 29, Arco ID 83213.
- Hells Canyon NRA, 2535 Riverside Dr, Clarkston, WA 99403.
- Nez Perce NHP, Box 93, Spalding, ID 83551.
- Sawtooth NRA, Star Route, Ketchum, ID 83340.

Montana

- Big Hole National Battlefield, Box 237, Wisdom, MT 59761.
- Bighorn Canyon NRA, Box 7458, Ft. Smith, MT 59035.
- Glacier NP, West Glacier, MT 59936.
- Grant-Kohrs-Ranch NHS, Box 790, Deer Lodge, MT 59722.
- Little Bighorn Battlefield, Box 39, Crow Agency, MT 59022.

Nebraska

- Scottsbluff NM, Box 27, Gering, NE 69341.

Oregon

- Crater Lake NP, Box 7, Crater Lake, OR 97604.
- Ft. Clatsop National Memorial, ☞ Route 3, Box 604, FC, Astoria, OR 97103.
- John Day Fossil Beds NM, 420 W Main St, John Day, OR 97845.
- Oregon Caves NM, 19000 Caves Hwy, Cave Junction, OR 97523.
- Oregon Dunes NRA, 855 Highway Ave, Reedsport, OR 97467.
- Newberry National Volcanic Monument, 1645 Hwy 20 East, Bend, OR 97701.

South Dakota

- Badlands NP, Box 6, Interior, SD 57750.

Washington

- Coulee Dam NRA, Box 37, Coulee Dam, WA 99116.
- Ft. Vancouver NHS, 612 E Reserve St, Vancouver, WA 98661-3897.
- Klondike Goldrush NHP, 117 S Main St, Seattle, WA 98104.

- Lake Chelan NRA, Box 549, Chelan, WA 98816.
- Mt. Rainier NP, Tahoma Woods, Star Route, Ashford, WA 98304.
- Mt. St. Helens National Volcanic Monument, 42218 NE Yale Bridge Rd, Amboy, WA 98601.
- North Cascades NP, 2105 SR-20, Sedro Woolley, WA 98284.
- Olympic NP, 600 East Park Ave, Port Angeles, WA 98362.
- Ross Lake NRA, 2105 SR-20, Sedro Woolley, WA 98284.
- San Juan Island NHP, Box 429, Friday Harbor, WA 98250.
- Whitman Mission NHS, ☞ Route 2, Box 247, Walla Walla, WA 99362.

Wyoming
- Devil's Tower NM, Devil's Tower, WY 82714.
- Ft. Laramie NHS, Ft. Laramie, WY 82212.
- Fossil Butte NM, Box 527, Kemmerer, WY 83101.
- Grand Teton NP, PO Drawer 170, Moose, WY 83012.
- Yellowstone NP, Box 168, Yellowstone NP, WY 82190.

National Forests
- Pacific Northwest Region, 319 SW Pine St, Box 3623, Portland, OR 97208.
- Northern Region, Federal Building, Missoula, MT 59801.

State Parks
- Idaho Parks & Recreation Department, State House Mail, Boise, ID 83720.
- Wyoming Division of State Parks, 2301 Central, Cheyenne, WY 82002.
- Oregon Department of Parks & Recreation, 1115 Commercial St NE, Salem, OR 97310.
- Washington State Parks & Recreation Commission, 7150 Clearwater Lane, Olympia, WA 98504.

Post und Telekommunikation

Post

Es gibt selbst in kleineren Orten ein *Post Office*. Sie sind zu unterschiedlichen Zeiten geöffnet, etwa wie in Deutschland. Die Post arbeitet schnell und zuverlässig, dennoch dauert ein Luftpostbrief aus Los Angeles fünf bis sieben Tage nach Deutschland. Aus entlegenen Ecken kann man getrost eine Woche hinzurechnen.

Gebühren

Luftpostbrief nach Europa	50 c (für je 14 g)
Luftpostkarte nach Europa	40 c
Aerogramm nach Europa	45 c
Brief nach Kanada und in die USA	30 c
Paket (Luft/See) nach Europa	$ 9,25/6,55 für 900 g, jedes weitere *pound* (ca. 450 g) $ 5

Beim Paketversand nach Übersee sollten Sie die Größen- und Gewichtsbeschränkungen beachten. Die Laufzeit für ein Paket beträgt ungefähr drei bis fünf Wochen auf dem Seeweg. Luftpost ist schneller, aber kaum zu bezahlen.

In den Postämtern stellt man sich grundsätzlich in einer **Schlange** an und tritt erst dann an den Schalter heran, wenn der vorangehende Kunde dort abgefertigt ist (das wird auch am Bankschalter und bei der Paßkontrolle so gehandhabt).

Postlagernde Nachrichten sollte man so adressieren:

Name	Peter Jedermann
Stadt	Phoenix
Staat mit Zip Code	Arizona 85008
	USA
Hauptpost	*Main Post Office*
Postlagernd	*general delivery*

Der Zip Code entspricht der Postleitzahl, wird aber hinter den Ortsnamen geschrieben. Wichtig: der Zusatz *general delivery*. Um sicherzugehen, daß der Brief auch im Hauptpostamt landet, kann man noch *Main Post Office* hinzufügen.

Der Telefon- und Telegrammdienst ist in den USA keine Angelegenheit der Post. **Telegramme** kann man nur von speziellen Telegrafenämtern aufgeben. Am besten in der örtlichen ℹ oder einer Post nachfragen.

Faxe kann man oft von Hotels absenden, sonst in der ℹ fragen, wo es ein öffentliches Faxgerät gibt.

Telebriefe, z.B. über Intel-Post, kann man von vielen amerikanischen Postämtern aufgeben. Sie benötigen nach Europa etwa zwei Tage.

✆ Telefon

Ungewohnt für uns ist, daß bei Ferngesprächen aus öffentlichen Zellen stets das Amt, der *Operator*, mit der Null anzuwählen ist.

Die **Notrufnummer** für Polizei und Feuerwehr ist ☎ 911. Sonst die "0" wählen, der *Operator* meldet sich und verbindet mit der Polizei.

Das System der nordamerikanischen Telefonnummern: Es gibt, wie bei uns, Vorwahlnummern (*Area codes*, immer dreistellig) für bestimmte Großgebiete, eine zweite Vorwahl (auch dreistellig) für ein jeweils engumgrenztes Gebiet innerhalb des ersten und dann die jeweilige (vierstellige) Apparatnummer.

Unproblematisch ist das Telefonieren, wenn man über ein privates Telefon oder das eines Hotels Gespräche führt. Der jeweilige Telefoninhaber wird einen dann in die "Technik" des Telefonierens einweisen können.

Problematisch hingegen ist es, wenn man auf die Benutzung öffentlicher Fernsprecher angewiesen ist. Soweit es sich um **Ortsgespräche** handelt, muß man nur die entsprechende Münze - welche, ist am Apparat angeschrieben - einwerfen und wählen.

Will man jedoch aus dem Gebiet des eigenen *Area codes* hinauswählen (**Ferngespräch**), so wird es kompliziert. Eine Durchwahl ist dann grundsätzlich nicht möglich. Man muß stets den *Operator* anrufen und diesem die gewünschte Rufnummer mitteilen. Daraufhin sagt der *Operator* an, welchen Betrag an Münzen (25-Cent-Stücke) man zunächst einzuwerfen hat. Der *Operator* versucht, die Verbindung herzustellen und stellt dann durch.

Dieses System weist für den Touristen naturgemäß zunächst ein nicht ganz unerhebliches **Sprachproblem** auf: Zum einen muß man schon ein wenig Englisch sprechen können, um sich dem *Operator* verständlich zu machen, zum anderen ist es nicht immer leicht, diesen zu verstehen, denn schließlich erwartet der keinen kaum Englisch sprechenden Touristen am anderen Ende. Aber mit ein paar gut zurechtgelegten Worten am Anfang wird man sich dennoch stets verständigen können und letztlich auf die Hilfsbereitschaft des *Operators* vertrauen dürfen.

Das zweite Problem ist das des **Kleingeldes**. Da die Münzautomaten als größtes Geldstück 25-Cent-Münzen "schlucken", bedarf es zunächst einer gehörigen Menge derselben, um den genannten Dollarbetrag auch einwerfen zu können.

Ist dies bei inneramerikanischen Verbindungen noch meist innerhalb eines vernünftigen Rahmens möglich, so kann es bei Ferngesprächen nach Europa ein echtes Problem sein.

Seit ein paar Jahren besteht die Möglichkeit zu sogenannten **Deutschland-Direkt-Gesprächen** aus den USA nach Deutschland, bei denen der Teilnehmer in Deutschland die Kosten übernimmt. Sie wählen dazu in den USA gebührenfrei den *Operator* in Frankfurt an (der deutsch spricht!). Dieser wird Ihr Gespräch dann vermitteln. Mit DM 11 Grundgebühr und DM 1,44 pro angefangener Minute ist das nicht gerade billig.

- ☎ 1-800/292-0049
- ☎ 1-800/776-0049
- ☎ 1-800/927-0049

🅸 Weitere Informationen bei der Telekom.

Für Telefonate **innerhalb Nordamerikas** gibt es allerdings einige Möglichkeiten bargeldlosen Telefonierens. Zunächst ist der ***Collect Call*** zu nennen, bei dem der Angerufene die Kosten übernimmt (wird auch ***Reverse Charge Call*** genannt).

Weiter gibt es den ***Person-to-person-call***, bei dem man eine ganz bestimmte Person ans Telefon verlangt. Ist diese Person nicht erreichbar, wird ein kleiner Betrag an Gebühren verlangt. Diese Gesprächsvariante bietet natürlich die Möglichkeit, bei vorheriger Absprache mit bestimmten Leuten, verschlüsselte Nachrichten allein durch die Tatsache, daß man angerufen hat, zu übermitteln, z.B. man sei angekommen, es gehe einem gut usw. Leider wird diese Gesprächsart nicht für Gespräche nach Übersee akzeptiert. Bleibt schließlich noch die Möglichkeit, ein Gespräch von einem privaten Telefon zu führen, sich die Kosten für dieses Gespräch durchgeben zu lassen und dem Telefoninhaber zu erstatten.

Machen Sie sich vor allem in Telefonzellen auf ein nerviges Telefonieren gefaßt - meist klemmt auch noch ein Geldstück oder fällt durch!

Die Möglichkeit, sein Gespräch über die eigene Kreditkarte abrechnen zu lassen, ist noch nicht sehr verbreitet.

Kartentelefone

Telefonkarten wie bei uns sind in den USA unbekannt. Ab und zu gibt es aber Telefone, von denen man mit **Kreditkarte** (auch nach Europa) telefonieren kann.

Recht problemlos geht das Telefonieren mit der **T-Card** der Telekom. Sie ist kostenlos, mit Chip (zum Telefonieren von deutschen Kartentelefonen) kostet sie DM 10 und wird mit Ihrer Telefonrechnung abgerechnet. Sie geben die Zugangsnummer ein und bekommen dann Verbindung nach Deutschland, von wo aus Sie dann die weiteren Anweisungen erhalten (automatisiert vom Band). Leider sind die Ansagetexte zum Teil länger als man denkt - drücken Sie die Nummer zu früh, wirft Sie die Maschine erbarmungslos raus - dann müssen Sie alles wiederholen. Wenn Sie Ihre Kartennummer eingeben sollen, müssen Sie an die Kartennummer Ihren PIN-Code (Geheimzahl) sofort anhängen. Die Kosten derartiger Gespräche sind erstaunlich niedrig.

🅸 Anträge und Infos in Deutschland über ☎ 01114, Hotline ☎ 0130/0223.

Die amerikanische Telefongesellschaft **AT&T** gibt eine kostenlose und praktische ***Calling Card*** mit PIN-Geheimnummer heraus, die nur über Ihr Kreditkartenkonto (Visa, Eurocard, Diners) abgerechnet werden kann. AT&T ist etwas teurer als die Telekom und die Handhabung der Karte etwas einfacher, dafür sind die Ansagen in englischer Sprache.

♦ Fordern Sie gebührenfreie Informationen von AT&T unter der deutschen ☎ 0130/838888 an.

Mobilfunk

Wenn Sie D1-Kunde sind, können Sie unter dem Slogan "Global Roam" telefonieren - allerdings nicht mit Ihrem eigenen Handy, sondern Sie benötigen dazu ein US-Mobiltelefon, das Sie mieten können.

♦ **Telekom-D1**-Informationen erhalten Sie über die kostenlose ☎ 0130/0171.

Preise

Zu Preisen läßt sich kaum etwas Verbindliches sagen, da unser subjektiver Eindruck vom jeweiligen Dollarkurs abhängt. Bei einem Dollar-Kurs um DM 1,50 liegen die allgemeinen Kosten für Verpflegung usw. auf einer Urlaubsreise deutlich unter hiesigem Niveau.

✱ **Hotels/Motels** sind preiswerter als hier. **Campingplätze** können je nach Ausstattung teurer, aber auch billiger als bei uns sein.

✱ **Bleifreies Benzin** (*Regular Unleaded*) kostet $ 1,10 bis 1,70/Gallon (DM 0,50 bis 0,75 pro Liter).

Diesel ist teils billiger, teils deutlich teurer als Normalkraftstoff (und nicht an allen Tankstellen zu haben!).

Verbleites Benzin (*Regular Leaded*) ist praktisch nirgends mehr zu bekommen.

✱ **Öl** ist sehr billig, im Kaufhaus kostet 1 Quart ab ca. $ 1,50.

Reisen innerhalb der USA

Mit der Bahn

Das Eisenbahnnetz ist überwiegend auf Güterverkehr ausgelegt, eignet sich also nicht gut für eine Reise zu den Attraktionen des Landes.

Zwar verkehren auch Amtrak-Personenzüge, doch sind die Nachteile bedeutend: Die meisten National Parks und Sehenswürdigkeiten liegen in größerer Entfernung zum nächsten Bahnhof und die Zugverbindungen sind schlecht.

Auch wenn die Fahrpreise, insbesondere mit den Sonderangeboten von Amtrak (US-Rail Pass: 14 Tage Gesamt-USA für $ 375, 14 Tage Far Western Pass für $ 125), teilweise günstig sind, treiben die Nebenkosten (Taxi, Stadtbus usw.) den Gesamtaufwand doch ziemlich in die Höhe.

Zugreisen bieten sich nur an, um von einem speziellen Ort zu einem anderen zu reisen - wenn beide Bahnanschluß haben. Ausnahme: Eisenbahnfreaks fahren Bahn um der Bahn willen.

Amtrak Distribution Department, 5th Floor South, 400 N Capitol St NW, Washington DC 20001. Amtrak hat je nach Telefonnetz verschiedene (gebührenfreie) 800er-Nummern (Auskunft auch bei der 800er-Information).

Mit dem Bus

Der Bus eignet sich wesentlich besser für eine Rundreise. Die Busgesellschaft in den USA ist **Greyhound**. Ihr Streckennetz umfaßt ungefähr 200.000 km. Mit diesen Bussen und eventuell lokalen Anschlußlinien erreicht man nahezu jeden größeren Ort, selbst in den wenig besiedelten Teilen des Südwestens. Schwieriger ist es, in die abgelegenen National Parks zu gelangen.

Empfehlenswert für diejenigen, die die USA mit dem Bus bereisen wollen, ist ein **Paß**, der unbegrenztes Reisen für eine bestimmte Zeit gestattet. Diese Pässe müssen jedoch im voraus erworben werden. Der **Ameripass** von Greyhound kostet z.B. für 5/7/15/30 Tage DM 205/255/375/500 und gilt in den USA und Kanada (ausgenommen Sudbury-Calgary). Verlängerungstage können auch in den USA nachgekauft werden.

♦ Buchungen durch Ihr Reisebüro oder ISTS Interkontinental Reisen in München, ☏ 089/2727191. Sie können die Pässe aber auch an einigen Greyhound-Terminals in den USA erwerben.

Die Sitze in den Bussen sind zwar komfortabel, bieten aber wenig Bewegungsfreiheit. Alle Wagen verfügen über Klimaanlage, viele auch über einen Waschraum mit WC. Regelmäßig werden kurze Stopps an Raststätten eingelegt. Sofern man in der glücklichen Lage ist, in einem solchen Bus Schlaf zu finden, mag man es als Vorteil ansehen, daß die Busse auch nachts verkehren, so daß man auf diese Weise Unterkunftskosten sparen kann.

☺ Bei der Wahl des Busses ist darauf zu achten, daß es Durchgangsbusse (**Express Bus**) und lokale Busse (**Local Bus**) gibt. Letztere halten öfter, fahren teilweise Nebenstrecken und sind daher langsamer. Oft sind diese Strecken aber landschaftlich bei weitem reizvoller.

Achten Sie darauf, daß Ihr Gepäck auch in Ihren Bus gelangt, da oft mehrere Busse zur gleichen Zeit über verschiedene Strecken zum gleichen Ort fahren.

Mit dem Flugzeug

Inneramerikanische Flüge sind kaum teurer als deutsche Züge. Neben unübersehbar vielen regulären Flügen sollte man stets auf Sonderangebote achten. Zu nennen sind hier vor allem **Stand-by-Tickets**, **Nachtflüge**, **Wochenendangebote** usw.

☺ Entweder ganz früh oder in allerletzter Minute buchen, dann wird das Ticket erheblich billiger!

Außerdem bieten viele große Gesellschaften Rundreisetickets, Pässe für unbegrenztes Fliegen usw. an. Preise und Leistungen sind manchmal sehr unterschiedlich, vergleichen! Achten Sie vor allem auf das (im Preis enthaltene) Streckennetz und die Zuschläge für andere Strecken (z.B. nach Kanada, Alaska, Hawaii oder für Transkontinentalflüge, falls gewünscht).

Neben den internationalen und großen nationalen gibt es zahllose lokale Flugesellschaften, mit denen man fast jeden Flecken im Nordwesten erreicht. Ist kein Linienflug möglich, kann man auch kleine Maschinen an fast jedem Flughafen chartern. Die Raten dafür sind erstaunlich günstig - wenn man zu dritt oder zu viert reist. Handeln Sie den Preis herunter!

☹ Nachteil aller Flugreisen: Man benötigt weitere Fortbewegungsmittel am Ort (zum Flughafen, Hotel usw.) - und das kann teuer werden.

Per Anhalter

Das Reisen per Daumen ist in den USA weit weniger verbreitet als bei uns. Das liegt daran, daß es in einigen Staaten verboten ist und daß Anhalter schlecht angesehen sind. Wer dennoch durch die USA trampen will, sollte mit einer Flagge oder einer Aufschrift auf seine Herkunft hinweisen. Dies spricht die Gastfreundschaft der Amerikaner an und so hat man vielleicht bessere Chancen. Wichtig ist dabei ein einigermaßen gepflegtes, sauberes Aussehen.

Mit dem Mietwagen

Das Angebot an Mietwagen, insbesondere in den großen Städten des Westens, ist unüberschaubar. Dennoch sollten Sie, wenn möglich, lieber von zu Hause aus einen Wagen buchen, da Sie dann einen hiesigen Vertragspartner haben.

Zwar kann man beim Mieten eines Wagens in den USA einige Dollar sparen, jedoch stehen dem erhebliche Nachteile gegenüber: Es soll schon häufiger vorgekommen sein, daß man die sprachliche Ungewandtheit des Kunden ausnutzte, ihm ein schlechtes Fahrzeug gab und bei der Endabrechnung versuchte, ihn zu benachteiligen. Die Versuchung für den Vermieter ist allzu groß, auf diesem Weg ein paar "schnelle Dollars" nebenbei zu machen.

Vor allem aber erfordert die Suche eines passenden Mietwagens eine gewisse Beweglichkeit und Zeit, da man nur so die Angebote vergleichen und wirklich etwas Günstiges herausfischen kann.

Mietwagenstationen finden Sie in jedem Fall auf den großen Flughäfen und jeweils konzentriert an bestimmten Straßenzügen der Städte, die Adressen der verschiedenen Anbieter sind in den Gelben Seiten des Telefonbuches aufgeführt.

☺ Vergleichen Sie die Sonderangebote hiesiger Reiseveranstalter und suchen Sie das preiswerteste heraus: *Alamo Rent A Car* ist oft günstig.

Bei Anmietung eines Kfz wird entweder eine hohe Kaution ($ 250 und mehr) oder die Vorlage Ihrer Kreditkarte und die Anfertigung eines Slips Ihrer Kreditkarte (nichts blanko unterschreiben!) als Sicherheit verlangt. Sind Sie dazu nicht bereit, bekommen Sie keinen Wagen, da nützt es auch nichts, wenn Sie die gesamte Miete inklusive der Versicherung in Deutschland bereits bezahlt haben und Ihr Veranstalter/Reisebüro Ihnen ein sogenanntes *Voucher* (eine Art Gutschein) ausgestellt hat.

Das **Fahren mit Mietwagen** ist unproblematisch. Nur die kleinen Wagen haben Schaltgetriebe, sonst Automatik. Darüber hinaus sind so angenehme Zutaten wie Servolenkung, Klimaanlage und Radio/Kassettenspieler meist eingebaut.

Auch wenn der traditionelle Straßenkreuzer mit seinem gewaltigen Benzindurst fast tot ist, hat man bei Mietwagen die Wahl zwischen solchen der Größe eines VW Golfs bis hin zu Luxuswagen wie Cadillacs. Diese Schlitten sind auch heute noch recht durstig, bis zu 15 Liter/ 100 km schlucken sie ohne weiteres.

Dank besserer Raumnutzung sind heute auch die kleineren amerikanischen Fahrzeuge so groß, daß man bequem mit vier Personen darin reisen kann. Die Zeiten der großen, alten Kombis sind Vergangenheit - die meisten Vermieter bieten sie nicht mehr an.

Wartung und Reparaturen

Während das Service-Netz in den besiedelten Teilen Kaliforniens sehr gut ist, ist es in den Wüstengegenden des Nordwestens eher dürftig. Bei den Mechanikern handelt es sich meist um ungelerntes Personal, das aber pfiffig bei der Behebung von Reparaturen ist. Einfache Arbeiten erledigen auch viele Tankstellen.

Viele Werkstätten haben sich auf bestimmte Bauteile der Autos spezialisiert, z.B. Getriebe (Transmission), Zündungseinstellung (Tune-Up), Blechreparaturen (Body-Repair).

Schwierig wird es nur bei Importfahrzeugen, vor allem, wenn es sich um kompliziertere Reparaturen handelt. Reparaturkosten liegen teils unter (US-Fahrzeuge), teils über den Preisen in Deutschland (manche Importwagen)! Wer nur gängige Wartungsarbeiten erledigt haben will, sollte auf Sonderangebote für Tune-Ups, Ölwechsel usw. achten.

Haben Sie eine Panne, versuchen Sie durch Öffnen der Motorhaube einen hilfsbereiten Autofahrer zum Anhalten zu bewegen.

Sonst auf die Polizei warten - in Wüstengebieten nicht vom Wagen entfernen!

Der AAA (amerikanischer Automobilclub) bietet unter ☎ 1-800/AAA-HELP einen Telefondienst, durch den man die nächstgelegene (vertrauenswürdige) Werkstatt genannt bekommt.

Kfz-Ausrüstung

Für eine Reise im Nordwesten der USA bedarf es keiner besonderen Ausrüstung Ihres Wagens. Selbst wenn man auf den oft grausig schlechten Dirt Roads in der Wüste oder im Gebirge fahren will, lohnt eine spezielle Herrichtung des Autos für die paar Meilen nicht.

Bei Mietwagen sollten Sie allerdings darauf achten, daß der Wagen auch tatsächlich einen **Reservereifen** hat und mit den zum Reifenwechsel nötigen Utensilien ausgerüstet ist. Unbedingt den Luftdruck des Reservereifens überprüfen!

Ein Abschleppseil, einen mit Benzin gefüllten Reservekanister und Motoröl sollten Sie immer dabeihaben.

Amerikanischer Automobilclub

(American Automobile Association - AAA = Triple A) erteilt Mitgliedern befreundeter Clubs (z.B. ADAC) Auskünfte:

- AAA World Wide Travel, 8111 Gatehouse Road, Falls Church VA 22047.
- Büros in **Idaho** in: Boise, Coeur D'Alene, Idaho Falls, Lewiston, Twin Falls.
- Büros in **Montana** in: Billings, Bozeman, Great Falls, Helena, Kalispell, Missoula.
- Büros in **Oregon** u.a. in: Bend, Coos Bay, Eugene, Klammath Falls, Medford, Portland, Salem.
- Büros in **South Dakota** in: Rapid City, Spearfish.
- Büros in **Washington** u.a. in: Bellingham, Bremerton, Everett, Olympia, Seattle, Spokane, Tacoma, Vancouver, Walla Walla, Yakima.
- Büros in **Wyoming** in: Cheyenne.

Anschriften, Telefonnummern und finden Sie unter den jeweiligen Orten.

Mit dem Wohnmobil

Das Mieten eines **Campmobils** ist die wohl populärste Art, durch die USA zu reisen. Die in Kanada so beliebten **Pick-up-Camper** sind in den USA selten. Ihr Vorteil liegt in der robusten Bauweise und Geländegängigkeit. Da der Zustand der Straßen in den USA fast immer gut ist (vorausgesetzt man meidet unbefestigte Nebenstrecken), bedarf es dieser Vorzüge eigentlich nicht. In der auf einen Kleinlaster aufgesetzten Campingkabine haben zwei bis vier Personen Platz. Sie ist komfortabel ausgestattet und geräumig. Die Größenbezeichnung der Kabine (es gibt sie von 7 bis 12 Fuß = 2,1 bis 3,5 m) bezeichnet die Länge der Kabine ohne die über dem Fahrerhaus liegende Schlafkoje.

Motorhomes und **Camper** haben eine komfortable Ausstattung und es gibt einen Durchgang zum Führerhaus. Der bei uns so populäre VW Camper ist wegen seines hohen Preises in den USA ziemlich selten. Er ist aber zuverlässig, handlich und sehr sparsam, daher stets eine gute Wahl. Ähnlich, aber erheblich stärker und schwerer ist der "Van Conversion", ein zum Camper umgebauter Lieferwagen, der Platz für zwei bis vier Personen bietet.

Überwiegend werden die "richtigen" Motorhomes angeboten. Es gibt sie in verschiedenen Größen und Ausstattungen. In den größten, knapp 10 m lang, können sechs bis sieben Personen bequem reisen.

Die Miete für Camper ist hoch. Der kleinste (Van oder Pick-up) liegt bei DM 1.100/Woche in der Hochsaison mit unbegrenzten Meilen. Jeden Abend werden außerdem Campingplatzgebühren fällig! Bei der Wahl des

Fahrzeugs ist zu bedenken, daß ein Motorhome kaum unter 25 l, oft sogar 40 l/100 km verbraucht. Trotz niedriger Benzinpreise wirkt sich das spürbar auf die Reisekasse aus. Die meisten Fahrzeuge, auch die kleineren, verfügen heute über eine Klimaanlage (Sie werden sie schätzen lernen!).

☺ Auf den unbefestigten und teilweise katastrophalen Seitenstraßen sollten Sie lieber ein robustes, wendiges Fahrzeug verwenden.

☝ Bei der Übernahme des Fahrzeugs darauf achten, ob alles funktioniert (bei Campern vor allem die Gas- und E-Anlage testen!), ob der Wagen unbeschädigt ist und ob alle Ausrüstungsgegenstände wirklich an Bord sind. Fehlt bei der Rückgabe etwas oder sind Schäden vorhanden, zahlen Sie dafür, auch wenn das schon bei der Übergabe der Fall war. Lassen Sie sich daher bei der Übergabe Zeit! Schauen Sie gründlich nach! Lassen Sie sich auch erläutern, was die Versicherung deckt und welche Schäden Sie trotz Ausschluß der Selbstbeteiligung zu tragen haben.

Mit dem eigenen Auto

Es ist durchaus möglich, sein **eigenes Auto** (Pkw, Camper, Wohnmobil) für den Urlaub in die USA einzuführen. Die Rentabilitätsgrenze dafür dürfte aber bei mindestens zwei Monaten Aufenthalt liegen. Den **Transport** besorgen Speditionen. Das Fahrzeug muß von der Unterseite gereinigt sein, damit keine Pflanzenreste ins Land gelangen. Dies kann aber auch im Ankunftshafen erledigt werden. Erkundigen Sie sich bei den Speditionen!

Verschiffung von Fahrzeugen

Große Speditionen stehen in den Telefonbüchern, z.B. Kühne & Nagel, Schenker usw. Ein Vergleich der Tarife lohnt sich.

Die **Deugro Carl E. Press KG** verschifft mehrmals monatlich auch "Fremdfahrzeuge" zur Ost-/Südwestküste und wieder zurück; Kosten z.B. für einen VW Camper ohne Hochdach (Deutschland-USA/USA-Deutschland): Region New York $ 765/915; Region Charleston $ 795/940; Houston/Texas $ 815/990; San Diego/Kalifornien $ 915/1.840. Preise inklusive Dampfstrahlung und Handling im Hafen zuzüglich Versicherung (1,1% vom Fahrzeugwert).

♦ **Deugro Carl E. Press KG**, Bei dem Neuen Kran 2, 20457 Hamburg, ☎ 040/3760070.

Auch die Firma **Sea Bridge** verschifft Fahrzeuge. Infos bekommen Sie unter folgender Adresse:

♦ **Sea Bridge**, Detlef Heinemann, Tulpenweg 36, 40231 Düsseldorf, ☏ 0211/ 2108083, FAX 2108097.

Versicherung

Sofern Ihre eigene Versicherung Ihnen nicht schriftlich die Deckung für die USA bestätigt, benötigen Sie eine dort gültige Haftpflichtversicherung. Sie sollten deshalb unbedingt vor der Abreise eine Kurzzeitversicherung abschließen, da sonst wertvolle Urlaubszeit verlorengeht.

♦ Versicherungen vermittelt z.B. Tour Insure, Carl-Petersen-Str. 4, 20535 Hamburg, ☏ 040/25172150, FAX 25172121.

AAA In den USA bietet die American Automobile Association (AAA) kurzfristige Kfz-Versicherungen an. Wenden Sie sich dazu an die örtlichen Büros des AAA.

Zoll

Die **vorübergehende Einfuhr** des Autos ist problemlos. Es kann bis zu einem Jahr mit dem eigenen Kennzeichen gefahren werden; die Zollbehörde stellt dafür ein "Touring Permit" aus.

Wagenkauf

Der **Kauf eines Wagens in den USA** ist problemlos, das Angebot riesig, aber: Preise vergleichen! Schwieriger ist hingegen der Verkauf am Ende der Reise, da man dann unter Zeitdruck steht und häufig unter dem eigentlichen Wert des Wagens verkaufen muß. Für die Versicherung eines gekauften Fahrzeugs gilt das zu eingeführten Wagen Gesagte.

Wegen der unkomplizierten Bauweise vor allem alter amerikanischer Autos brauchen Sie vor höheren Laufleistungen von z.B. 70.000 oder 100.000 Mi keine Angst zu haben. Auch ältere, preiswerte Wagen sind durchaus noch fahrtüchtig. Sie müssen also kaum befürchten, nach wenigen Meilen liegen zu bleiben.

Achten Sie beim Kauf darauf, daß Ihnen eine Besitzurkunde und ein Kaufvertrag ausgehändigt werden. Über die Anmeldeformalitäten informiert Sie jeder Autohändler. Es gibt seit einiger Zeit auch Händler, die Fahrzeuge verkaufen und den **Rückkauf zu einem garantierten Preis** anbieten.

♦ Z.B.: Moturis, ☏ 04222/8799, FAX 6167.

Wagenüberführungen

☺ Als günstige Möglichkeit, vor allem für *Coast-to-Coast*-Reisen, bietet sich das Überführen (*Driveaway*) von neuen und gebrauchten Autos an.

Der Fahrer muß mindestens 21 Jahre alt sein und mindestens $ 100 Kaution hinterlegen können. Als Fahrzeit werden allerdings nur fünf bis sieben Tage (z.B. New York nach San Francisco) vorgegeben. Die Autos sind versichert und teilweise werden auch Benzinkosten, meist die erste Füllung, erstattet. Diese Unternehmen finden Sie in den Gelben Seiten (*Yellow Pages*) unter *Driveaway* oder *Auto-Driveaway*.

- **Auto Driveaway Co**, ☏ 1-800/346-2277.
- **National Auto Transporters Inc**, 8235 Sepulveda Place, Los Angeles, ☏ 818/988-9000.
- **Anthony's Driveaway Inc**, Box 502, East Rutherford, New Jersey 07073, ☏ 201/935-8030.

Sanitäreinrichtungen

Die gewissen Örtchen finden Sie in Parks oder sonst in der Öffentlichkeit unter der Bezeichnung *Restrooms*. Sie sind meist erstaunlich sauber und stets kostenlos.

Sicherheit

Die hierzulande weit verbreitete Meinung von der hohen Kriminalität in den USA wird der Reisende - hoffentlich - nicht bestätigt finden. Besonders auf dem Lande ist die Gefahr, einer Straftat zum Opfer zu fallen, wohl ungleich geringer als das Risiko, mit dem Auto zu verunglücken.

Anders mag es in bestimmten Gegenden der Großstädte sein, jedoch selbst in Seattle kann man sich zumindest tagsüber ziemlich unbekümmert bewegen. Nachts sollte man vorsichtig sein.

Die **gefährlichsten Orte** für Diebstähle sind Orte mit vielen Menschen, also z.B. Flughäfen, Bahnhöfe und Busstationen. Um sich insbesondere vor (Taschen-)Dieben zu schützen, sollten Sie immer ein waches Auge auf Ihr Gepäck, speziell Papiere und Geld haben. Für Geld und Wertsachen empfiehlt sich der altbewährte **Brustbeutel**. Wer ganz sicher gehen will, sollte diesen nicht um den Hals tragen, da bei der leichten

Kleidung, die man im Nordwesten trägt, jeder das gute Stück gleich sieht. Binden Sie ihn lieber von innen an den Gürtel der Hose. Besser noch sind **Geldgürtel**, wobei jene, die den normalen Gürtel ersetzen, wohl die beste Lösung sind.

Ansonsten sollte man durch sein Verhalten dafür sorgen, daß ein Dieb gar nicht erst auf die Idee kommt, es könnte sich bei Ihnen lohnen:

✱ Schließen Sie stets den Wagen ab, lassen Sie keine Wertsachen darin liegen und schon gar nicht sichtbar. Das "Vergraben" von Wertsachen sollte man erledigt haben, bevor man auf dem Parkplatz ankommt! In Nationalparks und bei sonstigen Sehenswürdigkeiten wird stets darauf hingewiesen, daß besondere Diebstahlgefahr besteht (viele Menschen) - beherzigen Sie das.

✱ In den Zentren der Großstädte - wo das Parken sowieso ein Problem ist - lieber ein paar Dollar für einen bewachten Parkplatz investieren (Preise vergleichen!), dort wird viel seltener ein Auto "geknackt".

✱ Ein besonderes Augenmerk sollte auch Ihrem Flugticket gelten. Denn: Geht es verloren, ist die Fluggesellschaft nicht verpflichtet, Ersatz zu leisten. Notieren Sie sich irgendwo die Flugscheinnummer, das ausstellende Büro und das Ausstellungsdatum, damit Sie bei Verlust wenigstens etwas vorweisen können.

✱ Paß (Foto- und Visumseite), Ausweise, Führerschein, Flugticket fotokopieren und getrennt vom Original aufbewahren. Selten wird alles gestohlen, und wenn man wenigstens eine Kopie hat, geht z.B. die Ausstellung von Ersatzpapieren problemloser.

Wichtig ist es, sich bei einer eventuellen **Polizeikontrolle** richtig zu verhalten, denn in den USA schießt die Polizei schneller als bei uns - und trifft wohl auch besser. Und eine harmlose Kontrolle kann durch falsches Verhalten des Touristen zu einem Drama werden. Deshalb:

✱ Die Polizei stoppt Fahrzeuge nicht wie bei uns durch Überholen und Heranwinken. Sehen Sie hinter sich einen Polizeiwagen, der das Blaulicht angeschaltet hat und die Scheinwerfer ständig aufblendet, sollten Sie sofort rechts heranfahren und anhalten.

✱ Bleiben Sie in jedem Fall im Wagen und auf Ihrem Platz.

✱ Lassen Sie, wenn der Polizist an Ihr Fahrzeug kommt, Ihre Hände deutlich sichtbar am Lenkrad.

✱ Wenn er am Wagen steht, greifen Sie nicht unvermittelt nach unten, in Ihre Tasche usw. - er könnte denken, Sie zögen eine Waffe.

✱ Machen Sie ihm so schnell wie möglich klar, daß Sie aus Deutschland kommen.

✱ Geben Sie vor, nicht richtig Englisch verstehen und sprechen zu können, vielleicht vermeiden Sie so als "dummer Ausländer" ein Knöllchen ...

✱ Widerworte helfen meist nicht viel, die Highway Patrol besteht überwiegend aus "kleinen Königen"! Spielen Sie lieber den unwissenden, reumütigen, braven Touristen, der es auch ganz bestimmt nicht wieder tun wird - seien Sie dankbar, daß man Sie auf ein eventuelles Fehlverhalten aufmerksam gemacht hat.

Sport und Hobby

Wassersport

Während in den wüstenartigen Gegenden Idahos, Oregons und Wyomings kaum Möglichkeiten zum Kanufahren bestehen, sind die bergigen und flußreichen Nordteile dieser Staaten sowie weite Teile Washingtons und Montanas durchaus gute Kanugebiete. Die Flüsse sind z.T. recht schwierig (hängt aber auch sehr stark vom jeweiligen Wasserstand ab) und erfordern daher schon einiges Können. Unbedingt vorher erkundigen, z.B. an den örtlichen Stations der Forest Rangers.

Trotz der ausgedehnten Küstenlinien in Oregon und Washington sind die Möglichkeiten für Wassersport sehr eingeschränkt. Grund: oft schlechtes Wetter (Nebel, Wind), kaltes Wasser, gewaltige Brandung. Das in Kalifornien populäre **Brandungssurfen** wird an der Küste Oregons und Washingtons daher kaum betrieben und auch Segeln ist wenig verbreitet, mit Ausnahme des Puget Sound bei Seattle.

Windsurfing erfreut sich nun auch in den USA steigender Popularität - vor allem auf den Seen im Landesinnern. Die Möglichkeiten, Gerät zu leihen, sind noch selten, nehmen aber ständig zu.

Wandern

Viele der Naturschönheiten lassen sich erst zu Fuß wirklich in ihrer ganzen Pracht erschließen. Oft bedarf es in den recht unbesuchten Teilen des Nordwestens nur einiger Schritte abseits der Straße und Sie haben hautnahen Kontakt mit der Natur.

Aber: Wandern im Gebirge ist nicht ohne Risiken: plötzliche Wetterstürze können Sie schneller in Gefahr bringen, als man es als zivilisationsgeschädigter Mitteleuropäer glaubt. Daher unbedingt von kompetenter Seite beraten lassen und vorab nach Wetter usw. erkundigen. Hilfreich sind dabei immer die Ranger der National Forests. Wer in den Wüstengebieten, z.B. in Oregon wandern will, sollte sich gleichfalls informieren.

- ***Wüstensurvival***, Basiswissen für Draußen (Band 20), von Dick und Sharon Nelson, Conrad Stein Verlag, Kronshagen, ISBN 3-89392-120-6, DM 14,80.
- ***Wetter***, Basiswissen für Draußen (Band 13), von Michael Hodgson und Meeno Schrader, Conrad Stein Verlag, Kronshagen, ISBN 3-89392-113-3, DM 12,80.

Sofern Sie beabsichtigen, in einem Park zu wandern, Kanu zu fahren, zu reiten o.ä., müssen Sie sich erkundigen, ob Sie dazu eine Erlaubnis benötigen (**Permit**), ☞ National Parks, National Monuments, State Forests.

☺ Wer keinerlei Wandererfahrung besitzt, sollte sich zunächst einmal einer geführten Wanderung der Park Rangers in einem National Park oder Monument anschließen, da man dabei eine Menge Informationen über die Natur, ihre Gefahren, aber auch ihre Schönheit sammeln kann.

Nehmen Sie Ihre **Abfälle** von der Wanderung wieder mit in die Zivilisation zurück!

Reiten

Es ist möglich, Pferde zu mieten und Ausritte zu unternehmen. Dazu benötigt man kaum mehr als ein Paar feste Schuhe, alles andere erhält man mit den Pferden. Reizvoll sind die oft recht teuren Angebote für mehrtägige "Trailrides", die meist in landschaftlich ausgesprochen schöne Gegenden führen. Infos erteilen die Touristeninformationen in den einzelnen Staaten (☞ Information). Die Reitställe verfügen über leicht zu reitende Pferde für Anfänger, aber auch über anspruchsvolle Tiere für den erfahrenen Reiter.

Golf

Weit verbreitet ist Golf. Es gibt diverse Privatclubs, die für Touristen ohne Beziehungen nicht zugänglich sind, aber auch viele öffentliche Golfanlagen, auf denen man gegen ein geringes Entgelt spielen kann.

Radfahren

Besonders beliebt geworden ist das Radfahren in den USA. In einigen Parks und in Städten kann man Räder mieten.

Off-Road-Driving

Schließlich sei noch auf ein ganz besonderes, typisch amerikanisches Freizeitvergnügen hingewiesen: **Off-Road-Driving**, das leider oft umweltzerstörerische Fahren mit allradgetriebenen Wagen abseits der Straßen.

In vielen Parks, National Forests usw. bieten sich oft auf Forstwegen Verhältnisse, wie es sie anderorts nur auf Off-Road-Trails gibt. Eine besondere Art des Off-Road-Vergnügens findet man in der Oregon Dunes NRA: Dort kann man mit **Dune Buggies** durch die gewaltigen Sanddünen fahren.

Tanken

Tanken ist an markenlosen Tankstellen immer billiger als an Markentankstellen. Barzahlung ist manchmal günstiger als Zahlung mit Kreditkarte. *Full Service* ist oft teurer als *Self Service*.

☹ Eingebürgert hat sich, daß man oft zuerst zahlen muß. Man gibt seine Kreditkarte ab, sagt die Tanksäule an und tankt - oder man sagt, für wieviel Dollar man tanken will und zahlt. Bekommt man nicht soviel in den Tank wie angegeben, wird der Rest meistens zurückgezahlt (besser vorher fragen).

Inzwischen gibt es auch schon Tanksäulen, in die man seine Kreditkarte einschiebt, tankt, seinen Kreditkartenslip aus dem Drucker in der Säule nimmt und vom Hof fährt - ohne auch nur mit einem Menschen gesprochen zu haben.

Zum Teil sind diese Säulen so konzipiert, daß Sie zuerst das gewünschte Benzin vorprogrammieren müssen (*Super* oder *Extra*, *Leaded* oder *Unleaded* usw.), denn alles kommt aus derselben Zapfpistole!

☺ Apropos Zapfpistole: Solange Sie einen Hebel der Halterung, in der die Zapfpistole hängt, nicht drehen oder hochdrücken, fließt kein Sprit - eine Sicherung (?), die mir immer unverständlich geblieben ist.

☞ In den einsamen Wüstengegenden in Oregon oder Wyoming sollte man stets auf einen gefüllten Tank achten!

Unterkunft

Hotels und Motels

finden Sie überall in großer Zahl. In den Städten liegen sie meist an den wichtigen Ausfallstraßen und in den Stadtzentren. Mit Ausnahme einiger touristisch sehr interessanter Gegenden ist es selbst in der Hochsaison meist kein Problem, ein freies Zimmer (Schild: *Vacancy*) zu bekommen.

Es gibt keine generellen Qualitätsunterschiede zwischen den Bezeichnungen "Hotel", "Motel", "Motor Inn", "Motor Lodge" usw. Ein offizielles Klassifikationssystem gibt es auch nicht, die sanitäre Ausstattung der Zimmer ist selbst in den unteren Preisklassen recht ordentlich.

Bei gehobenen Häusern gehören Farb-TV, Telefon usw. stets zur Ausstattung. Die Schlafgelegenheit besteht aus einem französischen Bett (*Double Bed Room*) oder zwei breiten Einzelbetten (*Twin Bed Room*).

Die Bezeichnung "Lodge" oder "Resort" beschreibt meist eher rustikale Unterkünfte, die es in allen Preisklassen gibt.

☺ Sehr preiswert, einfach, aber ordentlich sind die **6-Motels** (DZ ab ca. $ 30) und **Super-8-Motels** (etwas teurer).

☺ In mittlerer bzw. gehobener Preisklasse fährt man mit **Best Western**, **Quality Inn**, **Days Inn** und **Holiday Inn** nicht schlecht (ab $ 45 pro DZ, oft aber teurer, teilweise über $ 100).

Die Preisuntergrenze für ein Doppelzimmer liegt bei $ 25 (für diesen Preis werden Sie allerdings in der Hochsaison nahe den Touristenattraktionen kein Zimmer finden), nach oben gibt es keine Grenzen. Bei billigen Zimmern ist die Einrichtung oft schlicht und bescheiden, aber trotzdem relativ sauber. Nur in den Innenstädten machen solche Häuser manchmal einen verkommenen Eindruck.

Zimmer vorher ansehen - ist in den USA durchaus üblich - und auf Sauberkeit und Publikum checken! Man sollte vor allem in der Nebensaison auf Sonderangebote achten.

☺ Die Preise werden normalerweise pro Zimmer angegeben.

Bei Unterkünften, die gleichzeitig auch Verpflegung anbieten, unterscheidet man zwischen:

MAP	Modified American Plan	Halbpension
AP	American Plan	Vollpension
EP	European Plan	Übernachtung ohne Frühstück

Der Preis ist speziell in diesen Häusern jedoch nicht pro Zimmer, sondern pro Person angegeben.

☺ Wenn Sie Hotels der oberen Mittelklasse benutzen wollen, können Sie schon in Deutschland für bestimmte Hotel-/Motelketten Gutscheine erwerben (z.B. **Ramada Inn** oder **Holiday Inn**); die Übernachtungspreise sind dann günstiger. Teilweise wird am Ort allerdings ein Aufschlag erhoben - vorher hier erkundigen.

Reservierungen
Unter folgenden Telefonnummern und Adressen können Sie bei den einzelnen **Hotel-/Motelketten Reservierungen** vornehmen:

- Best Western ☎ 1-800/528-1234,
- Quality Inn ☎ 1-800/221-2222,
- Days Inn ☎ 1-800/DAYS-INN,
- Holiday Inn ☎ 1-800/23-HOTEL,
- Econo Lodge ☎ 1-800/55-ECONO,
- Budget Host Inn ☎ 1-800/BUD-HOST,
- Hilton Hotel ☎ 1-800/336-3676,
- Howard Johnson's ☎ 1-800/654-2000,
- Hyatt Hotel ☎ 1-800/228-9000,
- Ramada Inn ☎ 1-800/228-2828,
- Sheraton Hotels & Inns ☎ 1-800/325-3535,
- Super-8-Motel ☎ 1-800/800-8000,
- Travelodge ☎ 1-800/367-2250,
- Vagabond Inn ☎ 1-800/522-1555,
- 6-Motel ☎ 505/891-6161; aus Deutschland über AAR, 49492 Westerkappeln, ☎ 05404/96080, FAX 960811.

☺ Mit der Reservierung von zu Hause aus legen Sie sich bezüglich Ihrer Reiseroute sehr fest. Besser: Von unterwegs das gewünschte Hotel anrufen und reservieren. Alle Ketten geben auch Verzeichnisse heraus.

Bed & Breakfast

B & B gibt es in zunehmender Zahl auch in den USA. Anders als z.B. in Großbritannien oder Skandinavien sind diese Unterkünfte in den USA aber deutlich teurer als viele Hotels und liegen etwa auf dem Preisniveau der gehobenen Mittelklasse.

YMCA und YWCA

YMCA und **YWCA**, der christliche Verein junger Männer bzw. Frauen, bieten Unterkunft zu niedrigen Preisen in fast allen größeren US-Städten. Sie liegen fast auf Hotelniveau, sind sauber, haben aber meist keine Familienräume, so daß Paare getrennt schlafen müssen.

Jugendherbergen

Das Jugendherbergswesen ist in den USA kaum entwickelt; es gibt nur ca. 120, einige Staaten haben nicht eine einzige Jugendherberge! An touristisch interessanten Orten, insbesondere in der Hauptreisezeit, sind die wenigen Jugendherbergen stets voll; Jugendherbergsausweis erforderlich.

♦ Deutscher Jugendherbergsverband, Bülowstr. 26, 4930 Detmold (Verzeichnis gegen Entgelt).

☺ In den Büros und den Herbergen in den USA ist das Verzeichnis gratis.

♦ AYH, American Youth Hostels, 733-15th St NW, Suite 840, Washington DC 20005, ☎ 202/783-6161.

♦ AYH Golden Gate Council, 425 Divisadero St, Suite 307, San Francisco, CA 94117, ☎ 415/863-9939, FAX 863-3865.

♦ AYH Los Angeles Council, 1434-2nd St, ☎ 310/393-3413, FAX 393-1769.

Es gibt allerdings auch private sogenannte *Hostels*, die günstige Übernachtungsmöglichkeiten bieten. Sie haben keinen einheitlichen Standard, bieten manchmal sehr saubere Doppelzimmer in gepflegter Umgebung mit kostenlosem Kaffee oder Tee am Morgen, können aber auch ehemalige Hotels mit einem schmuddeligen Ambiente sein, die nicht jedermanns Geschmack sind. Also unbedingt vorher ansehen.

Miethütten

Die KOA-Campingplatzkette hat auf vielen ihrer Plätze hübsche kleine Blockhütten, die man mieten kann. Sie haben zwei oder vier Betten in ein oder zwei Räumen, Tisch, Hocker und Veranda. Schlafsäcke und Kocher muß man mitbringen, Sanitäreinrichtungen werden auf dem Zeltplatz mitbenutzt. Reservierung ratsam.

♦ Kosten: 2-Bett-Hütte ca. $ 25 bis 40, 4-Bett-Hütte ca. $ 30 bis 50.

Camping

Beim Camping kann man die großartige Natur am besten erleben. Zeltplätze gibt es viele mit unterschiedlicher Ausstattung und zu allen Preisen.

Grundsätzlich gilt das Preis-pro-Platz-System. Es wird also nicht, wie in Europa vielfach üblich, für Zelt, Auto und jede Person jeweils einzeln bezahlt, sondern es gibt einen Pauschalpreis für einen Stellplatz.

Es gibt einerseits (noch) einige kostenlose und auch billige staatliche Plätze, andererseits aber auch teure Privatplätze (z.B. in San Francisco über $ 30/Nacht!); gegebenenfalls Campingführer kaufen. Insgesamt sind die Preise für Zeltplätze in den vergangenen Jahren erheblich gestiegen.

In National Parks, Monuments und Recreation Areas werden vom National Park Service Plätze unterhalten. Der Ausrüstungsstand ist unterschiedlich, teilweise sind sehr ordentliche Duschen usw. vorhanden, nur selten sind es Primitivplätze mit Trockentoiletten (Plumpsklos). Preis: $ 8 bis 15 pro Nacht und Platz. Die meisten staatlichen Plätze beinhalten Bank, Tisch und Feuerstelle mit Grillrost; Feuerholz muß mitgebracht werden.

Viele der Parks, in denen die Plätze liegen, sind so populär, daß die Plätze in der Hochsaison überfüllt sind. Frühes Eintreffen oder, wo dies möglich ist, eine Reservierung ist empfehlenswert.

Ausweichplätze (*Overflow*) wie z.B. im Banff oder Jasper NP in Kanada gibt es in den USA nur selten, man muß meist aus dem Park wieder heraus und dann irgendwo anders sein Glück versuchen.

Eher in einsamen Gegenden und mit einfacher Einrichtung liegen die **Plätze des Bureau of Landmanagement**. Sie sind nie überfüllt, manchmal aber schwer zu finden. Daneben unterhalten Gemeinden, Städte und die Bundesstaaten Plätze unter den verschiedensten Bezeichnungen, z.B. State, County Parks usw.

♦ Bureau of Landmanagement, ☎ 1-800/47-SUNNY.

🕮 Auf der kostenlosen Karte ***BLM - National Recreation Guide*** sind über 200 BLM-Campgrounds als Auswahl verzeichnet.

Private Plätze gibt es insbesondere in den Städten bzw. nicht weit von ihnen sowie nahe den großen Sehenswürdigkeiten. Sie sind bei weitem nicht so großzügig angelegt, verfügen dafür aber meist über Strom-, Wasser- und Abwasseranschlüsse für die Camper (sogenannte *Hook-ups*), Duschen, Waschmaschinen usw.

Die bekannteste Campground-Kette ist **KOA** (Kampgrounds of America), deren Plätze gut ausgestattet, aber nicht ganz billig und z.T. etwas eng sind. Preis: ca. $ 15 bis 30 pro Nacht und Platz, Zuschlag ab drei Personen. Reservierungen sind bei Privatplätzen (z.B. bei KOA) stets möglich.

☺ Seit ein paar Jahren kann man auch in einigen sehr besuchten National Parks auf einigen der dortigen Plätze Reservierungen vornehmen (ist bei den Parkbeschreibungen vermerkt).

Bei einigen State Parks ist das ebenfalls möglich - in den sehr beliebten, vor allem in Kalifornien, sogar unerläßlich.

♦ MISTIX, ☎ 1-800/444-4445, Reservierungen für State Parks in Kalifornien.

In den **National Forests** ist überall **Wildcampen** gestattet - wenn nicht, ist es ausdrücklich verboten!

Ist der Park voll, fahren Sie dorthin und nächtigen neben einem Seitenweg o.ä. Auch die einfachen Zeltplätze in den National Forests sind selten voll, außer in den touristisch interessanten Gebieten.

Außer in den National Forests ist Wildcampen meist schwierig. Selbst in der Wüste sind die Straßen eingezäunt, da das Land neben der Straße Privatbesitz ist. Dort sollte man nie ohne Erlaubnis des Eigentümers campieren (Schild: *No Trespassing*).

Grundsätzlich untersagt ist das wilde Campen im Bereich der **National Parks**, **Monuments** usw. Dringend abzuraten ist von wildem Campen in der Nähe von oder in größeren Städten. Zwar schien mir wildes Campen auf dem Lande ungefährlich zu sein, dennoch sollte man dafür sorgen, daß man von der Straße aus nicht gleich gesehen wird.

Es gibt Campingplatzverzeichnisse des AAA, die aber nicht vollständig sind und vor allem Plätze in National Parks, National Monuments, National Forests usw. aufführen. Privatplätze sind nur in geringer Auswahl genannt.

♦ Umfassend hinsichtlich privater Plätze ist ***Woodall's Campground Directory***, hat aber den Umfang eines mittleren Telefonbuches.

Eine Auswahl an Plätzen finden Sie bei den jeweiligen Ortsbeschreibungen in diesem Buch.

Verkehrsregeln

Insgesamt ist das Fahren in den USA von Entspanntheit und Gelassenheit geprägt. Außer in den Großstädten und dichter besiedelten Gebieten ist die Verkehrsdichte gering und die Amerikaner fahren meist defensiv und rücksichtsvoll, wenn auch teilweise etwas "trottelig".

Im Laufe der vergangenen Jahre hat sich allerdings das Fahrverhalten der Amerikaner verändert: Kaum jemand hält sich an die Tempolimits;

Überholverbote usw. werden selten ernstgenommen, auf den Freeways wechselt man viel häufiger als früher die Spur, um schneller vorwärts zu kommen - und auch die Lichthupe wird nicht selten zum Drängeln benutzt. All dies ist allerdings in verkehrsreichen Gebieten wesentlich stärker ausgeprägt als in den einsamen Gegenden des Nordwestens.

☝ Die orangefarbenen **Schulbusse** genießen ganz besondere Beachtung: Sie dürfen, wenn das Blinklicht eingeschaltet ist, auf keinen Fall passiert werden - auch nicht, wenn man dem Bus entgegenkommt!

Achten Sie unbedingt auf die **Tempolimits an Schulzonen**, die stets gesondert angezeigt werden, hohe Strafen bei Nichtbeachtung!

✱ **Ampeln** befinden sich immer auf der anderen Seite der Kreuzung. Bei roter Ampel ist das **Rechtsabbiegen** nach einem Halt gestattet, außer, wenn es durch ein Schild verboten wird. Rot blinkende Ampeln haben die Funktion eines Stoppschildes. Gelb blinkende Ampeln mahnen zur Vorsicht.

✱ Eine weitere Besonderheit sind die **4-Way-Stops**, Kreuzungen, an denen jeder der Ankommenden zunächst anzuhalten hat. Der zuerst Eintreffende darf dann als erster weiterfahren.

✱ Fußgänger auf Zebrastreifen haben immer Vorrang.

🅿 **Parken** ist außer in den Downtown Areas der Großstädte kein Problem. Strafgelder für falsches Parken sind erträglich, wenn's im Parkverbot ist. Hüten Sie sich aber davor, im absoluten Halteverbot, vor Hydranten oder an rot markierten Bordsteinen zu parken: Man schleppt Ihren Wagen ab, noch bevor Sie sich umgesehen haben!

Die **farbig bemalten Bordsteinkanten** an den Bürgersteigen dienen nicht etwa der Verschönerung des Straßenbildes, sondern zeigen Parkverbote bzw. -einschränkungen an. Bitte unbedingt beachten!

- Rot: Halten und Parken verboten.
- Gelb: 30 Minuten zum Be- und Entladen für Lastwagen erlaubt.
- Grün: 10minütiges Parken erlaubt.
- Weiß: 5minütiges Halten zum Aus- und Einsteigen erlaubt.
- Blau: Parken nur für Behinderte ($ 500 Strafe)!

☝ Rigoros abgeschleppt wird an *Tow Away*-Schildern, Ausfahrten, Bushaltestellen und Hydranten.

Achten Sie auch auf Zusatzschilder, z.B. daß an bestimmten Tagen zu den angegebenen Zeiten Parken völlig untersagt oder nur für kurze Zeit erlaubt ist. Achten Sie auch auf Zonen, in denen nur Anwohner parken dürfen.

1. Höchstgeschwindigkeit 50 **Meilen** pro Stunde (80 km/h) 2. Gleichberechtigte Straße von rechts 3. Gleichberechtigter Querverkehr 4. Diese Fahrspur **muß** links abbiegen 5. Rechts vorbeifahren 6. Wenden verboten 7. **Nur** geradeaus fahren od. links abbiegen

8. Bahnübergang 9. Weiche Straßenränder 10. Vorfahrt achten 11. Markierung von Fahrspuren 12. Straßen-Mittelstreifen darf nur überfahren werden, wenn kein anderes Fahrzeug behindert wird 13. Doppelstreifen darf auf keinen Fall überfahren werden

Wer falsch parkt, hat insbesondere in Los Angeles oder San Francisco gute Chancen, einen **Strafzettel** zu bekommen (kostet $ 20 bis $ 30!). Wenn man nicht zahlt, passiert meistens nichts. Sollte die Autoverleihfirma belangt werden, so wird diese sich allerdings an Ihrem Kreditkartenkonto schadlos halten!

* Das **Tempolimit** liegt in Ortschaften meist bei 35 mph, ist aber immer angezeigt, sonst gelten 55 mph (88 km/h). Auf den meisten Interstate Highways gilt heute 65 mph, neuerdings vielfach auch schon 70 mph. Außerorts hält sich aber kaum jemand daran, und oft wird man mit 55 mph geradezu ein Verkehrshindernis, was einem durch Blinken und Hupen unmißverständlich gezeigt wird.

Auch wenn 65 bis 70 mph auf den 55-mph-Stücken der Freeways die Regel sind - die Polizei kontrolliert und kassiert, und der mit den Tarnungen und Tricks der US-Polizei nicht vertraute Ausländer wird besonders leicht erwischt.

Straßensystem

Für die **Orientierung** ist es wichtig zu wissen, welche Nummer der Highway hat und in welche Richtung man ihn benutzen will. Die

Wegweiser weisen oft z.B. nur "US-97 Nord" aus; wenn Ortsnamen angegeben werden, sind dies manchmal kleine entfernte Nester.

Fernstraßen
Interstate Highways (z.B. I-90): fast durchgängig vierspurig, in gutem Zustand, mit unseren Autobahnen zu vergleichen. Gekennzeichnet mit einem rot-weiß-blauen, wappenähnlichen Schild mit weißer Schrift.
US Highways (z.B. US-2): größere Durchgangsstraße, gekennzeichnet durch Schild mit schwarzen Zahlen auf weißem Grund.
State Highways (z.B. SR-28 o. Wyoming 28): gekennzeichnet mit Straßennummer und Staatsnamen, verschiedene Farben/Formen der Schilder.

Darüber hinaus gibt es zahlreiche **County Roads** (CR) und **Forest Roads** (Forstwirtschaftswege - FR). Bei letzteren sollte man stets auf schlechten Zustand gefaßt sein. In den Indianerreservaten tragen die Straßen keine einheitliche Beschilderung und Bezeichnung.
Freeway: große Durchgangsstraße, autobahnähnlich.
Expressway: ebenfalls eine Schnellstraße, die aber nicht kreuzungsfrei sein muß.
Turnpike: autobahnähnliche Schnellstraße, gebührenpflichtig.
Bypass: Umgehungsstraße.
Gravel Road: Schotterstraße, einigermaßen wetterfest und meist für alle Wagen befahrbar.
Dirt Road: unbefestigte Sand- oder Kieswege, die meist sehr rauh sind, nur mit einem robusten Wagen befahrbar. Nach Regenfällen weichen sie oft auf und verwandeln sich in **grundlosen Morast**. Daher unbedingt vorher nach der Befahrbarkeit erkundigen.
Jeep Road: nur für Allradfahrzeuge befahrbar.

Unbezeichnete Straßen, aber auch County oder Forest Roads sind oft solche **Dirt Roads**. Diese Wege sind manchmal ohne Brücken angelegt. In Wüstengegenden z.B. in Ost-Oregon führen sie teilweise durch meist trockene Bachbette (**Washes**). Diese können sich jedoch in den Wüstengegenden bei heftigen Sommergewittern schnell in reißende kleine Ströme verwandeln! Fahren Sie dann nicht durch derartige Washes hindurch, und zelten Sie nie in einem trockenen Wash. Dabei kommen jedes Jahr mehrere Menschen um!

Das Nummernsystem der Interstate, US und State Highways
Bei gerader Zahl verläuft die Straße in Ost-West-Richtung, Beispiel: I-40, bei ungerader Zahl verläuft die Straße in Nord-Süd-Richtung, Beispiel: I-5. Häufig wird diesen Straßen im Bereich der Städte noch

eine Zahl davorgesetzt, um sie als Stadtdurchfahrt oder Abzweiger zu kennzeichnen, Beispiel: aus I-5 wird I-405.

Eine **Junction** ist eine Abzweigung oder Kreuzung, wobei die zusätzlich genannte Straße diejenige ist, auf die man abzweigen kann. Beispiel: Jct I-90 West ist die Abzweigung (hier Ausfahrt) zur I-90 nach Westen.

Die **innerörtlichen Straßennetze** sind oft schachbrettartig aufgebaut und nach kurzer Gewöhnung an die Verwendung von Nummern statt Namen für die Straßen findet man sich gut zurecht.

Hausnummern weisen für unsere Begriffe ungewöhnlich hohe Zahlen auf. Das rührt daher, daß sie nicht durchnumeriert werden, sondern jeweils bei einem neuen Block (ein Block ist der Straßenabschnitt von einer Querstraße bis zur nächsten) mit einem neuen Hunderter beginnen. Beispiel: zwischen 3. und 4. Querstraße gibt es drei Häuser 300, 301, 302, nach der 4. Querstraße geht's mit 400, 401 usw. weiter.

Versicherungen

Kfz-Versicherung

☞ Reisen innerhalb der USA, Mit dem eigenen Auto.

Reisekrankenversicherung

Die Auslandsreisekrankenversicherung (ab ca. DM 20/Jahr, erkundigen Sie sich bei Ihrer Krankenkasse nach entsprechenden Unternehmen) ist nicht zuletzt wegen der hohen Arztkosten die wichtigste Versicherung für eine Reise in die USA. Aber: Vorbeugen ist besser, daher Medikamente für die wichtigsten Fälle mitnehmen. Rat erhalten Sie von Ihrem Hausarzt oder Ihrem Apotheker. Insbesondere sollte man Zahnproblemen vorbeugen, da man selbst bei starken Schmerzen oft erst nach Wochen einen Termin beim Zahnarzt erhält. Daher gilt: Lassen Sie vor der Reise noch einmal alles kontrollieren. Von den anfallenden Kosten übernimmt die gesetzliche Krankenversicherung nur den Teil, der bei einer entsprechenden kassenärztlichen Behandlung in Deutschland angefallen wäre. Dies ist nur ein Bruchteil der in den USA tatsächlich entstehenden Kosten.

Privatversicherte sollten sich bei ihrer Krankenversicherung informieren, ob diese die in den USA anfallenden Behandlungskosten in voller Höhe übernimmt. Es gibt viele Reisekrankenversicherungen, die in Preis und Leistungen starke Unterschiede aufweisen. Vergleichen!

Angebote erhält man in Reisebüros, über Reiseveranstalter und beim ADAC. Günstiger Versicherungsschutz z.B. über Eurocard oder Visa, wenn das Flugticket mit einer dieser Kreditkarten bezahlt wurde! Da eine

Reisekrankenversicherung erst bei Vorlage von Belegen (Versicherungsbedingungen lesen!) eine Erstattung der gezahlten Beträge vornimmt, sind alle Rechnungen in den USA zunächst aus eigener Tasche zu bezahlen - ein manchmal kaum lösbares Problem (☞ Geld).

☺ Wer längere Zeit in den USA weilt, sollte prüfen, ob er sich bei seiner hiesigen Krankenversicherung auf "Anwartschaft" setzen lassen kann, wofür oft ein Beitragsnachlaß gewährt wird - eine Reisekrankenversicherung natürlich vorausgesetzt.

Reisegepäckversicherung

Eine Reisegepäckversicherung ist sinnvoll. Durch häufigen Mißbrauch ist es jedoch schwierig geworden, eine gesonderte Reisegepäckversicherung abzuschließen - jedenfalls ist es dann recht teuer. Überwiegend werden diese Versicherungen in einem Versicherungspaket zusammen mit Reiseunfall-, Haftpflicht- und Krankenversicherung angeboten. Das kann lohnend sein, weil das ganze Versicherungspaket manchmal billiger ist als Reisekranken- und Reisegepäckversicherung einzeln. Andererseits lohnt ein Paket nur dann, wenn nicht schon die eigene Privathaftpflicht für Schäden aufkommt und eine Unfallversicherung sowieso besteht.

Tritt der Versicherungsfall ein, so lassen Sie sich den Verlust bestätigen (z.B. Kopie der Anzeige bei der Polizei). Die Reisegepäckversicherung ersetzt ebenfalls Beschädigungen der Koffer beim Flug. Am Ankunftsflughafen den Schaden anzeigen und Bestätigung geben lassen.

✋ Achten Sie bei der Gepäckversicherung darauf, daß die **Versicherungssumme** den Neuwert des gesamten Reisegepäcks deckt, da sonst im Schadensfall nur teilweiser Ersatz geleistet wird!

Reiserücktrittsversicherung

Die Versicherung ist oft schon im Preis der gebuchten Reise enthalten. Ansonsten sollten Sie sich genau überlegen, ob sich ein Abschluß lohnt - Reiserücktrittsversicherungen sind meist recht teuer und erstatten eventuelle Kosten nur in ganz bestimmten Fällen (z.B. Krankheit).

Wintersport

Arizona

⛷ Fairfield Snow Bowl, ☎ 520/779-4577 (bei Flagstaff am 3.860 m hohen Humphreys Peak).

- ♦ Sun Rise Ski Resort, ☏ 1-800/772-7669 (im Apachen-Reservat der White Mountains).
- Mormon Lake Ski Touring Center, ☏ 520/354-2240 (südlich von Flagstaff).

Colorado

- Colorado Ski Country, Civic Center Plaza, 1560 Broadway, Suite 1440, Denver, CO 80202, ☏ 303/837-0793. Auskunft über Alpinskigebiete in Aspen, Snowmass, Buttermilk Mountain, Vail, Beaver Creek, Breckenridge, Steamboat, Purgatory, Telluride und Winterpark.
- Colorado Cross Country Ski Association, Box 1336, Winterpark, CO 80482. Auskunft über Loipenskigebiete in Aspen, Keystone Resort, den Tenth Mountain Trail, die Ski Tip Lodge, Home Ranch und Vista Verde Ranch.

Kalifornien

- Yosemite NP, Badger Pass von November bis März sowie ca. 150 km markierte Loipen.

New Mexico

- Ski New Mexico, Box 1104, Santa Fe, NM 87504, ☏ 505/984-0606.
- Taos Ski Valley.
- Enchanted Forest Ski Area, ☏ 505/754-2374 (nördlich von Taos).

Utah

- Ski Utah, 307 W 200 South, Salt Lake City, UT 84101, ☏ 801/534-1779. Auskunft über Alpinskigebiete in Deer Valley und Snowbird sowie über Alpin-/Loipenskigebiete in Alta, Park City.

Zeit

Der in diesem Buch abgedeckte Teil der USA folgt einmal der **Mountain Time** (Montana, Idaho - südlich des Salmon River -, Wyoming, Nebraska und South Dakota), die acht Stunden hinter der MEZ liegt, und zum anderen der **Pacific Time** (Washington, Oregon, Idahos Norden), neun Stunden zurück.

Im Sommer (April bis Oktober) gilt im gesamten Gebiet, mit Ausnahme von Arizona, **Sommerzeit** (*Daylight Saving Time*), bei der die Uhr eine Stunde vorgestellt wird.

☞ In den USA wird die 12-Stunden-Uhr benutzt: Zeitangaben folgt entweder der Zusatz "a.m." = 24:00 bis 12:00 oder "p.m." = 12:00 bis 24:00.

Zoll

Generell erlaubt ist die Mitnahme von Campingausrüstung, Faltboot, Kanu nebst Zubehör, Angelgerät, Sportartikeln, Fotoausrüstung, Tonbandgerät, Schreibmaschine usw., sofern diese Dinge dem persönlichen Gebrauch dienen und wieder ausgeführt werden. Hegt der Zoll den Verdacht, daß diese Sachen in den USA verkauft werden sollen, so kann die Hinterlegung einer Kaution angeordnet werden, die man bei Nachweis der Ausfuhr am Ende der Reise erstattet bekommt.

Zollfrei sind: 0,946 l (1 quart) Alkohol für Personen über 18 Jahre; 300 Zigaretten oder 50 Zigarren oder 3-US-Pfund Tabak bzw. entsprechende Anteile davon; Geschenke bis zum Wert von $ 100, sofern man länger als 72 Stunden in den USA verweilt und von diesem Recht innerhalb der letzten Monate nicht schon einmal Gebrauch gemacht hat. Unter diesen Geschenken darf auch eine Gallone (3,78 l) Alkohol und bis zu 100 Zigarren zusätzlich zu den oben genannten Mengen sein.

Wertgegenstände sind bei der Ankunft schriftlich zu deklarieren, damit bei der Ausreise die Ausfuhr nachgewiesen werden kann.

Die Einfuhrbestimmungen können von Staat zu Staat unterschiedlich sein.

Bei Fragen: US Customs, Box 7118, Washington DC 20044; in San Francisco: US Customs, 555 Battery St, ☎ 415/556-4440.

Die Mitnahme von Narkotika, Fleisch, Früchten, Gemüse oder Pflanzen ist grundsätzlich **verboten**. Über Ausnahmen erteilt das zuständige US-Konsulat Auskunft. Haustiere, Pflanzen und Samen können aus dem deutschsprachigen Raum zwar eingeführt werden, doch gelten hier bestimmte, von Staat zu Staat verschiedene Beschränkungen, die entweder bei der zuständigen US-Vertretung zu erfragen sind oder beim Center for Disease Control, Public Health Service, Atlanta GA 30333.

"Grenzwechsel" von einem Staat der USA in einen anderen erfolgt ohne Formalitäten. Eine Besonderheit sind die **Agricultural Inspection Stations** bei der Einreise nach Kalifornien, wo geprüft wird, ob man Obst mitführt. Dies ist verboten - also Obst vorher verzehren. Grund: Bestimmte Schädlinge sollen nicht eingeschleppt und verbreitet werden.

Bei der Rückkehr nach Deutschland müssen Sie die hiesigen Zollbestimmungen beachten. Erlaubt ist die Einfuhr von Waren bis zu einem Wert von DM 350. Es wird neuerdings kräftig kontrolliert und kassiert!

Route 1

Seattle

☞ Washington - Orte und Sehenswertes.

➧ Sie verlassen Seattle südwärts auf der I-5. Diese führt vorbei am International Airport über rund 30 Mi nach

Tacoma

☞ Washington - Orte und Sehenswertes.

➧ Auf der I-5 South kommen sie nach ca. weiteren 30 Mi zur Hauptstadt des Staates Washington:

Olympia

☞ Washington - Orte und Sehenswertes.

➧ Sie folgen weiterhin der I-5 über Centralia (🏁: großes *Factory Outlet*) ca. 30 Mi nach

Chehalis

➲ Liegt gut 80 Mi südwestlich von Seattle.
⇧ 60 m, 6.500 Ew., ✉ WA 98532, ✆ 360/748

ℹ Tourism Lewis County, 500 NW Chamber Way, ☏ 800/525-3323.

🛏 Relax Inn, 550 SW Parkland Dr, ☏ 8608, ca. $ 45.
♦ Nendels Inn, 122 Interstate Ave, ☏ 0101, ca. $ 55.

🚐⛺ KOA, an der US-12 East, ab Abfahrt 68 der I-5, ☏ 800/KOA-9120.
♦ Stan Hedwell City Park, etwas westlich der Abfahrt 76 der I-5.

Die Stadt entstand 1873, nachdem die Bezirksregierung ihren Sitz hierher verlegte.

✞ Die **Claquato Church**, erbaut 1858, ist eine der ältesten Kirchen des Bundesstaates.

❋ Das **John R. Jackson House SHS**, vier Meilen südlich am Jackson Highway und drei Meilen östlich von der I-5, besteht aus einem der ältesten Häuser in Washington (ca. 1845 gebaut). Die kleine Hütte diente ehemals den Pionieren als Rast- und Ruhestation, später war das Gericht hier untergebracht. Die Cabin ist allerdings nicht zu besichtigen.

⌘ **Historisches Museum**, 599 NW Front St, befindet sich im ehemaligen Bahnhof (1912). Hier gibt es verschiedene Ausstellungen zur Geschichte der gesamten Gegend zu besichtigen.

♦ Di bis Sa 9:00 bis 17:00, So 13:00 bis 17:00, Eintritt: $ 2.

➧ Die Route 1 verläßt hier die I-5 und folgt der SR-6 nach Westen bis zur Küste. Dort wenden Sie sich auf der US-101 nach Süden und kommen auf schöner Strecke entlang der Willapa Bay zur Abzweigung der SR-103 auf die Long-Beach-Halbinsel und nach

Ilwaco

➲ Liegt im äußersten Südwesten Washingtons an der Mündung des Columbia River. 800 Ew., ✆ 360/642

ℹ Im Lewis & Clark Interpretive Center, ☎ 3029.

KOA, an der US-101, ☎ 3292 oder ☎ 800/KOA-3258.

♦ Ft. Canby SP, 2,5 Mi südlich an der US-101.

ℹ **Lewis & Clark Interpretive Center** im Ft. Canby SP, drei Meilen südwestlich, etwas abseits der US-101, auf dem Cape Disappointment. Hier findet man eine interessante Ausstellung sowie Vorführungen zu der historischen Reise von Lewis und Clark (☞ Lewis & Clark Expedition, Ft. Clatsop NM).

♦ Tägl. 10:00 bis 17:00, Eintritt: kostenlos.

⌘ Das **Ilwaco Heritage Museum** beherbergt eine Ausstellung zur Geschichte, Fischerei und Forstindustrie. Weiter sind Fotos zu dem *Graveyard of the Pacific*, dem Schiffsfriedhof auf den einst gefürchteten, vorgelagerten Sandbänken ausgestellt.

♦ Mo bis Sa 9:00 bis 17:00, So 12:00 bis 16:00, Eintritt: $ 2.

Das **Willapa NWR**, großes Vogelschutz- und Brutgebiet, umfaßt den Südteil der Willapa Bay, nördlich von Ilwaco zwischen der US-101 und SR-103.

✱ **Oysterville** liegt ca. 15 Mi nördlich und ist eine Boomtown ganz anderer Art. Nicht Gold, sondern Austern führten hier zu einem Rausch und Wachstum des Ortes.

✱ Am Ende der Long-Beach-Halbinsel gibt es **Wanderdünen**.

✱ **Chinook**, etwa sieben Meilen östlich an der US-101, markiert die Stelle, an der 1792 der Amerikaner Robert Gray auf seiner Expedition an Land ging und das Gebiet der Columbia-River-Mündung für die USA in Anspruch nahm.

✱ Zwei Meilen östlich liegt der **Ft. Columbia SP**, welcher eine Militärstellung aus dem spanisch-amerikanischen Krieg umfaßt. Etwa 30 alte Gebäude, Geschützstellungen usw. sind erhalten. Kleines Informationszentrum.

♦ Mi bis So 🕘 9:00 bis 17:00 (Mai bis September), Eintritt: kostenlos.

✱ Ein Stück weiter nach Osten an der US-101 kommt man zum **Lewis & Clark Campsite SP**, der Stelle, wo Lewis und Clark am Ende ihrer Expedition zunächst übernachteten, bevor sie ihr Lager an die Stelle verlegten, wo heute in Oregon das ☞ Ft. Clatsop steht.

➧ Auf der US-101 kommen Sie etwa zehn Meilen südlich an die lange Brücke über die Mündung des Columbia River. Sie fahren über die Brücke nach

Astoria

☞ Oregon - Orte und Sehenswertes.

➧ Sie verlassen Astoria auf der US-101 und passieren die Zufahrt zum

Ft. Clatsop National Memorial

☞ Oregon - Orte und Sehenswertes.

➧ Weiter geht es auf der US-101, einem Teil der berühmten "Traumstraße der Welt", an der Pazifikküste nach Süden.

Ca. zwei Meilen südlich von Cannon Beach erreicht man den ersten schönen Aussichtspunkt. Etwas weiter bieten sich auch im Oswald West SP schöne Blicke auf die Steilküste. Es bleibt landschaftlich schön bis vor

Tillamook

☞ Oregon - Orte und Sehenswertes.

Hier sollte man den Highway 101 verlassen und auf der **Three Capes Road** nach Süden fahren. Dort gibt es kleine Orte wie Oceanside. Bei Netarts gibt es zwei hübsche direkt an der Bay. Südlich von Cape Lookout heben Sie nur gelegentlich einen Blick auf das Meer. Kurz vor Sandlake durchfährt man ein Gebiet mit ausgedehnten Sanddünen, die mitten in der sonst waldigen Gegend liegen.

Sehr schön wird der Weg dann wieder südlich von **Lincoln City**. Südlich von Depoe Bay, ca. acht Meilen nördlich von Newport, erreichen Sie

Otter Rock

Liegt 8 Mi nördlich von Newport an der US-101.
In ☞ Newport.

Kleines Seebad an der Pazifikküste.

Empfehlenswert ist die kurze Rundfahrt auf dem **Otter Crest Scenic Loop**, einer schönen Aussichtsstraße, die um das Cape Foulweather herumführt. Sie trifft etwas südlich von Depoe Bay wieder auf die US-101. Fantastische Aussicht auf die zerklüftete Küstenlinie, insbesondere an einem Aussichtspunkt, der mehr als 140 m hoch über der rauhen Felsküste liegt. Außerdem passiert man die Otter Crest Wayside, einen Picknickplatz mit umwerfendem Blick auf das Meer und die Klippen.

☺ Achten Sie auf Seehunde unten auf den Klippen.

Nördlich vom Devil's Punchbowl SP, etwas abseits der B-St, liegt **Marine Gardens**, eine Ansammlung von kleinen Seen, Höhlen und

Auswaschungen. Hier kann man einmal aus der Nähe das interessante Leben in kleinen Wasserbecken beobachten.

➡ Sie befahren den **Otter Crest Loop**. Die ca. vier Kilometer lange Alternativstrecke führt durch eine großartige Küstenlandschaft. Ca. sechs Meilen nördlich von Newport gelangt man wieder auf die US-101.

Newport

☞ Oregon - Orte und Sehenswertes.

➡ Z.T. mit Küstenblicken fährt man südwärts und gelangt zum

Cape Perpetua

➲ Liegt an der Pazifikküste Oregons knapp 25 Mi nördlich von Florence an der US-101.

ℹ Cape Perpetua Visitor Center, tägl. 9:00 bis 17:00 (Memorial bis Labor Day), Eintritt: kostenlos.

ℹ In landschaftlich interessanter Umgebung liegt das **Visitor Center** (Zufahrt von der US-101, ausgeschildert), in dem man allerlei Informationen über die Küste Oregons, über verschiedene National Forests und das Gebiet um das Cape erhalten kann. Man zeigt hier Filme, Dia-Shows und Ausstellungen zur Geologie sowie zur Tier- und Pflanzenwelt des Gebiets. Außerdem bekommen Sie hier ein Merkblatt zu einer kleinen Fahrt, die Sie zu den Sehenswürdigkeiten des Umlandes führt.

Vom **Cape Perpetua Overlook** hat man einen grandiosen Ausblick. Außerdem führt ein Pfad zu einer Stelle, wo das Wasser durch ein Felsloch bei starker Brandung fast explosionsartig aufwärts spritzt. Näheres dazu und zu anderen kurzen Wanderwegen im Visitor Center.

➡ Auf der US-101 geht es wie bisher weiter bis

Florence

☞ Oregon - Orte und Sehenswertes.

Gleich südlich des Ortes beginnt die eindrucksvolle

Oregon Dunes NRA

☞ Oregon - Orte und Sehenswertes.

Sie fahren am Rande der herrlichen Dünenwelt entlang, können unterwegs an einem Aussichtspunkt halten und erreichen den kleinen Ort Reedsport. Vorbei am Umpqua Lighthouse SP führt der Weg am Südteil der Oregon Dunes NRA entlang bis

Coos Bay / North Bend

☞ Oregon - Orte und Sehenswertes.

Nun ändert sich der Charakter der Küste. Während es im Norden Oregons nördlich der Oregon Dunes NRA überwiegend felsige Steilküste war, begleitet nun eine von Sandstränden, die malerisch von Felsen durchsetzt sind, geprägte Küste den Weg. Allerdings erreicht man diese erst südlich von Port Orford. Bis dahin verläuft die Straße im Landesinnern. Sie kommen zunächst nach

Bandon

➲ Liegt an der Pazifikküste in Süd-Oregon, gut 20 Mi südlich von Coos Bay an der US-101. 2.200 Ew., ✉ OR 97411, ✆ 541/347

CoC, 300 SE Second St, ☏ 9616.

Caprice Motel, US-101, ☏ 4494, ca. $ 40.

KOA, 16 Mi südlich an der US-101, ☏ 348-2358 oder ☏ 800/KOA-3298.

♦ Bullards Beach SP, 1 Mi nördlich an der US-101, 192 ⛺.

Der Ort liegt von schönen Stränden umrahmt und hat einen bedeutenden regionalen Hafen.

⌘ **Bandon Historical Museum** mit verschiedenen Ausstellungen zur Stadt.

♦ Di bis Sa 12:00 bis 16:00, Eintritt: kostenlos.

Schön für Kinder: **West Coast Game Park**, sieben Meilen südlich an der US-101, eine Art "Streichelzoo".

♦ Tägl. 9:00 bis Dämmerung (1.3. bis 30.11.), Eintritt: $ 6,50.

➽ Ca. 30 Mi südlich erreichen Sie

Port Orford

➲ Liegt im Süden Oregons an der Pazifikküste, ungefähr 65 Mi nördlich der Grenze zu Kalifornien an der US-101.
⇧ 20 m, 1.000 Ew., ✉ OR 97465, ✆ 541/332

ℹ CoC, Battle Rock Park, Highway 101, ☎ 8055.

🛏 Sea Crest Motel, US-101, ☎ 3040, ca. $ 45.

⛺ Cape Blanco SP, 9 Mi nördlich über die US-101, 58 ⩩.
♦ Humbug Mountain SP, 6 Mi südlich an der US-101, 108 ⩩.
♦ Evergreen RV-Park, 9th St, ☎ 5942.

Der Ort liegt malerisch an felsiger Küste am Pazifik und lebt, wie schon im letzten Jahrhundert, hauptsächlich von seinem Hafen. Entstanden ist Port Orford Mitte des letzten Jahrhunderts um einen militärischen Stützpunkt, der zum Schutz der frühen Siedler errichtet wurde. Daran erinnert nur noch der Battle Rock, etwas südlich des Ortes, wo es einst einen Kampf zwischen Indianern und Siedlern gab.

✱ Nordwestlich, etwas abseits der US-101 über eine ausgeschilderte Zufahrtsstraße erreichbar, liegt der **Cape Blanco SP**; hier steht unter anderem ein **Leuchtturm** aus dem Jahre 1870, der noch heute in Betrieb ist. In den Felsen unterhalb des Leuchtturms gibt es eine große **Seehundkolonie**.

➽ Nach Port Orford ergeben sich herrliche Ausblicke auf die Küste und das Meer. Nächstes Ziel ist nach ca. 28 Mi

Gold Beach

➲ Liegt an der Pazifikküste an der US-101, rund 35 Mi nördlich der Grenze zu Kalifornien.
1.500 Ew., ✉ OR 97444, ✆ 541/247

ℹ CoC, 1225 Ellensburg # 3, ☎ 7526. Hier erhalten Sie Adressen der Veranstalter von Rafting- und Jetboat-Touren auf dem Rogue River.

🛏 Ireland's Rustic Lodges, 1120 S Ellensburg, ☎ 7718, ca. $ 50.
♦ Inn at Gold Beach, 1435 S Ellensburg, ☎ 6606, ca. $ 60.

⛺ Es gibt im Ortsbereich und am Rogue River insgesamt mehr als 10 Privatplätze.
♦ Quosatana NFCG, 15 Mi nordöstlich über US-101, CR-595 u. FR-33, 43 ⩩.

Der Ort ist ursprünglich ein Goldgräbernest gewesen, heute wird es als ein kleines Zentrum für den Tourismus, Strandurlaub und vor allem für **Floßfahrten auf dem Rogue River** genutzt. Der Fluß gilt als ein ausgesprochen gutes Wildwassergebiet, so daß in Gold Beach verschiedene Unternehmen eine Vielzahl unterschiedlicher Touren anbieten.

Der Straßenabschnitt zwischen Gold Beach und Brookings ist landschaftlich besonders interessant, die Küste gilt als eine der rauhesten und zugleich malerischsten in ganz Oregon.

Beim **Cape Sebastian SP** steigt die Straße ausgesprochen hoch über das Meer hinauf (220 m), herrlicher Ausblick.

Die schöne Küstenlandschaft setzt sich unverändert fort etwa bis

Brookings

- Liegt in Süd-Oregon an der Pazifikküste, an der US-101, 7 Mi nördlich der Grenze zu Kalifornien. 4.000 Ew., OR 97415, 541/469
- CoC, 16330 Lower Harbor Rd, 3181.
- Chetco Ranger Station, 555 5th St, 2196, Informationen über den im Hinterland liegenden sehr schönen Siskiyou NF.
- Spindrift Motor Inn, 1215 Chetco Ave, 5213, ca. $ 50.
- Pacific Sunset Inn, 1144 Chetco Ave, 2141, ca. $ 50.
- Diverse private Plätze im Ortsbereich: Rivers Edge Resort, Driftwood RV Park, Portside RV Park, Riverside RV Park, Sea Bird RV Park, Whaleshead Beach Resort.
- Harris Beach SP, 2 Mi nördlich an der US-101, 151.
- Loeb SP, 8 Mi nordöstlich auf der Chetco River Rd, 53.
- Little Redwood NFCG, 8 Mi nordöstlich über die US-101 u. CR-784, 16.
- Winchuk NFCG, 6 Mi südlich auf der US-101 u. 6 Mi auf der CR-896, 13.

Bekannt ist Brookings, das vornehmlich von der Holzindustrie lebt, vor allem wegen seiner **Blumenzucht**. Insbesondere beim **Azalea Festival** Ende Mai scheint die Stadt in Blumen zu ertrinken.

Der **Azalea SP** liegt an der US-101 in der Stadtmitte, hier blühen jede Menge wilde Azaleen im Frühsommer und Herbst.

Besonders empfehlenswert ist eine Fahrt von Brookings auf der US-101 nach Norden entlang der wild zerklüfteten und malerischen Küste.

➽ Der Rest des Weges verläuft dann auf der US-101 ohne Meeresblick bis Crescent City in Kalifornien.

An der Grenze müssen Sie an der **Agricultural Inspection Station** stoppen, wo man fragt (und manchmal auch kontrolliert), ob sie Obst nach Kalifornien einführen wollen, das nicht eingeführt werden darf. Essen Sie es vorher auf - sonst kommt es dort in den Abfall!

Crescent City

⊃ 90 Mi südlich von Eureka. 4.400 Ew., ✉ CA 95531, ✆ 707
ℹ CoC, 1001 Front St, ☎ 464-3174.

🛏 American Best Hotel, 685 Hwy 101 S, ☎ 464-4111.
♦ Econo Lodge, Front St 119 L St, ☎ 464-2181.
♦ Travelodge, 725 Hwy 101, ☎ 464-6106.

⛺ Village Camper Inn, 1543 Parkway Drive, ☎ 464-3544.
♦ Hiouchi Hamlet Resort, 2000 Hwy 199, ☎ 458-3321 (10 Mi östlich).
♦ Del Norte Coast Redwoods SP, US-101, ☎ 464-9533 (7 Mi südlich).

Die Stadt hat einen geschützten kleinen Hafen und gilt als das Tor zu den Redwood Parks in Nord-Kalifornien. So liegt dort der **Jedediah Smith Redwood SP**, im Süden der **Del Norte Coast SP** und im Anschluß daran der **Redwood NP**. Entsprechend gibt es in Crescent City eine Vielzahl von Hotels, in denen die Besucher der Parks unterkommen können.

➽ Sie verlassen Crescent City auf der US-101 nach Norden und zweigen nach etwa vier Meilen auf die US-199 ab. Der Weg führt in schöner Waldlandschaft durch das Küstengebirge hindurch ins Tal des Illinois River. Diese Gegend zählt zu den wärmsten in Oregon, Temperaturunterschiede von bis zu 20 °C gegenüber Crescent City sind nicht selten.

In Cave Jct biegen Sie nach Süden auf die SR-46 ein und kommen nach 20 Mi sehr schöner Fahrt zum

Oregon Caves NM

☞ Oregon - Orte und Sehenswertes.

Über die SR-46 fahren Sie zurück zur US-199 und dieser folgen Sie ostwärts bis

Grants Pass

➲ Liegt an der I-5, 28 Mi westlich von Medford in Süd-Oregon.
⇧ 290 m, 18.000 Ew., ✉ OR 97526, ✆ 541/476

Visitors Bureau, 1996 NW Vine St, ☎ 7717. Hier erhalten Sie Adressen der Veranstalter von Rafting- und Jetboat-Touren auf dem Rogue River.

Swift Breeze Inn, 1627 NE 6th St, ☎ 4434, ca. $ 50.
♦ Motel Orleans, 1889 NE 6th St, ☎ 479-8301, ca. $ 55.
♦ Redwood Motel, 815 NE 6th St, ☎ 0878, ca. $ 60.

Riverpark RV Resort, 2 Mi südlich auf der SR-99, ☎ 479-0046.
♦ Big Pine NFCG und Sam Brown NFCG, über I-5 (3 Mi) und CR 2-6 (13 Mi).

Grants Pass ist Ausgangspunkt für eine Vielzahl von Floß- und Bootstouren auf dem wilden Rogue River. Nähere Auskünfte (Adressen und Telefonnummern der Veranstalter) erhalten Sie von der **i**.

♦ Die Preise für derartige Exkursionen reichen von $ 22 über 50 bis 560 für eine 2-Std./Ein-Tages-/Drei-Tages-Tour.

Bei Grants Pass erreichen Sie wieder die I-5, der Sie nach Süden folgen bis

Medford

➲ Liegt in Süd-Oregon, 30 Mi nordwestlich der Grenze zu Kalifornien an der I-5.
⇧ 420 m, 47.000 Ew., ✉ OR 97501, ✆ 541

Visitors Bureau, 101 E 8th St, ☎ 779-4847.
AAA 1777 E Barnet Rd, ☎ 779-7170, Mo bis Fr 8:00 bis 17:00.

Cedar Lodge Motor Inn, 518 N Riverside, ☎ 773-7361, ca. $ 50.
♦ Best Western Medford Inn, 1015 S Riverside, ☎ 773-8266, ca. $ 55.

Pear Tree Motel & RV Park, 3 Mi südlich über die I-5.
♦ KOA, bei Gold Hill, ca. 12 Mi nördlich, ☎ 855-7710.

Klima	*Jan*	*Feb*	*Mär*	*Apr*	*Mai*	*Juni*	*Juli*	*Aug*	*Sep*	*Okt*	*Nov*	*Dez*
Ø max. °C	7	11	14	18	22	26	32	31	28	20	12	7
Ø min. °C	-2	0	1	3	6	9	15	14	8	4	1	0

Medford ist ein Zentrum für Handel, Landwirtschaft und Tourismus im südlichen Oregon.

⌘ **History Center**, 106 N Central Ave, mit Ausstellung zur Geschichte des südlichen Oregon in einem ehemaligen Kaufhaus.

♦ Mo bis Fr 9:00 bis 17:00, Sa ab 12:00, Eintritt: kostenlos.

➽ Auf der I-5 fahren Sie weiter nach Süden und passieren

Ashland

➲ Liegt im Süden Oregons nahe der Grenze zu Kalifornien, 17 Mi südlich von Medford an der I-5. ⇧ 570 m, 17.000 Ew., ✉ OR 97520, ✆ 541

ℹ CoC, 110 E Main St, ☎ 482-3486.

🛏 Es gibt zahllose Unterkünfte, Liste von der ℹ anfordern, darunter:

♦ Quality Inn Flagship, 2520 Ashland St, ☎ 488-2330, ca. $ 55.

♦ Regency Inn, 50 Lowe Rd, ☎ 482-4700, ca. $ 55.

🚐⛺ KOA, ca. 4 Mi auf der SR-66, ☎ 482-4138 oder ☎ 800/KOA-4142.

♦ Hyatt Lake CG, ca. 20 Mi auf der SR-66 und einer Zufahrt.

Ashland entstand Mitte des letzten Jahrhunderts, als in dieser Gegend Gold bei ☞ Jacksonville gefunden wurde. Doch war Ashland nie ein Goldrauschnest, sondern es wurde schon früh damit begonnen, die Wälder und den Boden für die Landwirtschaft zu nutzen. So bestand gegen Ende des letzten Jahrhunderts eine ansehnliche Siedlung.

⌘ 🎭 Bekannt ist Ashland vor allem wegen des **Shakespeare Festivals**, das in drei Theatern (darunter ein Freilichttheater) von Februar bis Oktober täglich Vorstellungen mit Werken des englischen Dichters bietet. Preis für Tickets: ca. $ 20 bis 30. Während des Festivals ist in und um Ashland kaum eine Unterkunft zu bekommen.

Das Exhibit Center bietet verschiedene Ausstellungen zu Kostümen, Geschichte des Festivals usw. und eine Backstage Tour (Führung), $ 8.

♦ 🕘 10:00 bis 16:00 an allen Vorstellungstagen. Karten bekommen Sie vom Shakespeare Festival Box Office, Box 158, ☎ 482-4331. Vorbestellen!

⌘ Das **Pacific Northwest Museum of Natural History**, 1500 E Main St, versucht, die Besucher durch Einbeziehung in ungewöhnlicher Weise an die behandelten Ausstellungsthemen heranzuführen.

♦ Tägl. 🕘 9:00 bis 17:00 (1.4. bis 31.10.), sonst 10:00 bis 16:00, Eintritt: $ 6,50.

🏞 Von Ashland aus verläuft die I-80 in Richtung Süden und überquert den **Siskiyou Summit**. Man hat bereits kurz hinter der Grenze zu Kalifornien einen wundervollen Ausblick auf den noch weit entfernten Mount Shasta, der sogar im Sommer mit einer Schneekuppe bedeckt ist.

➽ Bei Ashland verlassen Sie die I-5 und fahren auf der SR-66 nach

Klammath Falls

☞ Oregon - Orte und Sehenswertes.

Sie wenden sich nun auf der US-97 nach Norden. Nach ca. 20 Mi zweigen Sie auf die SR-62 in nordwestlicher Richtung ab. Nach etwa 14 Mi kommen Sie nach

Ft. Klammath

➲ Liegt 32 Mi nordwestlich von Klammath Falls an der SR-62.

⇧ 1.280 m, 200 Ew., ✆ 541

ℹ Im Frontier Post, ☎ 883-4208.

🛏 Ft. Klammath Lodge, ☎ 381-2234.

⛺ Crater Lake Resort, 2 Mi südlich, ☎ 381-2349.

Die kleine Siedlung geht auf den Anfang der 1860er Jahre zurück. Damals gab es hier noch einen Armeeposten, der die Siedler des Umlandes vor Übergriffen der Modoc-Indianer schützen sollte.

⌘ **Ft. Klammath Historical Frontier Post** umfaßt den historischen Stützpunkt des Jahres 1863.

In den verschiedenen Ausstellungen erhält man einen guten Eindruck des Pionierlebens der damaligen Tage

♦ Do bis Mo 10:00 bis 18:00 (1.6. bis Labor Day), Eintritt: Spende.

Etwa 15 Mi weiter auf der SR-62 kommen Sie zur Zufahrt zum

Crater Lake NP

☞ Oregon - Orte und Sehenswertes.

Sie verlassen den National Park in nördlicher Richtung. Durch die Pumice Desert kommen sie zur SR-138, der Sie ostwärts bis zur US-97 folgen. Die Fahrt führt dabei durch schönes Waldland.

Überwiegend aus Wald besteht auch die Landschaft an der US-97, der Sie nordwärts folgen. Nächster Stopp ist das Lava Lands Visitor Center des

Newberry National Volcanic Monument

☞ Oregon - Orte und Sehenswertes.

Von hier sind es nur wenige Meilen bis nach

Bend

➲ Liegt in Zentral-Oregon an der Kreuzung der US-20 mit der US-97 etwa 145 Mi nördlich von Klammath Falls.

⇧ 1.100 m, 21.000 Ew., ✉ OR 97701, ✆ 541/382

CoC, 63085 N Hwy 97, ☏ 3221. Hier erhält man Informationen zu Bend und Umgebung, besonders aber über die Vielzahl der Ausflugsmöglichkeiten in die schöne Umgebung, so den Deschutes NF sowie in die Lavagebiete an und östlich der US-97.

AAA 20350 Empire Ave, ☏ 1303, Mo bis Fr 8:00 bis 17:00

- Red Lion Inn South, 849 NE 3rd St, ☏ 8384, ca. $ 50.
- Best Western Inn, 721 3rd St, ☏ 1515, ca. $ 60.

- Bend Kampground, 3 Mi nördlich an der US-97, ☏ 7738.
- Tumalo SP, 5 Mi nordwestlich an der US-20, 88 ⛼.
- Mehrere NFCG liegen im Deschutes NF über die US-97 (17 Mi) und CR-42.
- Zahllose NFCG finden sich an der SR-46 ca. 25 bis 45 Mi südwestlich.

Factory Outlet Mall an der US-97.

Bend ist ein wichtiges regionales Zentrum.

⌘ **High Desert Museum**, sechs Meilen südlich von Bend an der US-97. Das Museum versucht, die Kultur, Geschichte, Pflanzen- und Tierwelt des Nordwestens möglichst lebendig darzustellen. Hübsche Außenanlage; kleines Info Center.

♦ Tägl. 9:00 bis 17:00, Eintritt: $ 6,25.

✱ Der **Pilot Butte SP**, etwas östlich der Stadt an der US-20, umfaßt den über 150 m markant aufragenden Pilot Butte, einen Cinder-Cone-Vulkanschlot. Herrlicher Ausblick auf die Cascade Range.

✱ Ausflug auf dem ☞ **Cascade Lakes Highway**.

✱ Ausflug in das ☞ **Newberry Crater Volcanic Monument**.

➠ Sie verlassen Bend auf der US-97 nach Norden und erreichen nach 16 Mi

Redmond

➲ Liegt an der US-97 etwa 16 Mi nördlich von Bend.
⇧ 910 m, 7.000 Ew., ✉ OR 97756, ✆ 541

ℹ 446 7th St, ☎ 923-5191.

🛏 Redmond Inn, 1545 Hwy 97 S, ☎ 548-5483, ca. $ 50.
♦ Village Squire Motel, 629 S 5th St, ☎ 548-2105, ca. $ 55.

🚐⛺ Hwy 97 RV Park, 2 Mi nördlich an der US-97.
♦ sonst ☞ Bend.

Der Ort ist ein Zentrum der Holz- und Farmwirtschaft.

✱ **Petersen's Rock Gardens**, sieben Meilen südlich etwas abseits der US-97.

Der **Smith Rock SP**, etwas nordwestlich auf der US-97 und einer Zufahrt (ausgeschildert) ab Terrebonne (drei Meilen), umfaßt ein bewundernswertes Gebiet mit farbigen Klippen und Felsen, in die sich der Crooked River zu einem kleinen Canyon eingeschnitten hat.

Der **Peter Skene Ogden SP**, neun Meilen nördlich an der US-97, umfaßt ebenfalls ein schönes Stück des Canyons vom Crooked River.

In Redmond verlassen Sie die US-97 und wenden sich ostwärts auf die SR-126. Diese führt nach Prineville, wo Sie der US-26 vorbei am Ochoco Lake SP in immer waldigeres einsames Land folgen. Am Ochoco Summit überqueren Sie einen kleinen Paß, 1.430 m, und erreichen kurz vor Mitchell die Zufahrt zur **Painted Hills Unit** des ☞ **John Day Fossil Beds NM**.

Durch sehr einsames Gebiet kommen Sie zum landschaftlich schönen **Picture Gorge**, der schon zur Sheep Rock Unit des National Monuments zählt. Fahren Sie ein paar Meilen an der Gabelung nach Norden auf der SR-19 zum Visitor Center des

John Day Fossil Beds NM

☞ Oregon - Orte und Sehenswertes.

➽ Vom Visitor Center fahren Sie zurück zur US-26 und folgen dieser bis

John Day

➲ Liegt an der Einmündung der US-395 auf die US-26 in Zentral-/Ost-Oregon.
⇧ 940 m, 1.800 Ew., ✉ OR 97845, ✆ 541/575

ℹ CoC, 281 W Main St, ☎ 0547.

🛏 Dreamers Lodge, 144 N Canyon Rd, ☎ 0526, ca. $ 45.

🚐⛺ Clyde Holliday State Wayside, 7 Mi westlich an der US-26.

Der Ort war in den Tagen des Goldrausches in ☞ Canyon City (1862) eine Station der Pony-Express-Reiter, die die Post von Canyon City nach The Dalles transportierten.

Heute ist die Stadt ein wichtiges Versorgungszentrum für das Umland. Kleines County Museum.

Canyon City

➲ Liegt unmittelbar südlich von John Day an der US-395 in Zentral-Oregon.
⇧ 970 m, 600 Ew., ✆ 541/575

ℹ ☞ John Day.

🚐⛺ Canyon Meadows NFCG, 21 Mi über die US-397 und CR-65.

Hier fand man 1862 Gold, innerhalb weniger Wochen entstand ein lebhaftes Goldschürfercamp. Daran denkt man noch heute während der ***62 Days Celebration***, einem großen Volksfest am ersten Wochenende im Juni.

⌘ **Grand County Historical Museum**, neben der Post, Ausstellung zur Geschichte und Umgebung der Stadt.

♦ Mo bis Sa 🕘 9:30 bis 16:30 (1.6. bis 30.9.), Eintritt: $ 2.

➠ Die US-26 führt weiter aufwärts in Waldland hinein. Nach knapp 30 Mi, kurz hinter dem Dixie Pass, biegen Sie nördlich auf die SR-7 ein. Diese bringt Sie über zwei weitere Pässe durch einsame Gegend nach

Sumpter

➲ Liegt in Ost-Oregon, 27 Mi südwestlich von Baker City. Zugang von dort über die SR-7 oder von der US-26 ca. 30 Mi östlich von John Day ebenfalls über die SR-7.
200 Ew.

ℹ Kleines Office am Bahnhof neben der Dredge.

Sumpter ist ein Relikt aus der Goldrauschzeit, das heute noch fast so aussieht, als habe die Zeit stillgestanden. Einige alte Häuser stehen an der Hauptstraße.

✱ **Valley Dredge SP** am Ortseingang, dort ist eine alte Dredge, die bis 1954 in Betrieb war und jetzt restauriert wird, noch keine Besichtigung.

Daneben liegt der "Bahnhof", von dem aus eine alte Eisenbahn, die **Sumpter Valley Railroad**, durch das ehemalige Goldrauschgebiet fährt.

♦ Zugabfahrten sind Sa und So jeweils um 11:00, 13:30 und 16:00 (Memorial Day bis 30.9.), Preis: $ 8 (⇔).

➡ Auf schöner Strecke fahren Sie auf der SR-7 nach Osten und erreichen nach etwa 30 Mi

Baker City

☞ Oregon - Orte und Sehenswertes.

Sie fahren nun durch steppenhaftes Land auf der SR-86 nach Richland (40 Mi) und dann auf gewundener, aber schöner Straße über Halfway nach Oxbow. Hier erreichen Sie in großartiger Landschaft am Snake River die

Hells Canyon NRA

☞ Idaho - Orte und Sehenswertes.

Von Oxbow führt die Route 1 zunächst am aufgestauten Snake River entlang, überquert diesen am Brownlee Dam und wendet sich bald danach vom Fluß ab.

Sie sind nach der Flußquerung bereits in Idaho. Gewunden und relativ schmal geht es langsam auf der SR-71 bis nach Cambridge an der US-95 gut 40 Mi von Oxbow.

Auf der US-95 fahren Sie südwärts bis Ontario, wo Sie die I-84 erreichen, der Sie östlich folgen bis

Nampa

➲ Liegt in Südwest-Idaho etwa 11 Mi westlich von Boise an der I-84.
⇧ 760 m, 29.000 Ew., ✉ ID 83653, ✆ 208

CoC, 1305 3rd St, ☎ 466-4641.

Desert Inn Motel, 115 9th Ave, ☎ 467-1161.
♦ Five Crowns Inn, 908 3rd St, ☎ 466-3594.

Mason Creek RV Park, Franklin Blvd, ca. 1 Mi.

Die Stadt ist bekannt für ihr großes **Rodeo**, das alljährlich in der dritten Juliwoche stattfindet.

⌘ Im **Canyon County Museum**, das im Railroad Depot (1906), 1224 Front St, eingerichtet ist, kann man etwas über die Geschichte des Umlandes erfahren.

✱ Außerdem bietet sich Nampa für mehrere Ausflüge an, z.B. zu den **Givens' Hot Springs**, 17 Mi südlich auf der SR-45 und acht Meilen nach Westen auf der SR-78. Heiße Quellen beheizen hier Hot Pools und ein Schwimmbad.

✱ Fahrt nach **Silver City** und **DeLamar** (Ghosttown).

➲ Liegt in Südwest-Idaho. Zugang: von Nampa über die SR-45 und die SR-78 nach Süden fahren und 4,5 Mi hinter Murphy auf eine Schotterstraße abzweigen, die über 20 Mi zum Ort führt. ⇧ 1.880 m

Die ehemalige Goldrauschstadt wurde 1863, nach großen Silberfunden am Jordan Creek, über Nacht zu einem Anziehungspunkt für viele Glücksritter. Es sollen hier 5.000 Menschen gelebt haben. Doch als der Silberrausch verflog, zogen die Leute fort, die Stadt wurde fast zur Ghosttown.

Wer heute Silver City besucht, bekommt sicherlich einen guten Eindruck vom Aussehen einer Boomtown Mitte des letzten Jahrhunderts. Es stehen noch etwa 40 alte Gebäude, z.B. die katholische Kirche aus dem Jahre 1869, das Idaho-Hotel und die Schule, die heute ein kleines Museum ist.

✱ Das **Deer Flat NWR**, vier Meilen südwestlich, umfaßt den Lowell Lake und viele Inseln im Snake River. Überwiegend leben hier Wasservögel, die durch das National Wildlife Refuge geschützt werden sollen.

Gute Möglichkeiten zum Baden und Bootfahren am Lake Lowell.

➽ Von Nampa sind es etwa 15 Mi auf der I-84 bis zur Hauptstadt Idahos:

Boise

☞ Idaho - Orte und Sehenswertes.

Sie verlassen Boise auf der I-84 nach Osten, zweigen aber nach wenigen Meilen auf die SR-21 nach Norden ab. Die landschaftlich sehr schöne Straße bringt Sie aus der wüstenhaften Gegend um Boise bald in wunderbares Waldland. Nach etwa 35 Mi nehmen Sie die ersten Relikte aus der Goldrauschzeit wahr. Sie kommen kurz darauf nach

Idaho City

☞ Idaho - Orte und Sehenswertes.

Von hier geht es aufwärts durch fast unbesiedeltes Land über den Mores Creek Summit (1.860 m) und den Banner Summit (2.150 m) in alpines Land. Auf einer schönen Hochebene mit saftig grünen Wiesen erreichen Sie die

Sawtooth NRA

☞ Idaho - Orte und Sehenswertes.

In Stanley treffen Sie auf die SR-75. Diese führt von hier als **Salmon River Scenic Route** über **Salmon** (☞ Idaho - Orte und Sehenswertes) nach Montana, sehr lohnende Strecke!

➽ Die Route 1 wendet sich nach Süden und folgt der SR-75 mit herrlichem Blick auf die zackigen Gipfel der Sawtooth Range durch ein schönes weites Hochtal.

Ein landschaftlicher Höhepunkt ist der aussichtsreiche Anstieg auf den **Galena Summit** (2.650 m), bei dem man einen großartigen Blick über das weite Tal und die Berge hat. Durch schönes Waldland erreichen Sie 60 Mi südlich von Stanley schließlich

Sun Valley / Ketchum

➲ Liegt im Süden Idahos, etwas abseits der SR-75, ungefähr 80 Mi nördlich von Twin Falls.

⇧ 1.770 m, 600 bzw. 3.300 Ew., ✉ ID 83353, ✆ 208/726

ℹ Ketchum CoC, Box 2420, in der Stadtmitte von Ketchum, ☎ 3423.

🛏 Bald Mountain Lodge, 151 Main St, ☎ 3351, ca. $ 85.
♦ Best Western Christiania Lodge, 651 Sun Valley Rd, ☎ 3351, ca. $ 85.
♦ Tamarack Lodge, 291 Walnut Ave, ☎ 3344, ab ca. $ 100.

⛺ An und etwas abseits der SR-75 liegen ca. 20 Mi nördlich mehrere Plätze des NFS.
♦ Sun Valley RV Resort, 1 Mi südlich an der SR-75.

Sun Valley ist heute nahezu mit Ketchum an der SR-75 zusammengewachsen. Sun Valley ist als Urlaubsziel bei den reicheren Amerikanern besonders beliebt. Durchfährt man die Außenbereiche des Ortes, so glaubt man größere Resorts oder Hotels zu sehen. Tatsächlich handelt es sich jedoch um exklusive Privatvillen. Davor riesige Golfplätze, gigantischer Luxus. Auch sonst merkt man, daß die Einwohner nicht auf den Dollar schauen müssen, alles ist teurer als in den Orten der Umgebung. Beachten Sie auch den kleinen Flughafen, der am Wochenende mit Privatflugzeugen aller Art vollgestopft ist!

Ansonsten ist Sun Valley/Ketchum das beste Skigebiet in Idaho. Im Sommer bestehen gute Wandermöglichkeiten.

⌘ Es gibt zahlreiche kleine Galerien, diverse Veranstaltungen und Festivals sowie ein kleines **Mining Museum**, das auf Ketchums Vergangenheit als Bergbaustadt hinweist.

➧ Sie fahren weiter auf der SR-75 nach Süden, zweigen kurz hinter Bellevue links ab und fahren über Gannett zur US-20, der Sie nach Osten nach Carey an der US-93 folgen. Von hier sind es noch 25 Mi bis zum

Craters of the Moon NM

☞ Idaho - Orte und Sehenswertes.

Durch Lavagebiet gelangen Sie auf der US-20/26/93 nach Arco. Nach Norden führt die US-93 von hier durch wüstenhaftes Gebiet nach Challis an der SR-75.

➽ Die Route 1 verläuft nach Osten auf der US-20 durch Steppe und Lavagebiete nach

Idaho Falls

☞ Idaho - Orte und Sehenswertes.

Sie fahren nun auf der I-15 nach Süden und erreichen in der Ft. Hall Indian Reservation ca. 13 Mi nach Blackfoot die Zufahrt nach

Ft. Hall

➲ Liegt im Südosten Idahos, etwa 13 Mi nördlich von Pocatello an der US-91.
⇧ 1.440 m

Die kleine Siedlung, die heute das Hauptquartier der Ft. Hall Indian Reservation ist, geht zurück auf das 1834 an den Ufern des Snake River (11 Mi entfernt) errichtete Fort. Einen Nachbau davon können Sie heute in ☞ Pocatello besichtigen.

Ft. Hall ist bekannt für die Indianerzeremonien, die Ende Juli/Anfang August hier stattfinden.

➽ Von hier sind es nur rund zehn Meilen bis

Pocatello

☞ Idaho - Orte und Sehenswertes.

Sie folgen von Pocatello aus der I-15 nach Süden bis zur Abzweigung der US-30, auf die Sie nach Osten einbiegen. Nach 12 Mi sind Sie in

Lava Hot Springs

➲ Liegt ca. 85 Mi südlich von Idaho Falls und ist erreichbar über die I-15 und die US-30. ⇧ 570 m, 400 Ew., ✉ ID 83246, ✆ 208/776

CoC, Box 238, ☎ 5500.

Cottonwood Family CG, etwas östlich an der US-30.

Die heißen Quellen, die hier aus der Erde hervortreten, haben eine durchschnittliche Temperatur von 44 °C. Jahrhundertelang wurden sie von den Shoshone- und Bannock-Indianern genutzt.

Später waren es dann die Siedler auf dem Weg nach Oregon, und heute sind es jährlich nahezu 200.000 Touristen, die die Quellen besuchen.

Die Lava Hot Springs Foundation unterhält am Ostrand **zwei heiße Pools** und am Westrand der Stadt ein normales **Freibad**.

♦ Tägl. 8:00 bis 23:00 (1.5. bis 30.9.), sonst 9:00 bis 22:00, Eintritt: $ 4.

⌘ Das **South Bannock Historical Museum**, 110 E Main St, beherbergt eine Sammlung zur Pionierzeit und den Bannock-Indianern.

♦ Tägl. 12:00 bis 17:00, Eintritt: Spende.

Auf der US-30 fahren Sie weiter über Soda Springs nach

Montpelier

Liegt im äußersten Südosten von Idaho an der Kreuzung der US-89 mit der US-30. ⇧ 1.810 m, 2.700 Ew., ID 83254, 208/847

CoC, 904 Washington St, ☎ 3717.

Michelle Motel, 601 N 4th St, ☎ 1772, ca. $ 30.
♦ Park Motel, 745 Washington St, ☎ 1911, ca. $ 45.
♦ Best Western Crest Motel, 243 N 4th St, ☎ 1782, ca. $ 60.

KOA, 2 Mi östlich an der US-89A, ☎ 0863 oder ☎ 800/KOA-7576.

Der Ort entstand am alten Oregon Trail und geht auf eine Gründung von Brigham Young, dem Führer der Mormonen, zurück.

✱ Die **Minnetonka Cave** liegt 17 Mi südlich über die US-89 und zehn Meilen westlich über eine Zufahrt und enthält Versteinerungen tropischer Pflanzen und Meerestiere.

♦ Tägl. 10:00 bis 17:30 (15.6. bis Labor Day) nur auf geführter Tour, Eintritt: $ 4, ☎ 945-2407.

Auf der US-30 überschreiten Sie etwa 20 Mi hinter Montpelier die Grenze nach Wyoming. Nach weiteren 45 Mi passieren Sie die Zufahrt zum

Fossil Butte NM

☞ Wyoming - Orte und Sehenswertes.

Rund zehn Meilen hinter dem National Monument biegen Sie in Kemmerer nach Süden auf die US-189 ab, der Sie 15 Mi folgen. Zweigen Sie in steppenartiger Landschaft auf die SR-412 nach Süden ab. Einzige Siedlung unterwegs ist ein trauriges Nest Namens Carter. Durch einsames Hochland kommen Sie zur I-80 und wenig später zur Zufahrt zum

Ft. Bridger SHS

☞ Wyoming - Orte und Sehenswertes.

Sie folgen nun der SR-414 über Mountain View nach Süden, überqueren die Grenze nach Utah und erreichen kurz hinter Manila die

Flaming Gorge NRA

☞ Wyoming - Orte und Sehenswertes.

Sie fahren auf der SR-44 bis zur US-191, der Sie nordwärts zum Flaming Gorge Dam folgen. Auf dieser Straße bringt Sie die Route 1 dann wieder nach Wyoming und vorbei an der Zufahrt zur Firehole Region der Flaming Gorge NRA nach

Rock Springs

➲ Liegt im Südwesten des Staates an der I-80, etwa 105 Mi östlich der Grenze zu Utah. ⇧ 1.900 m, 19.000 Ew., ✉ WY 82902, ✆ 307

ℹ CoC, 1897 Dewar Dr, ☎ 800/46-DUNES.

🛏 Springs Motel, 1525 9th St, WY 82901, ☎ 362-6683, ca. $ 35.
♦ Rodeway Inn, 1004 Dewar Dr, WY 82901, ☎ 362-6673, ca. $ 45.
♦ Comfort Inn, 1670 Sunset Dr, WY 82901, ☎ 382-9490, ca. $ 55.

🚐⛺ KOA, Ausfahrt 99 der I-80, ☎ 362-3063 oder ☎ 800/KOA-8699.

Auch diese Stadt entstand aus einer damaligen Postkutschenstation (bis 1862) auf der Overland Stage Route. Später wurde die Eisenbahnlinie hier entlanggelegt, da wegen der nahen Kohlevorkommen die Versorgung der Züge mit Kohle recht günstig war. Die reichhaltigen Kohlevorkommen bildeten lange Zeit das wirtschaftliche Rückgrat des Ortes. Heute ist Rock Springs das Versorgungszentrum für das südwestliche Wyoming und Ausgangspunkt für Touren in die ☞ **Flaming Gorge NRA**.

☺ Empfehlenswert ist eine Tour in das **Firehole-Gebiet** der Flaming Gorge NRA.

✱ Östlich der Stadt liegt außerdem die **Red Desert**, wo sich die größte noch freilebende Mustangherde in Nordamerika befindet.

➠ Sie fahren ein kurzes Stück auf der I-80 nach Osten und dann weiter auf der US-191 nach Norden. In Farson zweigen Sie ostwärts auf die SR-28 ab. In wüstenartiger Gegend passieren Sie einen Halteplatz mit Infotafeln. Hier kreuzt der Oregon Trail den Highway. Wenig später überqueren Sie den South Pass und damit die kontinentale Wasserscheide und nach einigen Meilen erreichen Sie die südliche Zufahrt nach

South Pass City SHS

☞ Wyoming - Orte und Sehenswertes.

Über die SR-28 fahren Sie aussichtsreich abwärts und kommen nach

Lander

➲ Liegt in Zentral-Wyoming, ca. 120 Mi nördlich von Rock Springs an der US-287. ⇧ 1.630 m, 7.000 Ew., ✉ WY 82520, ✆ 307/332

ℹ CoC, 160 N 1st St, ☏ 3892.

🛏 Silver Spur Motel, 340 N 10th St, ☏ 5189, ca. $ 40.

♦ Pronghorn Lodge, 150 E, Main St, ☏ 3940, ca. $ 45.

🚐⛺ Rocky Acres CG, 4 Mi nordwestlich an der US-287.

♦ Sinks Canyon SP, 6 Mi über die SR-131, 30 ⛼.

♦ Dickinson Creek NFCG, 15 Mi nordwestlich über die US-287.

Der Ort entstand aus einem Camp des Jahres 1857 und hatte in seiner Anfangszeit Konflikte mit Shoshone-Indianern. Im Norden liegt heute die große Wind River Indian Reservation, im Westen erhebt sich die schöne Wind River Range.

⌘ **Fremont County Pioneer Museum**, Ausstellungen zur Geschichte des Ortes.

♦ Mo bis Fr 10:00 bis 17:00, Sa, So 13:00 bis 16:00 (1.6. bis 15.9.), sonst Mo bis Fr erst ab 13:00, Eintritt: kostenlos.

Sinks Canyon SP, liegt sieben Meilen südwestlich an der SR-131. Hier versinkt der Popo Agie River und tritt 500 m weiter flußab aus einem Canyon hervor.

Etwas östlich von Ft. Washakie in der Wind River Reservation gibt es ein Schwimmbad, das mit heißen Mineralquellen beheizt wird.

♦ Mi bis So 13:00 bis 20:30, Eintritt: $ 4.

Bei Ft. Washakie finden drei Tage lang im Juli die legendären Sonnentänze der Shoshonen statt.

Von Lander nehmen Sie die SR-789 nach Riverton und dort die US-26 East nach Shoshoni. Kurz vor dem Ort überqueren Sie einen Arm des Boysen Reservoir, oberhalb dessen Sie in wüstenartiger Landschaft mit herrlicher Aussicht auf den See auf der US-20 nach Norden fahren.

Am Ende des Sees, an dem mehrere ⛺ liegen, fahren Sie in den sehr schönen **Wind River Canyon** ein, der sich entlang des Bighorn River erstreckt. Er hat sich bis zu 600 m tief in das Land eingegraben, die Straße mußte in den Fels oberhalb des Flusses hineingesprengt werden. Die lohnende, etwa acht Meilen lange Fahrt führt dann nach

Thermopolis

☞ Wyoming - Orte und Sehenswertes.

Von Thermopolis geht es auf landschaftlich ansprechender einsamer Strecke auf der SR-120 nach Norden. Nach etwa 85 Mi erreichen Sie

Cody

☞ Wyoming - Orte und Sehenswertes.

In Cody nehmen Sie die US-14 Alt nach Osten, die Sie über knapp 50 Mi schöner Fahrt nach Lovell bringt. Einige Meilen östlich des Ortes zweigt die SR-37 nach Norden ab, auf der Sie zur Bighorn Canyon NRA gelangen.

Bighorn Canyon NRA

☞ Montana - Orte und Sehenswertes.

Lohnend ist der Weg auf der US-14 Alt weiter nach Osten. Sie führt durch die Bighorn Mountains hindurch. Die Straße ist gewunden, aber landschaftlich sehr lohnend. Sie treffen dann nach knapp 90 Mi nördlich von ☞ Sheridan an der I-90 wieder auf die Route 1.

➧ Wenn Sie der Route 1 folgen, fahren Sie zunächst zurück nach Lovell und von dort über die US-310/SR-789 durch wüstenhaftes Gebiet nach

Greybull

➲ Liegt im Norden Wyomings an der Abzweigung der US-14 von der US-16/20 etwa 50 Mi östlich von Cody.
⇧ 1.050 m, 1.800 Ew., ✉ WY 82426, ✆ 307/765

ℹ CoC, 333 Greybull Ave, ☎ 2100.

🛏 Antler Motel, 1116 N 6th St, ☎ 4404, ca. $ 35.
♦ Sage Motel, 1135 N 6th St, ☎ 4443, ca. $ 35.

⛺ KOA, im Ort, ☎ 2555 oder ☎ 800/KOA-7508.
♦ Green Oasis, etwas nördlich an der US-14/16.

Der am Ufer des Bighorn River gelegene Ort lebt von Bodenschätzen. Für den Reisenden ist die schöne Umgebung, insbesondere die im Norden liegende ☞ **Bighorn Canyon NRA** und die im Osten liegenden **Bighorn Mountains**, interessant.

✱ **Shell Canyon** mit den Shell Canyon Falls, 24 Mi östlich, ☞ unten.

⌘ **Greybull Museum**, das außer den üblichen Gegenständen aus der Pionierzeit eine Ausstellung von Fossilien birgt, die man in der Gegend finden kann.

♦ Tägl. 🕘 10:00 bis 20:00 (1.6. bis Labor Day), sonst kürzere Zeiten, Eintritt: kostenlos.

Außerdem finden hier immer am zweiten Juniwochenende ***The Days of 49***, ein großes Volksfest statt.

Von Greybull können Sie auf der US-14 nach Osten fahren und kommen nach etwa 15 Mi in die malerische Schluchtenlandschaft des **Shell Canyon** mit den Shell Canyon Falls (24 Mi östlich von Greybull). Nach gut 80 Mi schöner, lohnender Fahrt treffen Sie dann nördlich von ☞ Sheridan an der I-90 wieder auf die Route 1.

Die Route 1 verläuft auf der US-16/20/SR-789 südwärts am Bighorn River entlang nach Worland, wo Sie auf die US-16 nach Osten einschwenken. Nach rund 30 Mi erreichen Sie die Einfahrt in den **Ten Sleep Canyon**. Die Straße windet sich durch eine Schlucht und steigt dann bis auf den fast 3.000 m hohen Powder River Pass. Von dort führt sie durch ein Hochtal und senkt sich dann ab nach

Buffalo

Liegt im Norden von Wyoming an der Einmündung der US-87 auf die I-90.
⇧ 1.410 m, 3.300 Ew., WY 82834, 307/684

CoC, 55 N Main St, ☎ 5544. Hier erhalten Sie auch einen Plan für eine kleine Besichtigungstour der historischen Altstadt.

Arrowhead Motel, 3 Mi westlich an der US-16, ☎ 9453, ca. $ 30.
♦ Canyon Motel, 1 Mi westlich an der US-16, ☎ 2957, ca. $ 40.
♦ Super-8-Motel, 655 E Hart St, ☎ 2531, ca. $ 60.

KOA, 87 Hwy 16 E, ☎ 5423 oder ☎ 800/KOA-5403.
♦ Big Horn Mountains CG, 2,5 Mi westlich an der US-16.
♦ Indian CG im Ortsbereich an der US-16.

Die noch heute etwas Westernatmosphäre vermittelnde kleine Stadt lebt hauptsächlich von der Rancherei im Umland. Von 1860 bis 1880 fanden zahlreiche Indianergefechte statt, da der Bozeman Trail hier hindurchführte und mehrere Armeeposten zum Schutz der dort entlangziehenden Siedler eingerichtet wurden, ☞ Ft. Phil Kearny SHS.

⌘ **Jim Gatchell Memorial Museum**, kleines Pioniermuseum.
♦ Tägl. 8:00 bis 20:00 (1.5. bis 31.10.), Eintritt $ 2.

Von Buffalo aus bestehen gute Möglichkeiten, in die **Bighorn Mountains** zu fahren, Jeeptouren dorthin zu unternehmen, Wanderungen oder Ausritte zu starten.

➽ Sie wenden sich nun auf der I-90 nach Norden. Sie können an der Ausfahrt 44 W die Interstate verlassen und gelangen (beschildert) etwa 2,5 Mi westlich zur

Ft. Phil Kearney SHS

Hier finden Sie die Reste des ehemaligen Forts. Dieses war neben Ft. Fettermann und Ft. Reno an dem Trail zwischen Douglas und der Grenze zu Montana zu finden. Von den Bauten des Forts ist nichts außer ein paar Fundamenten vorhanden. Ein kurzer Trail führt durch das Gelände.

Ein kleines **Visitor Center** enthält Fotos und andere Ausstellungsstücke zu dem Fort, den Konflikten mit den Indianern und der Besiedlung des Westens.

♦ Tägl. 8:00 bis 18:00 (15.5. bis 30.9.), sonst Mi bis So 12:00 bis 16:00, Eintritt: $ 1.

➽ Von Ft. Phil Kearny haben Sie auf einer Kiesstraße Zugang zur

Waggon Box Fight Site

Hier wurde im August 1867 eine Gruppe von Soldaten von Indianern angegriffen. Die Soldaten verschanzten sich hinter ihren Wagen, die sie zu einer Art Fort (Wagenburg) zusammenstellten (daher der Name). Es gelang ihnen so mit Mühe, den indianischen Angriff abzuwehren, nicht zuletzt auch wegen der neuartigen Schnellfeuergewehre, die ihnen zur Verfügung standen. Kleines Monument.

➽ Nur ein wenig weiter nördlich gelangen Sie zum kleinen Ort

Story

Kleiner Ort im Norden des Staates, liegt etwa 20 Mi südlich von Sheridan.

Die Siedlung entstand am Bozeman Trail, der zu den Goldfeldern in Montana führte. In und um Story fanden viele Indianergefechte statt, deren Grund vor allem der Trail war, der mitten durch die Jagdgründe der Indianer führte.

Zum Schutz der Siedler und der Viehtreiber wurden entlang des Trails Forts eingerichtet, die jedoch ständig unter den Attacken der Indianer litten.

➽ Etwa drei Meilen entfernt bei Banner, 18 Mi südlich von Sheridan an der SR-193, etwa zwei Meilen nördlich von Ft. Phil Kearny, treffen Sie auf einen weiteren Platz eines blutigen Gefechts am Bozeman Trail, das

Fetterman Massacre Site

Hier griff 1866 Sioux-Häuptling Red Cloud mit 2.000 seiner Krieger Lt. Colonel Fetterman mit seinen 82 Leuten an. Keiner der 83 Weißen überlebte den Kampf.

Das Fort fürchtete nun einen Indianerangriff und so wurde ein Reiter ausgesandt, der allein 236 Mi bis zum damaligen Ft. Laramie durch Indianerland und Wildnis ritt, um Verstärkung anzufordern. Infotafel an der Straße und ein Monument etwas oberhalb auf der anderen Seite.

➽ Sie fahren nun nordwärts nach

Sheridan

☞ Wyoming - Orte und Sehenswertes.

Folgen Sie der I-90 nordwärts vorbei an der Einmündung der US-14 zur ☞ Bighorn Canyon NRA und durch den Shell Canyon nach ☞ Greybull. Sie überqueren die Grenze nach Montana und befinden sich in der großen Crow Indian Reservation, in der es einst viele Gefechte mit Indianern gab. An der Ausfahrt 510 verlassen Sie die I-90 und fahren zum

Little Bighorn Battlefield National Memorial

☞ Montana - Orte und Sehenswertes.

Über die I-90 gelangen Sie dann ca. 16 Mi nördlich nach

Hardin

➲ Liegt in Süd-Montana an der I-90, etwa 45 Mi östlich von Billings.
⇧ 880 m, 2.900 Ew., ✉ MT 59034, ✆ 406/665

ℹ CoC, 219 N Center Ave, ☎ 1672.

♦ Bighorn Country Museum & Visitor Center, tägl. ◨ 8:00 bis 20:00 (1.5. bis 30.9.), sonst Mo bis Sa 9:00 bis 17:00, ☎ 1671.

🛏 American Inn of Hardin, 1324 Crawford Ave, ☎ 1615, ca. $ 55.

⛺ Hardin KOA, ca. 2 Mi nördlich an der SR-47, ☎ 1635 oder ☎ 800/KOA-1635.

♦ Grandview CG, 1 Mi südlich auf der SR-313, ☎ 2489.

Der Ort, der am Rande der Crow Indian Reservation entstand, ist ein wichtiges Handels- und Versorgungszentrum für dieses Indianerreservat.

⌘ **Bighorn Country Museum & Visitor Center**. Hier kann man alte Gebäude, darunter ein Farmhaus, eine Kirche, eine alte Schule, eine Postkutschenstation, ein Postamt und ein indianisches Blockhaus sehen.

♦ Tägl. ◨ 8:00 bis 20:00 (1.5. bis 30.9.), sonst Mo bis Sa 9:00 bis 17:00, Eintritt: kostenlos.

➠ Sie folgen weiter der I-90 nach Westen und kommen nach etwa 50 Mi nach

Billings

☞ Montana - Orte und Sehenswertes.

Sie verlassen Billings nach Westen auf der I-90. Nach ca. 15 Mi zweigen Sie auf die US-212 ab, die Sie an die Berge heranführt nach

Red Lodge

➲ Liegt am Fuß der Beartooth Mountains in Süd-Montana, an der US-212, etwa 60 Mi südwestlich von Billings.
⇧ 1.690 m, 2.000 Ew., ✉ MT 59068, ✆ 406/446

ℹ CoC, 601 N Broadway, ☎ 1718, Mo bis Fr ◨ 8:00 bis 17:00, Sa, So 9:00 bis 17:00. Hier erhalten Sie eine Broschüre für einen Ortsrundgang.

🛏 Yodeler Motel, 601 S Broadway, ☎ 1435, ca. $ 45.

♦ Super-8-Motel, 1223 S Broadway, ☎ 2288, ca. $ 55.

🚐⛺ KOA, 4 Mi nördlich an der US-212, ☎ 2364 oder ☎ 800/KOA-7540.

♦ Südlich an oder abseits der US-212 liegen der **Basin NFCG** (8 Mi), der **Cascade NFCG** (11 Mi), der **Parkside NFCG** (13 Mi), der **Greenough Lake NFCG** (13 Mi), der **Limber Pine NFCG** (13 Mi) und der **MK NFCG** (16 Mi).

Red Lodge ist Ausgangspunkt für eine sehr lohnende und empfehlenswerte **Fahrt auf dem Beartooth Scenic Highway** zum Nordosteingang des Yellowstone NP.

⌘ Im Ort gibt es ein kleines Museum (lokale Geschichte).

➽ Die Route 1 folgt nun dem

Beartooth Scenic Highway

Dieser bezeichnet einen Teil der US-212 zwischen Red Lodge und dem Yellowstone NP. Die US-212 führt von Red Lodge über 54 Mi durch eine fantastische Berglandschaft. Von 1.720 m in Red Lodge schraubt man sich über viele Kurven und Kehren auf den fast 3.340 m hohen Beartooth Pass.

Durch eine herrliche Gebirgswelt, die bis weit in den Frühsommer hinein verschneit ist, fährt man westwärts und gelangt erst hinter dem Colter Pass wieder in stärker bewaldete Gegenden. Zu Recht wird dieser Highway als **eine der schönsten Straßen in Montana/Wyoming** bezeichnet. Sie ist meist von Mitte Oktober bis Ende Mai wegen Schnee gesperrt.

✋ Obwohl die Strecke von Red Lodge bis Tower Jct insgesamt nur 95 Mi lang ist, sollten Sie fünf Stunden für diese Tour rechnen.

Sie erreichen vier Meilen hinter Cooke City, 65 Mi hinter Red Lodge den

Yellowstone NP

☞ Wyoming - Orte und Sehenswertes.

Sie verlassen den Yellowstone NP am Südausgang über die US-89/191/287 und fahren kurz darauf in den

Grand Teton NP

☞ Wyoming - Orte und Sehenswertes.

Den Grand Teton NP verlassen Sie nach Süden und kommen kurz hinter der Parkgrenze nach

Jackson

☞ Wyoming - Orte und Sehenswertes.

In Jackson nehmen Sie die SR-22, die stark ansteigt in die Teton Range hinein zum Teton Pass (2.570 m). Kurz darauf sind Sie wieder in Idaho, die Straße heißt nunmehr SR-33. Dieser folgen Sie bis zur Abzweigung der SR-32, auf die Sie nach Norden einbiegen und bis nach Ashton an der US-20 befahren.

Kurz vor dem Ort biegen Sie auf die SR-47 ein. Nach ca. 14 Mi gelangen Sie zur Zufahrt zu den

Mesa Falls

➲ Von Ashton an der US-20 ca. 55 Mi nördlich von Idaho Falls auf die SR-47 abzweigen (ausgeschildert), noch ca. 14 Mi und eine kurze Zufahrt. Von Norden ca. 25 Mi nördlich von Ashton von der US-20 auf die SR-47 abzweigen, 12 Mi.

Kleiner primitiver Platz, 5 ⩸, an den Lower Falls, kostenlos.

Lower Mesa Falls. Aussichtspunkt am Parkplatz auf die tief im Tal in mehreren Stufen hinabstürzenden Fälle. Ein sehr lohnender Abstecher!

Upper Mesa Falls. Hier ergießt sich der Henry Fork ca. 45 m tief in eine malerische Schlucht. Ein kurzer Fußweg führt vom Parkplatz hinab zu den schönen Wasserfällen.

Am Fußweg liegt ein altes Roadhouse, das wieder restauriert werden soll.

➧ Die SR-47 führt dann wieder auf die US-20, von der man Aussicht auf die Teton Range hat. Sie fahren auf der US-20 bis

West Yellowstone

➲ Liegt im äußersten Süden Montanas, an der Einmündung der US-287 auf die US-20. ⇧ 2.000 m, 900 Ew., ✉ MT59758, ✆ 208/646

CoC, 30 Yellowstone Ave, ☎ 7701.

Kaum überschaubare Anzahl von $ 35 bis 200, Preise stark saisonabhängig, u.a.

- ♦ Lazy G Motel, 123 Hayden St, ☎ 7586, ca. $ 40.
- ♦ Alpine Motel, 120 Madison St, ☎ 7544, ca. $ 50.
- ♦ Al's Westward Ho Motel, 16 Boundary St, ☎ 7331, ca. $ 50.
- ♦ Traveller's Lodge, 225 Yellowstone Ave, ☎ 9561, ca. $ 70.

KOA, 6 Mi westlich an der US-20, ☎ 7606 oder ☎ 800/KOA-7591.

- ♦ Weitere drei private Plätze gibt es noch im Ort, einen 8 Mi westlich an der US-20 und einen nördlich über die US-191.
- ♦ NFCG gibt es nördlich an der US-191, **Baker's Hole** (3 Mi), **Beaver Creek** (8 Mi), **Cabin Creek** (8 Mi), **Rainbow Point** (5 Mi, Zufahrt), sowie an der US-20.

West Yellowstone ist der Westeingang in den berühmten ☞ **Yellowstone NP** (Wyoming). Außer zahlreichen Hotels, Restaurants und mehreren Zeltplätzen, die jene Besucher aufnehmen, die im Yellowstone NP keinen Unterschlupf mehr gefunden haben, gibt es hier das

⌘ **Museum of the Yellowstone** im Union Pacific Railroad Depot, 124 Yellowstone Ave. Verschiedene Ausstellungen zur Geschichte und zum Tierleben der Gegend.

- ♦ Tägl. 8:00 bis 22:00 (Mai bis November), Eintritt: ca. $ 5.

Ausflug nach Nordwesten über die US-287 zur ☞ **Madison River Canyon Earthquake Area**, 27 Mi.

✱ **Yellowstone Imax Theatre**, 101 Canyon St, 35 Min. Film über den National Park auf Riesenleinwand zu jeder Stunde.

- ♦ 9:00 bis 21:00 (Mai bis September), Eintritt: $ 6.

Die Route 1 folgt nun der US-287 nach Norden entlang am Hebgen Lake. Dort befinden Sie sich in der

Madison River Canyon Earthquake Area

➲ Liegt im äußersten Süden Montanas an der US-287, 27 Mi nordwestlich von West Yellowstone.

Visitor Center am Westende des Gebiets. Hier gibt es allgemeine Erklärungen zu Erdbeben und zu den Vorgängen des Jahres 1959. Tägl. 8:15 bis 18:00 (Memorial Day bis Mitte September), ☏ 646-7369.

1959 kam es hier zu einem kräftigen Erdbeben, das einen Erdrutsch verursachte. Dieser blockierte den Madison River. Daraufhin bildete sich der Quake Lake. Die an seinem Rand entlangführende US-287 verläuft an den überfluteten Wäldern vorbei.

Zahlreiche Informationsschilder geben Erklärungen zu den Ereignissen und geologischen Gegebenheiten.

➧ Weiter auf der US-287 kommen Sie durch typisches Ranchland nach Ennis, wo Sie auf die SR-287 nach Westen abbiegen. Nach etwa 15 Mi auf dieser Straße sind Sie in

Virginia City

☞ Montana - Orte und Sehenswertes.

Von hier sind es nur ein paar Meilen auf der SR-287 bis

Nevada City

☞ Montana - Orte und Sehenswertes.

Auf der SR-287 fahren Sie bis zur Einmündung in die SR-41, der Sie südwärts nach Dillon folgen.

Dort fahren Sie auf die I-15 South ein paar Meilen bis zur Abfahrt 59, wo Sie die CR-278 nehmen. Diese bringt Sie zur Zufahrt zum

Bannack SHP

☞ Montana - Orte und Sehenswertes.

Sie folgen weiter der CR-278 durch recht einsames Land über den Big Hole Pass bis nach Wisdom. Dort wenden Sie sich nach Westen auf die SR-43. Nach etwa zehn Meilen sind Sie am

Big Hole National Battlefield

☞ Montana - Orte und Sehenswertes.

Die Straße steigt weiter bergan in schönes Waldland und erreicht kurz hinter dem Chief Joseph Pass (2.200 m) die US-93 in Idaho. Sie wenden sich auf dieser nach Norden, verlassen nur wenig später Idaho am Lost Trail Pass und fahren auf landschaftlicher schöner Strecke in Montana abwärts. Allmählich nimmt die Besiedlung zu. Etwas abseits der US-93 liegt etwa 65 Mi jenseits des Lost Trail Pass

Stevensville

➲ Liegt in West-Montana etwas abseits der US-93, etwa 30 Mi südlich von Missoula. ⇧ 1.070 m, 1.200 Ew., ✆ 406/777

Kleiner Ort, der von Land- und Forstwirtschaft lebt.

⌘ **St. Mary's Mission**, 1841 errichtet. Älteste Mission im Nordwesten der USA. Außer der Kirche, die man besichtigen kann, gibt es noch ein kleines Museum mit alten Einrichtungsgegenständen.

♦ Tägl. 10:00 bis 17:00 (15.4. bis 15.10.), $ 3 inklusive Führung.

➨ Auf der US-287 sind es dann nur noch knapp 30 Mi bis

Missoula

☞ Montana - Orte und Sehenswertes.

Sie verlassen Missoula auf der I-90 West, zweigen aber nach wenigen Meilen schon wieder auf die US-93 nach Norden ab. In der Flathead Indian Reservation liegt nach ca. 40 Mi von Missoula die

St. Ignatius Mission

➲ Liegt in West-Montana, 26 Mi südlich von Polson, etwas abseits der US-93 bei St. Ignatius.

ℹ Im angeschlossenen Museum, ☎ 745-2768.

✞ Die Mission wurde 1855 eingerichtet und umfaßt im wesentlichen die 1891 errichtete **Missionskirche**, die im Innenraum nicht besonders geschmackvoll bemalt ist.

♦ Tägl. 9:00 bis 21:00 (1.6. bis 31.8.), sonst 9:00 bis 17:00.

⌘ Daneben befindet sich im alten Wohnhaus ein **Kirchenmuseum**.

♦ Das Museum hat unregelmäßig geöffnet, Eintritt: Spende.

Sie fahren weiter auf der US-93 nach Norden, machen aber an der Abzweigung der IR-212 einen Abstecher zur

National Bison Range

☞ Montana - Orte und Sehenswertes.

Weiter auf der US-93 kommen Sie schließlich an den schönen Flathead Lake und nach

Polson

➲ Liegt am Südende des Flathead Lake an der US-93, etwa 70 Mi nördlich von Missoula. ⇧ 920 m, 3.300 Ew., ✉ MT 59860, ✆ 406/883

CoC, Box 677, ☎ 5969.

Days Inn, 914 Hwy 93, ☎ 3120, ca. $ 65.

KOA, 1 Mi nördlich an der US 93, ☎ 2151 oder ☎ 800/KOA-2130

♦ Eagle's Nest RV Resort, an der SR-35, ☎ 5904.

♦ Flathead Lake SP, 13 Mi nördlich auf der US-93 (Big Arm Unit) und 11 Mi nördlich auf der SR-35 (Finley Point Unit).

Polson ist ein Zentrum der umliegenden Landwirtschaftsbetriebe, die vorwiegend Obstanbau (Kirschen) betreiben. Es gibt zwei kleine Museen im Ort und einen Bootsanleger.

✱ Der **Flathead Lake** ist der größte natürliche Frischwassersee westlich des Mississippi und bietet hervorragende Wassersportmöglichkeiten. Der See wird durch den Flathead River gespeist, der durch die Flathed River Gorge in den See strömt.

Ausflugsfahrten auf dem See sind tägl. um 10:30, 13:30 und 19:30 (1.6. bis 5.9.) möglich, $ 10 bis 16, ☎ 2448.

☺ Es gibt von Polson aus **Floßtouren** auf dem Flathead River.

➧ Den Flathead Lake umfahren Sie entweder auf der Ostseite auf der SR-35, die unmittelbar am See entlangführt, oder auf der Westseite auf der US-93. Nächstes Zwischenziel ist das nördlich des Sees liegende

Kalispell

Liegt in Nordwest-Montana, an der Kreuzung der US-93 mit der US-2, etwa 120 Mi nördlich von Missoula.

890 m, 12.000 Ew., MT 59901, 406

Convention & Visitors Ass., 15 Depot Loop , ☎ 756-9091.
440 W Idaho St, ☎ 755-5511, Mo bis Fr 8:00 bis 17:00.

6-Motel, 1540 Hwy 93 S, ☎ 752-6355, ca. $ 45.
- White Birch Motel, 17 Shady Lane, ☎ 752-4008, ca. $ 50.
- Glacier Gateway Motel, 264 N Main St, ☎ 755-3330.
- Days Inn, 1550 Hwy 93 N, ☎ 756-3222, ca. $ 65.

Glacier Pines RV Park, 1 Mi östlich auf der SR-35, ☎ 752-2760.
- Lake Blaine Resort, 4 Mi, an der Lake Blain Rd, ☎ 755-2891.
- KOA (in Whitefish), 9 Mi auf der US-93, ☎ 862-8824 oder ☎ 800/KOA-8734.
- Flathead Lake SP, 20 Mi südlich auf der US-93.

AYH Hostel, 2155 Whitefish Stage Road, ☎ 756-1908, möglichst telefonisch reservieren.

Der Ort befindet sich im Flathead Valley, in einer für seine Obstplantagen bekannten Gegend, und entstand nach 1891 durch die Zusammenlegung mehrerer umliegender Dörfer. Wegen der schönen Umgebung, dem Flathead Lake im Süden, dem Glacier NP im Nordosten und ausgedehnten Wäldern in den Rocky Mountains im Norden und Südosten, ist Kalispell eines der beliebtesten Ferienzentren im Nordwesten Montanas. Durch die Nähe des Glacier NP ist der Ort recht teuer, z.B. bei Mietwagen, die zudem schwer zu bekommen sind.

☺ Mieten Sie einen Wagen für den Besuch des National Parks etwas nördlich in Whitefish, ist deutlich billiger!

⌘ **Conrad Mansion NHS Museum**, Woodland Ave/3rd St, im viktorianischen Stil errichtet vom Gründer Kalispells und restauriert. Viele authentische Einrichtungsgegenstände. Geführte Touren.

- Tägl. 9:00 bis 20:00 (15.6. bis 15.9.), sonst 10:00 bis 17:30, Eintritt: $ 5, inklusive Tour.

Ausflüge

* Zum **Flathead Lake**, Rundtour über die US-93 und SR-35.
* Zum **Hungry Horse Dam** und Reservoir, Stausee mit vielen ⛺.
* Fahrt auf der SR-83 südöstlich durch den Flathead NF.
* Besuch des ☞ **Glacier NP**.

➧ Sie folgen der US-2 nach Osten in gewaltiges Bergland nach

West Glacier

➲ Liegt an der Westseite des Glacier NP, nahe der US-2.

⇧ 1.030 m, 300 Ew., ✉ MT 59936, ✆ 406/387

⛺ KOA, 3 Mi südlich über die US-287, ☎ 5341 oder ☎ 800/KOA-3313.

- Glacier CG, 1 Mi westlich auf der US-2, ☎ 5689.
- Weitere private Plätze sind westlich an der US-2 und im ☞ Glacier NP.

Der kleine Ort gilt als das westliche Tor zum ☞ Glacier NP und ist Ausgangspunkt für die Going to the Sun Road, die den Park durchquert. Es gibt hier zahlreiche touristische Einrichtungen, vor allem eine Vielzahl von (teuren) Unterkunftsmöglichkeiten und diverse Unternehmen, die Floßtouren auf dem wilden Flathead River anbieten.

➧ Die Route 1 verläuft weiter auf der US-2 und umfährt den Glacier NP auf seiner Südseite, ☞ Glacier NP.

✋ Wenn Sie mit einem **Wohnmobil** unterwegs sind, können Sie der nachfolgend vorgeschlagenen Routenführung nicht folgen, da diese über die Going to the Sun Road durch den Glacier NP hindurchführt. Diese Straße ist aber für größere Fahrzeuge gesperrt. Sie müssen dann den National Park von West Glacier aus besichtigen, ☞ Glacier NP. Die Route 1 setzt sich dann unten nach dem National Park wieder fort.

Nach ca. 70 Mi von West Glacier erreichen Sie den kleinen Ort

Browning

➲ Liegt im Nordwesten des Staates an der US-2, etwa 12 Mi von East Glacier.

⇧ 1.330 m, 1.200 Ew., ✉ MT 59417, ✆ 406/338

⛺ Sleeping Wolf CG, etwas westlich an der US-89.

Der Ort liegt mitten in der Blackfeet Indian Reservation. In dem ca. 6.000 km² großen Reservat leben etwa 10.000 Indianer.

⌘ **Museum of the Plains Indians**, an der Abzweigung der US-2 von der US-89. Verschiedene Ausstellungen zeigen indianische Kunst und Kultur.

♦ Tägl. 9:00 bis 17:00 (Juni bis September), sonst Mo bis Fr 10:00 bis 16:30, Eintritt: kostenlos.

Sie fahren nun weiter auf der US-89 nach Norden bis St. Mary's, ca. 30 Mi. Dort biegen Sie ab in den

Glacier NP

☞ Montana - Orte und Sehenswertes.

Wenn Sie den Glacier NP auf der Going to the Sun Road durchquert haben, treffen Sie in West Glacier wieder auf die US-2.

Auf der US-2 fahren Sie über Kalispell in immer dünner besiedeltes Land hinein. In Libby erreichen Sie den Kootenai River, dem die Straße nach Westen hübsch folgt. Sie überqueren die Grenze nach Idaho und erreichen

Bonners Ferry

Liegt im äußersten Norden Idahos in wildreicher Gegend an der US-95 etwa 28 Mi südlich der Grenze nach Kanada.

⇧ 540 m, 2.200 Ew., ID 83805, 208/267

CoC, Box 375, ☎ 5922.

Bonners Ferry Log Inn, Hwy 95, ☎ 3986.

♦ Kootenai Valley Inn, Hwy 95, ☎ 7567.

Blue Lake Camp & RV Park, an der US-95, 8 Mi südlich, ☎ 2029.

♦ Bonners Ferry Resort, an der US-95, 2 Mi südlich, ☎ 2422.

♦ Twin Rivers Canyon Resort, 10 Mi östlich auf der US-2, nach 2 Mi Zufahrt, ☎ 5932.

David Thompson errichtete an der Stelle des heutigen Ortes Anfang des 19. Jh. einen Pelzhandelsposten. 1864 eröffnete E. L. Bonner einen Fährdienst über den Kootenai River. Ströme von Zuwanderern ließen bald eine Siedlung entstehen. Heute lebt die Stadt vorwiegend von Forst- und Landwirtschaft und zweitrangig von Bergbau.

Kootenai NWR, liegt fünf Meilen westlich an der Dike Road am Südufer des Kootenai River. Schutzgebiet für hier brütende Zugvögel, Kanada-Gänse, Enten und Schwäne.

Der **Katka View Point**, neun Meilen östlich über die CR-24, bietet schönen Ausblick auf das Kootenai Valley und die Selkirk Mountains.

* **Smith Falls**, erreichbar über die SR-1 Richtung Norden und eine kurze Zufahrt (CR-45) über den Fluß, nordwärts bis zu den Fällen.

* **Moyie River Canyon Bridge**, acht Meilen östlich an der US-2, beim Ort Moyie Springs. Die Brücke spannt sich in etwa 180 m Höhe über dem Canyon-Boden. Von hier führt eine Schotterstraße gen Norden zu den **Moyie Falls**.

Auf der US-2/95 fahren Sie nach Süden bis

Sandpoint

Liegt im Norden Idahos am Lake Pend Oreille, 44 Mi nördlich von Coeur d'Alene. ⇧ 630 m, 5.200 Ew., ID 83864, 208/263

CoC, an der US-95 N, ☏ 2161.

Super-8-Motel, 3245 Hwy 95 N, ☏ 2210, ca. $ 50.
♦ Quality Inn, 807 N 5th St, ☏ 2111, ab ca. $ 65.

KOA, südlich an der US-95, 100 Sagle Rd, ☏ 4824 oder ☏ 800/KOA-5070.
♦ Springy Point CG, ca. 1,5 Mi südlich von der US-95 auf den Lakeshore Dr, 3 Mi.
♦ Round Lake SP, ca. 10 Mi südlich von der US-95 auf die Dufort Rd, 2 Mi.
♦ Mehrere Plätze liegen östlich entlang der SR-200 am Lake Pend Oreille.

Das kleine Touristenzentrum entstand aus einem ehemaligen Pelzhandelsposten.

Eine besondere Attraktion ist die **überdachte Holzbrücke**, Cedar Street Bridge, die man in eine moderne Shopping Mall umgebaut hat. Solche überdachten Holzbrücken waren übrigens typisch für den Norden Idahos.

⌘ **Bonner County Historical Museum**, 905 Ontario St, Ausstellung zur Pionierzeit und zur Geschichte der Kootenai-Indianer, kleines Fahrzeugmuseum.

♦ Di bis Sa 10:00 bis 16:00 (1.4. bis 1.11.), sonst nur Do, Eintritt: $ 1.

Der **Pend Oreille Lake** gilt als sehr fischreich. An einigen Stellen ist er fast 350 m tief und liegt in hübscher Landschaft.

Mehrere Zeltplätze und Resorts sind um den See verstreut.

Von Sandpoint aus bringt Sie die US-95 südlich nach

Coeur d'Alene

☞ Idaho - Orte und Sehenswertes.

Hier nehmen Sie die I-90, die Sie rasch über gut 30 Mi nach Spokane bringt.

Spokane

☞ Washington - Orte und Sehenswertes.

Sie verlassen Spokane auf der I-90, zweigen aber am Stadtrand auf die US-2 West ab, der Sie bis Davenport folgen. Hier wenden Sie sich auf der SR-25 nach Norden und kommen nach 25 Mi bei dem kleinen Ort Miles zum

Ft. Spokane

Liegt etwas abseits der SR-25, etwa 60 Mi nordwestlich von Spokane.

Ft. Spokane CG, an der SR-25 etwas südlich.

♦ Weitere Plätze sind nördlich in der Coulee Dam NRA entlang der SR-25.

⌘ Spokane, unmittelbar an der SR-25, ist ein Militärposten aus dem letzten Jahrhundert. Ein kleines **Visitor Center** und **Museum** enthält allerlei Ausstellungsgegenstände über Forts, die zum Schutz der Siedler vor Indianerangriffen errichtet wurden. Vier Bauten sind noch erhalten, im Sommer finden hier Vorführungen typischer Tätigkeiten in einem Fort statt.

♦ Tägl. 9:30 bis 17:30 (Memorial bis Labor Day), Eintritt: kostenlos.

➽ Gleich jenseits des Forts liegt der Spokane River, den Sie auf einer Brücke aussichtsreich überqueren. Sie sind nun bereits in der

Coulee Dam NRA

- Liegt im Norden des Staates entlang des Columbia River.
- Im Ft. Spokane. Besorgen Sie sich hier das Infoblatt mit Karte zur National Recreation Area.
- ♦ Am Coulee Dam, tägl 8:30 bis 22:00 (Memorial bis Labor Day), sonst 9:00 bis 17:00.
- ♦ **Eintritt in den Park**: kostenlos.
- Keine in der National Recreation Area.
- Diverse Plätze entlang der SR-25 und der anderen Straßen im Bereich der National Recreation Area. Über Lage und Zufahrt informiert das Infoblatt oder die .

Diese Gegend umfaßt einen weiten Landstreifen entlang des Columbia River vom Coulee Dam bis hinauf zur kanadischen Grenze. Die National Recreation Area beinhaltet neben dem Fluß vor allem auch ein Stück der Landschaft, in die sich der mächtige Columbia eingegraben hat.

Durch den Coulee Dam aufgestaut, bildete sich der F.-D.-Roosevelt-Stausee, der sich in den letzten Jahren zu einem recht großen Erholungsgebiet mit zahlreichen Zeltplätzen, verschiedenen Wassersportmöglichkeiten usw. entwickelte. Die Ranger bieten an einigen Zeltplätzen auch Campfire Programs usw. an.

Der Coulee Dam gehört zu den **größten Bauwerken der Erde**. Er ist ca. 170 m hoch, an der Talsohle über 150 m dick und auf der Krone knapp 1.700 m lang.

In einem **Visitor Center** auf der Westseite des Flusses, unterhalb des Damms, kann man etwas über seine Entstehung und Funktion erfahren.

➽ Sie fahren landschaftlich schön auf der SR-25 weiter nach Norden am F. D. Roosevelt Lake entlang. Nach knapp 60 Mi trifft die SR-25 auf die US-395/SR-20. Etwa zehn Meilen östlich auf dieser Strecke liegt

Colville

➲ Liegt in Nordost-Washington an der US-395 etwa 70 Mi nördlich von Spokane. ⇧ 580 m, 4.400 Ew., ✉ WA 99114, ✆ 509/684
ℹ CoC, 121 E Astor, ☎ 5973.
Beaver Lodge Resort, 25 Mi westlich über die SR-20.
♦ Little Twin Lakes NFCG, ca. 16 Mi über die SR-20 östlich, die CR-4915 und eine Zufahrt, 1,5 Mi.

Der Ort entstand in der Nähe des Old Ft. Colville, einem Posten der Hudson's Bay Company, zu Beginn des letzten Jahrhunderts. Später wurde Colville zu einer Goldrauschstadt und von 1859 bis 1882 errichtete man in der Nähe das Ft. Colville, einen Militärposten.

❋ **Keller Historical Park**, restauriertes Haus, um 1900, mit verschiedenen Ausstellungsgegenständen aus damaliger Zeit.

♦ Mo bis Sa 10:00 bis 16:00, So 13:00 bis 16:00, Eintritt: Spende.

❋ Jenseits von Colville führt die SR-20 landschaftlich schön zum **Pend Oreille River**, an diesem nach Newport an der Grenze zu Idaho.

Die Route 1 wendet sich an der Einmündung der SR-25 auf die US-395/SR-20 nach Westen. Vor der Brücke zweigt rechts die Zufahrt ab zur

✞ **St. Paul's Mission**, 12 Mi nordwestlich von Colville an der Brücke der US-395 über den Columbia River. Die kleine Kapelle wurde 1845 von den hier lebenden Indianern errichtet.

Hinter der Brücke biegen Sie auf die SR-20 ab, der Sie auf kurviger, aber landschaftlich lohnender Strecke über zwei kleine Pässe bis nach Tonasket an der US-97 folgen. Auf der US-97 fahren Sie nach Süden am Okanogan River entlang nach

Okanogan

➲ Liegt im Norden Washingtons, etwas abseits der US-97, etwa 50 Mi südlich der kanadischen Grenze. 2.400 Ew., ✉ WA 98840, ✆ 509/422
ℹ CoC, ☎ 1541.
Ponderosa Motor Lodge, 1034 2nd Ave, ☎ 0400, ca. $ 40.
Margie's RV Park, in Riverside, 13 Mi nördlich.

Der Ort bietet sich als Ausgangspunkt für Touren in den Okanogan NF an.

✱ Eine Fahrt auf dem Highway 20 nach Westen durch den National Forest und den ☞ **North Cascades NP**. Abseits des Weges findet man eine gewaltige Hochgebirgslandschaft, schöne Seen und fast unberührte Natur. Außerdem gibt es viele hervorragende Wandermöglichkeiten. Näheres erfahren Sie in der Okanogan NF Ranger Station.

✱ **St. Mary's Mission**, 1886, acht Meilen nordöstlich über die SR-155 und 1,5 Mi auf einer Zufahrt.

✱ ☞ **Ft. Okanogan SP**, liegt 21 Mi südlich über die US-97.

In Okanogan verlassen Sie die US-97 wieder, um erneut der SR-20 zu folgen. Über einen weiteren Paß kommen Sie nach 40 Mi schöner Fahrt nach

Winthrop

Liegt in Nord-Washington an der SR-20 ca. 65 Mi östlich des North Cascades NP. ⇧ 300 m, 400 Ew., ✉ 98862, ✆ 509/996

CoC, ☎ 2125.

The Virginian Resort, 808 N Cascades Hwy, ☎ 2535, ca. $ 60.

♦ The Chewuch Inn, 223 White Ave, ☎ 916-3107, ca. $ 65.

KOA, 1 Mi östlich des Ortes, ☎ 2258 oder ☎ 800/KOA-2158.

♦ 5 Mi, 16 Mi, 19 Mi und 27 Mi nördlich liegen NFCGs an der SR-20.

Nach Westen gibt es erst jenseits des Cascades NP (ca. 100 Mi) wieder eine Tankstelle!

Der geschäftige Ort bietet von seinem sehenswerten äußeren Erscheinungsbild noch viel von einer ehemaligen Westernstadt. Hölzerne Gehwege und typische Holzbauten bestimmen das Bild, so wie es zur Blütezeit des Ortes um 1900 ausgesehen haben dürfte. Außerdem gibt es ein kleines Museum.

☺ Am westlichen Ortsende befindet sich ein großer **P**.

➧ Auf der SR-20 fahren Sie weiter nach Westen in die Cascade Range hinein. In großartiger Landschaft erklimmen Sie den Washington Pass (1.760 m) und erreichen schließlich die

Ross Lake NRA

☞ Washington - Orte und Sehenswertes.

Beidseits der National Recreation Area liegt der mit dem Auto unzugängliche

North Cascades NP

☞ Washington - Orte und Sehenswertes.

➧ Die Route 1 folgt weiter der SR-20 und kreuzt bei Burlington die I-5. Sie fahren nun in die Inselwelt des Puget Sound hinein. Etwa 12 Mi weiter zweigt nordwärts eine Zufahrt ab nach

Anacortes

Liegt an der Nordspitze von Fidalgo Island im Puget Sound nördlich von Seattle. 11.500 Ew., ✉ WA 98221, ✆ 360/293

CoC, 819 Commercial Ave, ☎ 3832. Hier bekommt man eine kleine Broschüre, die eine Fahrt durch Anacortes und über Fidalgo Island beschreibt.

Holiday Motel, 2903 Commercial Ave, ☎ 6511, ca. $ 50.
♦ Cap Sante Inn, 906 9th St, ☎ 0602, ca. $ 65.

Anacortes RV Park, Spur Hwy 20, ☎ 293-3700.
♦ Washington Municipal Park, an der SR-20 (12th St).

Hübscher Bootshafen, bewundernswerter Blick auf den Mt. Baker. Lohnend ist eine Fahrt auf den Mt. Erie, fünf Meilen südlich, von dort hat man einen schönen Blick über die Inselwelt.

⌘ **Anacortes Museum**, 1305 8th St, beherbergt Ausstellungsgegenstände zur Geschichte des Ortes.

♦ Do bis Mo 13:00 bis 17:00, Eintritt: Spende.

Raddampfer W. T. Preston, 7th St/R Ave, der letzte hier verkehrende Raddampfer wurde erst 1981 außer Dienst gestellt.

♦ 11:00 bis 17:00 (Memorial bis Labor Day), Eintritt: $ 2.

✱ **Washington SP**, ein paar Meilen westlich, hübscher Badestrand.

✱ Sehr schön ist auch eine Fahrt auf der SR-20 nach Süden zum **Deception Pass SP** durch einen unwahrscheinlich hohen Wald. Im State Park gelangt man über eine aussichtsreiche Brücke nach Whidbey Island, an deren Fuß sich schöne rauhe Strände befinden. Beachten Sie die enorme Strömung unter der Brücke!

Von Anacortes haben Sie die Möglichkeit, auf Fähren die

San Juan Islands

☞ Washington - Orte und Sehenswertes.

und den

San Juan Islands NHP

☞ Washington - Orte und Sehenswertes.

zu erreichen.

➽ Weiter auf der SR-20 kommen Sie zum Deception Pass SP. Auf einer Brücke gelangen Sie aussichtsreich auf die nächste Insel:

Whidbey Island

Dies ist die größte Insel im Puget Sound, sie liegt nördlich von Seattle und wurde 1792 von George Vancouver entdeckt. Die buchtenreiche Küste ist ein großes Erholungs- und Freizeitgebiet für die Einwohner von Seattle.

Zugang hat man von Burlington an der I-5 aus über die SR-20 (Brücke) und von Süden bzw. Osten aus mit der Fähre ab Mukilteo bzw. Port Townsend. Häufige Abfahrten, nur während des Berufsverkehrs von und nach Seattle geringe Wartezeiten.

Im **Ft. Casey SP** kann man Befestigungsanlagen vom Ende des letzten Jahrhunderts besichtigen, darunter eine gewaltige Geschützstellung. Erklärungen in einem kleinen **Visitor Center**.

♦ Mi bis So 10:00 bis 18:00 (1.5. bis 30.9.), Eintritt: kostenlos.

➧ Die Route 1 führt über die ganze Insel nach Süden, schöne Fahrt, dabei wechseln Sie südlich von Coupeville von der SR-20 auf die SR-525. In Clinton Beach nehmen Sie die kurze Fähre nach Mukilteo.

☺ Vermeiden Sie in dieser Richtung die Morgenstunden, insbesondere am Montag, längere Wartezeiten!

Von Mukilteo sind es ein paar Meilen nach

Everett

Liegt etwa 25 Mi nördlich von Seattle an der I-5.
70.000 Ew., WA 98206, 206

Visitors Bureau, 1710 W Marine View Dr, ☎ 252-5181.
909 SE Everett Mall Way, WA 98208, ☎ 353-7222, Mo bis Fr 8:30 bis 18:30.

Farwest Motel, 6030 Evergreen Way, WA 98203, ☎ 355-3007, ca. $ 40.
♦ Days Inn, 1122 N Broadway, WA 98201, ☎ 252-8000, ca. $ 50.
♦ Travelodge, 3030 Broadway, WA 98203, ☎ 259-6141, ca. $ 50.

Silver Lake RV Park, Silver Lake Rd, ☎ 338-9666.
♦ Lakeside RV Park südlich an der SR-99.

Die Stadt ist heute nahezu eine Vorstadt von Seattle und lebt hauptsächlich von einem **Montagewerk der Boeing Company**, drei Meilen südwestlich über die SR-525 erreichbar. Man kann das Werk, in dem die 747-, 767- und 777-Maschinen gebaut werden, besichtigen.

♦ Kostenlose Führungen dauern ca. 90 Min. Näheres erfahren Sie unter ☎ 342-4801. Mo bis Fr 8:00 bis 16:00.

⌘ Außerdem gibt es hier ein kleines **County Museum**, das in einem alten Geschäftshaus von 1906 untergebracht ist.

♦ Do bis So 13:00 bis 16:00, Eintritt: Spende.

➧ Auf der I-5 kommen Sie nun wieder zum Ausgangspunkt Ihrer Tour und dem Ende der Route 1 nach ☞ **Seattle**.

Route 2

Seattle

☞ Washington - Orte und Sehenswertes.

Sie fahren von Seattle mit der Fähre oder über die I-5 und SR-16 via Tacoma nach

Bremerton

➲ Liegt im Puget Sound gegenüber von Seattle an der SR-3.
38.000 Ew., ✉ WA 98310, ✆ 360

Visitors Bureau,120 Washington Ave, ☎ 479-3588.

5700 Kitsap Way, WA 98312, ☎ 377-0081, Mo bis Fr 8:30 bis 17:00.

Dunes Motel, 3400 11th St, ☎ 377-0093, ca. $ 40.

♦ Flagship Inn, 4320 Kitsap Way, WA 98312, ☎ 479-6566, ca. $ 60.

Illahee SP, 3 Mi nordöstlich über die SR-306.

♦ Scenic Beach SP, 12 Mi nordwestlich über die SR-3.

Der Ort ist bekannt als **Heimathafen der Pazifikflotte der USA**. Marineanlagen und -werften bilden das wirtschaftliche Rückgrat der Stadt.

⌘ **Bremerton Naval Museum**, 130 Washington Ave. Hier wird die Geschichte der Seefahrt der USA dargestellt.

♦ Mo bis Sa 10:00 bis 17:00, So 13:00 bis 17:00 (Memorial bis Labor Day), sonst Mo geschlossen, Eintritt: Spende

Bremerton ist über eine Autofähre (60 Min.) mit Seattle verbunden.

Sie verlassen Bremerton auf der SR-3 nach Norden. Über die SR-104 gelangen Sie zur US-101. Etwa zwei Meilen nördlich passieren Sie die Einmündung der SR-20, die Zufahrt nach

Port Townsend

☞ Washington - Orte und Sehenswertes.

Die Route 2 folgt weiter der US-101 bis nach

Port Angeles

➲ Liegt im Norden der Olympic-Halbinsel.
18.000 Ew., ✉ WA 98362, ✆ 360/452

ℹ Visitor Information Center, 121 E Railroad Ave, ☎ 2363.

♦ Informationszentrum des Olympic NP, liegt im Südteil der Stadt und ist von der US-101 aus über die Race St aufwärts erreichbar.

🛏 The Pond Motel, 1425 W Hwy 101, WA 98363, ☎ 8422, ca. $ 40.

♦ Aircrest Motel, 1006 E Front St, ☎ 9255, ca. $ 50.

🚐⛺ KOA, 7 Mi östlich an der US-101, ☎ 457-5916 oder ☎ 800/KOA-7558.

♦ Al's RV Park, 1 Mi östlich etwas abseits der US-101.

♦ Conestoga RV Park, 7 Mi östlich an der US-101.

Das Gebiet wurde 1791 von dem Mexikaner Captain Francisco Eliza entdeckt. Es ist heute ein **wichtiger Fährhafen** (nach Victoria, Kanada) und ein Zentrum der Forstwirtschaft und der Versorgung. Außerdem ist Port Angeles Ausgangspunkt für Touren in den Nordteil des ☞ **Olympic NP**.

☺ Port Angeles ist die einzige Stadt im Umland des Olympic NP, in der man die Vorräte einigermaßen auffrischen kann.

Von Port Angeles aus oder auf der weiteren Fahrt nach Westen auf der US-101 haben Sie Zugang zum

Olympic NP

☞ Washington - Orte und Sehenswertes.

Etwa 45 Mi westlich von Port Angeles können Sie die US-101 verlassen, um ans äußerste Ende der Olympic-Halbinsel zu fahren. Dort liegt etwa 35 Mi entfernt in der Makah Indian Reservation

Neah Bay

➲ Liegt im äußersten Nordwesten der Olympic-Halbinsel, etwa 70 Mi westlich von Port Angeles an der SR-112. ⇧ 10 m

🛏 Cape Motel, ☎ 645-2250.

🚐⛺ Cape Motel & RV Park.

♦ Snow Creek CG, 3 Mi östlich an der SR-112.

In Neah Bay gingen die ersten weißen Siedler im heutigen Washington an Land (Mai 1791). Sie verließen die Gegend jedoch schon wenige Monate später. Erst 1851 kam es zu einer neuen Besiedlung.

Im **Makah Cultural and Research Center** erfährt man viel über die hier lebenden Makah-Indianer. Nachbau eines Longhouses.

♦ Tägl. 10:00 bis 17:00 (1.6. bis 15.9.), sonst nur Mi bis So, Eintritt: $ 4.

Über Indianertänze und Vorführungen indianischer Handwerkskunst usw. informiert das Hauptquartier der Makah Indian Reservation.

Vom **Cape Flattery**, das Sie über einen Fahrweg und eine kurze Wanderung erreichen, können Sie weit über den Pazifik und die San-Juan-Straße nach Vancouver Island blicken.

Die Route 1 folgt weiter der US-101 vorbei an der Zufahrt zum Hoh Rain Forest, ☞ Olympic NP, und erreicht bei Ruby Beach die Küste und einen weiteren Teil des Olympic NP. Bei Queets verläßt die Straße die Küste und erreicht schließlich

Aberdeen

Liegt im Westen Washingtons an der US-12/101, knapp 50 Mi westlich von Olympia. 26.000 Ew., WA 98520, 360

CoC, 506 Duffy St, ☎ 532-1924.

Travelure Motel, 623 W Wishkah, ☎ 532-2472, ca. $ 45.

♦ Nordic Inn, 1700 S Boone St, ☎ 533-0100, ca. $ 50.

Lake Sylvia SP, 10 Mi östlich an der US-12.

♦ Mehrere SP liegen in Westport und Grayland, ca. 20 Mi über die SR-105, und bei Ocean Shores, ca. 20 Mi über die SR-109.

Die Stadt bildet zusammen mit Hoquiam siedlungsmäßig eine Stadt, die vom Fischereihafen und fischverarbeitender Industrie geprägt ist.

* **Hoquiams Castle**, 515 Quinault Ave, 1897, restaurierter Prachtbau eines reichen Industriellen.

⌘ Das **Aberdeen Museum of History** enthält Ausstellungsstücke zur Geschichte des Ortes und des Umlandes.

♦ Mi bis So 11:00 bis 16:00 (1.6. bis 15.9.), sonst Sa, So 12:00 bis 16:00, Eintritt: Spende.

☺ Von Aberdeen aus haben Sie die Möglichkeit, über die SR-109 zu diversen Stränden und Badeorten an der schönen Küste zu fahren.

➽ Die Route 2 folgt gleich südlich von Aberdeen der SR-105. Man kommt an die Küste und hat in mehreren State Parks die Möglichkeit, sich die rauhen Strände anzusehen. Bei South Bend trifft man wieder auf die US-101, der man nach Süden folgt. In Johnson's Landing zweigen Sie nach Osten ab auf die SR-4. Die US-101 führt weiter über Ilwaco nach Astoria, ☞ Route 1. Auf der SR-4 sind Sie nach zehn Meilen in

Grays River

➲ Liegt an der SR-4 ca. 45 Mi westlich von Kelso, nördlich des Columbia River.

Der Ort ist bekannt für seine **überdachte Brücke**. Sie wurde bereits 1905 gebaut, ist über 45 m lang und gilt als die älteste jener überdachten Brücken, die einst im Nordwesten besonders häufig zu finden waren. Sie liegt knapp zwei Meilen südlich des Ortes etwas abseits der SR-4.

➽ Weiter auf der SR-4 sind es knapp 20 Mi bis

Cathlamet

➲ Liegt am Columbia River an der SR-4 ca. 24 Mi westlich von Kelso. 600 Ew.

🛏 Bradley House B&B, 61 Main St, WA 98612, ☎ 360/795-3030, ca. $ 70.

🚐⛺ MaRV's RV Park, etwas östlich an der SR-4.

Der Ort wird auch "Klein-Norwegen" genannt, da hier viele Skandinavier leben. Schön gelegene Kirche (1895), historisches Museum.

➽ Die SR-4 erreicht nun bald das Ufer des gewaltigen Columbia River und erreicht nach knapp 30 Mi die I-5 bei

Kelso

➲ Liegt an der I-5, 45 Mi nördlich von Portland.

⇧ 10 m, 11.500 Ew., ✉ WA 98626, ✆ 360/425

ℹ CoC, 105 Minor Rd, ☎ 8058.

🛏 Kelso Budget Inn, 505 N Pacific, ☏ 4773, ca. $ 40.
♦ Best Western Aladdin, 310 Long Ave, ☏ 9660, ca. $ 50.
🚐 Brookhollow RV Park, Ausfahrt 39 von der I-5.

ℹ Das **Kelso Volcano Tourist Information Center** gibt Informationen zum spektakulären Ausbruch des Mt. St. Helens.

♦ Tägl. 🚪 9:00 bis 17:00, Eintritt: kostenlos.

⌘ **Cowlitz Museum**, Ausstellungsgegenstände zur Geschichte, einige zusammengetragene alte Cabins und Möbelstücke.

♦ Di bis Sa 🚪 9:00 bis 17:00, So 13:00 bis 17:00, Eintritt: kostenlos.

➡ Sie fahren nun auf der I-5 ein Stück nach Norden bis Castle Rock, wo Sie auf die SR-504 abbiegen. Etwas nördlich an der I-5 liegt

Toledo

➲ Liegt etwas abseits der I-5, ca. 55 Mi südlich von Olympia. ⇧ 30 m, 600 Ew.
🚐⛺ River Oaks Park, etwas westlich an der SR-506.

✞ Sehenswert ist die zwei Meilen nordöstlich gelegene **San Francis Xavier Mission**, die 1838 gegründet wurde. Es war die erste katholische Kirche in Washington. Eine der ältesten Missionen im Nordwesten.

➡ Die Route 2 führt nun auf der SR-504 zum

Mt. St. Helens National Volcanic Monument

☞ Washington - Orte und Sehenswertes.

➡ Nach dem lohnenden Besuch des National Monuments fahren Sie zurück zur I-5, auf dieser nach Süden bis nach

Vancouver

➲ Liegt in Süd-Washington. ⇧ 10 m, 47.000 Ew., ✉ WA 98663, ✆ 360
ℹ Visitors Bureau, 404 E 15th St, ☏ 693-1313.
AAA 4301 E 4th Plain Blvd, WA 99661, ☏ 696-4081, Mo bis Fr 🚪 8:30 bis 17:00.

🛏 Salmon Creek Motel, 11901 NE Hwy 99, ☎ 573-0751, ca. $ 50.
♦ Vancouver Lodge, 601 Broadway, WA 98660, ☎ 693-3668, ca. $ 55.
♦ Comfort Inn, 13207 NE 20th Ave, WA 98686, ☎ 574-6000, ca. $ 60.

Battleground Lake SP, 12 Mi nördlich über die SR-503.
♦ Big Fir CG, von Ausfahrt 14 der I-5 über eine County Road 4 Mi östlich.

Die Stadt wurde 1824 als Ft. Vancouver von der Hudson's Bay Company gegründet und verfügt über einen bedeutenden Binnen- und Seehafen. Schon bald wurde die Stadt, vor allem das ☞ **Ft. Vancouver**, ein wichtiger Versorgungsposten für Siedler, Trapper und die in der Gegend wohnenden Indianer. Die Rolle verstärkte sich in den Tagen des Goldrausches und mit Beginn des Zweiten Weltkriegs nahm Vancouver durch den Aufbau der Werftindustrie weiteren Aufschwung.

Einige **alte Häuser** aus den Pioniertagen sind noch erhalten, so das Slocum House (1867) im Esther Short Park, die Providence Academy (1873) und Covington House (1846) in der 4201 Main St, eine ehemalige Schule, die man dienstags und donnerstags besichtigen kann. Außerdem gibt es ein kleines historisches Museum und vor allem

Ft. Vancouver NHS

☞ Washington - Orte und Sehenswertes.

➡ Von Vancouver fahren Sie auf der I-5 wieder nach Norden bis zur Ausfahrt 21, wo Sie nach Osten auf die SR-503 abzweigen. Diese führt an mehreren Stauseen sehr hübsch entlang und bietet von Süden Zugang zum ☞ **Mt. St. Helens National Volcanic Monument**.

Kurz hinter der Pine Creek Ranger Station biegen Sie nach Norden auf die FR-25, die schmal und gewunden, aber asphaltiert ist. Über diese Straße haben Sie Zugang von Osten zum ☞ **Mt. St. Helens National Volcanic Monument**. Die FR-25 führt nach Norden bis zur US-12 in Randle. Dieser folgen Sie 17 Mi westwärts bis Morton, wo Sie auf die SR-7 nach Elbe abbiegen. Dort folgen Sie der SR-706 ostwärts zum

Mt. Rainier NP

☞ Washington - Orte und Sehenswertes.

➡ Sie verlassen den Park über die SR-410 nach Norden und erreichen nördlich von Tacoma die I-5, der Sie bis nach ☞ **Seattle** folgen.

Route 3

Portland

☞ Oregon - Orte und Sehenswertes.

Die Route 3 verläßt Portland auf der I-84/US-30. Diese Straße trägt auch den Namen

Columbia River Highway

Man folgt von Portland aus zunächst ein Stück der I-84, von der man dann jedoch nach Troutdale abbiegt. Der Highway führt dann oberhalb der Schnellstraße und des mächtigen Columbia River an der Columbia River Gorge entlang. Man passiert den Women's Forum SP und den Crownpoint SP (🚻) sowie die Zufahrt zum Larch-Mountain-Gebiet (14 Mi, 🚻). Der Weg führt dann vorbei an vielen Wasserfällen, darunter die Bridal Veil Falls und die bekannten Multnomah Falls, an denen der Multnomah Creek rund 190 m in die Tiefe stürzt (🚻).

ℹ Dort gibt es auch ein kleines **Information Center** mit Infos zur Geschichte des Gebietes, insbesondere aus der indianischen Vergangenheit.

Auf der gegenüberliegenden Seite des Columbia River sieht man, wenn der Wasserstand nicht zu hoch ist, den **Beacon Rock**. Er gilt als die Markierung, von der man Gezeiten im Columbia River feststellen kann.

Etwas weiter, kurz hinter Dodson, mündet die Höhenstraße auf die I-84, der man dann weiter durch die Columbia River Gorge folgt. Man passiert den Bonneville Dam, einen der zahllosen Dämme, die den Columbia seines natürlichen Laufes beraubt haben und ihn zur Wasserkraftgewinnung aufstauen.

ℹ Etwas weiter, im **Cascade Locks SP**, gibt es ein kleines **Visitor Center**, das die Geschichte der Schiffahrt auf dem Columbia beschreibt. Verschiedene Ausstellungen zu diesem Thema. Ferner finden Sie hier "The Oregon Pony", eine kleine Lokomotive, die einst die Schiffe um die damals gefürchteten Stromschnellen herumschleppte.

♦ Tägl. 🕘 8:00 bis 18:00, Eintritt: kostenlos.

Vom Cascade Locks Marine Park fährt der Ausflugsraddampfer "Columbia Gorge" auf einer zweistündigen Tour durch die landschaftlich eindrucksvolle Schlucht des gewaltigen Flusses.

♦ Abfahrt dreimal täglich, ca. $ 12.

Weiter am aufgestauten Fluß entlang gelangen Sie schließlich nach Hood River, wo der **Mt. Hood Scenic Highway** nach Süden abzweigt und eine Brücke nach Norden den Fluß überspannt.

Kleines **Visitor Center** ein Stück südlich auf der SR-35.

Auf der anderen Seite des Flusses liegt der kleine Ort

Bingen

Liegt am Columbia River 60 Mi östlich von Portland. 2.600 Ew.

Die Schwesterstadt von Bingen/Rhein weist einige deutsch anmutende Bauten auf. Im Nachbarort White Salmon gibt es einen Turm mit Glockenspiel.

Auf der Weiterfahrt nach Osten werden Sie bald feststellen, daß sich die Landschaft nunmehr geändert hat: die Cascade Range liegt zurück, der Wald ist zu Ende, das Land trocken.

Dennoch ist auch die weitere Fahrt am Fluß entlang durchaus lohnend und schön. Ca. 25 Mi hinter Hood River kommen Sie nach

The Dalles

Liegt etwa 80 Mi östlich von Portland an der I-84 oberhalb des Columbia River. ⇧ 30 m, 11.000 Ew., OR 97058, 541

Visitors Bureau, 404 W 2nd St, ☎ 296-6616. Hier bekommt man eine Karte, die einen Rundgang durch die historische Altstadt beschreibt.

Days Inn, 2500 W 6th, ☎ 298-2455, ca. $ 55.

♦ Best Western Tapadera, 112 W 2nd St, ☎ 296-9107, ca. $ 55.

The Dalles ist das Tor zur Columbia River Gorge. Bis 1845 konnten die nach Westen ziehenden Siedler von hier nur auf dem damals ungezähmten Columbia River ihre Wagen mit Flößen westwärts befördern. Später wurde dann eine Wagon Road von The Dalles nach Westen gebaut. Bis dahin markierte die Stadt das eigentliche Ende des Oregon Trail.

✱ **Rundgang durch die Stadt**, Überbleibsel aus der Pionierzeit.

✱ **Wasco County Court House** (1859), 406 W 2nd St, wo Filme zur Geschichte des Oregon Trail gezeigt werden.

♦ Di bis Sa 10:00 bis 16:00 (15.4 bis Labor Day), Eintritt: kostenlos.

✞ **St. Peters Landmark** (1897), 3rd/Lincoln St, ist eine im gotischen Stil errichtete Backsteinkirche.

♦ Di bis Fr 11:00 bis 15:00, Sa, So 13:00 bis 15:00, Eintritt: Spende.

⌘ **Ft. Dalles Museum**, 15th/Garrisson St, stellt die einzigen Überreste des damaligen Forts dar. Man kann Pioniergerät usw. besichtigen.

♦ Tägl. 10:00 bis 17:00, Eintritt: $ 3.

✱ **The Dalles Dam**, etwas östlich des Ortes, ist einer der zahlreichen Dämme, die den einst so wilden Columbia gezähmt haben.

Man kann mit einem kostenlosen Zug dorthin fahren, tägl. 9:00 bis 17:00 (1.6. bis Labor Day).

Ca. 20 Mi hinter der Stadt, am Deschutes River, endet die Scenic Area.

Die Route 3 folgt in schöner Landschaft weiterhin dem Fluß nach Osten. Erst 175 Mi östlich von Portland zweigen Sie auf die I-82 nach Norden ab. Auf dieser überqueren Sie den Fluß und gelangen 20 Mi weiter an die Abzweigung nach

Pasco

Liegt in Süd-Washington an der Kreuzung der US-12 mit der US-395.

120 m, 20.000 Ew., WA 99301, 509/547

Visitors Bureau, ☏ 8486.

Starlite Motel, 2634 N 4th Ave, ☏ 0791, ca. $ 35.

♦ Trimark Motel, 720 W Lewis St, ☏ 7766, ca. $ 40.

Arrowhead RV Park, an der US-395 Nord.

♦ An der US-12 und der SR-124 liegen östlich drei Parks des Corps of Engineers.

Etwas östlich der Stadt mündet der Snake River in den Columbia. Die Lage an diesem Zusammenfluß führte Ende letzten Jahrhunderts zur Gründung der Stadt. So war und ist Pasco zusammen mit Richland und Kennewick ein wichtiges Verkehrs- und Wirtschaftszentrum. Außerdem hat sich in den vergangenen Jahrzehnten der Weinbau stark entwickelt.

Das **McNary NWR**, südöstlich an der US-12, ist ein wichtiges Brutgebiet der Zugvögel im Herbst und Frühjahr.

✱ Der **Sacajawea SP** liegt drei Meilen südöstlich an der US-12 an der Mündung des Snake in den Columbia River. Hier wird etwas über die Lewis & Clark Expedition (☞ Ft. Clatsop NM) dargestellt, die sich im Oktober 1805 in dieser Gegend aufhielt. Weiter gibt es Ausstellungen zur Geschichte der Indianer.

♦ Mi bis So 10:00 bis 18:00 (April bis September), Eintritt: kostenlos.

Die Route 3 verläßt Pasco über die US-12 nach Osten und erreicht nach ca. 40 Mi die

Whitman Mission NHS

Liegt in Südost-Washington, 7 Mi westlich von Walla Walla, etwas abseits der US-12.

Visitor Center, tägl. 8:00 bis 18:00 (1.6. bis 31.8.), sonst 8:00 bis 16:30, ☏ 509/522-6360.

♦ **Eintritt**: $ 2 oder Golden Eagle.

☞ Walla Walla.

Im Jahre 1836 errichtete hier Dr. Marcus Whitman zusammen mit seiner Frau den ersten Missionsposten im Osten Washingtons. Die Tätigkeit der Whitmans fand ein jähes Ende, als es 1847 zu Differenzen weißer Siedler mit den Indianern kam, die zu einem schrecklichen Massaker eskalierten, dem auch die Whitmans sowie elf andere Weiße zum Opfer fielen. Damals wurden auch die gesamten Gebäude der Missionsstation niedergebrannt, sie wurde allerdings etwas später wieder aufgebaut.

⌘ **Visitor Center** mit einem kleinen **Museum**, das auch Auskunft zur Geschichte der Mission und den Indianern im Südosten des Staates Washington gibt. Es gibt eine Dia-Show. Weiter können Darbietungen verschiedener handwerklicher Tätigkeiten, wie zum Beispiel Wollspinnerei und Kerzenherstellung, bestaunt werden, jeweils am Wochenende in den Sommermonaten. Ein kurzer Rundweg führt durch das Gebiet der ehemaligen Mission.

➧ Nach etwa sieben Meilen sind Sie dann in

Walla Walla

➲ Liegt in Südost-Washington, 6 Mi nördlich der Grenze zu Oregon an der US-12. ⇧ 290 m, 27.000 Ew., ✉ WA 99362, ✆ 509/525

ℹ CoC, 29 E Sumach, ☎ 0850.

AAA 229 E Main St, ☎ 9213, Mo bis Fr ⌚ 9:00 bis 17:30.

🛏 Nendel's Whitman Inn, 107 N 2nd Ave, ☎ 2200, ca. $ 55.

♦ Travelodge, 421 E Main St, ☎ 529-4940, ca. $ 60.

🚐 RV Resort Four Seasons, in der Stadt.

♦ Ft. Walla Walla CG, im Stadtbereich an der Dalles Military Rd.

Klima	*Jan*	*Feb*	*Mär*	*Apr*	*Mai*	*Juni*	*Juli*	*Aug*	*Sep*	*Okt*	*Nov*	*Dez*
Ø max. °C	4	7	12	18	22	26	32	31	26	18	9	7
Ø min. °C	-3	0	3	7	10	13	17	16	12	8	2	0

Die Stadt geht auf die Missionsgründung von Dr. Whitman (1836) zurück. Heute ist sie Zentrum einer landwirtschaftlich genutzten Gegend.

⌘ **Ft. Walla Walla Museum Complex**, 755 Myra Rd, eine Art Freilichtmuseum; man bekommt hier viele Informationen zu den Pioniertagen und zur Entwicklung der Landwirtschaft.

♦ Di bis So ⌚ 10:00 bis 17:00 (April bis September), sonst Sa, So 10:00 bis 17:00, Eintritt: $ 3.

✱ ☞ **Whitman Mission NHS**.

➧ Von Walla Walla fahren Sie auf der US-12 nach Osten und erreichen nach rund 100 Mi

Clarkston

➲ Liegt im äußersten Osten Washingtons an der US-12. ⇧ 220 m, 7.000 Ew., ✉ WA 99403, ✆ 509/758

ℹ CoC, 502 Bridge St, ☎ 7712.

🛏 Best Western Rivertree Inn, 1257 Bridge St, ☎ 9551, ca. $ 70.

🚐⛺ Hillview RV Park, 1 Mi westlich an der US-12.
♦ Chief Timothy SP, 8 Mi westlich an der US-12.

Die Stadt bildet zusammen mit dem Ort Lewiston in Idaho eine Art Doppelsiedlung an beiden Seiten des Snake River. Die Stadt entstand Mitte des letzten Jahrhunderts; heute hat sie einen wichtigen Binnenhafen und ist Ausgangspunkt für die beliebten Fahrten auf dem wilden Fluß in Richtung Süden.

Sehr lohnend ist eine Fahrt auf der gewundenen, aber sehr schönen SR-129 nach Süden nach Enterprise in Oregon. Von dort hat man Zugang zur ☞ **Hells Canyon NRA**.

Außerdem hat man von Clarkston aus über den Snake River einen Zugang zu der wilden Schluchtenlandschaft der Hells Canyon NRA.

➠ Sie verlassen Clarkston auf der Brücke über den Snake River und sind in

Lewiston

☞ Route 6.

➠ Sie folgen nun der US-95. Nach ca. 12 Mi sind Sie in

Spalding

➲ Liegt etwa 11 Mi östlich von Lewiston an der US-95.

Spalding geht auf eine Mission zurück, die Henry Spalding 1836 hier gründete. Zwei Jahre später verlegte er sie an die Stelle des heutigen National Historic Park. Die kleine Siedlung gehört heute zum

Nez Perce NHP

☞ Idaho - Orte und Sehenswertes.

➠ Von Spalding folgen Sie der US-95 nach Süden. Nach knapp 50 Mi passieren Sie

Cottonwood

➲ Liegt an der US-95 etwa 60 Mi südöstlich von Lewiston.
⇧ 1.040 m, 800 Ew.

Im Juli 1877 fanden hier mehrere Gefechte zwischen den Nez-Perce-Indianern und US-Soldaten statt. Hier stehen Informationstafeln zu diesem Geschehen (☞ Nez Perce NHP).

⌘ Im **St. Gertrude Museum** findet man eine kleine Zusammenstellung von Gegenständen zur Geschichte der Stadt.

✱ **Weis Rockshelter**, sieben Meilen südlich im Grave's Creek Canyon. Dieses Gebiet soll bereits von 5500 v.Chr. bis 1400 n.Chr. besiedelt gewesen sein.

➠ Nächstes Ziel ist nach 16 Mi

Grangeville

➲ Liegt ca. 70 Mi südöstlich von Lewiston an der US-95.
⇧ 1.010 m, 3.200 Ew., ✉ ID 83530, ✆ 208/983

ℹ CoC, Box 212, ☎ 0460.

🛏 The Downtowner Inn, 113 E North St, ☎ 1110, ca. $ 40.
♦ Monty's Motel, 700 W Main St, ☎ 2500, ca. $ 40.

Der in der Goldrauschzeit entstandene Ort ist heute Zentrum der Landwirtschaft. In der südlich gelegenen Camas Prairie sammelten einst die Nez-Perce-Indianer die Camas-Wurzel, die ein wichtiges Nahrungsmittel darstellte. In Grangeville liegt auch das White Bird Battlefield, wo es zum ersten Kampf des Nez Perce War kam, ☞ Nez Perce NHP.

➠ Die Route 3 erreicht bei White Bird den schönen Salmon River, dem Sie auf der US-95 folgen bis

Riggins

➲ Liegt an der US-95, ca. 150 Mi südlich von Lewiston.
400 Ew., ✉ ID 83549, ✆ 208/628

ℹ CoC, Box 289, ☎ 3778.

🛏 Pinehurst Resort, 5604 Hwy 95, 13 Mi südlich, ID 83654, ☎ 3323, Miethütten, ab ca. $ 30. Auch ⛺.

🚐⛺ Riverfront Gardens RV Park, 16 Mi nördlich an der US-95.

♦ Spring Bar NFCG, 1 Mi südlich auf die FR-1614 abzweigen, ca. 11 Mi.

Der Ort liegt in herrlicher landschaftlicher Umgebung. Er markiert das Südende des beeindruckenden **Salmon River Canyon**, einer engen Schlucht, durch die sich der Salmon River mehrere Kilometer lang durchgefressen hat. Außerdem ist Riggins Ausgangspunkt für Touren in die ☞ **Hells Canyon NRA**.

Informationen über Autofahrten dorthin (z.B. rauhe Forstwege) erteilt die Ranger Station am Südrand des Ortes. Mehrere Unternehmen bieten Floßfahrten auf dem Salmon, Owyhee und Snake River an. Näheres in der ℹ.

➧ Etwa 35 Mi südlich von Riggins zweigen Sie auf die SR-55 ab, die in schöner Landschaft über McCall und Cascade verläuft. Sie erreichen schließlich

Boise

☞ Idaho - Orte und Sehenswertes.

Sie folgen nun bis Mountain Home der I-84 und biegen dort nach Süden ab auf die SR-51. Dies bringt Sie nach 20 Mi nach

Bruneau

➲ Liegt im Südwesten Idahos an der SR-51, 70 Mi südöstlich von Boise.

⇧ 760 m, 700 Ew.

ℹ Info Center am Eingang zum State Park.

🚐⛺ Im State Park.

Der Ort wurde im letzten Jahrhundert von frankokanadischen Trappern gegründet.

Bruneau Canyon, in dem sich der Bruneau River bis zu 300 m tief in das Gestein eingegraben hat. Ein Aussichtspunkt liegt 18 Mi südöstlich des Ortes, über eine zunächst sieben Meilen asphaltierte, dann immer rauher werdende Schotterstraße, von der man noch vier Meilen auf einem Fahrweg bis zu dem Viewpoint fahren muß, ausgeschildert. Sehr lohnender Blick in die enge Felsschlucht mit schönem Säulenbasalt.

✱ **Bruneau Sand Dunes SP**, liegt an der SR-78, etwa sieben Meilen nordöstlich des Ortes. Die (nicht "wandernden") Dünen haben sich im Verlauf der vergangenen 15.000 Jahre gebildet. Der Park umfaßt ein kleines Gebiet mit gewaltigen Sanddünen, die bis zu 140 m aufragen! Im Sommer wird es hier sehr heiß (manchmal über 40 °C!), im Winter sehr kalt (bis zu -20 °C). Mitten in den Dünen liegt ein kleiner See mit Bademöglichkeit. Es gibt einen Zeltplatz und einige Wanderwege. Insgesamt lohnenswert! Eintritt: $ 2.

➠ Von Bruneau fahren Sie zurück zur I-84, entweder auf dem gleichen Weg oder über die SR-78 vom State Park aus. Der I-84 folgen Sie bis zur Ausfahrt 137, wo Sie auf die US-30 nach Osten abbiegen. Diese Straße bringt Sie zum Malad Gorge SP (☞ Twin Falls). Auf der anderen Seite des Flusses liegt das unzugängliche

Hagerman Fossil Beds NM

➲ Liegt in Süd-Idaho, 9 Mi südwestlich von Hagerman abseits der US-30.
ℹ Hagerman Fossil Beds NM, Box 570, Hagerman, ID 83332.

Das National Monument umfaßt wertvolle Fossilienfundstätten, ist jedoch nicht für den Besucherverkehr eingerichtet.

➠ Auf dem weiteren Weg sehen Sie auf der anderen Seite des Flusses die Thousand Springs, ☞ Buhl.

Buhl

➲ Liegt in Süd-Idaho, rund 20 Mi westlich von Twin Falls an der US-30.
⇧ 1.150 m, 3.500 Ew., ✉ ID 83316, ✆ 208/543
ℹ CoC, 104 S Broadway, ☎ 6682.
♦ Oregon Trail Motel, 510 S Broadway, ☎ 8814.
Banbury Hot Springs, 10 Mi nordwestlich auf der US-30, Zufahrt 2 Mi, ☎ 4098.

Erste Bewässerungsanlagen gehen auf das Jahr 1906 zurück. In der Folgezeit entstand aus ödem Wüstenland eine reiche Farmlandschaft. Die

Landwirtschaft spielt auch heute noch die wichtigste wirtschaftliche Rolle.

Die **Thousand Springs** liegen ca. 13 Mi nördlich im Snake River Canyon an der US-30, die auch "Thousand Springs Scenic Route" heißt. Auf einem etwa zwei Meilen langen Stück sprudeln viele kleine Quellen aus den nördlichen Seitenwänden des Canyon und ergießen sich in den Snake River. Man glaubt, daß die austretenden Quellen den wieder auftauchenden Lost River darstellen, der im Gebiet östlich vom Craters of the Moon NM in Ost-Idaho in den Lavagebieten versickert. Ein Zeltplatz ist vorhanden. Besonderheit ist ein Schwimmbad, das mit heißen Quellen gespeist wird.

✱ **Balanced Rock**, liegt 15 Mi südwestlich von Buhl, Zufahrt (ab Buhl ausgeschildert) über Castleford. Hier thront ein monumentaler Felsen (14 x 12 m) auf einer Säule, die nicht einmal einen Meter Durchmesser aufweist. Eine Meile vorher ein hübscher Rastplatz in einem Canyon.

Von Buhl sind es über die US-30 dann 18 Mi bis

Twin Falls

☞ Idaho - Orte und Sehenswertes.

Von Twin Falls fahren Sie ostwärts auf der US-30 oder der I-84 (bis Burley) bis zur SR-27, auf die Sie nach Süden einbiegen. Von Oakley bis Almo ist die Straße überwiegend nicht asphaltiert! Bei Almo erreichen Sie dann die

City of Rocks National Preserve

Liegt in Süd-Idaho. Zufahrt: Von der I-84 bei Rupert Exit 216 in Richtung Declo und Albion auf die SR-77 abzweigen. Nach 24 Mi rechts noch 19 Mi fahren, der Weg ist ausgeschildert.

City of Rocks National Preserve, Box 169, Almo, ID 83312, ☎ 226-7214. Kleines Infobüro am Parkeingang.

Mehrere kleine Plätze in der Preserve.

Die 57 km² große Preserve wird von einer fünf Meilen langen rauhen Gravel Road erschlossen. Schon von fern sieht man die eigenartigen

Felsformationen, die wie über das Tal verstreute Häuser aussehen. Hier verlief einst der California Trail, dessen Benutzer die Felsen als Orientierungspunkt kannten. Klettermöglichkeit vorhanden!

➧ Von hier fahren Sie auf der SR-77 über Elba Albion und Declo wieder zur I-84. Dieser folgen Sie nach Osten und zweigen auf die I-86 East ab. An der Ausfahrt 28 haben Sie Zugang zum

Massacre Rocks SP

➲ Liegt an der I-86, ca. 43 Mi südwestlich von Pocatello (Exit 28).
⇧ 1.350 m

ℹ Kleines Visitor Center, ☏ 548-2672.

🛏 In ☞ American Falls.

⛺ Im State Park, 52 ⛼, ♦.

Hier kam es im August 1862 zu Kämpfen mit Indianern, in deren Verlauf mehrere Siedler getötet wurden. In einem kleinen Visitor Center sind Infos und eine Broschüre erhältlich. Kurz zuvor liegt ein Rastplatz, von dem aus ein kurzer Fußweg zu einer Stelle führt, an der man (mit viel Phantasie) sehen kann, wo der Oregon Trail verlief.

Außerdem gibt es einen Felsen im State Park, wo sich zahllose Siedler "eingetragen" haben, ausgeschildert ab Exit 28. Im Park gibt es einen Picknickplatz.

➧ Auf der Weiterfahrt liegt etwas abseits der I-86

American Falls

➲ Südost-Idaho, etwa 70 Mi südwestlich von Idaho Falls an der I-86.
⇧ 1.320 m, 3.800 Ew., ✉ ID 83211, ✆ 208/226

ℹ American Falls CoC, 258 Idaho St, ☏ 7214.

🛏 Hillview Motel, 2799 Lakeview Rd, ☏ 5151.

⛺ Indian Springs RV CG, Indian Springs Rd, ☏ 2174.
♦ Massacre Pocks SP, 10 Mi westlich an der I-86.
♦ Willow Bay, Ft. Hall Rd, ca. 2 Mi nordöstlich.

In American Falls befand sich schon zu Zeiten des alten Oregon Trail ein häufig genutzter Lagerplatz. Heute staut der American Falls Dam hier den Snake River auf. Dadurch wurde die Bewässerung des Umlandes möglich und es entstand ein bedeutendes Landwirtschaftsgebiet.

✱ **Crystal Ice Cave**, sechs Meilen nördlich auf der SR-39 und dann links ab auf die North Pleasant Valley Road, ausgeschildert. Die letzten 12 Mi sind nur noch Sandpiste!

Die in vulkanischem Gestein liegende Höhle hat beeindruckende Eisformationen. Die Temperatur in der Höhle beträgt ca. 0 °C (Jacke nicht vergessen!).

♦ Tägl. 8:00 bis 18:00 (1.5. bis 1.10.), Eintritt: $ 3.

✱ ☞ **Massacre Rocks SP**.

✱ ☞ **City of Rocks National Reserve**.

➠ Die Route 3 führt nun über

Pocatello

☞ Idaho - Orte und Sehenswertes.

vorbei an Ft. Hall (☞ Route 1) nach

Idaho Falls

☞ Idaho - Orte und Sehenswertes.

➠ 27 Mi weiter liegt dann

Rexburg

Liegt 29 Mi nordöstlich von Idaho Falls abseits der US-20.
⇧ 1.480 m, 15.000 Ew., ID 83440, 208

CoC, 420 W 4th St, ☎ 356-5700.

Rexburg Days Inn, 271 S 2nd St, ☎ 356-9222, ca. $ 50.
♦ Comfort Inn, 1513 W Main St, ☎ 359-1311, ca. $ 70.

Rainbow Lake CG, 2 Mi, beschildert.

Der Ende des letzten Jahrhunderts entstandene Ort lebt von der Landwirtschaft. 1976 brach der nahe Teton Dam und Wassermassen überfluteten das Tal.

⌘ **Teton Flood Museum**, 51 N Center, eine Ausstellung zum Dammbruch und einen Film über das Feuer im Yellowstone NP.

♦ Mo bis Sa 10:00 bis 17:00 (1.5. bis 30.9.), sonst Mo bis Fr 11:00 bis 16:00, Eintritt: kostenlos.

St. Anthony Sand Dunes, sieben Meilen nördlich in St. Anthony abzweigen (ausgeschildert), 12 Mi Zufahrt zu eindrucksvollen Sanddünen.

Sie folgen weiter der US-20 nach Norden nach Ashton. Von dort lohnt der Umweg zu den ☞ Mesa Falls (Route 1). Auf der US-20 gelangen Sie schließlich zum ☞ Yellowstone NP und nach ☞ West Yellowstone (Route 1).

Route 4

Portland

☞ Oregon - Orte und Sehenswertes.

Sie verlassen Portland auf der I-5 nach Süden. An der Abzweigung der I-205 nach Norden können Sie auf diese abbiegen und gelangen nach einigen Meilen nach

Oregon City

☞ Oregon - Orte und Sehenswertes.

Fahren Sie zurück zur I-5 und folgen Sie dieser weiter nach Süden. An der Abfahrt 278 können Sie einen kurzen Abstecher machen nach

Aurora

➲ Erreicht man von Portland aus südwärts über die I-5 und nach 24 Mi über eine kurze Zufahrt. ⇧ 40 m, 600 Ew., OR 97002, ✆ 503/678

CoC, Box 86, ☎ 5754.

Isberg Park RV, ☎ 2646.

♦ Champoeg SP, 8 Mi westlich, 48 ⛩.

Hier wurde 1856 aus religiösen Gründen die Aurora Colony gegründet.

⌘ **Aurora Colony Ox and Barn Museum**. Die restaurierten Häuser sind mit authentischen Einrichtungsgegenständen ausgestattet.

♦ Di bis So 12:00 bis 16:30 (1.6. bis 31.8.), sonst Di geschlossen, Eintritt: $ 3,50.

➧ Die nächste Stadt auf der Weiterfahrt ist

Salem

☞ Oregon - Orte und Sehenswertes.

➧ Sie folgen weiter der I-5 South und kommen nach ca. 65 Mi nach

Eugene

➲ Liegt in West-Oregon an der I-5 etwa 110 Mi südlich von Portland.
⇧ 120 m, 113.000 Ew., ✉ OR 97401, ✆ 541

ℹ Visitor Center, 115 W 8th St, ☎ 484-5307.

AAA 983 Willagillespie Rd, ☎ 484-0661, Mo bis Fr 8:00 bis 17:00.

Holiday Inn, 225 Coburg Rd, ☎ 342-5181, ca. $ 65.

♦ Phoenix Inn, 850 Franklin Blvd, ☎ 344-0001, ca. $ 70.

Eugene Kamping World, 7 Mi nördlich ab Exit 199 der I-5, ☎ 343-4832.

♦ KOA, 9 Mi südlich in Creswell, ☎ 895-4110 oder ☎ 800/KOA-4110.

Klima	*Jan*	*Feb*	*Mär*	*Apr*	*Mai*	*Juni*	*Juli*	*Aug*	*Sep*	*Okt*	*Nov*	*Dez*
Ø max. °C	7	10	13	17	20	23	28	28	24	18	12	8
Ø min. °C	1	2	3	4	7	9	11	10	8	6	3	2

Eugene bildet zusammen mit Springfield (42.000 Ew.) eine Art Doppelstadt an beiden Seiten der I-5. Beide leben in erster Linie von Forstwirtschaft, holzverarbeitender Industrie und Papierherstellung. Nördlich und südlich von Eugene wird das Willamette Valley außer für die traditionelle Landwirtschaft in zunehmendem Maße für den Weinanbau genutzt.

Zwar wurde Eugene auch im letzten Jahrhundert gegründet und im Stadtzentrum stehen noch ein paar alte Häuser, dennoch bietet die Stadt eigentlich wenig.

⌘ In der University of Oregon gibt es ein **Kunstmuseum** und ein **Naturkundemuseum**, außerdem in der Stadt noch das **Lane County Historical Museum** und ein paar kleinere **Kunstgalerien**.

Ausflugsmöglichkeiten

Über die SR-126 nach Westen zum Fern Ridge Reservoir mit einem kleinen State Park oder nach Osten durch wundervolle Natur am McKenzie River entlang bis in den ☞ Willamette NF. Der McKenzie River gilt als ausgezeichneter Wildwasserfluß, Floßtouren werden von verschiedenen Unternehmen angeboten. Näheres in der ℹ.

➧ Sie befahren die I-5 nach Süden und kommen nach ca. 20 Mi nach

Cottage Grove

➲ Liegt etwa 20 Mi südlich von Eugene, etwas abseits der I-5.
⇧ 190 m, 7.500 Ew., ✉ OR 97424, ✆ 541/942

ℹ CoC, 710 Row River Rd, ☏ 2411.

🛏 Comfort Inn, 845 Gateway Blvd, ☏ 9747, ca. $ 55.
♦ Holiday Inn Express, 1601 Gateway Blvd, ☏ 1000, ca. $ 55.

🚐⛺ Zwei County Parks am Dorena Lake, 8 Mi östlich.
♦ Pine Meadows CG, 8 Mi südlich auf der London Rd.

Die Attraktion von Cottage Grove sind fünf jener für Oregon charakteristischen **überdachten Holzbrücken**. Fragen Sie in der ℹ nach dem Weg.

⌘ Außerdem gibt es in Cottage Grove ein **Historical Museum** in einem Gebäude, das Ende des letzten Jahrhunderts als katholische Kirche errichtet wurde.

♦ Mi bis So 🚪 13:00 bis 16:00 (Mitte Juni bis Labor Day), sonst nur Sa, So, Eintritt: kostenlos.

☺ Lohnend ist auch ein Ausflug ins Bohemia-Gebiet am Rande der Cascade Range, einer Gegend, in der man lange Zeit nach Gold suchte. Verlassene Städte oder eingestürzte Schächte usw. sind hier Zeugen der Vergangenheit.

➽ Sie befahren weiter die I-5 nach Süden und gelangen über Roseburg an die Zufahrt (Abfahrt 76) nach

Wolf Creek

➲ Liegt in Südwest-Oregon, ca. 46 Mi nördlich von Medford, etwas abseits der I-5. ⇧ 390 m, 100 Ew.

🚐⛺ Wolf Creek County Park, 1 Mi westlich.

✕ Bekannt ist das kleine Nest wegen einer **Taverne**, die seit etwa 1870 ununterbrochen bewirtschaftet wird. Errichtet wurde sie einst als Postkutschenstation für den Weg von Sacramento (Kalifornien) nach Portland auf der Oregon Territorial Road.

Das Gebäude ist restauriert und die Inneneinrichtung entspricht verschiedenen Stilepochen. Hier übernachtete übrigens auch einmal Jack London.

♦ Mo bis Sa 🚪 11:00 bis 20:30, So 10:00 bis 20:00, Eintritt: kostenlos.

➽ Über zwei kleine Pässe erreichen Sie ☞ Grants Pass (Route 1).

Route 5

Seattle

☞ Washington - Orte und Sehenswertes.

Sie verlassen Seattle über die I-405 nach Norden und biegen auf die SR-9/522 an der Ausfahrt 23 nach Osten ab. Sie erreichen nach 14 Mi die US-2, der Sie nach Osten folgen bis

Gold Bar

➲ Liegt an der US-2 etwa 50 Mi nordöstlich von Seattle, am Fuße der Cascade Range. 1.000 Ew.

Das ehemalige Goldgräbernest ist heute ein Zentrum der Forstwirtschaft.

✱ **Wallace Falls SP**, ungefähr zwei Meilen nordöstlich, etwas abseits der US-2. Über einen 2,5 Mi langen Trail gelangt man zu den rund 75 m hohen Wallace Falls. Etwas weiter östlich von Gold Bar liegen die Sunset und Eagle Falls an der US-2.

➽ Sie folgen weiter der US-2, die landschaftlich sehr schön in die Cascade Mountains hinaufsteigt, die Sie auf dem Stevens Pass (1.230 m) überqueren. Allmählich geht es wieder abwärts aus den Bergen hinaus ins Tal des Columbia River nach

Cashmere

➲ Liegt im Osten von Washington ca. 7 Mi westlich von Wenatchee an der US-2/97. ⇧ 240 m, 2.500 Ew., ✉ WA 98815, ✆ 509/782

ℹ CoC, ☏ 3513.

🛏 Village Inn Motel, 229 Cottage Ave, ☏ 3522, ca. $ 50.

Der Ort liegt an einem Obstanbaugebiet am Osthang der Cascades.

⌘ **Chelan County Museum** (im Osten der Stadt), stellt das Leben in den Pioniertagen vor. Im Pioneer Village hat man u.a. eine Schmiede, ein Hotel, eine Schule, eine Mission und eine Goldmine rekonstruiert.

♦ Mo bis Sa 🕘 9:30 bis 17:00, So 13:00 bis 17:00 (1.4. bis 31.10.), Eintritt: $ 3.

✱ **Arrastra**, neun Meilen südlich an der US-97, ist eine 1861 erstellte Gesteinsmühle, die einst goldhaltiges Gestein zermahlen hat.

➡ Nach wenigen Meilen erreichen Sie den mächtigen Columbia River und die Zufahrt nach

Wenatchee

➲ Liegt in Zentral-Washington etwas südlich der Brücke der US-2 über den Columbia River. ⇧ 200 m, 21.800 Ew., ✉ WA 98807, ✆ 509/662

CoC, 2 S Chelan, ☎ 2116.

Vagabond Inn, 700 N Wenatchee Ave, WA 98801, ☎ 663-8133, ca. $ 45.
♦ Travelodge, 1004 N Wenatchee Ave, WA 98801, ☎ 8165, ca. $ 50.

Wenatchee Confluence SP, an der Old Station Rd.
♦ Lincoln Rock SP, ca. 7 Mi nördlich an der US-2.

Die Gegend ist, seitdem man sie künstlich bewässert, zu einem großen Obstanbaugebiet geworden. Im Norden und Westen der Stadt erheben sich die Cascades, deren Ostabhang vom Wenatchee NF bedeckt ist. In dem Gebiet gibt es mehrere sogenannte Wilderness Areas, unberührte Natur mit großartigen Wandermöglichkeiten.

⌘ **North Central Washington Museum**, 127 S Mission St, Ausstellung zu den Pioniertagen, Filmvorführungen, Vorführungen von typischen Tätigkeiten aus damaliger Zeit usw. Außerdem Ausstellungen zur Obstverarbeitung.

♦ Mo bis Fr 10:00 bis 16:00, Sa, So 13:00 bis 16:00, Eintritt: kostenlos.

➡ Sie verlassen Wenatchee auf der US-2 nach Osten, überqueren den Fluß und passieren den Lincoln Rock SP. Die US-2 wendet sich dann vom Fluß ab und führt nach

Coulee City

➲ Liegt in Zentral-Washington an der US-2, ca. 95 Mi westlich von Spokane. ⇧ 480 m, 600 Ew., ✉ WA 99115, ✆ 509/632

CoC, ☎ 5713.

An oder etwas abseits der SR-17 nach Süden liegen das **Sun Lakes Park Resort** (4 Mi), **Coulee Lodge Resort** (7 Mi), **Laurent's Sun Village Resort** (7 Mi) und **Blue Lake Resort** (9 Mi).

Coulee City war einst ein Verkehrsknotenpunkt, hier kreuzten sich die Eisenbahn- und die Postkutschenlinie. Der Ort liegt am Dry Falls Dam, der den Banks Lake aufstaut.

✱ **Dry Falls**, vier Meilen südwestlich etwas abseits der SR-17, ist ein ehemaliger riesiger Wasserfall, dessen Bett man entweder von der SR-17 sehen oder über eine rauhe Straße erreichen kann. Kleines Info Center.

♦ Tägl. 10:00 bis 18:00, Eintritt: kostenlos.

Auf hübscher Strecke fahren Sie südwärts auf der SR-17, von der Sie nach etwa 25 Mi auf die SR-28 abbiegen. Nach ca. 11 Mi folgen Sie der SR-283 bis zur I-90, auf die Sie nach Westen einbiegen. Gleich hinter der Brücke über den Columbia River folgt die Abfahrt nach

Vantage

Liegt in Zentral-Washington an der Brücke der I-18 über den Columbia River.

KOA, Ausfahrt 136 von der I-90, ☎ 856-2230 oder ☎ 800/KOA-7270.
♦ Wanapum SP, 3 Mi südlich der I-90, Ausfahrt 136.

⌘ **Ginkgo Petrified Forest SP**, der etwa eine Meile nördlich, etwas abseits der I-90, liegt. Hier findet man versteinerte Baumreste, die 15 Mio Jahre alt sein sollen. Ein kleines **Informationszentrum** und ein **Museum** geben den Besuchern Informationen, einige Wanderwege führen durch das Gebiet.

♦ Museum tägl. 8:00 bis 20:00, Informationszentrum Fr bis So 10:00 bis 18:00 (15.6. bis 15.9.), Eintritt: kostenlos.

Sie folgen nun der I-90 bis zur I-82, auf die Sie nach Süden einbiegen. So erreichen Sie schließlich

Yakima

Liegt ca. 140 Mi südöstlich von Seattle über die I-90 und I-82.

⇧ 320 m, 55.000 Ew., WA 989xx, 509

Visitors Bureau, 10 N 8th St, ☎ 575-1300.

407 N 1st St, WA 98901, ☎ 248-6520, Mo bis Fr 8:30 bis 17:00.

🛏 Red Carpet Motor Inn, 1608 Fruitvale Blvd, WA 98902, ☎ 457-1131, ca. $ 40.
♦ Bali Hai Motel, 710 N 1st St, WA 98901, ☎ 452-7178, ca. $ 35.
♦ Vagabond Inn, 510 N 1st St, WA 98901, ☎ 457-6155, ca. $ 45.

KOA, über Hwy 24, ☎ 248-5882 oder ☎ 800/KOA-5773.
♦ Yakima Sportsman SP, 1 Mi östlich an der SR-24.

Klima	*Jan*	*Feb*	*Mär*	*Apr*	*Mai*	*Juni*	*Juli*	*Aug*	*Sep*	*Okt*	*Nov*	*Dez*
Ø max. °C	2	7	13	19	23	27	32	30	26	19	9	4
Ø min. °C	-8	-5	-2	2	6	9	12	11	7	2	-3	-5

Die Stadt am Nordrand der großen **Yakima Indian Reservation** ist heute ein wichtiges Zentrum für Landwirtschaft, Handel und Verkehr.

⌘ **Yakima Valley Museum**, historische Ausstellungsgegenstände.
♦ Mo bis Fr 10:00 bis 17:00, Sa, So 12:00 bis 17:00, Eintritt: $ 2,50.

⌘ Das **Yakima Electric Railway Museum** zeigt u.a. restaurierte Straßenbahnwagen aus der Zeit um die Jahrhundertwende.
♦ Fahrten Sa, So 10:00, 12:00, 14:00, 16:00, $ 4.

Nördlich von Yakima findet man nahe der US-12 indianische Felszeichnungen und bei Selah, etwa sechs Meilen nördlich, eine gewaltige Brücke der I-82 über eine ca. 100 m tiefe Felsschlucht.

Sie bleiben auf der I-82 nach Süden, die dem Yakima River Valley folgt. Am Wege liegt nach knapp 20 Mi

Toppenish

Liegt in Süd-Washington, etwas abseits der I-82, knapp 20 Mi südlich von Yakima. ⇧ 230 m, 7.400 Ew., WA 98948, 509/865
CoC, A-11 S Toppenish Ave, ☎ 3262.
🛏 Toppenish Inn Motel, 515 S Elm St, ☎ 7444, ca. $ 40.
Yakama Nation RV Resort, am Nordende der Stadt an der SR-97.

Hier ist das Hauptquartier der **Yakima Indian Reservation**, die ein über 4.000 km² großes Gebiet südlich des Ortes umfaßt.

Toppenish NWR, fünf Meilen südlich, etwas abseits der US-97. Dort ist ein kleines Informationszentrum.

Der **Ft. Simcoe SP**, 27 Mi westlich an der SR-220, umfaßt mehrere restaurierte Gebäude eines Armeepostens (1856). Das Fort wurde angelegt, um die Feindseligkeiten zwischen Siedlern und Indianern zu beenden. Kleines Informationszentrum und Museum.

♦ Mi bis So 8:00 bis 17:00 (April bis Oktober), Eintritt: kostenlos.

Sie bleiben auf der I-82 und überqueren hinter Pasco (☞ Route 3) den Columbia River und kommen zur I-84. Diese nehmen Sie nach Osten und gelangen nach

Pendleton

Liegt im Norden Oregons an der I-84 rund 210 Mi östlich von Portland.
⇧ 320 m, 16.000 Ew., OR 97801, 541

CoC, 501 S Main, ☏ 276-7411.

328 SE Emigrant St, ☏ 276-2243, Mo bis Fr 8:00 bis 17:00.

Tapadera Motor Inn, 105 SE Court, ☏ 276-3231, ca. $ 45.

♦ Chaparal Motel, 620 SW Tutuilla, ☏ 276-8654, ca. $ 45.

Brooke RV, am Hwy 30.

Melanie Square, 1700 Court Place.

Der Ort ist heute ein kleines Zentrum für das Umland, darunter für die **Umatilla Indian Reservation**.

Bekannt ist die Stadt für das Pendleton Round-Up, eines der größten **Rodeos** im Westen. Im September ist dann hier vier Tage lang alles auf den Beinen. Neben den üblichen Wettbewerben gibt es auch einen Umzug mit Wagen, Kutschen aus der Westernzeit usw. Überdies entsteht dann ein Indianerdorf mit typischen Zelten, in dem die verschiedenen Stämme des Nordwestens, die zum Rodeo gekommen sind, wohnen.

Unmittelbar südlich von Pendleton liegt das **McKay Creek NWR**, die Heimat zahlreicher Wasservögel.

Etwa 30 Mi nordwestlich liegt das **Cold Springs NWR**, in dem sich ebenfalls eine Vielzahl verschiedener Wasservögel, vorwiegend im Winter, aufhält. Es sollen jährlich über 100.000 Enten und 15.000 Gänse sein! Im Winter leben im Gebiet des National Wildlife Refuge außerdem Wildschwäne und Pelikane.

➽ Sie verlassen die Stadt auf der US-395 nach Süden. Über den Battlemountain Pass (1.300 m) kommen Sie in den Ort Ukiah, wo Sie nach Osten abbiegen können. Ein kleine gewundene Straße führt landschaftlich sehr schön durch die Berge nach ☞ Sumpter oder nach ☞ Baker City. Die Route 5 folgt der US-395 über weitere drei Pässe nach ☞ John Day. Hier können Sie auf die Route 1 wechseln.

Über Canyon City und den Canyon Summit (1.570 m) kommen Sie schließlich nach

Burns

☞ Oregon - Orte und Sehenswertes.

Von Burns besteht die Möglichkeit, die Wüstengebiete im Osten Oregons zu erforschen. So kann man über die SR-78 und US-95 South durch sehr einsames heißes Land nach Nevada fahren - volltanken, Wasser mitnehmen!

Sie können auch über die SR-78 und die US-95 North Ihre Wüstentour in Idaho bei ☞ Nampa enden lassen.

Wer's denn nicht ganz so heiß und einsam mag, kann auch von Burns auf der US-20 nach Westen bis Bend oder nach Osten bis Ontario und weiter nach Idaho fahren.

Route 6

Lewiston

➲ Liegt in Nord-Idaho nahe der Grenze zu Washington an der US-12/95.
⇧ 220 m, 29.000 Ew., ✉ ID 83501, ✆ 208

ℹ CoC, 2207 E Main St, ☎ 743-3531.

AAA 2116 12th Ave, ☎ 746-0407 oder ☎ 800/326-2228, Mo bis Fr 8:30 bis 18:30.

🛏 Riverview Inn, 1325 Main St, ☎ 746-3311.

♦ Super-8-Motel, 3120 N South Hwy, ☎ 743-8808.

♦ Sacajawea Motor Inn, 1824 Main St, ☎ 746-1393.

⛺ Hells Gate SP, 4 Mi südlich auf der Snake River Ave.

♦ Hillview RV Park, 1 Mi westlich auf der US-12.

Klima	*Jan*	*Feb*	*Mär*	*Apr*	*Mai*	*Juni*	*Juli*	*Aug*	*Sep*	*Okt*	*Nov*	*Dez*
Ø max. °C	3	7	12	17	22	26	32	31	26	18	9	6
Ø min. °C	-4	-2	1	4	8	11	14	13	9	4	0	-2

Lewis und Clark übernachteten an der Mündungsstelle des Clearwater in den Snake River 1805 auf dem Weg nach Oregon und auf dem Rückweg. Obwohl in der Folgezeit erste bescheidene Siedlungen entstanden, z.B. in Lapwai, 12 Mi östlich, oder in Spalding eine Mission errichtet wurde, entstand Lewiston erst nach 1860, als man am Clearwater Gold gefunden hatte.

Schon 1863 wurde Lewiston zur Hauptstadt des neugeschaffenen Idaho-Territoriums ausgerufen. Doch kurze Zeit darauf verlegte man die Hauptstadt nach Boise, was zu jahrzehntelangen Streitigkeiten der beiden Städte führte.

Heute rühmt sich Lewiston, die einzige Stadt Idahos mit direktem Zugang zum Pazifik zu sein - nämlich über den Snake und Columbia River, die beide für große Schiffe bis hierher schiffbar sind. Entsprechend ist Lewiston heute auch ein sehr wichtiger Verkehrsknotenpunkt und Handelsplatz.

Touristisch liegt die Bedeutung von Lewiston in der Nähe zu vielen Teilen des ☞ Nez Perce NHP und in der Rolle als Ausgangspunkt für Bootstouren auf dem Snake River, vor allem durch den fantastischen Hells Canyon. Näheres dazu von der ℹ.

➽ Sie verlassen Lewiston auf der US-12 nach Osten und kommen nach ca. 12 Mi nach ☞ Spalding (Route 3) und zum

Nez Perce NHP

☞ Idaho - Orte und Sehenswertes.

➽ Sie folgen weiter der US-12 durch die Nez Perce Indian Reservation und kommen nach 32 Mi nach

Orofino

➲ Liegt ca. 35 Mi östlich von Lewiston an der US-12.
⇧ 310 m, 2.900 Ew., ✉ ID 83544, ✆ 208/476

Konkolville Motel, 2000 Konkolville Rd, ☏ 5584.

Dent Acres, ca. 20 Mi südlich am Dvorshak Reservoir über die SR-7 und eine County Road.

♦ Hidden Village, 5 Mi westlich auf der US-12.

1805 campte die Expedition von Lewis und Clark in dieser Gegend, und mit den Goldfunden am Clearwater in den 1860er Jahren bildete sich hier eine der ersten Siedlungen in Idaho. Nach Ende des Goldrausches widmeten sich die verbliebenen Siedler der Forst- und später auch der Landwirtschaft.

✱ **Lewis & Clark Canoe Camp**, ein Teil des Nez Perce NHP, liegt fünf Meilen westlich an der US-12. Hier bauten die Mitglieder der Expedition ihre Kanus für die Weiterfahrt bis an die Küste von Oregon.

➽ Nach weiteren 23 Mi sind Sie in

Kamiah

➲ Liegt in Nord-Idaho an der US-12 gut 50 Mi südöstlich von Lewiston.
⇧ 360 m, 1.100 Ew., ✉ ID 83536, ✆ 208/935

CoC, 516 Main St, ☏ 2290.

Lewis & Clark Motel, Hwy 12, Box 17, ☏ 2556.

♦ Clearwater 12 Motel, Hwy 12/Cedar St, ☏ 2671.

Lewis & Clark Resort, am Hwy 12, ca. 2 Mi.

1806 übernachteten Lewis und Clark etwas nördlich des heutigen Ortes auf ihrem Rückweg nach Osten.

✱ Der **Nez Perce NHP** in **East Kamiah** liegt etwa zwei Meilen südlich. Hier befindet sich ein Teil des ☞ Nez Perce NHP. Dieser Teil des Parks erstreckt sich um einen aus Lavagestein gebildeten Hügel, der "Heart of the Monster" genannt wird. Nach der Sage soll hier der Indianerstamm der Nez Perce entstanden sein:

Als in grauer Vorzeit einst ein furchtbares Monster nahezu alle Tiere auf der Welt verschlungen hatte, trat schließlich der Kojote dem Monster gegenüber und besiegte es. Er zerteilte es in viele Stücke, die er in alle vier Winde verstreute. Überall, wo ein Stück des Monsters zu Boden fiel, entstand ein neuer Indianerstamm. Der Felsen soll das Herz jenes Monsters sein, die Nez Perce entstanden aus den Blutstropfen, die aus dem Herz hier zu Boden fielen.

♦ Tägl. geöffnet (15.6. bis Labor Day).

➽ Nach etwa 15 Mi beginnt ein landschaftlich sehr lohnendes Stück auf der US-12. Sie folgt dem Lochsa River aufwärts und überquert die Bitterroot Mountains auf dem

Lolo Pass und Lolo Trail

Der historische Lolo Trail verlief etwa parallel zur heutigen US-12, die dem Lochsa River aufwärts nach Montana folgt. Der Trail wurde seit jeher von Indianern und später auch von Trappern und Siedlern genutzt.

Er überschreitet am Lolo Pass (1.596 m) die Grenze nach Montana. Die US-12 verläuft unterhalb des alten Trails am Lochsa River entlang. Von Missoula (Montana) fährt man in einem sich langsam verengenden Tal aufwärts und quert in herrlicher Waldlandschaft den Lolo Pass in den Bitterroot Mountains.

Auf der Paßhöhe liegt das **Visitor Center**, wo Sie Informationen zu Idaho und Montana erhalten können.

Danach geht es langsam abwärts durch rund 80 Mi unbesiedelte Landschaft des Wild & Scenic River Corridor. Ein kurzer Halt an der historischen **Lochsa Ranger Station** lohnt. Dort gibt es ein Merkblatt zu einem Rundgang über das Gelände der alten Station. Der Highway 12, dem Sie folgen, wird auch "Lewis & Clark Highway" genannt, da auch jene Entdecker auf dem Lolo Trail westwärts zogen. Von Lowell aus kann man über eine Kiesstraße dem Selway River aufwärts bis zu den hübschen Selway Falls folgen.

Am Weg liegen mehrere Zeltplätze.

➽ Nächstes Ziel ist dann ca. 145 Mi hinter Kamiah

Missoula

☞ Montana - Orte und Sehenswertes.

Von Missoula fahren Sie auf der I-90 nach Osten und erreichen nach 80 Mi

Deer Lodge

➲ Liegt in West-Montana an der I-90, etwa 90 Mi südöstlich von Missoula.
⇧ 1.370 m, 3.400 Ew., ✉ MT 59722, ✆ 406/846

CoC, 1171 Main St, ☎ 2094. Hier gibt es Infomaterial für Besichtigungstouren in und um Deer Lodge. Mo bis Fr 9:30 bis 15:30 (Mai bis August).

- Scharf's Motor Inn, 819 Main St, ☎ 2810, ca. $ 40.
- Super-8-Motel, 1150 Main St, ☎ 2370, ca. $ 50.

- KOA, Park St, ☎ 1629 oder ☎ 800/KOA-1629.
- Indian Creek RV CG, Maverick Lane, ☎ 3848.
- Orofino NFCG, 13 Mi südöstlich über die FR-82.

Deer Lodge ist die zweitälteste Stadt des Staates, sie entstand 1862 nach Goldfunden in der Gegend. Der Ort war jedoch auch als wichtiger Halteplatz, auf dem Weg der Siedler nach Westen, von Bedeutung.

✱ Das **Grant-Kohrs NHS** liegt unmittelbar nördlich der Stadt und ist von der I-90 aus über die Ausfahrten 184 und 187 erreichbar. J. Grant begann hier 1853 die Viehzucht mit wenigen Tieren und besaß schon ein rundes Jahrzehnt später eine Herde von 2.000 Stück Vieh. Grant hatte damit den Grundstein zur Viehzucht, heute ein wesentlicher Wirtschaftsfaktor in Montana, gelegt. Sein Nachfolger, C. Kohrs, weitete die Ranch zu einem kleinen Viehzuchtimperium aus. Besichtigungstouren werden angeboten.

- Tägl. 9:00 bis 17:30 (Memorial bis Labor Day), sonst 10:00 bis 16:00, Eintritt: $ 4.

✱ Das **Old Montana Prison**, 1106 Main St, diente von 1870 bis 1979 als Gefängnis. Besichtigungen möglich.

- Tägl. 8:00 bis 21:00 (1.6. bis 31.8.), 8:30 bis 17:30 (September/Oktober, April/Mai), Eintritt: $ 7 (schließt Towe Ford, Doll & Toy, Frontier Museum ein).

⌘ Das **Towe Ford Museum**, gleich neben dem Gefängnis, umfaßt eine Sammlung von etwa 100 Autos der Marken Ford und Lincoln. Sie stammen aus den Jahren 1903 bis 1970.

♦ und Eintritt ☞ Old Montana Prison.

⌘ **Puppen- und Spielzeugmuseum**, 1106 Main St.

♦ und Eintritt ☞ Old Montana Prison.

⌘ **Powell County Museum** (Regionalmuseum) befindet sich in der 1193 Main St.

♦ Tägl. 12:00 bis 17:00 (1.6. bis Labor Day), Eintritt: kostenlos.

➽ 24 Mi südlich zweigt von der I-90, der Sie weiter folgen, die SR-1 ab. Über diese erreichen Sie nach sieben Meilen

Anaconda

Liegt in West-Montana, etwa 25 Mi nordwestlich von Butte.
⇧ 1.610 m, 10.300 Ew., MT 59711, 406

Visitor Center, 306 E Park St, ☎ 563-2400. Dort gibt es einen Plan des Ortes mit einem Vorschlag für einen Rundgang zu den historischen Gebäuden.

Lost Creek SP, über SR-1 und SR-273, von dem Sie nach 2 Mi abzweigen, 6 Mi.

♦ Big Sky RV Park im Ortsbereich.

Der Ort entstand Ende des letzten Jahrhunderts um eine Kupferhütte. Von ihr steht heute nur noch der 175 m hohe Schornstein. Übriggebliebenen aus jener Zeit sind alte Gebäude im Stadtkern.

✱ **Stadtrundgang**. Es gibt noch diverse Bauten aus dem letzten Jahrhundert, darunter das Montana Hotel, das Gerichtsgebäude, das alte Rathaus und die St.-Marks-Kirche.

➽ Sie fahren zurück zur I-90 und fahren auf dieser nach

Butte

☞ Montana - Orte und Sehenswertes.

➽ Auf der I-90 fahren Sie dann bis zur Abfahrt 256 bei Cardwell. Sie kommen von dort über die SR-2 nach etwa 15 Mi zum

Lewis & Clark Caverns SP

➲ Liegt in Südwest-Montana und ist erreichbar von Butte über die I-90 bis Whitehall und von dort über die SR-2, 15 Mi, und eine Zufahrt, 3 Mi.
Visitor Center am Eingang, ☎ 287-3541, Eintritt: $ 3.
Keine im Park, aber in ☞ Three Forks, ca. 15 Mi.
Im Park, 50 ⛼.
♦ Weitere Plätze in ☞ Three Forks und 7 Mi westlich von Whitehall.

In dem State Park liegt eine Kalksteinhöhle mit mehreren Räumen, engen Zwischengängen und eindrucksvollen Steinformationen. Sie gilt als eine der schönsten Höhlen in Montana. Besichtigen kann man die Höhle auf geführten Touren, die etwa zwei Stunden dauern.

♦ Tägl. 9:00 bis 18:30 (15.6. bis Labor Day), sonst 9:00 bis 16:30, $ 5,50.

☺ Im Sommer ist rechtzeitiges Erscheinen zu den Touren unbedingt notwendig, vor allem am Wochenende besteht große Nachfrage. Feste Schuhe und eine Jacke (Höhlentemperatur ca. 10 °C) mitnehmen.

➽ Von der Höhle sind es auf der SR-2 nach Osten noch ca. 20 Mi bis

Three Forks

➲ Liegt in Südwest-Montana an der I-90, etwa 50 Mi östlich von Butte.
⇧ 1.230 m, 1.200 Ew., ✉ MT 59752, ✆ 406/285
CoC, Box 1103, ☎ 3198.
Broken Spur Motel, 124 W Elm St, ☎ 3237, ca. $ 45.
KOA, 3 Mi südwestlich an der US-287, ☎ 3611 oder ☎ 800/KOA-9752.
♦ Missouri Headwaters SP, 7 Mi südöstlich an der US-287.

Schon 1805 kamen Lewis und Clark an diese Stelle, an der der Missouri durch den Zusammenfluß dreier Quellflüsse entsteht. In der Folgezeit wurden einige kleinere Handelsposten gegründet, verschwanden aber bald wieder von der Bildfläche. 1864 entstand in der Nähe eine kleine Siedlung. Die eigentliche Stadt wurde aber erst 1908 gegründet. Sie ist heute Zentrum der Farm- und Ranchwirtschaft der Umgebung.

⌘ **Headwaters Heritage Museum**, Cedar/Main St, mit Ausstellungen und Nachbildungen zu verschiedenen Häusern und Betrieben aus der Zeit um die Jahrhundertwende.

♦ Mo bis Sa 9:00 bis 11:00 und 13:00 bis 17:00, So 13:00 bis 17:00 (Memorial bis Labor Day), Eintritt: Spende.

Ausflüge

✱ Zum ☞ **Madison Buffalo Jump SM**, 12 Mi südöstlich.

✱ Zum ☞ **Missouri Headwaters SP**, drei Meilen östlich und dann drei Meilen nördlich.

➽ Von Three Forks fahren Sie über die SR-346 und 286 einige Meilen nach Nordosten zum

Missouri Headwaters SP

➲ Liegt in Südwest-Montana und ist von der I-90, Ausfahrt nach Three Forks über die SR-346 und 286 erreichbar, 4 Mi.

CoC in ☞ Three Forks. Infotafeln.

Nicht im Park, in ☞ Three Forks.

Am Parkeingang, 21 ⛼.

♦ Weitere Plätze in ☞ Three Forks.

Der Park umfaßt das Gebiet, in dem die drei Quellflüsse des Missouri zusammentreffen. Schon am 27.7.1805 notierten Lewis und Clark hier den Beginn des mächtigen Missouri.

Am Parkeingang liegt ein Parkplatz mit mehreren Infotafeln. Von einer einst hier gelegenen Stadt kann man noch ein Hotel und eine Scheune sehen.

➽ Vom Park fahren Sie auf der SR-346 zur Abfahrt 283 der I-90 und dann weiter südwärts über eine Zufahrt zum

Madison Buffalo Jump SM

➲ Liegt in Süd-Montana, von Bozeman über die I-90, Abfahrt Logan, und eine Zufahrt, 7 Mi Kiesstraße.

Infotafeln. Eintritt: $ 3.

Die Indianer trieben hier einst die Büffel über eine Klippe in den Tod - zur Vereinfachung der Jagd.

➽ Wieder auf der I-90 geht es vorbei an der Einmündung der landschaftlich schönen US-191, die zum ☞ Yellowstone NP führt, nach

Bozeman

➲ Liegt im Südwesten Montanas an der I-90, etwa 90 Mi östlich von Butte.
⇧ 1.440 m, 23.000 Ew., ✉ MT 59715, ✆ 406

- CoC, 1205 E Main St, ☏ 586-5421.
- 703 W Mendenhall, ☏ 586-6156, Mo bis Fr 8:00 bis 17:00.

- Royal 7 Motel, 310 N 7th Ave, ☏ 587-3103, ca. $ 50.
- Econo Lodge, 122 W Main St, ☏ 587-4481, ca. $ 50.
- Bozeman Super-8-Motel, 800 Wheat Dr, ☏ 586-1521, ca. $ 50.

- KOA, über die US-191, 8 Mi südwestlich, ☏ 587-3030 oder ☏ 800/KOA-3036.
- Bear Canyon RV Park & CG, 4 Mi östlich über die Bear Canyon Rd.
- Hood NFCG und Langohr NFCG, 18 bzw. 14 Mi südlich über CR-243 und FR-62.
- Battle Ridge NFCG, 21 Mi nordöstlich auf der SR-293.

Die Stadt entstand am Ende des berüchtigten **Bozeman Trail**, der von ☞ Douglas (Route 8) quer durch die Weidegebiete der Indianer nach Montana führte und von hier aus den Weg in die Goldfelder eröffnete. Goldgräber, Abenteurer und zahllose Siedler benutzten ihn und viele Jahre lang war er zwischen Indianern und Weißen ein ständiger "Zankapfel". Viele "Indianerschlachten" fanden in seiner Nähe statt. Daher war der Trail jahrelang praktisch unbenutzbar, jeder Wagentreck wurde gnadenlos von den Indianern angegriffen.

Die Gegend um Bozeman ist heute ein wichtiges Landwirtschaftsgebiet, das vorwiegend durch künstliche Bewässerung fruchtbar gemacht wird. Außerdem ist die Stadt Ausgangspunkt für Touren in den ☞ Yellowstone NP, aber auch in die nördlich und südlich gelegenen Bergzüge.

⌘ **Museum of the Rockies**, nahe der Montana State University, 7th Ave/Kagy Boulevard. Ausstellung zu den Pioniertagen, indianischer Kunst und Kultur. Hier bekommt man auch eine **Broschüre für einen Rundgang** zu den historischen Gebäuden in Bozeman.

- Tägl. 8:00 bis 20:00 (Memorial bis Labor Day), sonst Mo bis Sa 9:00 bis 17:00, So 12:30 bis 17:00, Eintritt: $ 6.

⌘ **Gallatin County Pioneer Museum** (lokale Geschichte), 317 W Main St.

♦ Mo bis Fr 🚪 10:00 bis 16:30, Sa 13:00 bis 16:00 (Juni bis September), Eintritt: kostenlos.

⌘ **Computer Museum**, 234 E Babcock St.

♦ Tägl. 🚪 10:00 bis 16:00 (1.6. bis 31.8.), sonst Di, Mi, Fr, Sa 12:00 bis 16:00, Eintritt: $ 3.

➧ Etwa 23 Mi östlich von Bozeman mündet die US-89 ein, die zum Nordeingang des ☞ Yellowstone NP führt. Es geht weiter auf der I-90 nach Osten. An der Abfahrt 377 bei Greycliff lohnt ein kurzer Abstecher von der I-90 zum **Greycliff Prairie Dog Town SM**. Hier wimmelt es geradezu von den niedlichen kleinen Erdhörnchen. Alles ist unterwühlt und überall schauen sie neugierig den Besuchern zu. Bitte nicht die Tiere füttern!

Endpunkt der Route 5 ist dann etwa 145 Mi östlich von Bozeman über die I-90 ☞ **Billings**.

Route 7

Glacier NP

☞ Montana - Orte und Sehenswertes.

➧ Sie verlassen den National Park am Ostausgang bei St. Mary's und fahren auf der US-89 nach Süden bis

Browning

➲ Liegt im Nordwesten des Staates an der US-2, etwa 12 Mi von East Glacier.

⇧ 1.330 m, 1.200 Ew., ✉ MT 59417, ✆ 406/338

Sleeping Wolf CG, etwas westlich an der US-89.

Der Ort liegt mitten in der Blackfeet Indian Reservation. In dem ca. 6.000 km² großen Reservat leben etwa 10.000 Indianer.

⌘ **Museum of the Plains Indians**, an der Abzweigung der US-2 von der US-89. Verschiedene Ausstellungen zeigen indianische Kunst und Kultur.

♦ Tägl. 9:00 bis 17:00 (Juni bis September), sonst Mo bis Fr 10:00 bis 16:30, Eintritt: kostenlos.

➧ Sie fahren südlich vier Meilen bis zur Abzweigung der US-2, der Sie nach Osten folgen. Nach etwa 55 Mi kommen Sie nach

Shelby

➲ Liegt in Nord-Montana etwas abseits der I-15, ca. 85 Mi nördlich von Great Falls. ⇧ 1.000 m, 2.800 Ew., ✉ MT 59474, ✆ 406/434

CoC, 187 Main St, ☎ 7184.

Williams Court, 525 1st St, ☎ 2254, ca. $ 35.

♦ O'Haire Manor, 204 2nd St, ☎ 5555, ca. $ 40.

Lake Shel Oole Park, an der I-15 Business.

♦ Williamson River Park, 7 Mi südlich an der Frontage Rd.

Der Ort galt viele Jahrzehnte als typische "Cowboytown" mit rauhen Sitten. In den 20er Jahren dieses Jahrhunderts entdeckte man in der

Umgebung Öl und der Charakter der Stadt änderte sich. Mittlerweile hat sich Shelby zu einem Zentrum für Farm- und Viehwirtschaft entwickelt. Kleines historisches Museum, 206, 12th Ave.

➧ Von Shelby nehmen Sie die I-15 nach Süden. Es sind gut 80 Mi bis

Great Falls

☞ Montana - Orte und Sehenswertes.

➧ Auf landschaftlich sehr schöner Strecke folgen Sie der I-15 nach Süden am Missouri River entlang. Nach 90 Mi sind Sie in

Helena

☞ Montana - Orte und Sehenswertes.

➧ Sie verlassen Helena entweder auf der US-287/12 direkt bis Three Forks oder auf der I-15 nach Süden durch schöne Landschaft bis

Butte

☞ Montana - Orte und Sehenswertes.

Von Butte folgen Sie der I-90 nach Osten, ☞ Route 6. Am Wege liegen der Lewis & Clark Caverns SP, Three Forks, der Missouri Headwaters SP, das Madison Buffalo Jump SHS und die Stadt Bozeman, bis Sie schließlich gut 20 Mi hinter Bozeman auf die US-89 abbiegen, die Sie über landschaftlich lohnende 53 Mi nach Gardiner bringt.

Jenseits des kleinen Ortes liegt bei Mammoth Hot Springs dann der Nordeingang des

Yellowstone NP

☞ Wyoming - Orte und Sehenswertes.

Route 8

Cheyenne

☞ Wyoming - Orte und Sehenswertes.

➽ Sie verlassen Cheyenne auf der I-80 nach Osten, überschreiten die Grenze nach Nebraska und biegen ca. 63 Mi von Cheyenne entfernt auf die SR-71 nach Norden ab. Diese bringt Sie nach knapp 50 Mi nach

Scottsbluff

- Liegt im Westen des Staates Nebraska an der US-26 am North Platte River.
  ⇧ 1.180 m, 14.000 Ew., ✉ NE 69361, ✆ 308/635
- Visitors Bureau, 1701 1st Ave, NE 69363, ☎ 632-5603.
- Sands Motel, 814 W 27th, ☎ 632-6191, ca. $ 35.
- ♦ Capri Motel, 2424 Ave I, ☎ 2057, ca. $ 40.
- ♦ Lamplighter Motel, 606 27th St, ☎ 632-7108, ca. $ 40.
- KOA, 4 Mi westlich an der US-26, ☎ 635-3760 oder ☎ 800/KOA-0845.
- ♦ Riverside Park City CG an der SR-71, 37 ⽊.

Die Stadt ist ein wichtiges Regionalzentrum in Südwest-Nebraska. Sie liegt unterhalb des gleichnamigen Felsmassivs am North Platte River am ehemaligen Oregon Trail.

✱ Das **Chimney Rock NHS** liegt etwa 25 Mi östlich an der US-26. Der Park umfaßt eine weithin sichtbare Felsnadel, die sich nahezu 150 m hoch über das Tal erhebt. Zur Zeit des Oregon Trail war dies eine wichtige Wegorientierung.

Heute sieht man den Felsen sehr gut von einem Halteplatz an der US-26. Abends wird der Felsen eindrucksvoll angestrahlt.

Eine gut eine Meile lange Stichstraße führt zum **Visitor Center**, das verschiedene interessante Ausstellungen zur Geschichte des Oregon Trail bietet.

- ♦ Mo bis Sa 9:00 bis 18:00, So 10:00 bis 18:00 (1.5. bis 30.9.), sonst Mo bis Fr 8:00 bis 17:00, Eintritt: $ 1 oder Golden Eagle.

Von dort kann man auf der Straße noch etwas weiter und dann auf einem Trail bis an den Fuß des Felsens gelangen.

Scottsbluff NM

➲ Liegt im Westen des Staates Nebraska bei ☞ Scottsbluff.

Das Monument umfaßt einen eindrucksvollen Felsrücken, der sich ca. 250 m steil aus dem Umland erhebt. Die weithin sichtbare Formation war ein wichtiger Meilenstein und Orientierungspunkt auf dem ehemaligen Oregon und California Trail.

Neben dem Massiv verlief der Trail hier über den Mitchell Pass. So zogen über dieses Stück Land von 1840 bis 1870 ca. 300.000 bis 400.000 Menschen.

⌘ Das **Visitor Center** bietet im kleinen angeschlossenen Museum diverse Ausstellungen zum Oregon Trail und seiner Geschichte. Außerdem gibt es Ranger Programs, Vorführungen usw.

Die **Summit Road** beginnt am Visitor Center und führt 1,5 Mi stark steigend aufwärts, passiert dabei drei Tunnel und endet oben auf dem Felsplateau. Auf der Fahrt und von oben ergeben sich prachtvolle Ausblicke - sehr lohnend.

♦ Tägl. 8:00 bis 19:30 (1.6. bis 31.8.), sonst 7:00 bis 16:30.

Es gibt mehrere kurze Wanderwege im National Monument. Einer davon führt über 1,5 Mi auf die Klippen hinauf, etwas anstrengend, aber sehr aussichtsreich. Starten Sie im Sommer früh am Tag wegen der Hitze!

Von Scottsbluff fahren Sie westwärts auf der recht schönen US-26 wieder nach Wyoming. Über Torrington erreichen Sie die Abzweigung der US-85, die nördlich der historischen Postkutschenroute nach Deadwood führt. Am Wege liegt das kleine Städtchen

Lusk

➲ Liegt in Ost-Wyoming an der Kreuzung der US-20 mit der US-85.

⇧ 1.520 m, 1.500 Ew., WY 82225, 307/334

CoC, Box 457, ☏ 2950.

Town House Motel, 525 S Main St, ☏ 2376, ca. $ 40.

♦ Trail Motel, 305 W 8th St, ☏ 2530, ca. $ 50.

Prairie View CG, an der US-18/20.

Das kleine Farm- und Ranchzentrum war einst Haltepunkt auf der Postkutschenroute von Cheyenne nach Deadwood (South Dakota). Außerdem führte etwas östlich der Stadt der von 1876 bis 1897 benutzte Texas Trail vorbei, der Texas mit Montana verband.

⌘ Kleines Museum, in dem man eine Originalkutsche der Cheyenne Deadwood Line ansehen kann.

♦ Mo bis Fr 10:00 bis 17:00, Eintritt: $ 2.

Die Route 8 folgt weiter der US-26 nach Ft. Laramie. Von dort gelangen Sie über eine Zufahrt zum

Ft. Laramie NHS

Liegt etwa 3 Mi südwestlich von Ft. Laramie. Erreichbar von dort auf der US-26 über die SR-160 über den North Platte River.

Visitor Center, tägl. 8:00 bis 19:00 (1.6. bis Labor Day), sonst 8:00 bis 16:30, ☎ 307/837-2221. Eintritt: $ 2 oder Golden Eagle.

♦ Hier erhalten Sie auch ein Infoblatt zum Park mit sehr guten Informationen zur Geschichte der Indianerkonflikte mit den Sioux, zum Pelzhandel, den Wagentrecks und dem militärischen Engagement.

Pony Soldier RV Park, östlich an der US-26.

♦ Chuckwagon RV in Ft. Laramie, ca. 3 Mi entfernt.

Der Park wurde 1938 eingerichtet und umfaßt einen ehemaligen Pelzhandels- und Militärposten. Ursprünglich in der ersten Hälfte des letzten Jahrhunderts errichtet, befand sich hier ein wichtiges Pelzhandelsfort, das 1849 bis 1890 in einen Militärposten umgewandelt wurde. Er diente zum Schutz der Trecks, die nach Westen rollten.

Von den noch vorhandenen 22 Gebäuden aus der militärischen Zeit des Forts sind elf restauriert. Einige von ihnen hat man mit Gegenständen im Stil der damaligen Zeit ausgerüstet, um einen Eindruck des früheren Lebens in einem Militärposten zu geben.

⌘ Das **Visitor Center** mit einem kleinen **Museum** beherbergt Ausstellungen zur zivilen und militärischen Nutzung des Forts, zu Indianern und zur Kultur und Geschichte der Gegend.

✱ Im Sommer werden verschiedene **Vorführungen** abgehalten und einige Gebäude sind mit zeitgerecht gekleideten Leuten besetzt. Fragen Sie in der nach einem Plan zu den Aktivitäten.

➽ Von Ft. Laramie sind es auf der US-26 nur 13 Mi bis nach

Guernsey

☞ Wyoming - Orte und Sehenswertes.

Von Guernsey fahren Sie über die US-26 nach Westen bis zur I-25. Dieser folgen Sie nach Norden bis

Douglas

➲ Liegt in Ost-Wyoming an der I-25 etwa 50 Mi östlich von Casper.
⇧ 1.470 m, 5.100 Ew., ✉ WY 82633, ✆ 307/358

ℹ CoC, 121 Brownfield Rd, ☏ 2950.

🛏 Chieftain Motel, 815 E Richards, ☏ 2673, ca. $ 40.

♦ Super-8-Motel, 314 Russell Ave, ☏ 6800, ca. $ 45.

⛺ KOA, von der I-25 über die SR-94 zur SR-91, ☏ 4690 oder ☏ 800/KOA-2469.

♦ Easterbrook NFCG, 18 Mi südlich an der SR-94, 12 ⛩.

Der Ort entstand 1886 als Versorgungszentrum für die umliegenden Farmen und Eisenbahncamps.

✱ **Ayres Natural Bridge** im Ayres Park, 12 Mi westlich auf der I-25 und fünf Meilen südwärts auf einer Zufahrt. Der La Prele Creek hat hier eine knapp 10 m hohe und 15 m breite Naturbrücke aus dem Gestein herausgegraben.

♦ Tägl. 🚪 8:00 bis 20:00 (April bis Oktober), Eintritt: kostenlos.

⌘ **Ft. Fetterman SHS** liegt 11 Mi nordwestlich über die Orpha Rd (SR-93). Es umfaßt die wiederaufgebaute Offiziersunterkunft des Armeeforts (1867) und ein Museum. Während der Ft. Fetterman Days (drittes Wochenende im Juli) finden diverse Vorführungen statt.

♦ Tägl. 🚪 9:00 bis 17:00 (Memorial bis Labor Day), Eintritt: kostenlos.

⌘ **Wyoming Pioneer Memorial Museum** birgt viele Gegenstände aus der Pionierzeit.

♦ Mo bis Fr 🚪 8:00 bis 19:00, Sa 13:00 bis 17:00 (Memorial bis Labor Day), sonst Mo bis Fr 8:00 bis 17:00, Eintritt: kostenlos.

➽ Von Douglas folgen Sie dem North Platte River aufwärts ungefähr immer nach dem ehemaligen Oregon Trail. Die I-25 bringt Sie aber schneller als einst die Siedler nach

Casper

☞ Wyoming - Orte und Sehenswertes.

In Casper wenden Sie sich nach Südwesten auf die SR-220. Nach 30 Mi sind Sie in

Alcova

➲ Liegt in Zentral-Wyoming, etwa 30 Mi südwestlich von Casper an der SR-220.

Alcova Lake County Park, südlich des Ortes, 140 ⩩.

Der Alcova Dam ermöglichte die künstliche Bewässerung eines relativ großen umliegenden Gebietes und verhalf den Einwohnern der Stadt zu neuen landwirtschaftlichen Anbaugebieten.

Im Stausee versank die Stelle, an der 1889 eine Frau gelyncht wurde. Der Grund soll gewesen sein, daß die sogenannte "Cattle Kate" einen reichen Farmer heiratete und so beide zusammen eine unerhörte Macht ausüben konnten. Die anderen Rancher aus der Umgebung beschlossen, die beiden loszuwerden und wollten sie aus der Stadt jagen. Noch bevor das Paar dieser Aufforderung nachkommen konnte, wurden sie von anderen aufgebrachten Leuten des Ortes ohne viel Aufhebens aufgehängt.

➽ Sie folgen weiter der SR-220 und damit dem Oregon Trail bis zum

Independence Rock SHP

➲ Liegt in Süd-Wyoming an der SR-220, etwa 20 Mi südwestlich von Casper.

In ☞ Casper.

In ☞ Casper.

Der Park am Sweetwater River wird auch "The Great Register of the Desert" genannt. Bei dem Felsen handelt es sich um einen fast 60 m hohen Granitklotz, in den insgesamt über 5.000 Namen von Besuchern eingeritzt sind. Zur Zeit der Wagentrecks auf dem Oregon Trail diente der Felsen als weithin sichtbarer Orientierungspunkt. Ganz in der Nähe liegt die Stelle der alten Sweetwater-Postkutschenstation (1861).

➧ Die Route 8 folgt weiter der SR-220 bis zur Einmündung auf die US-287 am Muddy Gap Pass (1.905 m). Dort wenden Sie sich nach Süden und fahren auf der US-287 bis

Rawlins

- Liegt in Süd-Wyoming an der I-80, etwa 110 Mi östlich von Rock Springs. ⇧ 2.060 m, 9.400 Ew., ✉ WY 82301, ✆ 307/324
- CoC, 519 W Cedar, ☎ 4111.
- Sunset Motel, 1302 W Spruce St, ☎ 3448, ca. $ 30.
- ♦ Rawlins Motel, 905 W Spruce St, ☎ 3456, ca. $ 35.
- American President's CG, Spruce St.
- ♦ RV World CG, Wagon Circle Rd.

Auch hier zog die übliche Gesetzlosigkeit mit dem Bau der Eisenbahnlinie ein. Dies änderte sich erst, als eine Bürgerwehr aufgestellt wurde. An diese wilden Tage erinnern heute verschiedene Veranstaltungen, so z.B. **Rawlins Crazy Days** im Juli.

✱ Knapp 15 Mi östlich des Ortes befinden sich die Überreste von **Ft. Steele**, das im Jahre 1868 zum Schutz der Eisenbahn und der umliegenden Siedlungen gegen die ständigen Indianerüberfälle eingerichtet wurde.

⌘ An der 5th/Walnut St kann man heute das **Wyoming Frontier Prison** (Gefängnis) aus dem Jahre 1901 besichtigen, das noch bis 1981 benutzt wurde. Jetzt dient es jedoch nur noch als Museum.

♦ Tägl. 8:30 bis 17:30 (Memorial bis Labor Day), Eintritt: $ 3,50.

Von Rawlins können Sie auf der I-80 nach Westen fahren nach ☞ Rock Springs (Route 1).

➧ Die Route 8 verläuft nun ein Stück auf der I-80 nach Osten. Nach rund 20 Mi zweigen Sie südwärts auf die SR-130 ab und kommen nach 20 Mi nach

Saratoga

➲ Liegt in Süd-Wyoming an der SR-130, etwa 80 Mi westlich des Ortes Laramie. 2.000 Ew., ✉ WY 82331, ✆ 307/326

CoC, 114 S 1st St, ☎ 8855.

Hacienda Motel, am Airport, ☎ 5751, ca. $ 55.

S Brush Creek NFCG, 22 Mi südöstlich über die SR-130.

♦ Ryan Park NFCG, 23 Mi südöstlich über die SR-130.

Der am North Platte River gelegene Ort ist ein kleines Versorgungszentrum für das Umland und hat im Ortsbereich heiße Mineralquellen, die in einen Swimmingpool geleitet werden, kostenloser Besuch ist möglich.

Der North Platte River gilt bis zur Grenze nach Colorado als einer der schwierigsten Wildwasserflüsse im Staat. **Floßtouren** sind möglich.

♦ Z.B. Great Rocky Mountain Outfitters, 216 East Walnut St.

⌘ **Saratoga Historical Center** im alten Bahnhof (1917) enthält verschiedene geschichtliche und archäologische Ausstellungsstücke.

♦ Tägl. 13:00 bis 17:00 (Memorial bis Labor Day), Eintritt: kostenlos.

Sie folgen weiter der SR-130, die sich bald nach Osten wendet und in die Medicine Bow Range hinaufsteigt. Der Snowy Range Pass ist beachtliche 3.290 m hoch! Nachdem Sie ihn hinter sich gelassen haben, geht es geradewegs nach

Laramie

☞ Wyoming - Orte und Sehenswertes.

Von Laramie ist es dann nur noch ein kurzes Stück auf der I-80 bis zum Startpunkt der Route 8, nach **Cheyenne**.

Route 9

Rapid City

☞ South Dakota - Orte und Sehenswertes.

➽ Sie verlassen Rapid City auf der I-90 nach Osten. Diese verlassen Sie an der Ausfahrt 131. Über die SR-240 erreichen Sie nach wenigen Meilen den

Badlands NP

☞ South Dakota - Orte und Sehenswertes.

➽ Sie verlassen den Park entweder auf dem gleichen Weg, den Sie gekommen sind, oder nach Süden über die SR-44, der Sie wieder bis Rapid City folgen. Von dort fahren Sie auf der SR-49 nach Süden bis zur Abzweigung der SR-36, knapp 20 Mi südlich von Rapid City. Nach neun Meilen auf der SR-36 erreichen Sie den

Custer SP

☞ South Dakota - Orte und Sehenswertes.

➽ Hier erreichen Sie auch die US-16 Alt, der Sie nach Westen auf landschaftlich schöner Strecke folgen. Nach neun Meilen zweigt die SR-87 nach Norden ab und etwa eine Meile weiter die SR-87 nach Süden, in die Sie einbiegen. Diese Straße führt durch den State Park nach Süden durch wunderschönes offenes Wald- und Hügelland. Nach neun Meilen überqueren Sie die Grenze zum Wind Cave NP. Sechs Meilen später treffen Sie auf die US-385, der Sie ein kurzes Stück nach Süden folgen zur Zufahrt zum Visitor Center des

Wind Cave NP

☞ South Dakota - Orte und Sehenswertes.

➽ Sie fahren von der Höhle zur US-385 und auf dieser nach Norden. Die Fahrt ist landschaftlich schön und führt über Pringle nach

Custer

☞ South Dakota - Orte und Sehenswertes.

➧ Sie fahren weiter auf der US-385 nordwärts. Nach fünf Meilen kommen Sie zur Zufahrt zum

Crazy Horse Memorial

☞ South Dakota - Orte und Sehenswertes.

Etwa sechs Meilen nördlich des Felsens biegen Sie von der US-385 auf die SR-87 nach Süden ein.

Diese Straße trägt den Namen **Needles Highway**. Sie ist kurvig, teilweise schmal, aber landschaftlich wirklich äußerst lohnend. Sie erschließt dem Reisenden ein sehr schönes Stück der **Black Hills Area** im Custer SP.

✋ Auf der Fahrt gibt es **drei Tunnel**: eine Meile nördlich, zwei Meilen südlich und sechs Meilen südlich des Sylvan Lake. Der niedrigste nördlich des Sees ist nur **3,30 m hoch**, der schmalste, zwei Meilen südlich des Sees, nur **2,60 m breit**!

Für Wohnmobile mag zwar die Breite, aber für viele die Höhe nicht ausreichen, **vorher** abklären!!!

Nach 12 Mi treffen Sie auf die US-16 Alt, der Sie neun Meilen nach Osten und dann weiter nach Norden folgen. Auf schöner Strecke kommen Sie zum **Norbeck Overlook**, wo Sie einen Ausblick über die Black Hills genießen können.

➧ Durch zwei Tunnel kommen Sie nach schöner, kurvenreicher Fahrt schließlich zur Zufahrt über die SR-244 zum

Mt. Rushmore National Memorial

☞ South Dakota - Orte und Sehenswertes.

➧ Sie fahren zurück zur US-16 Alt. Dort liegt etwa eine Meile weiter der Touristenort

Keystone

☞ South Dakota - Orte und Sehenswertes.

Drei Meilen nördlich von Keystone treffen Sie auf die US-16, der Sie nach Osten folgen. Nach fünf Meilen zweigen Sie auf die US-385 nach Norden ab, der Sie auf landschaftlich schöner Strecke folgen. Am Pactola Reservoir gibt es ein kleines Visitor Center, kurz darauf kann man über die SR-44 nach Rapid City zurückkehren.

➨ Die Route 9 führt auf der US-385 durch den Black Hills NF nach

Deadwood

☞ South Dakota - Orte und Sehenswertes.

Nur ein paar Meilen südlich von Deadwood liegt

Lead

➲ Liegt im Westen des Staates an der US-85 ca. 4 Mi südwestlich von Deadwood. ⇧ 1.610 m, 3.600 Ew., ✉ SD 57754, ✆ 605/584

ℹ CoC in ☞ Deadwood (South Dakota).

🛏 White House Inn, 395 Glendale Dr, ☎ 2000, ca. $ 70.

⛺ Whitetail Court, an einem Motel, ca. 2 Mi südlich an der US-85.

♦ Weitere Plätze in ☞ Deadwood (South Dakota).

Der Ort entstand um die Homestake Goldmine, die noch heute (seit 1876!) in Betrieb ist. Heute ist Lead aber vor allem auch ein bekannter Wintersportort und auch vom Tourismuskuchen in den Black Hills bekommt er ein - wenn auch kleines - Stück ab.

✱ Besichtigung der **Homestake Goldmine**, eine der größten der USA, geführte Bustour, Videovorführung.

♦ Mo bis Fr 🕘 8:00 bis 17:00, Sa, So 10:00 bis 17:00 (1.6. bis 31.8.), sonst Mo bis Fr 8:00 bis 16:00, Eintritt: $ 4.

⌘ **Black Hills Mining Museum**, 323 W Main St, Ausstellung zum Bergbau der Gegend.

♦ Tägl. 🕘 9:00 bis 17:00 (15.5. bis 30.9.), Eintritt: $ 3,50.

➡ Sie fahren auf der US-14 Alt/US-85 nach Südwesten. In Cheyenne Crossing halten Sie sich auf der US-14 Alt nordwärts. Sie durchfahren den sehr schönen **Spearfish Canyon** und kommen etwa 30 Mi von Deadwood entfernt nach

Spearfish

➲ Liegt im Westen des Staates an der Grenze zu Wyoming, ca. 50 Mi westlich von Rapid City an der I-90.
⇧ 1.110 m, 7.000 Ew., ✉ SD 57783, ✆ 605/642

- CoC, Box 550, ☎ 2626.
- AAA 1700 N Main St, ☎ 5796, Mo bis Fr 8:00 bis 17:30.

- Queen's Motel, 305 Main St, ☎ 2631, ca. $ 45.
- Royal Rest Motel, 444 Main St, ☎ 3842, ca. $ 45.

- KOA, an der Ausfahrt 10 in den Ort, ☎ 4633 oder ☎ 800/KOA-0805.
- Chris' CG, über Ausfahrt 14 und die I-90 Bus zum Christensen Dr.
- Mountain View CG, über Ausfahrt 14 und die I-90 Bus zum Christensen Dr.
- City CG, Ausfahrt 12, über Jackson Blvd und Canyon St, 157 ⛺.

Die Stadt ist das Tor zum schönen Spearfish Canyon. Der Name kommt von der indianischen Methode, im Spearfish Creek mit dem Speer zu fischen. Heute lebt der Ort von Forstwirtschaft und etwas Tourismus.

✱ **Spearfish Canyon**, landschaftlich sehr lohnende Fahrt auf der gewundenen US-14 Alt nach Süden. Am Wege liegen die **Bridal Veil Falls** (nach ca. sechs Meilen) und die **Roughlock Falls** (etwa eine Meile westlich von Savoy).

☺ Bekannt ist der Ort für das ***Spearfish Passion Play***, Passionsspiele von Juni bis August. Näheres in der **i**.

➡ Von hier nehmen Sie die I-90 nach Westen, die Sie nach Wyoming bringt. Nach 30 Mi sind Sie in **Sundance**.

Sie folgen nun der US-14. Nach 22 Mi biegen Sie in Devil's Tower auf die SR-24 nach Norden ein. Nach sechs Meilen zweigt die Zufahrt ab zum

Devil's Tower NM

☞ Wyoming - Orte und Sehenswertes.

➧ Sie fahren zurück zur US-14 und auf dieser nach Westen unter der I-90 hindurch zur US-16. Dieser folgen Sie durch Prärieland nach Osten. Kurz hinter Newcastle gelangen Sie wieder nach South Dakota und 12 Mi später erreichen Sie das

Jewel Cave NM

☞ South Dakota - Orte und Sehenswertes.

Über die US-16 nach Osten kommen Sie nach ☞ Custer. Sie fahren weiter nach Norden, passieren die SR-244, die zum Mt. Rushmore NM führt, bis zur Abzweigung der US-385 Nord, ca. vier Meilen hinter

Hill City

- Liegt im Westen des Staates in den Black Hills, an der US-16, ca. 25 Mi westlich von Rapid City.
  ⇧ 1.520 m, 700 Ew., ✉ SD 57745, ✆ 605/574
- CoC, Box 253, ☎ 2368.
- Lantern Inn Motel, an der US-16/385, Box 744, ☎ 2582, ca. $ 55.
- KOA, ca. 6 Mi östlich an der SR-244, ☎ 2525 oder ☎ 800/KOA-8503.
- ♦ Three Forks CG, gut 3 Mi nördlich an der US-385.
- ♦ Rafter J Bar Ranch CG, 3 Mi südlich an der US-385.
- ♦ Horse Thief Resort, 5 Mi südlich über die US-385 und SR-87.
- ♦ Weitere Privatplätze 2 Mi südlich bzw. nördlich an der US-385.
- ♦ Sheridan Southside NFCG, 2 Mi nördlich von der US-385 abzweigen, 2 Mi, 129 ⩩.
- ♦ Oreville NFCG, 5 Mi südlich an der US-385.

Auch dieser Ort entstand 1876 während des Goldrausches. Heute ist auch er ein - wenn auch kleines - touristisches Zentrum der Gegend.

1880 Train, Museumsbahn mit alter Dampflokomotive und historischen Wagen. Eine zweistündige Tour verläuft durch die Black Hills u.a. zu Filmdrehorten bis nach Keystone.

- ♦ Mehrere Abfahrten tägl., Fahrpreis: $ 14.

➧ Sie folgen der US-16 durch die schöne Landschaft der Black Hills. Diese trägt ab der Einmündung der US-16 Alt den Namen Mt. Rushmore Road. Von der Abzweigung sind es noch ca. 20 Mi bis Rapid City.

Idaho - Wissenswertes

Einwohner: 1.007.000
Größe: 216.327 km²
Hauptstadt: Boise
Höchster Punkt: Borah Peak, 3.859 m
Tiefster Punkt: Snake River, 216 m
Zeitzone: Mountain und Pacific Time, Sommerzeit

Geschichte

Auch Idaho war bereits in früher Zeit von **Indianern** besiedelt. Die erste nachgewiesene Berührung der Weißen mit dieser Gegend fand durch die denkwürdige **Expedition von Lewis und Clark 1805/06** (☞ Ft. Clatsop) statt. Die beiden folgten dem Lolo Pass von Montana nach Idaho, das sie auf ihrem Weg nach Westen durchquerten. Nur wenig später errichtete der britische Pelzhändler **David Thompson** die ersten Handelsposten für die Northwest Company.

Etwa 40 Jahre lang war der Pelzhandel für die hier ansässigen Indianer die einzige Berührung mit weißer Zivilisation. Nur zögernd kamen dann erste Missionare, deren Hauptziel es war, die Indianer zu bekehren. Seit den 50er Jahren des letzten Jahrhunderts zogen von Süden einige Mormonen ins Land und während des Goldrausches und der großen Besiedlungswelle nach Oregon blieben auch einige der auf dem Oregon Trail westwärts strebenden Menschen in Idaho.

1860 fand man auch in Idaho Gold, allerdings nie in dem Ausmaß wie in Kalifornien oder Montana. **1863** wurde das Idaho Territory mit der Hauptstadt Boise ernannt. Die heutigen Grenzen wurden **1868** festgelegt.

Wegen des allmählich einsetzenden Zuzugs von Siedlern kam es in den 70er Jahren zu Indianerkriegen. Berühmt wurde die verzweifelte Flucht der Nez Perce, die **1877** von Washington durch Idaho nach Montana führte.

1890 wurde Idaho Staat der USA und erlebte seither einen moderaten, aber anhaltenden Aufschwung.

Geographie

Idaho gehört sicher zu den **unbekannteren Gebieten der USA** und die meisten Besucher haben keine oder falsche Vorstellungen von diesem

Staat. Tatsächlich birgt Idaho mit Ausnahme von Alaska die größten Wildnisgebiete der USA!

Das Besondere an Idaho ist die Landschaftsvielfalt. Das **Bergland mit Seen** beherrscht den Norden und prägt den sogenannten "Pfannenstil" des Staates. Zentral-Idaho weist vor allem unzugängliche, pure Wildnis und Gebirge auf. Dort findet man den wilden Salmon River und den die Grenze zu Oregon bildenden Snake River. Den Gegensatz hierzu bilden die schroffen, hochalpinen Bergzüge, z.B. die **Sawtooth Range**.

Der südliche Teil des Landes wird zu einem Großteil von wüsten- oder steppenartigen Landstrichen beherrscht. Zudem finden sich vor allem dort viele Spuren der vulkanischen Vergangenheit, insbesondere in der Gegend des **Craters of the Moon NM**, wo es gewaltige Lavagebiete zu sehen gibt. Einzigartig ist dort auch das Verschwinden vieler Wasserläufe in porösem Untergrund. Weiter im Norden haben die Flüsse wie der Snake oder der Salmon außergewöhnliche Felsschluchten gebildet, darunter den **Hells Canyon** - mit 2.000 m einer der tiefsten Canyons der Welt.

Charakteristisch für ganz Idaho ist neben Gebirgen auch der **Wald**, der etwa 40% der Fläche einnimmt. Den Besucher wird vor allem die Mannigfaltigkeit der Landschaft begeistern.

Wirtschaft

Die Haupterwerbszweige der Bevölkerung sind **Land- und Forstwirtschaft**, **produzierendes Gewerbe** und etwas **Tourismus**. Landwirtschaft findet man zumeist in Süd-Idaho, vor allem im Snake River Valley und an den Nebenflüssen. Umfangreiche künstliche Bewässerung hat dort ehemaliges Wüstenland inzwischen in blühende Gärten verwandelt. Außerdem spielt die **Viehzucht** in ganz Idaho eine nicht zu unterschätzende Rolle. Die nördlichen Teile Idahos sind in erster Linie von der Forstwirtschaft geprägt.

In der Gegend um Coeur d'Alene ist der **Bergbau** von Blei, Zink und Silber ein nennenswerter Wirtschaftsfaktor. Der Bundesstaat Idaho ist derzeit der größte Silberproduzent der USA. Im Südosten werden Phosphate abgebaut und auch heute noch wird dort Gold gewonnen. Die Hauptstadt **Boise** ist ein bedeutendes Handelszentrum, in dem zahlreiche Konzerne vertreten sind.

Boise

➲ In Südost-Idaho etwas abseits der I-84.
⇧ 830 m, 126.000 Ew., ✉ ID 837xx, ✆ 208, ☞ Route 1

ℹ Visitor Information Center, 8th St Public Plaza, ☏ 1-800/635-5240.

AAA 3040 Elder St, 83705, ☏ 342-9391, Mo bis Fr 8:30 bis 17:00.

🛏 Best Western Airport Motor Inn, 2660 Airport Way, ID 83705, ☏ 384-5000, ca. $ 50.
♦ Comfort Inn, 2526 Airport Way, ID 83705, ☏ 336-0077, ca. $ 50.
♦ Econo Lodge, 2155 Garden St, ID 83704, ☏ 344-4030, ca. $ 45.
♦ Flying J Inn, 8002 Overland Rd, ID 83709, ☏ 322-4404, ca. $ 40.
♦ Inn America, 2275 Airport Way, ID 83705, ☏ 389-9800, ca. $ 45.

⛺ KOA Boise, 7300 Federal Way, ID 83706, ☏ 345-7673.
♦ Americana CG, American Blvd, 7 Mi nordöstlich, ☏ 344-5733.

Klima	*Jan*	*Feb*	*Mär*	*Apr*	*Mai*	*Juni*	*Juli*	*Aug*	*Sep*	*Okt*	*Nov*	*Dez*
Ø max. °C	2	6	11	17	22	26	32	31	26	18	9	4
Ø min. °C	-6	-3	-1	3	7	11	15	14	9	4	-1	-4

Boise ist die **Hauptstadt Idahos** und die größte Stadt des Bundesstaates. Sie entstand 1863, nachdem im Boise Basin Gold gefunden wurde. Zu der Zeit war die Stadt ein Versorgungszentrum für die Bergarbeitercamps im Süden und für Siedler, die auf dem Oregon Trail westwärts zogen.

Heute ist Boise ein Zentrum des Handels, Verkehrsknotenpunkt und Verwaltungszentrum für den Staat. Wer durch die Stadt fährt, wird bemerken, daß es, vor allem im Südosten der Stadt, viel Grün, hübsche Anlagen und Wohnstraßen gibt. Dies ist ganz besonders erstaunlich, da Boise in wüstenhafter Umgebung liegt.

✱ **State Capitol**, wie auch in anderen Staaten dem Capitol in Washington nachgebildet, liegt zwischen 6th und 8th St einerseits und Jefferson und State St andererseits. Der Bau wurde aus Sandstein und Marmor (u.a. aus Alaska!) 1905 bis 1920 errichtet. Im Sommer werden geführte Touren angeboten.

♦ Mo bis Fr 8:00 bis 17:00, Eintritt: kostenlos.

⌘ Das **Idaho State Historical Museum**, 610 N Julia Davis Drive, birgt den Nachbau eines typischen Saloons und einer Bank aus dem 19. Jh., viele Gegenstände aus der Pionierzeit. Außerdem kann man einen nachgebauten chinesischen Tempel besichtigen.

♦ Mo bis Sa 9:00 bis 17:00, So 13:00 bis 17:00, Eintritt: kostenlos.

❋ Das **Old Idaho Penitentiary** ist ein ehemaliges Gefängnis. Zufahrt: am Ende der Warm Springs Ave links in die Old Penitentiary Road abbiegen. Film, Besichtigung und geführte Touren.

⌘ Daneben liegt das **Bischofshaus**, ein kleiner Prachtbau vom Ende des letzten Jahrhunderts. Hier lebte einst der Bischof von Boise.

Heute ist es ein kleines Museum, dem auch ein **Transportation Museum** angeschlossen ist. Dort werden mehrere Postkutschen und andere Fahrzeuge ausgestellt.

♦ Tägl. ◘ 10:00 bis 16:00, Eintritt: $ 3.

⌘ Das **Boise Art Museum**, 670 S Julia Davis Drive, am Eingang zum Julia Davis Park, enthält verschiedene Kunstausstellungen.

♦ Mo bis Fr ◘ 10:00 bis 17:00, Sa, So 12:00 bis 17:00 (1.6. bis 31.8.), sonst Mo geschlossen, Eintritt: $ 3.

✿ **Julia Davis Park**, einer von Boises schönen Parks, der einen Teil des sogenannten Green Belt of the Boise River darstellt.

♈ **Boise Zoo**, im Julia Davis Park.

❋ Der **8th St Market Place** umfaßt ein Stück von Alt-Boise mit einigen historischen Bauten.

❋ **Boise Tour Train**, einstündige Tour durch die alten Teile der Stadt und das Downtown-Gebiet in offenen Anhängern.

♦ Wechselnde Öffnungszeiten, in der ◘ erfragen, $ 6,50.

⌘ **Discovery Center of Idaho**, 131 Myrtle St, kleines Museum zu verschiedenen Zweigen der Forschung.

♦ Di bis Sa ◘ 10:00 bis 17:00, So 12:00 bis 17:00 (1.6. bis 31.8.), Eintritt: $ 4.

⌘ **World Center for Birds of Prey**, 5666 Flying Hawk Lane, ca. sieben Meilen südlich gelegen, mit Ausstellungen zu verschiedenen Raubvögeln.

♦ Di bis So ◘ 9:00 bis 17:00 (1.3. bis 31.10.), Eintritt: $ 4.

Weiter hat Boise zahlreiche touristische Aktivitäten zu bieten: z.B. Floßfahrten, einen Park mit Wasserrutschen, Schwimmbecken usw. (1850 Century Way) sowie nördlich der Stadt ein Skigebiet.

Im Südosten der Stadt, erreichbar über eine Zufahrt, ragt der **Table Rock** über 300 m auf. Er war einst Aussichtspunkt der Indianer und bietet heute schöne Blicke auf die Umgebung von Boise.

Coeur d'Alene

Liegt in Nord-Idaho, 13 Mi östlich der Grenze zu Washington an der I-90.
650 m, 25.000 Ew., ID 83814, 208, Route 1

Convention & Visitors Bureau, 2nd Ave/Sherman St, 664-0587.

296 W Sunset Ave, Mo bis Fr 8:30 bis 17:00, 664-5868.

Econo Lodge, 330 W Appleway, 765-3011.
♦ Gareden Motel, 1808 NW Blvd, 664-2743.
♦ Pines Resort Motel, 1422 NW Blvd, 664-8244.
♦ Comfort Inn, 280 W Appleway, 765-5500.

KOA, 10700 Lodge Bay Rd, 664-4471 oder 800/KOA-2609, Miethütten.
♦ KOA, 4850 Garwood Rd, 5 Mi nördlich an der US-95, 772-4557 oder 800/KOA-0250.
♦ Coeur d'Alene RV Resort, 6 Mi westlich über I-90 und SR-41, 773-3527.
♦ Wolf Lodge CG, N Frotage Rd, über I-90 und SR-97, ca. 9 Mi südöstlich, 664-2812.

Der Ort entstand 1877, als man hier ein militärisches Fort anlegte. Anfang der 1880er Jahre fand man in der Gegend Gold, Silber und Blei, was zu einem schnellen Anwachsen der Stadt führte.

Heute ist Coeur d'Alene das Zentrum im nördlichen Teil des "Pfannenstils". Die Stadt ist auch Anlaufpunkt für Touristen in dieser Gegend, es gibt fast 50 Motels und über 120 Restaurants.

Der am Stadtrand liegende Coeur d'Alene Lake erstreckt sich 25 Mi nach Süden, bis in die Coeur-d'Alene-Indianerreservation hinein. Viele Ausflugsfahrten und Angeltouren auf dem See werden angeboten, man kann Wassersport treiben, Rundflüge mit einem Wasserflugzeug unternehmen usw.

⌘ **North Idaho Museum**, 115 NW Blvd, mit Ausstellungen zur Geschichte und Archäologie der Gegend, zum Bergbau sowie zur Forstwirtschaft und zum Verkehr des Gebietes.

♦ Di bis So 11:00 bis 17:00 (1.7. bis 31.8.), sonst So geschlossen, Eintritt: $ 1,50.

⌘ **Ft. Sherman Museum** zur Geschichte des Forts, Eintritt ist kostenlos.

Wild Waters, Wasserfreizeitpark.

♦ Tägl. 11:00 bis 19:00, Eintritt: $ 12.

Silver Lake Mall an der US-95; **Factory Outlet Mall**, zehn Meilen westlich an der I-90.

Craters of the Moon NM

Liegt in Süd-Idaho an der US-20/26/93 rund 85 Mi westlich von Idaho Falls.
☞ Route 1

Visitor Center am Parkeingang. Kleine Ausstellung und Video zur Geologie, Geschichte, Tier- und Pflanzenwelt des National Monuments. Tägl. 8:00 bis 18:00 (1.6. bis Labor Day), sonst 8:00 bis 16:30, ☎ 527-3257, Eintritt: $ 4 oder Golden Eagle.

In Arco (18 Mi östlich):
♦ Arco Inn, 540 Grand Ave, ☎ 527-3100, ca. $ 40.

Im National Monument, 51 ⛼, mitten in der Lava, kaum Schatten.

Das National Monument umfaßt 215 km² einer **eindrucksvollen kargen Lavalandschaft**, die sich in trostlos wirkender Umgebung in 1.800 m Höhe erstreckt.

Die vulkanische Aktivität in diesem Gebiet begann vor etwa 15.000 Jahren, die letzten Ausbrüche trugen sich vor etwa 2.000 Jahren zu. Geblieben ist eine Landschaft von Lavaflüssen, Cinder Cones, Lavahöhlen usw. Es gibt, anders als in den übrigen Teilen des Nordwestens, nicht nur einen einzigen Vulkan, der für die Gestalt der Landschaft verantwortlich ist, sondern es war eine Vielzahl kleinerer Vulkanschlote (meist Erdspalten), die diese Lava hervorbrachten.

Wegen der geringen Niederschläge in dieser Gegend ist die Vegetation im National Monument sehr spärlich. So findet sich auf der Lava selbst nach 2.000 Jahren kaum noch Pflanzenbewuchs.

Die Vulkane des Gebietes gelten übrigens nur als ruhend, nicht als erloschen. Ob und wann sie erneut ausbrechen werden, ist nicht absehbar.

Angeblich soll die Gegend des Craters of the Moon NM bis weit in dieses Jahrhundert hinein unbekannt gewesen sein. Nach seiner "offiziellen Entdeckung" machte man es 1924 zum National Monument. 1970 wurde ein großer Teil des Parks zur **Craters of the Moon Wilderness** erklärt. Dieses Gebiet stellt selbst heute noch totale unberührte Wildnis dar.

Zwar war die zweite amerikanische Apollo-Besatzung, die auf dem Mond landete, zuvor in diesem Gebiet. Doch der Name besagt nicht, daß hier wirklich mondartige Landschaft existiert. Vielmehr kamen die Astronauten damals hierher, um geologische Studien an vulkanischem Gestein vorzunehmen, das man in ähnlicher Form auf dem Mond gefunden hatte.

Der Name des National Monuments hingegen kommt von dem viel älteren Glauben, daß so etwa der Mond aussehen müsse. Daher erhielt dieses Gebiet diese Bezeichnung schon 1924.

Die Temperaturen sind im Sommer ziemlich hoch, ca. 35 °C im Schatten. Regen ist sehr selten. Am Vormittag kommt fast immer ein sich langsam zum Orkan steigernder Wind auf. Abends legt er sich meist völlig. Viel Sonnenschein, kein Schatten und die durch die schwarze Lava reflektierte Hitze lassen die Temperaturen oft unangenehm hoch werden.

Wegen der Höhenlage und der intensiven Sonnenstrahlung vor Sonnenbrand schützen.

Der Besuch des National Monuments

Man beginnt den Besuch am besten am **Visitor Center**, das an der Park Road etwas abseits der US-93/26/20 liegt. Hier sollte man sich unbedingt den angebotenen Film anschauen. Er gibt einen guten Überblick über Vulkanismus, Lava, Lavaflüsse, Lavahöhlen usw. Außerdem wird hier eine Ausstellung zur Geologie, zu Pflanzen und Tieren sowie zur Geschichte des National Monuments angeboten.

Fragen Sie nach der Parkzeitung ***Craters of the Moon Guide***, die über allerlei Wissenswertes über den Park und die Aktivitäten, die angeboten werden, informiert (sofern sie wieder verfügbar ist, Verteilung war wegen Geldmangels eingestellt).

- Weiter gibt es hier eine Broschüre mit einer Karte, auf der die Park Loop Road eingezeichnet ist und die auch Erklärungen zu den dort sehenswerten Punkten enthält.

Das National Monument wird durch die **Park Loop Road** teilweise erschlossen. Die Straße ist ca. sieben Meilen lang, führt zu mehreren interessanten Stellen und kurzen Besichtigungswegen.

Kurz hinter dem Visitor Center passieren Sie zunächst die **Eingangsstation** und die **Zufahrt zum Zeltplatz**. Erster Stopp ist der **North Crater Flow Trail**, wo ein kurzer Fußweg, mit vielen anschaulichen Erklärungstafeln, durch einen ca. 2.000 Jahre alten Lavafluß hindurchführt. Man kann hier die unterschiedlichen Lavaarten gut erkennen, die auf den Tafeln näher erläutert werden. Etwa 0,9 Mi weiter zweigt eine kurze Zufahrt zum **Devil's-Orchard-Gebiet** ab, wo ein kurzer Trail durch den "Obstgarten des Teufels" mit besonderen Lavaformationen und spärlicher Vegetation hindurchführt.

Nächster Stopp ist der **Inferno Cone Viewpoint**, Ausblick auf eine bizarre Vulkanlandschaft mit Cinder Cones, Lavafeldern usw. Lohnend ist der kurze, aber anstrengende Aufstieg auf den Inferno Cone, von dem man einen prachtvollen Blick hat.

Kurz darauf zweigt rechts eine Zufahrt zum Parkplatz bei den **Spatter Cones** ab. Auch hier führt ein kurzer Fußweg auf einen der Vulkanschlote, in den man sogar hineinschauen kann.

Der nächste Halt auf der Rundtour ist der Parkplatz am Trailhead zur **Tree Molt Area**, den man über eine Stichstraße erreicht. Hier hat die flüssige Lava Bäume eingeschlossen und ist dann erstarrt. Das Holz rottete später weg und es blieben nur die Abgüsse der Bäume zurück. Diese Löcher weisen Durchmesser von bis zu 1 m auf.

Die nächste Abfahrt von der Rundtour führt zur **Cave Area**. Ein kurzer Trail führt in ein Gebiet mit zahlreichen Lavahöhlen. Von dem Weg sind die **Dewdrop**, **Indian Tunnel**, **Boy Scout**, **Beauty** und **Surprise Cave** zugänglich.

☺ Außer im Indian Tunnel, der große Öffnungen zu beiden Seiten hat, benötigen Sie für die anderen Höhlen unbedingt eine starke Taschenlampe. Zweckmäßig ist auch gutes Schuhwerk, Handschuhe, derbe Hosen und Jacken sowie ein Helm. In einigen Höhlen sind die Passagen so eng, daß man kriechen muß!

Die Höhlen sind sogenannte **Lavatubes**. Sie entstehen, wenn bei einem Vulkanausbruch eine sich abwärts bewegende Lavamenge an der Oberfläche zu erstarren beginnt. Die tiefer liegende Lava bleibt noch flüssig und strömt weiter abwärts. So kommt es, daß schließlich die noch flüssige Lava durch die bereits erstarrte Lava in Röhren oder Tunneln hindurchfließt. Endet der Ausstoß von Lava, so fließt die noch flüssige Lava aus den Röhren heraus und hinterläßt solche Hohlräume, wie man sie hier findet. Das sind allerdings nicht immer Röhren, sondern oft auch große Räume, die so entstanden, allerdings dann meist zusammenbrachen, da die Deckenspannweite zu groß war. So blieben nur diese tunnelartigen Gebilde erhalten, da sie die nötige Festigkeit aufwiesen.

Interessant in diesem Gebiet ist außerdem die Vielzahl der zusammengestürzten Lavahöhlen. Einen solchen Einbruch stellt auch der Einstieg in den Indian Tunnel dar.

Wandern

Weitere Unternehmungen im Monument sind vor allem Wanderungen, so auf dem **North Crater Trail**, der gleich südlich des North Crater Flow Trail von der Park Road abzweigt. Der Wanderweg führt auf den North Crater hinauf und dann weiter an den Big Craters vorbei bis zum Parkplatz an den ☞ Spatter Cones. Insgesamt ein lohnender Weg.

Ziehen Sie unbedingt feste Schuhe an und sorgen Sie für genug **Trinkwasser**!

Ebenfalls einen Spaziergang wert ist der Weg in die **Tree Molt Area**, der auch zur Buffalo Cave führt.

Für **ausgedehntere Wanderungen** im Park, besonders in der Wilderness Area, ist ausgezeichnete Ausrüstung, genügender Wasservorrat und derbes Schuhzeug erforderlich.

Das Laufen auf der Lava ist sehr beschwerlich und das scharfkantige Gestein führt leicht zu Verletzungen. Verbandzeug nicht vergessen! Wer längere Wanderungen unternehmen will, sollte sich zuvor im Visitor Center beraten lassen.

Im Sommer wird es hier recht heiß, Schatten gibt es nicht. Zudem liegt das National Monument über 1.800 m hoch, was zusätzliche Anstrengungen mit sich bringt.

Dennoch können Wanderungen hier zu einem großartigen Erleben der Lavalandschaft führen. Für Übernachtungen während der Wanderungen benötigen Sie ein sogenanntes **Backcountry Permit**, das Sie im Visitor Center erhalten.

☺ Der National Park Service bietet übrigens auch **geführte Wanderungen** an, so den Buffalo Cave Walk, eine Höhlenbegehung. Über Termine und Zeiten informiert Sie das Visitor Center.

Außerdem gibt es am Zeltplatz im dortigen Freilichttheater jeden Abend ein **Campfire Program**, Themen und Zeiten erfahren Sie im Visitor Center oder durch die Parkzeitung.

Hells Canyon NRA

- ➲ Liegt im Westen Idahos und im Osten Oregons. ☞ Route 1
- 🛈 Info Center am Hells Canyon Dam.
- ♦ Hells Canyon NRA, 2535 Riverside Dr, WA 99403, Clarkston, ☏ 758-0616.
- ♦ Im Wallowa Mountain VC ca. 1 Mi westlich von Enterprise.
- ♦ Im Baker County Visitor Center, 490 Campbell St, Baker, OR 97814.
- ♦ In den Ranger Stations in der National Recreation Area oder in Riggins an der US-95.

Keine in der National Recreation Area.

Im Südteil der National Recreation Area in Oregon gibt es zahlreiche Zeltplätze, so **Evergreen CG**, **Duck Lake CG**, **Hidden CG**, **Coverdale CG**, **Ollokot CG**, **Twin Lakes CG** und **Blackhorse CG**, alle an den Forstwirtschaftsstraßen.

- ♦ Daneben gibt es den **Hells Canyon Park** mit 🚿 und schönem Rasen am Stausee nördlich von Oxbow und einen ebenso gepflegten Platz in Oxbow am Snake River. Am Wochenende sehr besucht.

Die Hells Canyon NRA umfaßt ein reizvolles Gebiet entlang des Snake River, der hier den an einigen Stellen bis zu 2.000 m tiefen Hells Canyon bildet.

Die ersten Weißen, die den Hells Canyon sahen, waren drei Mitglieder der Lewis & Clark Expedition. Nach 1860 wurde nördlich und südlich der heutigen National Recreation Area Gold gefunden, was zu einer kurzzeitigen Besiedlung des Umlandes führte. Später ließen sich auch vereinzelt Rancher hier nieder, aber auch sie blieben nur kurze Zeit. Einige Spuren dieser frühen Besiedlung kann man z.B. in Dug Bar nahe der Mündung des Imnaha River sehen.

🛈 In der **Kirkwood Ranch**, erreichbar von Lucile an der US-95 über die FR-242, kann man sich einen Eindruck von einer ehemaligen Ranch verschaffen. Heute gibt es dort in der Sterling Cabin ein kleines Visitor Center mit einer Ausstellung zur Geschichte des Hells Canyon.

Flora und Fauna im Park

Die **Fauna** in der National Recreation Area ist vielfältig und reicht von Deer- und Bighorn-Schafen über Murmeltiere bis hin zu Klapperschlangen. Auch Berglöwen soll es geben, ebenso Adler und Eulen.

Ebenso wie die Tierwelt ist auch die **Vegetation** sehr mannigfaltig. Oben auf den Bergen herrscht alpiner Bewuchs vor, hochstämmiger Wald, almartige Wiesen mit Wildblumen. Etwas tiefer ändert sich das

Bild, die Temperaturen steigen, die Vegetation wird immer wüstenähnlicher, und unten im Canyon steht man in einer Welt, wie man sie sonst nur erheblich weiter südlich antrifft.

Besuch der National Recreation Area

Die National Recreation Area ist 2.650 km² groß und in weiten Teilen nur sehr schwer zugänglich.

In **Idaho** gelangt man an mehreren Stellen über Forstwirtschaftsstraßen mehr oder weniger nah an den Canyon und den Fluß heran. So verläuft nördlich von White Bird die FR-493 nach Pittsburg Landing im Nordteil der National Recreation Area. Von Lucile an der US-95 führt die FR-242 sowie nördlich von Riggins die FR-241 zu mehreren Aussichtsstellen oberhalb des Canyons.

Südlich von Riggins zweigt die FR-517 nach Westen ab, die sich auf rauher und teils etwas abenteuerlicher Strecke über 19 Mi auf den **Heavens Gate Lookout** hinaufquält, 2.650 m hoch! Sehr lohnend!

Vom Parkplatz am Ende der Straße kann man einen kurzen Trail zu einem Feuerbeobachtungsturm hinaufsteigen (fantastischer Rundblick). Tief unten liegt in der Ferne der Hells Canyon, zu den anderen Seiten schier endlose Wildnis. Bei entsprechendem Wetter sind die vier Staaten Idaho, Oregon, Washington und Montana sichtbar.

Über mehrere Trails kann man von hier aus in den Canyon hinablaufen, ca. 15 Mi. Kleiner ⛺ etwas unterhalb des Turmes am Windy Saddle, von dort führt ein Weg zum **Dry Diggins Lookout**, von wo aus man auf den Fluß schauen kann, ca. neun Meilen (eine Strecke).

Über die Befahrbarkeit der Roads unbedingt an der **Ranger Station in Riggins** erkundigen. Dort erhalten Sie auch alle notwendigen Informationen über Wanderungen und andere Touren in der National Recreation Area und eine detaillierte Karte.

Von **Oregon** besteht ebenfalls Zugang zur National Recreation Area über diverse Forstwirtschaftsstraßen, die jedoch eine längere Anfahrt erfordern. Ausgangspunkte sind Joseph oder Enterprise an der SR-82 in Oregon.

Der beste Weg in den Canyon führt über die SR-350 nach Imnaha und von dort zum (wohl schönsten) Aussichtspunkt **Hat Point Lookout** über die FR-4240 (schmal und mit einigen kräftigen Anstiegen). Sehr

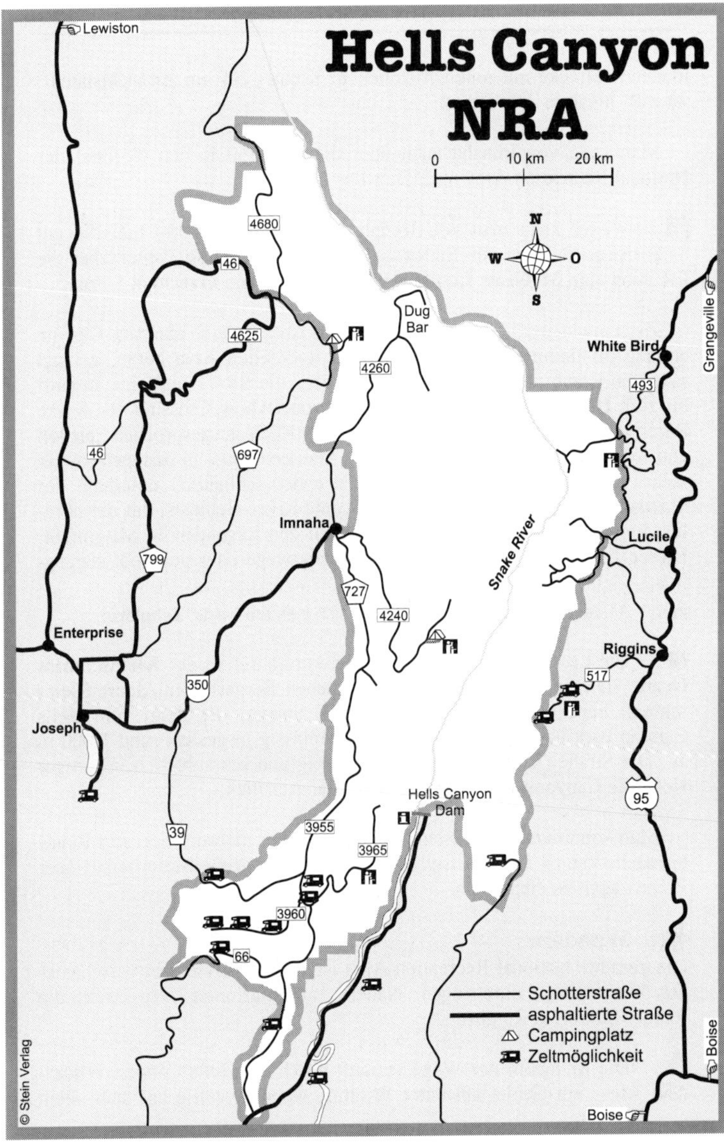
Hells Canyon NRA
0
10 km
20 km
N
W
O
S
Lewiston
Grangeville
White Bird
493
Dug Bar
4680
46
4625
4260
46
697
Imnaha
Lucile
Snake River
799
727
4240
Enterprise
Riggins
517
350
Joseph
95
Hells Canyon Dam
39
3955
3965
3960
66
Schotterstraße
asphaltierte Straße
Campingplatz
Zeltmöglichkeit
Boise
Boise
© Stein Verlag

lohnende Strecke mit tollen Ausblicken. Kleiner ⛺ am Aussichtspunkt, 🚶 z.B. hinab in den Canyon.

Man kann von Imnaha auch über die FR-4260 in den Nordteil der National Recreation Area nach Dug Bar fahren.

Weiter kann man von Joseph aus über die SR-350 und die gut befahrbare FR-39 in den Süden des Parks und von dort weiter über die FR-3965 zum **McGraw Lookout** und **Hells Canyon Overlook** fahren.

Zwar nicht in die National Recreation Area hinein, aber am Canyon entlang bis unmittelbar an die National Recreation Area heran, gelangt man von Cambridge an der US-95 aus über die SR-71 und eine Zufahrt bis zum **Hells Canyon Dam**. Das Stück von Oxbow Crossing den Snake River abwärts bis zum Damm ist landschaftlich ausgesprochen reizvoll und lohnend. Der Weg führt an einem Stausee vorbei in den sich immer mehr verengenden Canyon hinein. Er endet schließlich unterhalb des Staudammes am Beginn des Wild & Scenic River-Gebietes, das die nördlich liegende Schlucht des Snake River auf den folgenden 30 Mi umfaßt. Dieser Teil des Flusses ist nur über Wanderwege oder per Boot zugänglich.

An der Straße zum Damm befinden sich mehrere "wilde" **Zeltplätze**.

* Ein Leckerbissen für passionierte Autofahrer ist der **Kleinschmidt Grade**. Dieser Weg ist nach dem deutschen Bergarbeiter Albert Kleinschmidt benannt, der den Trail ab 1890 anlegte. Er steigt vom Hells Canyon Park über etwa sechs Meilen unablässig insgesamt rund 1.000 m an. Die Straße (Schotter) ist schmal, kurvig und schraubt sich in luftiger Höhe die Canyonwand hinauf. Großartiger Ausblick.

Man kann dann auf diesem Weg weiter über mehrere Forestry Roads bis nach Council an der US-95 fahren. Nicht für große Motorhomes oder Wohnwagen zu empfehlen.

Wandern

Die gesamte National Recreation Area ist von einer Vielzahl verschiedener Wanderwege durchzogen. Nähere **Informationen** dazu erteilt die Ranger Station in Riggins.

Die Mehrzahl der Wege verläuft durch die Hells Canyon Wilderness Area, ein Gebiet absoluter Wildnis, wo man völlig auf sich allein gestellt ist. Erstklassige Ausrüstung, Wildniserfahrung und gute Vorbereitung sind unerläßlich.

FUN Ein beliebtes Touristenvergnügen sind **Flußtouren** auf dem Snake River.

- Im Süden z.B. bietet Hells Canyon Adventures zwei-, drei- und sechsstündige Jetboat-Touren ab Hells Canyon Dam an (ab $ 25).
- Über weitere Touren informieren die Veranstalter vor Ort, in Lewiston oder die **i**.

✋ Außer meist einfachen Zeltplätzen gibt es in der gesamten National Recreation Area weder Tankstellen noch Läden oder Unterkunft. Daher unbedingt vorher einkaufen und volltanken, Reifendruck kontrollieren (auch Reservereifen, auf den Forstwegen sind Pannen möglich!).

Idaho City

➲ Liegt in Südwest-Idaho an der SR-21, etwa 47 Mi nordöstlich von Boise.
⇧ 1.220 m, 380 Ew., ✆ 208/392, ☞ Route 1

i Am Ortseingang, keine festen Öffnungszeiten. Es gibt hier eine Broschüre, die alle notwendigen Erklärungen zu den Häusern enthält.

⛺ Warm Springs Resort, 2 Mi südlich am Hwy 2.

Idaho City gilt als eine der besterhaltenen sogenannten **Geisterstädte** in Idaho. Nachdem man 1862 im Boise Basin Gold gefunden hatte, wuchs im Zentrum dieses Gebietes Idaho City mit atemberaubendem Tempo heran und hatte in wenigen Wochen über 6.000 Einwohner! Die Gegend gilt als eines der reichsten Goldfundgebiete des letzten Jahrhunderts.

Wer die SR-21 von Süden kommend befährt, kann noch rechts und links des Weges sehen, daß Dredges (riesige Goldwaschmaschinen) einst den gesamten Boden des Tales umgewühlt haben. Wer genauer hinschaut, sieht auch hier und da noch einzelne Überreste (Hütten, Gerät usw.) aus den wilden Goldrauschtagen.

Idaho City vermittelt selbst heute noch einen recht guten Eindruck einer Goldrauschstadt; viele der alten Häuser sind mehr oder weniger gut erhalten, einige restauriert oder wieder aufgebaut. In den Häusern gibt es zwar zahlreiche Touristenläden, trotzdem kann man sich ein Bild vom Aussehen einer damaligen "Westerntown" machen.

✱ **Stadtbild** mit vielen historischen Häusern, die man auf einem Rundgang anschauen sollte. Im Museum werden geführte Rundgänge angeboten, ☏ 4550. Achten Sie auf den Trödlerladen - soviel Ramsch aus diversen Jahrzehnten sehen Sie so schnell nicht wieder.

⌘ **Boise Basin Historical Museum**, das in den 1860er Jahren als Postamt errichtet wurde. Ausstellungen zur Geschichte der Stadt.

♦ Tägl. 11:00 bis 16:00 (Memorial bis Labor Day), Eintritt: $ 1.

✞ Der **Pioneer Cemetery** gilt als einer der malerischsten Friedhöfe im Westen der USA.

✱ Schön ist der Weg von Idaho City Richtung Norden zur ☞ Sawtooth NRA. Er steigt von Idaho City immer höher hinauf, kurz nach dem Banner Summit (2.150 m) tritt er in die National Recreation Area ein. Sehr lohnend.

Idaho Falls

➲ Liegt in Südost-Idaho an der I-15.
⇧ 1.440 m, 44.000 Ew., ✉ ID 83402, ✆ 208, ☞ Route 1

CoC, 505 Lindsay Blvd, ID 83405, ☏ 523-1010.

372 S Freeman, ID 83401, ☏ 522-8495 oder ☏ 800/283-8495.

Comfort Lodge, 255 E St, ID 83401, ☏ 523-2960.
♦ Super-8-Motel, 705 N Lindsay Blvd, ID 83402, ☏ 522-8880.
♦ Best Western Stardust Motor Lodge, ID 83402, 700 Lindsay Blvd, ☏ 522-2910.

KOA, 1440 Lindsay Blvd, ID 83402, ☏ 523-3362 oder ☏ 800/KOA-7644.
♦ Shady Rest CG, Yellowstone Hwy, ☏ 524-0010.

Klima	Jan	Feb	Mär	Apr	Mai	Juni	Juli	Aug	Sep	Okt	Nov	Dez
Ø max. °C	-2	1	6	9	20	24	31	30	24	17	6	1
Ø min. °C	-16	-13	-8	-2	3	7	10	8	3	-2	-8	-13

Die Stadt entstand in den 60er Jahren des vergangenen Jahrhunderts an einer ehemaligen Fährstation. Zumeist waren es Goldsucher, die diese Fähre auf dem Weg zu den Goldfeldern im Westen Idahos oder in Montana benutzten.

Mit dem Abflauen des Goldrausches begannen die wenigen hier verbliebenen Siedler, das Gebiet **landwirtschaftlich** zu nutzen, was mit der Einführung künstlicher Bewässerung auch sehr erfolgreich gelang. Die heutige Stadt wurde erst 1900 gegründet und ist benannt nach den Wasserfällen, die etwas westlich des Stadtzentrums liegen. Viele der hier lebenden Menschen gehören der mormonischen Kirche an. Daher gibt es in Idaho Falls auch einen Mormonen-Tempel.

In einem **Visitor Center** kann man Interessantes über den Zug der Mormonen nach Westen erfahren.

Die **Idaho Falls** sind nicht besonders hoch. Eher stellen sie in dem hier über 400 m breiten Snake River eine große Stromschnelle dar.

⌘ **Bonneville Museum**, 200 N Eastern Ave, Ausstellung zur Geschichte der Stadt.

♦ Mo bis Fr 10:00 bis 17:00, Sa 13:00 bis 17:00, Eintritt: kostenlos.

✱ Die **Hells Half Acre Lava Flow Area** liegt 17 Mi südlich an der I-15 an einem Rastplatz. Es gibt einen kleinen Lavafluß, eine Kleinausgabe des riesigen Lavagebietes beim ☞ Craters of the Moon NM.

Kellogg

Liegt 30 Mi östlich von Coeur d'Alene an der I-90 im Norden Idahos.
⇧ 700 m, 2.600 Ew., ID 83837, 208

CoC, 608 Bunker Ave, ☏ 784-0821.

Silverhorn Motor Inn, 699 W Cameron Ave, ☏ 783-1151.

Der Ort entstand 1885, nachdem man hier gewaltige Blei-, Zink- und Silbervorkommen entdeckt hatte. Die Mine arbeitete von 1885 bis 1981.

✱ Der **Old Mission SP**, 11 Mi westlich, etwas abseits der I-90, umfaßt die wiederaufgebaute Old Sacred Heart Mission aus der Mitte des letzten Jahrhunderts.

♦ Tägl. 10:00 bis 17:30 (15.6. bis 15.9.), sonst nur Sa, So, Eintritt: $ 2.

Nez Perce NHP

Der Park besteht aus über 30 einzelnen Plätzen in Ost-Oregon und West-Idaho. Die meisten Teile liegen zwischen Lewiston und Grangeville nördlich der US-95. ☞ Route 3, 6

Visitor Center in Spalding an der US-95, etwa 11 Mi östlich von Lewiston. Tägl. 8:00 bis 18:00 (Memorial bis Labor Day), sonst 8:00 bis 16:30, ☏ 843-2261.

- Eine weitere kleine Informationsstelle gibt es am **White Bird Battlefield**.
- **Eintritt in den Park**: Alle Teile des Parks können kostenlos besucht werden.

Nicht im National Historic Park, aber in den Orten der Umgebung ☞ Spalding, Cottonwood, Lewiston, Kamiah.

Winchester Lake SP, ca. 30 Mi südlich von Lewiston von der US-95 abzweigen.

Der National Historic Park umfaßt insgesamt 24 Plätze in Nord-Idaho. Es sind vorwiegend für die Geschichte der Nez Perce bedeutsame Orte, aber auch Aussichtspunkte und geologisch interessante Stätten, die mit der Expedition von Lewis und Clark (1804 bis 1806) in unmittelbarer Verbindung stehen.

Der National Historic Park soll dazu dienen, das Bewußtsein für die Geschichte dieser Indianer zu stärken und außerdem ihre Kultur zu bewahren.

Besuch des Parks

Einen Besuch des National Historic Parks beginnt man am besten im **Visitor Center** in Spalding. Hier wird ein Film über die legendären Nez-Perce-Indianer gezeigt und es gibt eine Ausstellung über ihre Kultur und Geschichte. Die Ranger führen verschiedene Veranstaltungen durch.

Hier erhalten Sie auch die Informationsbroschüre über den National Historic Park mit einer Karte des Reservates, auf der die Lage der 24 Besichtigungsstätten des Parks eingezeichnet ist.

White Bird Battlefield liegt südlich von Grangeville etwas abseits der US-95. Dort kann man auf der alten US-95 an verschiedenen Stopps die Geschichte der Schlacht im White Bird Canyon nachvollziehen. Man erhält dabei einen Eindruck davon, wie geschickt die Indianer das Gelände ausnutzten und so die Übermacht der Soldaten besiegen konnten.

Lassen Sie sich für diese Besichtigung im Visitor Center die ***White Bird Battlefield***-Broschüre geben.

In **East ☞ Kamiah** gibt es Informationstafeln, auf denen die Legende der Entstehung der Nez-Perce-Indianer verdeutlicht wird. Der große Felsen in der Nähe dieser Informationstafeln wird "The Heart of the Monster" genannt. Der Legende nach gingen die Nez-Perce-Indianer aus diesem Felsbrocken hervor. Unmittelbar vor dem Felsen gibt es auch ein Tonband, das diese Legende erzählt.

Will man alle auf der Karte verzeichneten Stellen abfahren, ergibt das etwa eine 391 Mi lange Tour!

Lohnend, weil auch die Landschaft sehr beeindruckend ist, ist die Fahrt auf der US-95 nach Süden, in deren Nähe sich mehrere der historischen Stätten befinden. Interessant ist auch die Fahrt entlang des Clearwater River auf dem Lewis & Clark Highway (US-12), der etwa dem Lolo Trail zum ☞ Lolo Pass hinüber nach Montana folgt. Sehr einsame Wegstrecke durch eine dicht bewaldete Berglandschaft.

Die Geschichte der Nez-Perce-Indianer

Die tragische Geschichte der Nez Perce ist weit über die Grenzen Idahos hinaus bekannt und wurde sogar verfilmt.

Tausende von Jahren lebten die Nez Perce in den Tälern und Ebenen von Nord-Idaho, Nordost-Oregon und Südost-Washington. Erste Berührung mit Weißen gab es im September **1805**, als die Nez Perce mit Leuten der **Lewis & Clark Expedition** zusammentrafen. Sie beschrieben die Nez Perce als freundliche und hilfsbereite Menschen. Die Expedition blieb etwa einen Monat bei den Indianern, frischte Vorräte auf, baute ihre Kanus und war gerngesehener Gast. Bald folgten Trapper und erste Händler, ab 1840 Siedler, die auf dem Oregon Trail westwärts zogen.

1855 erhielten die Nez Perce ihr angestammtes Heimatland von den Bitteroot Mountains im Osten bis in die Wallowa Mountains in Oregon als Reservat. Doch als dort Anfang der 60er Jahre Gold gefunden wurde, kamen immer mehr Weiße dorthin und der Ruf nach einer Verkleinerung des indianischen Landes wurde laut, da man erst dann an die Goldvorkommen herankam. Es wurde den Nez Perce **1863** ein neues Reservat zugewiesen, das nur etwa 10% des ursprünglichen Reservates umfaßte. Dieses Gebiet lag südlich von Spalding und Lewiston, etwa im Bereich der heutigen US-95.

Während einige Führer der Indianer auch dieses neue Reservat anerkannten, weigerten sich andere (die sogenannten "non treaties") diesen Vertragsbruch zu akzeptieren. Mehrere Jahre ließ man diese Nez Perce außerhalb des neuen Reservates leben. Schließlich wurden Soldaten in das Gebiet geschickt, um die Indianer notfalls mit Gewalt in die neue Reservation zu schaffen. Sie beugten sich jedoch nicht. Daher forderte die Armee die Indianer **1877** schließlich ultimativ auf, in das Reservat zu ziehen.

Einer der Indianer-Führer war der berühmte **Chief Joseph**. Im Juni des gleichen Jahres kam es zur Eskalation, als drei junge Indianer vier Weiße töteten. Ihnen schlossen sich weitere Indianer an und innerhalb von zwei Wochen wurden mindestens 14 Weiße ermordet.

Chief Joseph erkannte, daß eine Konfrontation mit den Soldaten unausweichlich war und zog mit seinem gesamten Volk zum White Bird Canyon. Dort kam es am **17.6.1877** zum ersten Kampf des **Nez Perce War**; eine Handvoll Indianer besiegte eine Übermacht Soldaten. Es folgten weitere Gefechte am Cottenwood und am **11.7.** die **Schlacht am Clearwater**.

Joseph entschloß sich nun nach Osten zu ziehen, um auf dem Lolo Pass über die Bitterroot Mountains nach Montana zu gelangen. Dort hoffte er auf Hilfe von den einst befreundeten Crow-Indianern. Fast 800 Menschen, darunter befanden sich Krieger, Frauen, Kinder und Alte, begannen den Marsch mitsamt ihren Vorräten und Zelten.

Doch die Soldaten, die ständig Verstärkung bekamen, waren ihnen bald auf den Fersen. Es gelang Chief Joseph jenseits des Passes, am sogenannten Ft. Fizzle, eine Verteidigungsstellung der Soldaten geschickt zu umgehen und unbehelligt nach Montana zu kommen. Doch er erhielt nicht die erhoffte Hilfe der Crow-Indianer und mußte bald weiterziehen.

Der Stamm marschierte südwärts, etwa parallel zur heutigen US-93. Am **9. August 1877** wurden die Indianer am **Big Hole River** von neu herbeigeeilten Soldaten überrascht (☞ Big Hole National Battlefield, Montana). In der nun folgenden Schlacht behielten die Indianer zwar abermals die Oberhand, mußten aber schwere Verluste von Menschen und Material hinnehmen (es starben etwa 40 Frauen, Kinder und Alte sowie 30 Krieger).

Nun entschloß sich Joseph nach Kanada zu ziehen, wohin sich zuvor schon Sitting Bull mit seinen Sioux abgesetzt hatte und freundlich aufgenommen worden war. Der Weg dorthin war lang und Kämpfe am **Camas Meadows Battlefield** (20.8.), am **Canyon Creek** (13.9.) und bei **Cow Island Landing** (23.9.) markierten den beschwerlichen Weg durch den Norden des Yellowstone NP und nordwärts in Richtung Kanada.

Weniger als 40 Mi vor der Grenze, nach rund 1.700 Mi Marsch, glaubten die Nez-Perce-Indianer sich in Sicherheit, da die Verfolger um mehrere Tage zurücklagen. Sie lagerten an einer Stelle in den **Bear Paw Mountains**, die heute auch als "Snake Creek Battlefield" bezeichnet wird. Doch die Nez Perce wußten nicht, daß aus dem Südosten andere Truppen nahten, die sie hier umzingelten und in einem Gefecht schwer schlugen.

Daraufhin gab Joseph, um sein Volk zu retten, den Kampf auf und kapitulierte mit den historischen Worten: "I am tired; my heart is sick and sad. From where the sun now stands I will fight no more forever."

In den folgenden Jahrzehnten versuchte man, die Nez Perce zu Farmern zu machen, was aber gänzlich mißlang. Nur schwer erholte sich der Stamm in der Folgezeit von den Wunden dieses Krieges. Vieles der alten Kultur ging damals verloren.

Pocatello

➲ Liegt in Südost-Idaho an der Abzweigung der I-86 von der I-15.
⇧ 1.330 m, 47.000 Ew., ✉ ID 83204, ✆ 208, ☞ Route 1

ℹ CoC, 343 W Center St, ☎ 233-1525.

🛏 Thunderbird Motel, 1415 S 5th Ave, ☎ 232-6330.
♦ Sundial Inn, 835 5th Ave, ☎ 233-0451.
♦ Super-8-Motel, 1330 Bench St, ☎ 234-0888.
♦ Comfort Inn, 1333 Bench St, ☎ 237-8155.

🚐⛺ KOA, 1 Mi östlich der I-15, 9815 W Pocatello Creek Rd, ID 83201, ☎ 233-6851 oder ☎ 800/KOA-9175.
♦ Cowboy RV Park, an der Barton Rd, ☎ 232-4587.

Klima	Jan	Feb	Mär	Apr	Mai	Juni	Juli	Aug	Sep	Okt	Nov	Dez
Ø max. °C	0	3	8	16	21	26	32	30	25	18	7	2
Ø min. °C	-11	-8	-3	1	5	0	13	12	7	1	-4	-7

Der Ort entstand durch den Eisenbahnbau in den 1880er Jahren und entwickelte sich zu einem kleinen, wichtigen Verkehrsknotenpunkt.

✱ **Ft. Hall Replica**, liegt 1,5 Mi südlich an der US-30/91. Der Nachbau des 1834 am Ufer des Snake River erbauten Handelspostens gibt wieder, wie ein typischer Handelsposten am Oregon Trail aussah, der einst die Siedler auf ihrem Weg nach Westen versorgte. Es gibt eine Schmiede, eine Tischlerei, Büros, Unterkünfte usw. Alles sehr anschaulich mit guten Erklärungen. Außerdem informiert eine Ausstellung über den ☞ Oregon Trail (Oregon - Wissenswertes) sowie die Bannock Indians. Ein Besuch lohnt sich.

♦ Tägl. 🚪 9:00 bis 19:00 (Memorial bis Labor Day), sonst Di bis Sa 10:00 bis 14:00, Eintritt: $ 1.

⌘ **Bannock County Historical Museum**, Center/Garfield St neben Fall Hall, mit Ausstellungen zur Geschichte der Stadt. Daneben entsteht z.Zt. der Nachbau einer Westernstadt mit Geschäften usw.

♦ 10:00 bis 18:00 (Memorial bis Labor Day), sonst Di bis Sa 10:00 bis 14:00, Eintritt: $ 1.

⌘ Das **Idaho Museum of Natural History** liegt auf dem Campus der Universität. Es zeigt verschiedene Ausstellungen, u.a. zur Indianerkultur.

♦ Mo bis Sa 9:00 bis 17:00, Eintritt: kostenlos.

Salmon

Liegt in Ost-Idaho an der US-93, 145 Mi südlich von Missoula (MT).
1.230 m, 2.900 Ew., ID 83467, 208/756

CoC, 200 Main St, ☎ 2100.

Suncrest Motel, 705 Challis St, ☎ 2294
♦ Motel De Luxe, 112 S Church St, ☎ 2231.

Century II RV Park, etwas nördlich der Stadt.
♦ Heald's Heaven, 12 Mi südlich auf der US-93.
♦ Williams Lake, 4 Mi südlich auf FR abzweigen, 7 Mi.

Der Ort liegt am Fuße der Bitterroot Mountains in malerischer Umgebung am Ufer des Salmon River. Wie die meisten Städte in Idaho, entstand auch Salmon z.Zt. des Goldrausches.

Man erreicht die Stadt über die sehr schöne ☞ **Salmon River Scenic Route**, die nach Norden am Lost Trail Pass in schöner Umgebung die Bitterroot Mountains überquert und südwärts durch die reizvolle **Upper Salmon River Gorge** zur ☞ **Sawtooth NRA** führt.

⌘ Das **Lehmi County Museum**, 210 Main St, enthält Ausstellungsstücke zur Pionierzeit.

♦ Mo bis Sa 10:00 bis 17:00 (Juli/August), 13:00 bis 17:00 (1.4. bis 30.6. und 1.9. bis 31.10.), Eintritt: Spende.

✱ Salmon ist Ausgangspunkt für **Wildwasserfahrten** auf dem Salmon River, der westwärts von hier auch "**River of No Return**" genannt wird. Der Fluß durchzieht eines der größten Wildnisgebiete im Westen der USA, die "River of No Return Wilderness Area". Großes Angebot an Rafting-Touren. Näheres in der **i**.

Salmon River

Der Salmon River ist einer der großen Flüsse des Nordwestens. Es ist vor allem die fantastische Landschaft, die ihn so reizvoll macht. Er mündet südlich von Lewiston in den Snake River. Nur wenig südlich davon bildet er zwischen Grangeville und Riggins den schroffen **Salmon River Canyon**. Zuvor fließt der Fluß viele Meilen durch völlig unberührtes Gebiet, wo schöne Canyons, Wasserfälle und Stromschnellen entstanden. Er trägt sicher nicht ohne Grund den Beinamen "River of No Return".

Im Osten Idahos ist er von der US-93 und SR-75 aus zugänglich. Auch dort begleitet ihn eine eindrucksvolle Landschaft, z.B. die **Upper Salmon River Gorge**, ca. 40 Mi südlich von Salmon. Der Oberlauf des Flusses liegt in der Sawtooth NRA. Von Salmon aus werden Floßfahrten den Fluß hinab angeboten, Näheres ☞ Salmon.

Salmon River Scenic Route

wird die Straße von Stanley zum Lost Trail Pass an der Grenze nach Montana genannt. Von Stanley fährt man zunächst die SR-75 am Nordrand der Sawtooth NRA entlang durch außergewöhnliche Hochgebirgslandschaft in einem weiten Tal. Nach der Einmündung in die US-93 folgt man dem Salmon River durch eine schöne Gebirgslandschaft nordwärts. Reizvoll ist hier vor allem der Wechsel zwischen engen schroffen Schluchten und weiten, landwirtschaftlich genutzten Tälern. Nördlich von Salmon verläßt man den Fluß und klettert zum Lost Trail Pass hinauf.

Sawtooth NRA

- Liegt in Zentral-Idaho und ist von Boise aus über die SR-21, 135 Mi, erreichbar. ID 83278, 208/774, ☞ Route 1
- Ein Visitor Center liegt an der SR-75, etwa 6 Mi nördlich von Ketchum. Tägl. 8:00 bis 17:30 (1.6. bis Labor Day).
- Infos gibt es auch an der Ranger Station an der SR-75 ca. 2 Mi südlich von Stanley, Mo bis Fr 8:00 bis 17:00, Sa, So 8:30 bis 17:00.
- Das schöne Visitor Center am Redfish Lake, ca. 3 Mi südlich von Stanley über eine kurze Zufahrt, war wegen Geldmangels 1996 geschlossen.
- Parkhauptquartier in Ketchum, Star Route, ID 83340, ☎ 727-5013.
- Der **Eintritt** in die National Recreation Area ist kostenlos.

- Nur in Stanley in der Hochsaison rechtzeitig reservieren, besonders an Wochenenden.
- ♦ Jerry's Country Store & Motel, 1 Mi an der SR-75, Box 300, ☎ 3566, ca. $ 55.
- ♦ Mountain Village Lodge, Box 150, im Ort an der Abzweigung SR-75/21, ☎ 3661, ca. $ 65.

Es gibt in der National Recreation Area rund 30 Campingplätze. Viele davon sind jedoch sehr klein, manche haben nur fünf oder sechs Stellplätze. Besonders an Wochenenden hat man kaum eine Chance, dort einen Platz zu bekommen, der Platz am Redfish und am Alturas Lake ist fast immer voll. Im Park ist es (außer am Redfish und am Alturas Lake) überall gestattet, wild zu campen, und herrliche Stellen zum Übernachten gibt es reichlich. Im umliegenden Sawtooth NF findet man weitere Plätze.

Die Sawtooth NRA ist für den europäischen Touristen sicherlich ein weiterer Geheimtip. Weitgehend unbekannt bietet sie fantastische Berglandschaft und diverse Freizeitmöglichkeiten. Das über 3.000 km² große Gebiet wird von der Sawtooth Range beherrscht. Es gibt mehrere Seen, nahezu unbegrenzte Wandermöglichkeiten über Hochwiesen, Wald oder schroffe Berglandschaft und gute "wilde" Campinggelegenheiten.

Besuch der National Recreation Area

Ein Besuch sollte in einem der **Visitor Center** (oder Ranger Stations) beginnen. Filmvorführungen und Dia-Shows gibt es z.Zt. nur noch im VC nördlich von Ketchum. Die Ranger beraten zu Wanderungen und Campingplätzen. Am **Redfish Lake CG** veranstalten die Ranger ein Campfire Program.

Sehr nützlich ist die Parkzeitung, die eine Übersicht über die Einrichtungen in der National Recreation Area, Zeltplätze und Freizeitangebote enthält; außerdem gibt sie Tips für Tageswanderungen. Ferner findet man Informationen für Angler, zum Camping und Wandern im sogenannten Backcountry.

- ♦ Außerdem gibt es alle Informationen über die National Recreation Area, u.a. eine übersichtliche Karte für $ 3, mehrere Informationsheftchen, die Broschüre ***Boating***, die Kanu- und Wildwassertouren auf dem Salmon River vom Redfish Lake Creek bis zum Slade Creek näher beschreibt, sowie Angaben über Stromschnellen mit Klassifizierungen und weiteren Hinweisen.
- ♦ Weiter gibt es ein Merkblatt, das über mögliche Bergtouren informiert.

Eine **Fahrt auf der SR-21** von Boise nach Stanley durch den Norden der National Recreation Area und von dort Richtung Süden über die **SR-75** ist ein landschaftlicher Genuß. Schon die Anfahrt auf der SR-21, der **Ponderosa Pine Scenic Route**, ist sehr lohnend. Sie zweigt etwas östlich von Boise nordwärts ab und steigt über 100 Mi aus wüstenhafter Gegend in eine alpine Hochlandschaft hinauf. Man passiert ☞ Idaho City, durchfährt hochstämmige Wälder und gelangt schließlich mit dem Blick auf die bizarr geformte Sawtooth Range nach Stanley.

Entweder folgt man von dort ostwärts der SR-75 entlang des Salmon River oder man wendet sich nach Süden und benutzt die **Sawtooth Scenic Road** (SR-75). Auch dort wird man auf der rechten Seite von der schönen Sawtooth Range und links von den White Cloud Peaks begleitet, während man ein weites alpines Hochtal entlang des Quellgebietes vom Salmon aufwärts fährt.

Nahe dem Südausgang der National Recreation Area steigt der Weg dann stark an, bietet am **Galena Overlook** einen grandiosen Weitblick und überschreitet schließlich den 2.650 m hohen Galena Summit.

Viele Einrichtungen des Parks (Unterkunft, Zeltplätze) sind nur im Sommer geöffnet.

Shoshone

➲ Liegt in Süd-Idaho an der Einmündung der US-26 in die US-93, 21 Mi nördlich von Twin Falls.

⇧ 1.210 m, 1.200 Ew., ✉ ID 83352, ✆ 208/886

CoC, Box 575, ☎ 2883.

Der Ort wurde 1882 gegründet. Heute umgibt ihn eine überwiegend landwirtschaftlich genutzte Gegend.

✱ Die **Shoshone Indian Ice Caves** liegen 17 Mi nördlich an der SR-75. Diese Felshöhlen weisen Vereisungen auf, die sich auf einer konstanten Temperatur etwas unter 0 °C halten, während es draußen im Sommer oft fast 40 °C heiß wird.

♦ Tägl. 8:00 bis 20:00 (1.5. bis 30.9.), geführte Touren finden jede halbe Stunde statt und kosten $ 4,50.

✱ **Mammoth Cave**, sechs Meilen nördlich von Shoshone von der SR-75 abzweigen, der Weg dorthin ist ausgeschildert.

Weiter gibt es eine noch nicht erschlossene Lavahöhle, die ebenfalls mit Eis gefüllt ist.

Snake River

Der Snake entspringt in Wyoming und durchzieht in einer großen Schleife zunächst Süd-Idaho, bildet dann die Grenze zu Oregon, bevor er bei Lewiston nach Washington gelangt und schließlich in den Columbia mündet. Der einst gefürchtete wilde Fluß ist an vielen Stellen (leider) gezähmt und bildet in Süd-Idaho mehrere Stauseen. Den landschaftlichen Höhepunkt bietet der Snake im **Hells Canyon** (☞ Hells Canyon NRA). Hier hat sich der Fluß stellenweise bis zu 2.000 m tief in das Gestein eingegraben und die tiefste Felsschlucht Nordamerikas geschaffen.

Während der Snake im Osten und Süden gut zugänglich ist, kann man ihn an der Grenze zu Oregon nur schwer erreichen. Dort, wie in Wyoming, bietet er gute Möglichkeiten zum Floßfahren.

Snake River Birds of Prey Natural Area

umfaßt ein 124 km² großes Gebiet entlang des Snake River südlich von Boise. Es dient dem Schutz seltener Raubvögel, darunter Adler, Falken und Habichte verschiedener Arten.

Targhee NF

liegt an der Ostseite Idahos, an der Rückseite des Grand Teton NP. Man hat dort einen guten Ausblick auf die Bergriesen der Teton Range (allerdings "von hinten"). Angesichts vieler Flüsse und einiger kleiner Seen hat das Gebiet des Targhee NF hohen Freizeitwert. Mehrere Zeltplätze, Skigebiete, zahlreiche Wanderwege usw. bieten sich an. Auf den Flüssen gibt es gute Möglichkeiten zum Kanufahren. Weitere Attraktionen: Upper und Lower ☞ Mesa Falls.

Twin Falls

➲ Liegt im Süden Idahos an der I-84.

⇧ 1.140 m, 28.000 Ew., ✉ ID 833xx, ✆ 208, ☞ Route 3

CoC, 858 Blue Lakes Blvd, ID 83301, ☎ 733-3974.

♦ Informationen kann man auch am Südende der Perrine Bridge am Snake River Canyon erhalten.

AAA 1041 Blue Lakes Blvd, ID 83303, ☎ 734-6441, Mo bis Fr 8:30 bis 17:00.

- Econo Lodge, 320 Main Ave S, ID 83301, ☎ 733-8770.
- ♦ El Rancho Motel, 380 Addison Ave, ID 83301, ☎ 733-4021.
- ♦ Monterey Motor Inn, 433 Addison Ave, ID 83301, ☎ 733-5151.
- ♦ Comfort Inn, 1893 Canyon Springs Rd, ID 83301, ☎ 733-7494.

- KOA, 5431 US-93, ca. 6 Mi nördlich, ☎ 324-4169 oder ☎ 800/KOA-4169.
- ♦ Nat Soo Pah Hot Springs, 16 Mi südlich auf der US-93.

Die Stadt entstand in einer fruchtbaren Landwirtschaftsgegend am Ufer des Snake River.

Die **Shoshone Falls**, 63 m hoch, liegen etwa fünf Meilen nordöstlich der Stadt. Der Snake River stürzt hier über eine Felskante eindrucksvoll in die Tiefe. Zufahrt von der US-50 (ausgeschildert) über gebührenpflichtige Straße, Gebühr: $ 2.

☹ Da der Snake River vor den Fällen aufgestaut wird, bietet sich der Anblick eines Wasserfalls nur im Frühjahr. Am besten in der i erkundigen.

Die **Perrine Memorial Bridge** befindet sich am nördlichen Stadtrand. Die US-93 überquert hier auf der gut 450 m langen Brücke in ca. 150 m Höhe den Snake River, schöner Ausblick.

✱ **Malad Gorge SP**, kleine Schlucht des Malad River. Zugang: ca. 22 Mi westlich von der I-84 abzweigen (Exit 147).

Montana - Wissenswertes

Einwohner: 856.000
Größe: 380.922 km²
Hauptstadt: Helena
Höchster Punkt: Granite Peak, 3.901 m
Tiefster Punkt: Kootenai River, 555 m
Zeitzone: Mountain Time, Sommerzeit

Geschichte

Die in Montana ansässigen Indianer, u.a. mächtige Stämme wie die Cheyenne und Sioux, trafen erstmals zu Beginn des 19. Jh. auf Weiße, als **Lewis** und **Clark** Montana auf ihrer Expedition auf dem Hin- und Rückweg zum und vom Pazifischen Ozean durchquerten. Ihnen folgten schon bald Trapper und Händler, später auch Missionare. In den 50er Jahren des letzten Jahrhunderts zog das erste gefundene **Gold** viele Abenteurer und Glücksjäger nach Montana. Doch erst die großen Goldfunde in Bannack (1862), Virginia City (1863) und Helena (1864) ließen den **Goldrausch in Montana** ausbrechen.

Im Jahre **1864** erklärte man Montana zu einem eigenständigen Territorium, zunächst mit Bannack, später mit Virginia City als Hauptstadt. 1875 wurde dann **Helena** zur **Hauptstadt** ernannt, der Goldrausch war mittlerweile verflogen. Statt dessen zogen Rancher, Farmer und viele Siedler in das riesige Gebiet.

Es kam immer häufiger zu **Konflikten mit den Indianern**, die u.a. in den Kämpfen mit den Sioux unter ihrem Häuptling Sitting Bull am **Little Bighorn 1876** einen Höhepunkt fanden. Auch die Nez-Perce-Indianer zogen auf ihrer dramatischen Flucht durch Montana und wurden hier in den Bear Paw Mountains kurz vor Erreichen ihres Ziels Kanada gestellt und geschlagen.

Viele der jungen Städte waren in der zweiten Hälfte des letzten Jahrhunderts durch **Gesetzlosigkeit** geprägt. Revolverhelden, Outlaws und Wegelagerer konnten oft erst durch die Aufstellung von Bürgerwehren vertrieben werden.

1889 wurde das Montana-Territorium ein **Staat der USA**. **Große Kupferfunde** in den 90er Jahren des letzten Jahrhunderts führten zu einem relativ kurzen wirtschaftlichen Aufschwung. Danach war und ist es die Landwirtschaft, die das Leben der meisten Menschen in Montana bestimmt.

Geographie

Montana liegt im Nordwesten der USA und hat eine lange Grenze zu Kanada. Der Westen des Staates wird durch die **Rocky Mountains** geprägt, die nach dem Hügelland in **weite Grasländer** im Osten, die schon zu den Great Plains zählen, übergehen. Wälder findet man nur im Bergland des Westens.

Die Rockies sind ein Quellgebiet vieler Flüsse, so z.B. des **Missouri** und des **Yellowstone River**, die lange Zeit wichtige Verkehrswege waren. Teilweise bilden sie eindrucksvolle Täler, so an den Gates of the Mountains, teilweise sind sie auch weite Ströme, die ruhig durch die Prärie ziehen. Der Yellowstone River ist, anders als der Missouri, weitgehend ungebändigt und gilt als der längste frei fließende Fluß in den USA (außerhalb Alaskas).

Wirtschaft

Der bedeutendste Wirtschaftsfaktor ist seit fast einem Jahrhundert die **Landwirtschaft**. So ist Montana einer der größten **Weizenproduzenten** der USA. Auch **Viehzucht** floriert auf den weiten Prärien im Osten. Die **Forstwirtschaft** konzentriert sich auf den bergigen Westen, dort findet man auch **holzverarbeitende Industrie**.

Bodenschätze spielen heute nicht mehr die Rolle wie vor 100 Jahren, auch wenn immer noch Gold und Kupfer gewonnen werden. Wichtiger sind mittlerweile **Öl** und **Gas**; **Kohle** wird in großen Mengen im Südosten Montanas gefördert. Die Industrie ist ein eher unwesentlicher Faktor, während der **Tourismus** immer mehr an Bedeutung gewinnt.

Montana - Orte und Sehenswertes

Bannack SHP

➲ Liegt in West-Montana, erreichbar von Dillon an der I-15 über die SR-278, von der man nach 17 Mi südwärts über eine Kiesstraße zum Park gelangt (ausgeschildert). ⇧ 1.760 m, ✉ MT 59725, ✆ 406/834, ☞ Route 1

Visitor Center am Parkplatz, ☎ 3413. Kleine Ausstellung zur Geschichte des Ortes. Tägl. 9:00 bis 18:00 (Memorial bis Labor Day); Park tägl. 8:00 bis 21:00. **Eintritt**: $ 3.

📖 Hier erhalten Sie kostenlos die Besucherzeitung ***Bannack Free Press*** (Wissenswertes über den Ort, Plan mit Erklärungen zu den Gebäuden).

Keine im State Historic Park, nur in Dillon, 25 Mi.

Hübscher, aber einfacher Platz im State Park.

♦ In Dillon, z.B. Dillon KOA, ☎ 683-2749.

Bannack war die erste Hauptstadt des Montana-Territoriums und entstand als typische **Goldrauschstadt** 1862 nach Goldfunden im Grashopper

Montana: Die Ghosttown Bannack mit vielen alten Häusern

Creek. Innerhalb eines Jahres bildete sich eine über 3.000 Einwohner zählende Ansiedlung. Doch schon bald war der Boom vorüber, die Abenteurer zogen weiter, zumeist nach ☞ Virginia City. Obgleich Bannack noch lange bewohnt war, war das Schicksal der Stadt besiegelt.

Von dem, was aus jenen Tagen übrigblieb, können Sie sich im **Bannack SHP** einen guten Eindruck verschaffen. Es handelt sich um eine "Ghosttown" mit vielen alten, nicht immer gut erhaltenen Gebäuden.

Auf dem Rundgang auf der Hauptstraße des Ortes sehen Sie u.a. das Gerichtsgebäude, das Gefängnis, den Saloon, mehrere Wohnhäuser wohlhabender Leute, die Kirche, den General Store und eine Vielzahl kleinerer Cabins. Etwas abseits stehen Nachbildungen der beiden Galgen, die, wie in jeder Goldrauschstadt, häufig genutzt wurden!

Auch wenn alles einen etwas verfallenen und wenig gepflegten Eindruck macht, so ist dies doch der Garant für Echtheit und Geisterstadtatmosphäre. Insgesamt lohnender Besuch.

☺ Fragen Sie nach geführten Touren und anderen Veranstaltungen der Park Ranger im State Historic Park.

Big Hole National Battlefield

➲ Liegt in West-Montana und ist von Dillon, an der I-15, über die SR-278 und die SR-43 erreichbar, auf die man etwa 55 Mi nordwestlich von Dillon in Wisdom abzweigt. Von dort sind es etwa 10 Mi bis zur Gedenkstätte.

☞ Route 1

ℹ Visitor Center im Park, ☎ 689-3155, tägl. 8:00 bis 19:00 (31.5. bis Labor Day), sonst 9:00 bis 17:00, **Eintritt**: $ 3 oder Golden Eagle

🛏 Keine im Park.

🚐⛺ Keine im Park.

♦ May Creek NFCG, 7 Mi westlich, sowie weitere NFCGs an der US-93 im Westen.

ℹ Beginnen Sie den Besuch im **Visitor Center**, das in interessanter landschaftlicher Umgebung liegt. Man erhält Infos über die **Schlacht am Big Hole** zwischen Nez-Perce-Indianern und den Soldaten von Colonel Gibbon. Eine gute Dia-Show und die Park Ranger berichten über die Ereignisse des 9./10.8.1877. Kleine Ausstellung.

📖 Hier erhalten Sie auch eine ausführliche Broschüre, in der Sie die genauen Vorgänge jenes Kampfes beschrieben finden und die Geschichte der Flucht der Nez Perce nachlesen können. Ausgezeichnete Darstellung.

☺ Fragen Sie nach dem deutschsprachigen Infoblatt!

Vom Visitor Center aus können Sie die historischen Stellen auf mehreren **Trails** erreichen, so auch den Platz, an dem sich das Camp der Indianer befand, und den Standort der Geschütze bzw. die Gegend, in die sich die Soldaten nach der gescheiterten Attacke zurückgezogen hatten.

Die Schlacht am Big Hole

Auf ihrer Flucht vor den Soldaten, die im Wallowa-Gebiet in Oregon begann, hatten sich die Nez Perce nach mehreren Gefechten über den Lolo Pass nach Montana zurückgezogen. Auf der Suche nach einem Lagerplatz kamen sie am 7.8.1877 hier an. Seit längerer Zeit hatten sie wieder Ruhe zum Rasten, denn sie glaubten die Soldaten weit hinter sich.

Die Indianer richteten ihre 89 Teepees (Indianerzelte) auf, besserten Zelte und andere Ausrüstungsgegenstände aus und feierten, da man sich keiner Gefahr ausgesetzt sah. Sie fühlten sich so sicher, daß Häuptling Looking Glass nicht einmal Wachposten aufstellte. Doch diese Sicherheit war trügerisch, denn die Indianer wußten nicht, daß sich Colonel Gibbon mit seinen Leuten von anderer Seite näherte.

Eine Vorausabteilung entdeckte die Indianer am 8.8.1877. Gibbon versammelte seine Mannschaften auf der Westseite des Flusses. Im Morgengrauen stürmten die Soldaten aus ihren Verstecken und feuerten auf die schlafenden Indianer. Obwohl es den Soldaten gelang, das Camp im Handstreich zu erstürmen, leisteten die Indianer dennoch erbitterten Widerstand.

Einer der ersten Soldaten, der der indianischen Gegenwehr zum Opfer fiel, war ein Offizier, der eine Gruppe freiwilliger Zivilisten anführte. Dadurch brach bei diesen der geordnete Kampf zusammen, die Indianer konnten die Situation zu ihren Gunsten ausnutzen und trieben die Soldaten über den Fluß zurück. Es gelang ihnen sogar, die Soldaten in die Defensive auf die Hänge des Battle Mountain zurückzudrängen und dort den Tag und die folgende Nacht niederzuhalten. Auch der Einsatz von Haubitzen durch die Soldaten war wenig hilfreich, da die Indianer diese im Handstreich nahmen.

Mittlerweile sammelte Chief Joseph seine Leute, insbesondere Frauen und Kinder, und verließ das Lager in südlicher Richtung. Mehr und mehr Krieger wurden abgezogen und nur ein kleiner Rest verblieb, um die Soldaten in Schach zu halten. Schließlich traten auch diese den Rückzug an - einmal mehr waren die Nez Perce auf der Flucht.

Bighorn Canyon NRA

- Liegt im Süden von Montana und ist von Billings über die I-90 bis Hardin und von dort über die SR-313 nach Süden erreichbar, ca. 45 Mi. Der Südteil der National Recreation Area ist von Lovell an der US-14A von Wyoming aus über die SR-37 erreichbar. ☞ Route 1
- Visitor Center für den Nordteil in Ft. Smith, tägl. 9:00 bis 18:00 (1.4. bis 30.9.), ☎ 666-2412.
- ♦ Im Südteil liegt ein Visitor Center an der Abzweigung der US-14 von der US-310 in Lovell (Wyoming), tägl. 8:00 bis 18:00.
- ♦ **Eintritt in den Park**: kostenlos.
- Keine im Park.
- ♦ In Hardin im Norden und Lovell im Süden.
- **Im Park** in Ok-A-Beh, Barry's Landing und Horseshoe Bend (Wyoming); außerdem gibt es am Black Canyon und Madison Creek (nur über Boot erreichbare) Plätze.
- ♦ **In Greybull** (WY) im Süden (40 Mi): KOA, ☎ 307/765-2555 oder ☎ 800/KOA-7508.
- ♦ **In Hardin** im Norden (25 Mi): KOA, 2 Mi nördlich der Stadt an der SR-47; Grandview CG, 1 Mi südlich der Stadt an der CR-313.

Die National Recreation Area umfaßt ein 480 km² großes Gebiet um den Bighorn Canyon. Dieser wurde zum großen Teil durch den aufgestauten Bighorn River zu einem Stausee, in weiten Teilen von schroffen Felswänden begrenzt, gutes Wassersportrevier. Der Canyon verläuft von Norden nach Süden durch unterschiedliche Landschaftsformen. Der Bighorn Lake ist 71 Mi lang und liegt größtenteils im Bighorn Canyon.

Besuch der National Recreation Area

Den **Nordteil des Parks** erreicht man bei Ft. Smith. Dort gibt es ein **Visitor Center**, in dem man Wissenswertes über das Gebiet, über die Natur und Kultur der hier ansässigen Crow-Indianer (Film und Ausstellungen) erfährt.

✱ Lohnende **Fahrt** (zehn Meilen) **nach Ok-A-Beh**, das im Canyon liegt. Abzweigung am Visitor Center.

✱ Von dem Center führt eine Stichstraße vorbei am Zeltplatz zum **Yellowtail Dam**.

- ♦ Tägl. 10:00 bis 16:00.

Der Süden des Parks ist wegen seiner sehenswerten Landschaft sicher der interessantere Teil.

🛈 Besuch des **Visitor Center**. Gute Ausstellungen zur Tierwelt, Geschichte und Geologie.

Dieser Teil der National Recreation Area ist durch eine Stichstraße, die SR-37, erschlossen. Sie erreicht zuerst die Zufahrt nach Horseshoe Bend am Bighorn Lake, dann folgt ein ⛺, die Rangerstation und ein Bootdock.

Kurz darauf fährt man in die **Pryor Mountain Wild Horse Range** ein, einem Schutzgebiet, in dem eine der letzten **wilden Mustangherden** der USA lebt.

Es folgt die Zufahrt zum **Devil's Canyon Overlook**, eine Meile. Hier hat sich der Fluß 330 m tief in das Gestein eingegraben, Aussicht auf mehrere Flußwindungen. Die Straße endet ca. zehn Meilen weiter in Barry's Landing, wo der Canyon nicht mehr so spektakulär, aber dennoch sehr hübsch ist, ⛺, Bootsrampe.

Den Teil des Canyons zwischen Barry's Landing und der Ok-A-Beh im Norden kann man nur per Boot erreichen.

Wandern

Wandern ist eine gute Möglichkeit, die National Recreation Area näher zu erkunden. Bedenken Sie jedoch: es wird im Sommer oft heiß, nicht selten über 40 °C. Entsprechende Ausrüstung (Wasser, Schuhwerk, Sonnenschutz!) ist unbedingt erforderlich. Nähere Informationen in den 🛈.

☺ Die Ranger veranstalten auch **geführte Wanderungen**, Infos erhalten Sie in den Visitor Centers.

Billings

➲ Liegt in Süd-Montana an der I-90 am Yellowstone River.
⇧ 950 m, 82.000 Ew., ✉ MT 591xx, ✆ 406, ☞ Route 1

🛈 Visitor Center, 815 S 27th St, ☎ 252-4016, tägl. 8:30 bis 18:30 (1.5. bis 31.8.), sonst 8:30 bis 17:00. Hier gibt es auch eine Karte, auf der die historischen Bauwerke der Stadt verzeichnet sind.

AAA 3220 4th Ave N, MT 59101, ☎ 248-7738, Mo bis Fr 8:00 bis 17:00.

- Rimview Inn, 1025 N 27th St, MT 59101, ☎ 248-2622, ca. $ 40.
- Cherry Tree Inn, 823 N Broadway, MT 59101, ☎ 252-5603, ca. $ 40.
- Billings Inn, 880 N 28th St, MT 59101, ☎ 252-6800, ca. $ 40.
- Days Inn, 843 Parkway Lane, MT 59101, ☎ 252-4007, ca. $ 50.

KOA, 547 Garden Ave, MT 59101, ☏ 252-3104 oder ☏ 800/KOA-8546.
♦ Big Sky CG, 5516 Laurel Rd, MT 59101, ☏ 259-4110.

Rimrock Mall, Central Ave/24th St W, mit ca. 100 Geschäften.
♦ West Park Plaza, 1603 Grand Ave.

Klima	*Jan*	*Feb*	*Mär*	*Apr*	*Mai*	*Juni*	*Juli*	*Aug*	*Sep*	*Okt*	*Nov*	*Dez*
Ø max. °C	1	2	6	14	20	24	32	30	24	17	8	4
Ø min. °C	-11	-9	-5	1	6	11	14	13	8	3	-3	-7

1882 entstand die Stadt mit dem Bau der Eisenbahn. In nur fünf Monaten wurden hier 250 Gebäude errichtet und es lebten hier 2.000 Einwohner. Infolge künstlicher Bewässerung wurde das trostlose Wüstenland zu einem blühenden Landwirtschaftsgebiet. Die Stadt ist heute Zentrum der Viehwirtschaft. In letzter Zeit wurde auch der Abbau der Bodenschätze in der Umgebung stark vorangetrieben.

✱ **Billings Historic District**, zwischen 26. und 21. St, zur Besichtigung die Karte aus der **i** besorgen.

The Rimrocks, eine Felsbarriere, die sich nördlich und östlich der Stadt über 120 m in die Höhe reckt.

Chief Black Otter Trail, eine aussichtsreiche Straße, die dem Rimrock nördlich der City folgt.

⌘ **Western Heritage Center**, 2822 Montana Ave in der ehemaligen Bibliothek (1901), mit Gegenständen zur Geschichte des Gebiets.

♦ Di bis Sa 10:00 bis 17:00, So 13:00 bis 17:00, Eintritt: Spende.

⌘ **Yellowstone Country Museum**, abseits der SR-3, nahe dem International Airport mit Gegenständen aus der Pionierzeit.

♦ Mo bis Fr 10:30 bis 17:00, So 14:00 bis 17:00, Eintritt: Spende.

⌘ **Moss Mansion**, 914 Division St, innen und außen weitgehend im Zustand des Jahres 1903 erhalten.

♦ Mo bis Sa 10:00 bis 16:00, So 13:00 bis 15:00 (15.6. bis Labor Day), sonst tägl. 13:00 bis 15:00, stündliche Führungen. Eintritt: $ 5 inklusive Führung.

⌘ **Oscar's Dreamland**, etwas außerhalb (Exit 446 von der I-90), Sammlung von landwirtschaftlichen Maschinen, Traktoren, Wagen usw.

♦ Tägl. 9:00 bis 18:00 (Mai bis September), Eintritt: $ 5.

✱ **Pictograph Cave**, Höhle mit Felszeichnungen, ca. 12 Mi südöstlich von Billings.

Chief Plenty Coups SHP

➲ Liegt südlich in der Crow Indian Reservation, über die IR-416 nach Pryor, 35 Mi und dann noch etwa 3 Mi südlich, ausgeschildert.
🛈 Visitor Center im Park, ☏ 252-1289, tägl. 10:00 bis 17:00, Eintritt: $ 3.
🛏 Keine im Park, ☞ Billings.
⛺ Keine im Park, ☞ Billings.

⌘ **Visitor Center** mit einem kleinen **Museum**, das sich mit den Crow-Indianern und deren letztem Häuptling, Chief Plenty Coups, beschäftigt.

Außer dem Museum, in dem man einiges über das Reservat, die Crow-Indianer, ihre Geschichte und ihr heutiges Leben erfahren kann, gibt es auch das Haus des Häuptlings zu sehen.

Pompeys Pillar National Historic Landmark

➲ Liegt 1 Mi abseits der I-94 am Ufer des Yellowstone River, ca. 30 Mi östlich von Billings.
🛈 Visitor Center, ☏ 875-2233, tägl. 8:00 bis 20:00 (Memorial bis Labor Day), Eintritt: $ 3.

Der Park umfaßt eine markante Sandsteinformation. An dieser historischen Stelle schrieb William Clark seinen Namen in die Sandsteinfelsen (1806). Viele andere ihm folgende Menschen, Trapper, Soldaten usw. taten es ihm gleich. 1873 wurde an dieser Stelle jener Lt. Colonel Custer von Indianern angegriffen, der später am Little Bighorn von Sioux vernichtend besiegt wurde.

Butte

➲ Liegt in Südwest-Montana, nahe der Abzweigung der I-15 von der I-90.
⇧ 1.740 m, 34.000 Ew., ✉ ID 59701, ✆ 406, ☞ Route 6
🛈 Visitor Center, 2950 Harrison Ave, ☏ 494-5595, tägl. 8:00 bis 20:00 (1.6. bis Labor Day), sonst Mo bis Fr 9:00 bis 17:00.
📖 Dort gibt es eine kleine Broschüre mit Vorschlägen für Besichtigungsrundgänge durch die historische Altstadt.
🛏 Capri Motel, 220 N Wyoming St, ☏ 723-4391, ca. $ 40.
♦ Super-8-Motel, 2929 Harrison Ave, ☏ 494-6000, ca. $ 50.
⛺ KOA, 1601 Kaw Ave, ☏ 466-2615 oder ☏ 800/KOA-8089.
♦ Beaver Dam NFCG, 30 Mi südwestlich über die I-90, I-15 und FR-961.

Auch Butte entstand nach Silber- und Goldfunden. Der wirkliche Reichtum des Gebietes zeigte sich jedoch erst später, als man gewaltige **Kupfervorkommen** entdeckte. Das hochwertige Kupfer ist seit etwa 30 Jahren erschöpft, heute wird nur noch qualitativ schlechteres Kupfererz gefördert. Mittlerweile haben sich auch andere Industrien in Butte angesiedelt und bilden ein zweites wirtschaftliches Standbein.

✱ **Copper King Mansion** (1884), 219 W Granite St, umfaßt das große viktorianische Anwesen des Kupferkönigs W. A. Clark. Das Gebäude ist im Stil der damaligen Zeit eingerichtet; geführte Touren.

♦ Tägl. 9:00 bis 16.00, Eintritt: $ 5.

⌘ Das **Arts Chateau**, 321 W Broadway, Residenz aus dem Jahre 1898, im französischen Stil errichtet, beherbergt eine Kunstausstellung.

♦ Di bis Sa 10:00 bis 18:00, So 12:00 bis 17:00 (Memorial bis Labor Day), Eintritt: $ 4.

Old No. 1, Nachbau eines alten Straßenbahnwagens, mit dem man eine 1½stündige Rundfahrt durch die Stadt unternehmen kann.

♦ Fahrten dreimal tägl. (1.6. bis Labor Day), $ 4, Tickets am Abfahrtsort 1000 George St.

⌘ **Mineral Museum**, eine Meile westlich in der Park St, mit Ausstellungen zur Geologie und Mineralien- und Fossilienfunden.

♦ Tägl. 8:00 bis 17:00 (Juni bis August), sonst Mo bis Fr 8:00 bis 17:00, So 13:00 bis 17:00, Eintritt: kostenlos.

⌘ **World Museum of Mining**, in der Park St an der Stelle einer ehemaligen Mine, umfaßt den Nachbau eines typischen Bergarbeitercamps.

♦ Tägl. 9:00 bis 21:00 (Memorial bis Labor Day), sonst Di bis So 10:00 bis 17:00, Eintritt: $ 3.

✱ **Our Lady of the Rockies**, eine über 25 m hohe Statue, die exakt auf der kontinentalen Wasserscheide östlich von Butte steht.

Zugang nur noch mittels Bustour ab Plaza Mall, $ 10, tägl. 10:00 und 14:00.

Chief Joseph Battlefield of the Bears Paw SHP

➲ Liegt in Nord-Montana und ist von Havre erreichbar über die US-2 und über die SR-240.

Chinook CoC, ☏ 759-7211.

Nicht im Park.
♦ In Chinook: Chinook Motor Inn, 100 Indiana St, Chinook, MT 59523, ☏ 357-2248.

Nicht im Park.
♦ In Havre (40 Mi): H Earl Clack Museum CG, 2 Mi westlich der Stadt.

Der State Historic Park erinnert an die Stelle, an der die Flucht der Nez-Perce-Indianer ein Ende fand. Nachdem die Nez Perce im Sommer 1877 ihre angestammten Weidegründe im Wallowa-Tal in Oregon verlassen mußten und sich nach einem langen Marsch und vielen Schlachten ihrem Ziel, der Freiheit Kanadas, auf nur 30 Mi genähert hatten, kam hier das Ende ihrer Flucht.

Am **30. September 1877** glaubten sie sich abermals sicher vor den Soldaten. Durch mehrere Gefechte und geschicktes Umgehen der Truppen hatten sie mehrere Tage Vorsprung und meinten, sich eine Rast erlauben zu können.

Sie hatten jedoch nicht damit gerechnet, daß von anderer Seite neue Truppen unter Colonel Miles herbeigeführt wurden. Diese überraschten die Indianer auf dem Gebiet des heutigen State Historic Park. Sie umzingelten das Lager, griffen es an und ließen den kampfesmüden, geschwächten Indianern kaum eine Chance zur Gegenwehr. Die Nez Perce ergaben sich schließlich am **5.10.1877**, mehr aus Erschöpfung als durch eine Niederlage.

Damit war die 1.700 Mi lange Flucht der legendären Nez Perce zu Ende. Von 800 Indianern, die einst diesen langen Marsch angetreten hatten, gingen 480 in die Gefangenschaft. Die anderen waren tot, hatten bei anderen Indianerstämmen Unterschlupf gefunden, waren auf eigene Faust Richtung Kanada durchgebrochen oder versteckten sich in den Wäldern.

Heute erschließt ein etwa zwei Kilometer langer Rundweg das ehemalige Schlachtfeld.

Ft. Benton

Liegt in Nord-Montana an der US-87, gut 40 Mi nordöstlich von den Great Falls. 1.700 Ew., MT 59442, 406/622

Community Improvement Ass., Box 308, ☏ 5133.
♦ Museum of the Upper Missouri River, Front/18th St. Hier erhalten Sie eine Broschüre für einen Rundgang im Ort.
♦ Upper Missouri Visitor Center, 1718 Front St.

Einst markierte der Ort das Ende des schiffbaren Teils vom Missouri River. Daher landeten hier zahllose Siedler auf ihrem Weg nach Westen am Flußufer an und begannen ihren Weg über Land. Entsprechend war Ft. Benton auch ein wichtiger Umschlagplatz der per Schiff herangebrachten Güter für ein weites Umland, vor allem auch für die Ausrüstung der Siedler und Goldgräber, die westwärts zogen.

⌘ **Museum of the Upper Missouri River** im Old Ft. Park, Ausstellungen und Informationen zum frühen Handel und zur Flußschiffahrt auf dem Missouri.

♦ Tägl. 10:00 bis 17:00 (15.5. bis Labor Day), Eintritt: $ 3.

Upper Missouri Visitor Center, 1718 Front St, mit Dia-Show und Informationen zu dem Teil der Lewis & Clark Expedition, die auf dem oberen Missouri entlangführte.

♦ Tägl. 8:00 bis 18:00 (Memorial bis Labor Day), Eintritt: kostenlos.

Glacier NP

Liegt in Nordwest-Montana unmittelbar an der kanadischen Grenze.

MT 59936, ✆ 406/888, ☞ Route 1

Das größte Visitor Center ist **St. Mary's**. Es liegt an der Ostseite des Parks nahe der Abzweigung der Going to the Sun Road von der US-89. Im Visitor Center gibt es auch einige Ausstellungen zum Park und eine Dia-Show. Tägl. 8:00 bis 20:00 (ca. 20.6. bis 5.9.), ab ca. 1.5. bis 20.6. und ab 5.9. bis ca. 31.10. nur bis 16:30.

Dort erhalten Sie alle notwendigen Informationen über den Park, u.a. auch eine Übersichtskarte und die Parkzeitung ***Waterton - Glacier Guide***, die man aber schon bei den Eingangsstationen bekommt. Ferner können Sie Infoblätter zu Wanderungen in einzelnen Teilen des Parks, zur Tier- und Pflanzenwelt erhalten. Schließlich gibt es auch ein deutschsprachiges Infoblatt.

Ein weiteres Visitor Center liegt am Logan Pass an der Going to the Sun Road, ebenfalls Ausstellungen, Dia-Shows usw., tägl. 9:00 bis 18:00, ab Anfang September 9:00 bis 17:00.

♦ Am Westeingang liegt das Apgar Visitor Center, das ebenfalls die oben beschriebenen Infos bietet. Tägl. 8:00 bis 20:00 (ca. 20.6. bis 1.9.), sonst bis 16:30.

♦ Weiter erhalten Sie Infos an den Ranger Stations, die sich praktisch über den gesamten Park verteilen, u.a. in Many Glacier.

☺ Fragen Sie nach den Programmen, die sie veranstalten, z.B. Vorträge und geführte Wanderungen.

♦ **Eintritt in den Park**: $ 5 (gilt sieben Tage) oder Golden Eagle.

In Apgar:
♦ Village Inn Motel (ca. $ 80), ☎ 5632.
♦ Apgar Village Lodge (ca. $ 60).
In Lake McDonald:
♦ Lake McDonald Lodge (ca. $ 60), ☎ 5431.
In Many Glacier:
♦ Many Glacier Motel (ca. $ 85), ☎ 732-4411.
♦ Swiftcurrent Motor Inn (ca. $ 75), ☎ 732-5531.
In Rising Sun:
♦ Rising Sun Motor Inn (ca. $ 60), ☎ 732-5523.
In East Glacier (außerhalb des Parks):
♦ Mountain Pine Motel, MT 59434, ☎ 226-4403, ca. $ 55.
♦ Porter's Alpine Motel, MT 59434, ☎ 226-4402, ca. $ 55.

In St. Mary (156 Ŧ), Rising Sun (83 Ŧ), Avalanche Creek (87 Ŧ), Sprague Creek (25 Ŧ), Apgar (196 Ŧ), alle an der Going to the Sun Road.
♦ Außerdem gibt es noch den Fish Creek Campground mit 180 Ŧ (am McDonald Lake), Many Glacier (114 Ŧ), Cut Bank (19 Ŧ), Two Medicine (99 Ŧ) sowie sechs eher einfache Plätze im Bereich der North Fork Road.
♦ Da die Zeltplätze im Park, insbesondere in Apgar, Fish Creek und St. Mary, in der Hochsaison recht früh voll sind, ist rechtzeitiges Erscheinen ratsam.

Brownie's AYH, Box 229, East Glacier Park, MT 59434, ☎ 226-4426.

In Apgar, Lake McDonald, Many Glacier, Rising Sun, Two Medicine, East und West Glacier.

In Apgar, Lake McDonald, Many Glacier, Rising Sun, East und West Glacier.

Lake McDonald, Many Glacier, East und West Glacier.

Rising Sun Motor Inn, Swiftcurrent Motor Inn.

Nur **Geldautomaten** in West Glacier, Apgar, Lake McDonald Lodge, St. Mary Lodge, Many Glacier und East Glacier, örtlich erfragen, wo der Automat steht.

Road Guide, der die Straßen im Park genau beschreibt, $ 4,95.
♦ Ebenfalls empfehlenswert ist das Buch ***Roads and Trails of Waterton and Glacier International Peacepark***, in dem die Straßen, aber auch die Wanderwege sowohl im Waterton NP in Kanada als auch im Glacier NP in den USA recht ordentlich beschrieben sind, $ 7,95.
♦ Brauchbar auch der ***Hikers Guide to Glacier NP***, $ 10,95.

Das **Klima** im Park unterscheidet sich wesentlich von dem des ihn umgebenden Gebiets.

Wegen der hohen Berge und der nördlichen Lage muß man stets mit kühlem und schlechtem Wetter rechnen (auch im Hochsommer!). Nicht selten ist es in den Gebieten östlich des Parks im Sommer brütend heiß und der Glacier NP hüllt sich in Wolken, vielleicht stürmt und regnet es sogar. In den höheren Lagen, so auch am Logan Pass, kann es selbst im Hochsommer schneien!

Bis weit in den Sommer hinein und bereits ab frühen Herbst beginnt es überall in den Bergen zu schneien und schon ab Mitte Oktober wird die Going to the Sun Road in den oberen Bereichen gesperrt. Oft wird sie erst gegen Ende Juni wieder geöffnet!

Beachten Sie die Beschränkungen für das Befahren der Going to the Sun Road! Fahrzeuge, die breiter als 8 ft und länger als 21 ft sind, dürfen die Straße zwischen Avalanche CG und Sun Point Parking Area nicht befahren. Diese Maße gelten offiziell inklusive der Außenspiegel, nimmt man aber nicht so genau. Die 21 ft sind auch für Wohnwagengespanne maßgeblich!

Der 4.055 km² große Park bildet zusammen mit dem Waterton Lakes NP in Kanada den sogenannten **International Peace Park**. Die beiden aneinandergrenzenden National Parks sollen das friedliche Miteinander der Menschen zweier Nationen und den gemeinsamen Schutz der Natur dokumentieren.

Die Bergwelt ist es, die den Reiz des Glacier Park ausmacht. Er umfaßt ein Stück der Rocky Mountains mit zahllosen Berggipfeln, die vielfach vergletschert sind. Es gibt heute im Park noch rund 50 Gletscher und etwa 200 Seen, die letzten Spuren der Eiszeit.

Nur kleine Teile des Parks sind durch Straßen erschlossen. So wird er von der fantastischen **Going to the Sun Road** in Ost-West-Richtung durchschnitten. Ansonsten führen Straßen um den Park herum und einige wenige Stichstraßen ein kleines Stück in ihn hinein. So kann man die wirklich fantastische Bergwelt außer auf der Going to the Sun Road nur auf längeren, meist mehrere Tage in Anspruch nehmenden Wanderungen wirklich erkunden. Ein Vorzug hierbei ist die hautnahe Berührung mit der Natur.

Flora und Fauna im Park

Neben den wundervollen Bergen gibt es im Glacier NP auch sehr viele **Tiere** zu beobachten. Der Bestand an Grizzlybären ist der vermutlich größte in den Vereinigten Staaten, außerhalb Alaskas. Es wird geschätzt, daß etwa 200 Grizzlybären den Park bevölkern. Daneben gibt es zahlreiche Schwarzbären, und auch Bighorn-Schafe und Berglöwen fehlen nicht.

Außerdem sind im Park fast alle im Nordteil der USA lebenden Säugetiere und **235 Vogelarten** heimisch. Dennoch: Wer sich nur auf den Hauptstraßen und in den gut zugänglichen Teilen des Parks aufhält, wird wenig Berührung mit Wild haben, da sich dieses, insbesondere in der lebhaften Sommersaison, weit zurückzieht. Trotzdem sollten Sie vorsichtig sein, alljährlich gibt es Unfälle, vor allem mit Bären.

Beachten Sie auf jeden Fall die Hinweise der Park Ranger, insbesondere auf den Zeltplätzen und bei Wanderungen! Sollten Sie einmal Tiere sehen, so erfreuen Sie sich an dem Anblick, aber bleiben Sie in respektvoller Entfernung.

Versuchen Sie nicht, ein Porträtfoto eines Grizzlybären zu machen - schon manch einer hat es dem Fotografen nicht gedankt!

Nicht nur Bären, auch andere Tiere wie Wapitis oder Elche sind unberechenbar und können sehr gefährlich sein.

Beachten Sie bitte, daß das Füttern der Tiere im Park verboten ist. Das gilt auch für die niedlichen Erdhörnchen!

Auch die **Pflanzenwelt** ist überaus interessant. Die hochalpine Lage läßt hier alle üblicherweise in diesen Regionen heimischen Pflanzen wachsen. In den Tälern gibt es dichte Wälder, die sich die Berghänge hinaufziehen, vorwiegend wachsen hier Nadelhölzer. In den etwas westlicher gelegenen Tälern, die etwas sanfter sind, gibt es darüber hinaus große Zedernbestände.

Einen Parkbesuch beginnt man am besten an einem der **Visitor Center**, ☞ Infoblock.

Sehenswert im Park

Das **Lake-McDonald-Gebiet** liegt an der Westseite des Parks am Ende der Going to the Sun Road. Der zehn Meilen lange und eine Meile breite See liegt malerisch inmitten der Berge.

Gute Wandermöglichkeiten können Sie im ganzen Gebiet um den See herum wahrnehmen.

Von der McDonald Lodge kann man eine Bootsfahrt auf dem See unternehmen und Boote mieten, ☎ 5727.

Außerdem werden Rangerprogramme angeboten (Infos in den Visitor Centers) und Sie können Pferde mieten, ☎ 5121.

Das **Many-Glacier-Gebiet** liegt an der Westseite des Parks und ist über eine Zufahrtsstraße von der US-89, nördlich der Going to the Sun Road, erreichbar. Die Many-Glacier-Region umfaßt den Swift Current Lake sowie mehrere andere Seen und Flüsse, die in tief eingeschnittenen Gletschertälern entstanden sind. Gute Wandermöglichkeiten.

Bootsfahrten auf dem Swift Current und Josephine Lake, ☎ 732-4480.

Es werden **geführte Wanderungen** und Vorträge veranstaltet, Näheres dazu in den Visitor Centers.

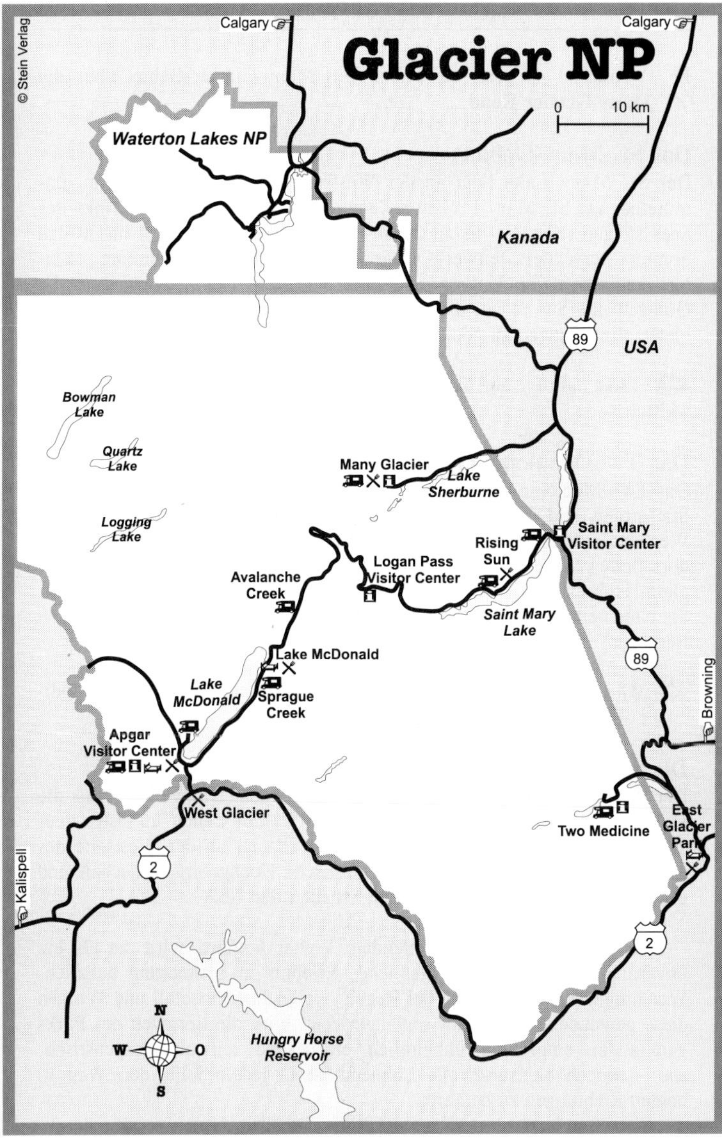
© Stein Verlag
Calgary
Calgary
Glacier NP
0
10 km
Waterton Lakes NP
Kanada
89
USA
Bowman Lake
Quartz Lake
Many Glacier
Lake Sherburne
Logging Lake
Rising Sun
Saint Mary Visitor Center
Logan Pass Visitor Center
Avalanche Creek
Saint Mary Lake
89
Lake McDonald
Lake McDonald
Sprague Creek
Browning
Apgar Visitor Center
West Glacier
Two Medicine
East Glacier Park
2
Kalispell
2
N
W
O
S
Hungry Horse Reservoir

✱ Lohnend ist auch die Fahrt zum Many-Glacier-Gebiet über die ☞ **Many Glacier Road**.

Das St.-Mary-Gebiet

Der **St. Mary Lake** liegt an der Westseite des Parks und beginnt unmittelbar am St. Mary's Visitor Center. Die Berge rechts und links des Sees steigen teilweise bis zu 2.000 m über den See an, sind bis in den Sommer verschneit, teilweise sogar vergletschert, und bilden eine prächtige landschaftliche Kulisse. Auf der Nordseite des Sees verläuft die Going to the Sun Road, die auch dem eiligen Besucher die Möglichkeit bietet, die Bergwelt zu genießen.

Bootsfahrten auf dem See vom Anleger in Rising Sun, ☏ 732-4430.

Das Two-Medicine-Gebiet

Das Two-Medicine-Gebiet liegt im Südostteil des Parks und ist über eine Stichstraße, die Two Medicine Road, von der SR-49 erreichbar. Der Weg endet nach einer eindrucksvollen Fahrt am Two Medicine Lake; dort finden Sie eine Ranger Station, einen Laden und auch einen Zeltplatz. Hübsch ist der General Store, der im Blockhausstil errichtet ist. Sie haben einen schönen Ausblick auf den kleinen See mit den gewaltigen Bergen.

Gute Wandermöglichkeiten, Bootsfahrten auf dem Two Medicine Lake.

Die Straßen des Parks

Der Park ist nur durch wenige Straßen erschlossen. Die wichtigste ist die **Going to the Sun Road**, die vom St. Mary Visitor Center im Osten quer durch den Park hindurchverläuft bis West Glacier an der Westseite des Parks. Sie durchquert dabei eine fantastische Hochgebirgslandschaft und gilt zu Recht als **eine der schönsten Straßen der USA**.

Wer diese Straße bei strahlendem Wetter befährt, wird sie als ein unvergleichliches und unvergeßliches Erlebnis in Erinnerung behalten. Wer hingegen Pech hat und bei Regen, vielleicht Schneefall und Wolken diese gewundene Bergstraße entlangkriecht, wird die Bergwelt des Parks ganz anders empfinden: unheimlich, erdrückend, teilweise gespenstisch, aber dennoch eindrucksvoll. Lohnend ist in jedem Fall, den Weg in beiden Richtungen zu befahren.

Beachten Sie die Beschränkungen für die Fahrzeuggröße, Infoblock.

Für Nutzer zu großer Fahrzeuge oder "Nichtfahrer" gibt es einen **Shuttle Service**. Die Busse werden von privaten Unternehmern gestellt.

♦ Sie fahren vom KOA-Zeltplatz in West Glacier über diverse Haltepunkte bis zum Johnson's CG am St. Mary Lake ca. fünfmal tägl., Preis $ 20 (einfache Fahrt) für die ganze Strecke, $ 14 bzw. 11 bis Logan Pass. Nähere Infos erteilen die Visitor Center.

Going to the Sun Road (die erste Zahl gibt die Meilen, die zweite die Kilometer an)

0/0: **Eingangsstation und Visitor Center**.
Wenn Sie die Going to the Sun Road intensiver erkunden wollen, empfiehlt sich der Erwerb des *Road Guide*, Infoblock. Sie verlassen das Visitor Center, passieren die Zufahrt zum St. Mary CG und gelangen zum langgestreckten **St. Mary Lake**.

3,8/6,1: Halteplatz mit kleiner Ausstellung zum **Tripple Divide Peak**. Eine Besonderheit ist der Niederschlag, der auf den Berg fällt, er gelangt entweder nach Norden in die Hudson Bay und so in den Atlantik, nach Süden in den Golf von Mexiko oder nach Westen in den Pazifischen Ozean.

5,6/9,0: **Rising Sun**. Ranger Station.

6,4/10,3: **Aussichtspunkt Wild Goose Island**, einer der typischsten und bekanntesten Aussichtspunkte im Glacier NP. Der Blick geht über den See auf die kleine Goose Island mit gewaltigen Bergen, die den 90 m tiefen See umranden, im Hintergrund. 1,4 Mi weiter liegt ein anderer Aussichtspunkt über den schönen See mit der kleinen Insel.

9,2/14,8: Zufahrt zum **Sunpoint-Aussichtspunkt** und Rastplatz.

9,9/15,9: Ein paar Schritte sind es bis zur tief eingeschnittenen **Sunrift Gorge**. Etwa 0,7 Mi weiter beginnt ein Wanderweg zu den St. Mary und den Virginia Falls.

12,6/20,3: Aussichtspunkt und Informationstafel zum Jackson Glacier und Beginn des Gunsight Pass Trail.

14,5/23,3: In einer großen Kurve beginnt der Trail zum Peagan Pass, hier gibt es eine Informationstafel zur Going to the Sun Road. Auf den folgenden Kilometern hat man einen schönen Ausblick hinab ins Tal. Dabei liegt links der Heavy Runner Mountain. Die Straße steigt recht kräftig an, durchquert einen kleinen Tunnel und erreicht in grandioser Bergwelt schließlich bei

17,2/27,7: **Logan Pass, 2.026 m.** Visitor Center, großer P. Hier überqueren Sie die kontinentale Wasserscheide. Im Visitor Center stehen Park Ranger für Auskünfte und Fragen zur Verfügung.
Wandermöglichkeiten u.a. beginnen am VC des Hanging Gardens Nature Trail, einem kurzen Wanderweg, der einem vor allem die alpine Pflanzenwelt näherbringt.
Über einen Halteplatz und Aussichtspunkt führt die gewundene und teilweise in den Fels gehauene schmale Straße durch großartige Landschaft langsam bergab in das Tal des McDonald River. Auf der Weiterfahrt hat man einen Ausblick auf Garden Wall, rechts der Straße, und die Lewis Range (Mi 17,7/28,5).

19,9/32,0: Aussichtsreicher Halteplatz und bei 20,1/32,3 **Weeping Wall**, eine Felswand an der Straße, von der überall Wasser herunterrieselt, daher der Name "weinende Wand".

21,3/34,3: Halteplatz mit Informationstafel "Glacier Landscape", die über die Landschaftsgestaltung durch die Gletscher der Eiszeit informiert. Auf der Weiterfahrt haben Sie einen schönen Ausblick auf den McDonald Creek und die Bird Woman Falls (Halteplatz, Mi 22,1/35,6) an der im Hintergrund liegenden Bergwand. Die Wasserfälle sind nahezu 150 m hoch.

24,8/39,9: "**The Loop**", große Spitzkehre auf der Going to the Sun Road, die nun bald das Tal des McDonald River erreicht hat. Nach einem weiteren kleinen Tunnel (Mi 25,4/40,9) passiert man den Logan Creek (Mi 28,1/45,2) und den Beginn des Cedar Trail, Halteplatz (28,5/45,9).

29,4/47,3: Halteplatz, hier kann man noch die Folgen von Lawinen an den umliegenden Berghängen deutlich sehen. Bei Mi 31,4/50,5 liegt rechts der Straße ein kleiner Wasserfall.

32,5/52,3: **Avalanche CG** und Beginn zweier Trails. Vorbei an einem kleinen Wasserfall (Mi 34,4/55,3), passiert man bei

35,5/57,1: **Sacred Dancing Cascade**, Stromschnellen.

36,2/58,2: **McDonald Falls**, schöne Wasserfälle. 1,5 Mi weiter zweigt rechts die Zufahrt zur Lake McDonald Lodge ab.

38,4/61,5: Halteplatz mit einer Informationstafel, die Näheres über die Entstehung des Sees berichtet.

38,8/62,4: **Sprague Creek CG**.

45,2/72,7: **Informationstafel "The Lake"**.

45,3/72,9: Abzweigung zum **Apgar Village**, Ranger Station, 1,1 Mi.

45,7/73,5: Abzweigung links nach **West Glacier**, Parkausgang.

46,9/75,5: **Westeingang** des Parks.

Many Glacier Road

Diese Straße beginnt in Babb an der US-89, folgt dem Swiftcurrent Creek aufwärts und erreicht nach 4,7 Mi den Sherburne Dam. Von dort fährt man am Sherburne Lake entlang und sieht den Grinnell Glacier. Etwa an der Mitte des Sees liegt die Many Glacier Entrance Station und bei **Mi 10,4** beginnt rechts ein kurzer Trail zu den Apikuni Falls.

Bei **Mi 11,5** führt links eine kurze Straße zum **Many Glacier Hotel**, wo es auch Mietpferde gibt; ✕. Bei der Abzweigung liegen auch die Swiftcurrent Creek Falls, wo der Fluß über eine kleine Felskante stürzt. Die Straße verläuft noch etwa 1,5 Mi geradeaus bis zum Swiftcurrent Motor Inn mit einem Coffee Shop, einem Laden und einem Campground. Insgesamt ist die Many Glacier Road ein lohnender Abstecher in die Bergwelt des Glacier NP.

Camas Road

Die Camas Road beginnt an der Abzweigung von der Going to the Sun Road in Apgar und verläuft dann weiter durch Bergland bis zum Flathead River.

Unterwegs hat man häufig schöne Ausblicke, so bei Mi 5,5 den **McGee Meadow Overlook**, bei Mi 8,4 den **Camas Creek Overlook** und bei Mi 11 den **Flathead River Overlook**.

Nach 1,4 Mi hinter Apgar zweigt rechts die North Fork Road ab. Über sie erreicht man den Fishcreek Campground am McDonald Lake.

North Fork Road

Die Straße beginnt etwas nördlich von Apgar an der Camas Road und verläuft praktisch parallel zur Westgrenze des Parks im Tal des Flathead River. Es handelt sich dabei, mit Ausnahme des ersten Stücks bis zum Fishcreek CG, um eine schmale, oft gewundene rauhe Kiesstraße, die nach schlechtem Wetter auch schwer oder gar nicht befahrbar sein kann.

Unbedingt vor Befahren bei der Ranger Station in Apgar nach dem Zustand erkundigen!

Sie führt überwiegend durch das liebliche und eher sanfte Tal des Flathead River mit den hohen Bergen des Glacier NP im Hintergrund.

An der Straße liegen mehrere einfache Zeltplätze, so der Logging Creek CG nach etwa 20 Mi, der Quartz Creek CG nach 22,5 Mi, der Bowman Creek CG nach 28,3 Mi, von wo aus man auch über einen rauhen Kiesweg Zugang zum Bowmann Lake (CG) hat.

Die North Fork Road verläuft dann weiter am River CG (Mi 30) vorbei bis zum Kintla Lake (CG, Ranger Station), 43 Mi.

Two Medicine Road
beginnt zwischen Kiowa und East Glacier an der SR-49, etwas östlich des Parks. Die hübsche Straße führt zunächst am Lower Medicine Lake entlang, passiert den Parkeingang nach etwa vier Meilen und den Beginn eines Trails zu den Running Eagle Falls nach etwa 5,7 Mi. Die Straße endet acht Meilen später am Two Medicine Lake in schöner landschaftlicher Umgebung. Gute Wandermöglichkeiten.

Kurz vor dem See ist der Two Medicine CG.

Blackfeet Highway
Als Blackfeet Highway bezeichnet man die US-89 von der kanadischen Grenze bis hinab nach East Glacier. Der gesamte Weg zeichnet sich durch einen herrlichen Ausblick auf die hohen Berge des Glacier NP aus und ist daher unbedingt lohnend. Reizvoll ist auch der Blick in das weite Land von Montana, das im krassen Gegensatz zu den Bergen im Westen steht.

East Glacier ist ein etwas verträumt wirkender Ort, der zwar weitgehend vom Tourismus lebt, sich dies jedoch nicht anmerken läßt.

Beachtlich ist auch das **East Glacier Hotel**, ein riesiger Blockhausbau, dessen große Veranda von mächtigen Baumstämmen getragen wird.

Auch der alte **Bahnhof** von East Glacier ist als Blockhaus errichtet, sehenswert!

Von East Glacier gelangt man nach 4,2 Mi an die Abzweigung zum Two Medicine Lake. Nach 17,1 Mi erreicht man die Zufahrt nach Cut Bank, das ebenfalls im Park liegt. Schlechter Kiesweg; einfacher Zeltplatz. Nach 31 Mi erreicht man die Zufahrt in den Glacier NP in St. Mary und zum St. Mary's Visitor Center. Von hier bis zur kanadischen Grenze sind es dann noch einmal knapp 19 Mi.

US-2: Von East Glacier nach West Glacier
Die Straße führt am Südostende des Parks entlang, überquert am Marias Pass die kontinentale Wasserscheide und verläuft anschließend in einem meist bewaldeten Flußtal. Wesentlich interessanter wird die Fahrt, wenn man den Flathead River erreicht und sich nordwärts wendet. Dem Fluß, der die Westgrenze des National Parks bis nach Kanada bildet, folgt man

nun über viele Meilen. Unterwegs bieten sich zahlreiche schöne Ausblicke auf die Berge des Parks und auf das Flußtal. Am **Walton Goat Lick** können Sie Glück haben und einige Bergziegen an einem Mineral Lick beobachten.

Die Gesamtentfernung von East bis nach West Glacier um den Park herum auf der US-2 beträgt insgesamt ca. 56 Mi.

☺ Die US-2, der Blackfeet Highway und die Going to the Sun Road lassen sich zu einer **ausgedehnten Tagesrundtour** kombinieren. Bei schönem Wetter sehr lohnend!

Wandern

Der Glacier NP gilt als **Wanderparadies**. Insgesamt durchziehen ihn über 1.200 km verschiedenster Wanderwege. Dabei reichen die Möglichkeiten von kurzen Spaziergängen bis zu mehrtägigen, ja wochenlangen Wanderungen.

In den verschiedenen Regionen des Parks gibt es jeweils diverse Möglichkeiten zu Kurztouren. Infos und Infoblätter dazu erhalten Sie in den Visitor Centers und Ranger Stations.

Außerdem enthält das Buch ***Roads and Trails of Waterton-Glacier International Peace Park*** ($ 7,95) etliche Beschreibungen von Trails in den unterschiedlichen Teilen des National Parks.

Auch für **kurze Wanderungen** sollten Sie gutes Schuhwerk, Regenkleidung und etwas gegen Kälte dabeihaben, da sich das Wetter im Park oft sehr plötzlich ändert.

Wer **längere Wanderungen** unternehmen will, braucht eine gute Ausrüstung, da insbesondere nachts auch im Sommer die Temperaturen stark absinken, rasche Wetterumschwünge eintreten können und dann nicht selten in den Hochlagen Schnee fällt. Lassen Sie sich von den Rangern vor Ihrer Tour beraten!

In den höheren Lagen sind die Trails oft bis Ende Juni oder gar Juli durch Schnee versperrt. Für Übernachtungen auf Wanderungen benötigen Sie eine Erlaubnis, **Backcountry Camping Permit**, das Sie kostenlos in den Visitor Centers erhalten.

☺ Wer ausgedehnte Wanderungen vorhat, sollte sich Literatur und entsprechendes Kartenmaterial besorgen. Park Ranger stehen mit Auskünften und Tips zur Verfügung.

Glendive

➲ Liegt in Ost-Montana an der I-94, etwa 35 Mi westlich der Grenze zu North-Dakota. ⇧ 630 m, 4.800 Ew., ✉ MT 59330, ✆ 406/365

ℹ CoC, 200 N Merrill, ☏ 5601.

🛏 Budget Host Riverside Inn, Hwy 16, ☏ 2349, ca. $ 40.

♦ Best Western Holiday Lodge, 222 N Kendrick Ave, ☏ 5655, ca. $ 60.

⛺ Glendive CG, in der Merrill Ave, ☏ 6721.

♦ Green Valley CG, nördlich über SR-16, 1 Mi, ☏ 4156.

Der an den Ufern des Yellowstone River gelegene Ort ist ein Zentrum der landwirtschaftlichen Produktion für das Umland.

Der **Makoshika SP**, drei Meilen südlich, umfaßt ein Gebiet von Badlands mit farbigen Felsen, Erosionsformationen usw.

⌘ **Frontier Gateway Museum**, Belle Prairie Rd, eine Meile östlich nahe der I-94, mit Ausstellungen zur Geschichte und Geologie in Ost-Montana.

♦ Mo bis Sa 9:00 bis 12:00 und 13:00 bis 17:00, So 13:00 bis 17:00 (1.6. bis 31.8.), sonst tägl. 13:00 bis 17:00, Eintritt: Spende.

Great Falls

➲ Liegt in Zentral-Montana an der I-15, etwa 90 Mi nordöstlich von Helena. ⇧ 1.010 m, 56.000 Ew., ✉ 594xx, ✆ 406, ☞ Route 7

ℹ CoC, 815 2nd St, ☏ 761-4434. Mo bis Do 8:30 bis 17:00, Fr 8:30 bis 16:30. Hier gibt es eine Informationsbroschüre mit Tips für eine Rundfahrt durch die historischen Teile der Stadt.

♦ Visitor Center am Boardwater Overlook, beschildert, Mo bis Fr 8:00 bis 20:00, Sa, So 10:00 bis 18:00 (im Sommer), sonst 10:00 bis 16:00.

AAA 505 10th Ave S, MT 59405, ☏ 391-4222, Mo bis Fr 8:00 bis 17:00.

🛏 Central Motel, 715 Central Ave, MT 59404, ☏ 453-0161, ca. $ 35.

♦ Plaza Inn, 1224 10th Ave, MT 59405, ☏ 452-9594, ca. $ 35.

♦ Tripple Crown Motor Inn, 621 Central Ave, MT 59401, ☏ 727-8300, $ 45.

♦ Comfort Inn, 1120 9th St, MT 59405, ☏ 454-2727, ca. $ 60.

⛺ KOA, 1500 51st S, MT 59405, ☏ 727-3191 oder ☏ 800/KOA-6584, sehr gepflegter Platz.

♦ Dick's RV Park, 1403 11th St, ☏ 452-0333.

Klima	Jan	Feb	Mär	Apr	Mai	Juni	Juli	Aug	Sep	Okt	Nov	Dez
Ø max. °C	0	1	5	13	19	22	29	27	21	15	7	3
Ø min. °C	-10	-9	-6	1	6	9	13	12	8	3	-3	-7

Die bei Great Falls im Missouri befindlichen Stromschnellen (daher der Name) wurden erstmals von Lewis und Clark im Jahre 1805 entdeckt. In den folgenden Jahrzehnten kamen nur gelegentlich Trapper oder Entdecker in diese Gegend, in der die Blackfeet-Indianer zu Hause sind.

Erst nachdem mit ihnen Frieden geschlossen wurde, kam es nach 1855 zu einem allmählichen Zuzug von Siedlern. Die eigentliche Stadt entstand erst in den 80er Jahren des letzten Jahrhunderts.

⌘ **Cascade County Historical Museum**, 1400 1st Ave, zur lokalen Piониergeschichte.

♦ Mo bis Fr 10:00 bis 17:00, Sa, So 12:00 bis 17:00 (1.5. bis Labor Day), Eintritt: Spende.

⌘ **C. M. Russell Museum**, 400 13th St N, das dem gleichnamigen Maler gewidmet ist, der als der bekannteste "Westernmaler" gilt. Zum Museum gehört auch das Wohnhaus des Malers.

♦ Mo bis Sa 9:00 bis 18:00, So 13:00 bis 17:00 (1.5. bis 30.9.), Eintritt: $ 4.

✱ **Giant Springs**, 4,5 Mi nordöstlich am Ufer des Missouri River, eine der gewaltigsten warmen Quellen der Welt, die täglich ca. 1,5 Mio Tonnen Wasser mit einer Temperatur von 11 °C an die Oberfläche fördert.

Giant Springs Visitor Center, Mo bis Fr 8:00 bis 17:00, Sa, So 10:00 bis 19:00 (15.5. bis 15.9.), sonst Mo bis Fr 8:00 bis 17:00, Eintritt: $ 3.

⌘ **Malmstrom-Flugzeugmuseum** in der Air Force Base, am Ende der 2nd Ave, mit verschiedenen Flugzeugen, Raketen, Uniformen usw.

♦ Mo bis Sa 12:00 bis 15:00 (1.6. bis 31.8.), sonst Sa geschlossen, Eintritt: kostenlos.

Helena

Liegt an der I-15, 65 Mi nördlich von Butte und 85 Mi südwestlich von Great Falls. ⇧ 1.230 m, 25.000 Ew., MT 59601, 406, Route 7

CoC, 225 Cruise Ave, ☎ 42-4120.

2100 11th Ave, ☎ 442-5920, Mo bis Fr 8:00 bis 17:00, Sa 9:00 bis 13:00.

Lamplighter Motel, 1006 Madison St, ☎ 442-9200, ca. $ 35.

♦ Knight's Rest Motel, 1831 Euclid St, ☎ 442-6384, ca. $ 40.

♦ Econo Lodge, 524 N Last Chance Gulch, ☎ 442-0600, ca. $ 45.

♦ Comfort Inn, 750 Fee St, ☎ 443-1000, ca. $ 55.

KOA, 5829 N Montana Ave, ☏ 4548-5110 oder ☏ 800/KOA-7213.
♦ Lincoln Rd RV Park, Lincoln Rd, ☏ 458-3725.
Reeder's Alley, 100 S Park Ave, in historischen Gebäuden.

Im Kampf um den Status als **Hauptstadt des Staates** gewann Helena gegen die rivalisierenden Städte Bannack und Virginia City.

Helena entstand 1864, nachdem ein paar Goldsucher einen Canyon aufsuchten, den sie selbst "Last Chance Gulch" nannten - und Gold fanden. Heute verläuft dort die Hauptstraße der Stadt. Sehr viel Gold wurde hier aber nie gefunden, so änderte sich die Rolle Helenas von einer Goldgräberstadt bald zu einem kleinen Versorgungszentrum für die Goldgräbernester in der Umgebung.

✱ Das **State Capitol**, 6th/Montana St, entstand von 1899 bis 1902 und ist nicht ein typischer Nachbau des Capitols in Washington, wie oft in anderen Staaten. Der Granitbau wirkt behäbig und etwas düster, und das Innere ist bei weitem nicht so prunkvoll wie das anderer Capitols, dennoch aber sehenswert. Mehrere riesige Gemälde von C. M. Russell.

♦ Tägl. 8:00 bis 17:00, Eintritt: kostenlos. Kostenlose Führungen Mo bis Sa 10:00 bis 16:00 (Memorial bis Labor Day), sonst nach Vereinbarung.

✱ **Original Governor's Mansion**, 1884/85, 304 N Ewing St, zwischen 1913 und 1959 wohnten hier insgesamt neun Gouverneure des Staates Montana. Das Gebäude ist authentisch eingerichtet.

♦ Geführte Touren stündlich Di bis So von 12:00 bis 16:00 (Memorial bis Labor Day), sonst So geschlossen, Eintritt: kostenlos.

⌘ Das **Montana Historical Museum**, 225 N Roberts St, umfaßt allerlei Gegenstände aus der Geschichte des Staates.

♦ Mo bis Fr 8:00 bis 18:00, Sa, So 9:00 bis 17:00 (Memorial bis Labor Day), sonst Mo bis Fr 8:00 bis 17:00, Sa 9:00 bis 17:00, Eintritt: Spende.

✱ Die **Pioneer Cabin** (1865), 218 S Park St, ist eine historische Pionierhütte.

♦ Mo bis Fr 10:30 bis 12:00 und 13:00 bis 15:00 (Memorial bis Labor Day), Eintritt: Spende.

✞ **Cathedral of St. Helena**, Warren St, zwischen 10th und 9th Ave, im gotischen Stil erstellte Kirche, mit Carrara-Marmor im Innenraum (die Fenster stammen übrigens aus München!).

♦ Mo bis Fr 10:00 bis 16:00, Sa 10:00 bis 18:30, So 7:00 bis 12:00.

Frontier Town, 15 Mi westlich auf der US-12, Nachbau einer Pioniersiedlung auf dem MacDonalds Pass, exakt auf der kontinentalen Wasserscheide. Verschiedene Gebäude sind dem damaligen Stil nachempfunden und entsprechend ausgestattet.

♦ Tägl. 9:00 bis 22:00 (15.4. bis 15.10.), Eintritt: $ 3.

✱ **Marysville**, eine der belebtesten Goldrauschstädte der Gegend, 25 Mi nordwestlich über die CR-279 und eine Schotterzufahrt. Hier stehen noch viele Gebäude aus der Zeit zwischen 1880 und 1890.

Little Bighorn Battlefield NM

Liegt in Süd-Montana, etwas abseits der I-90, etwa 60 Mi südöstlich von Billings. ☞ Route 1

Visitor Center, ☏ 638-2621, tägl. 8:00 bis 20:00 (Memorial bis Labor Day), sonst 8:00 bis 16:30.

♦ **Eintritt in den Park**: $ 4 oder Golden Eagle.

Keine im Park, aber in Hardin, 20 Mi nördlich.

Keine im Park. In Hardin (20 Mi nördlich) liegt ein KOA-Platz 2 Mi nördlich der Stadt an der SR-47 und der Grandview CG 1 Mi südlich an der CR-313.

Es umfaßt zwei Teile, das Custer und das Reno Benteen Battlefield. Beide sind durch die am Visitor Center beginnende Battlefield Road miteinander verbunden (4,5 Mi). Das National Monument dient der Erinnerung an die **Schlacht am Little Bighorn vom 25.6.1876**. Hier am **Little Bighorn River** traf Lt. Colonel Custer mit den Soldaten des siebten Kavallerieregiments auf eine große Streitmacht von Sioux- und Cheyenne-Indianern. Beide Stämme waren auf der Flucht vor den Soldaten, die sie in die Reservate zurückbringen sollten.

Visitor Center. Hier werden Dia-Shows gezeigt und die Park Ranger geben Informationen zu den geschichtlichen Vorgängen usw. Vorführungen, geführte Wanderungen und Rundfahrten (nur von Juni bis Labor Day).

Die Schlacht am Little Bighorn

Auf der Suche nach den Indianern war Custer mit der siebten Kavallerie, die aus etwa 600 Männern bestand, bis in die Gegend des Little Bighorn River vorgedrungen. Da er die Indianer zahlenmäßig zu gering schätzte, teilte er seine Truppen in drei Batallione. Während er selbst auf den

Hügeln, auf denen heute die Battlefield Road verläuft, vorstieß, versuchte Major Reno mit seinen Leuten die Indianer direkt im Tal anzugreifen. Erst jetzt nahm Custer die ungeheure Anzahl an Indianerzelten im Tal wahr, es sollen um die 1.000 gewesen sein! Renos Angriff wurde zurückgeschlagen und er zog sich ungeordnet und verlustreich über den Fluß auf einen Hügel in den Reno Benteen Battlefields zurück. Hier traf er mit den Truppen unter Captain Benteen zusammen. Gemeinsam gelang es ihnen, die Verteidigungsstellung auf dem Hügel trotz mehrerer Angriffe der Indianer zu halten, bis diese am nächsten Tag abzogen.

Mittlerweile war Custer in den Hügeln bis zur Stelle des heutigen Custer Battlefields weitermarschiert, um das Ende des Indianerlagers auszumachen und von hinten anzugreifen. Jedoch wurden sie hier unerwartet von allen Seiten durch Indianer angegriffen. Weder der verzweifelte Versuch zum Fluß durchzubrechen, noch irgendwo eine Verteidigungsstellung aufzubauen gelang. Der Rest von Custers Leuten hatte schließlich auf dem Hügel, der heute als "Custer's Last Stand" bezeichnet wird, Stellung bezogen und wurde dort niedergemacht.

Heute findet man neben dem Monument die Markierungen für die gefallenen Soldaten an dieser Stelle. Alle 225 Männer unter Custer waren gefallen, Reno und Benteen verloren weitere 47 Soldaten, die Verluste der Indianer schätzt man auf 60 bis 100 Krieger - das Resultat der größten "Indianerschlacht" in der Geschichte der USA.

Das National Monument weist neben zwei Monumenten am Custer und Reno Benteen Battlefield zahlreiche Infotafeln und Markierungen an der Battlefield Road auf. Infos zu den Hintergründen, zum Ablauf des Kampfes und zu den Beteiligten auf beiden Seiten bekommen Sie im Visitor Center.

Vom Visitor Center aus kann man eine etwa 1½stündige Bustour durch das Tal, in dem die Indianer lagerten, unternehmen. Zahlreiche Erklärungen verdeutlichen den Geschehensablauf.

♦ Abfahrt im Sommer alle halbe Stunde.

✱ Einige Meilen südlich liegt ein weiteres Schlachtfeld, das **Reno Benteen Battlefield**. Interessenten können im Visitor Center eine Kassette mit Erklärungen (englisch) erwerben, die sie auf der Besichtigungsfahrt abhören können. Ebenfalls können Sie in der **i** Infos über den Zugang erhalten.

Missoula

➲ Liegt in West-Montana, an der Kreuzung der US-93 mit der I-90.
⇧ 980 m, 43.000 Ew., ✉ MT 598xx, ✆ 406, ☞ Route 1

Visitor Center: 825 Front St, MT 59807. Infos zur Umgebung, Beschreibung für Rundfahrt durch die alten Teile der Stadt, ☎ 543-6623, Mo bis Fr 8:30 bis 19:00, im Sommer auch Sa 9:00 bis 17:00, So 12:00 bis 18:00.

AAA 1200 S Reserve, MT 59801, ☎ 549-5181, Mo bis Fr 8:00 bis 17:00.

City Center Motel, 338 E Broadway, MT 59802, ☎ 543-3193, ca. $ 40.
♦ Ponderosa Lodge, 800 E Broadway, MT 59802, ☎ 543-3102, ca. $ 45.
♦ Orange St Budget Motor Inn, 801 N Orange St, MT 59802, ☎ 721-3610, ca. $ 50.
♦ Thunderbird Motel, 1009 E Broadway, MT 59802, ☎ 543-7251, ca. $ 55.

KOA, 3450 Tina Ave, MT 59802, von Exit 101 der I-90, beschildert, ☎ 549-0881 oder ☎ 800/KOA-5366, Reservierung ratsam.
♦ Outpost Family CG, 2 Mi nördlich an der US-93, ☎ 549-2016.
♦ Jellystone Park, ca. 1 Mi nördlich an der US-93, ☎ 800/318-YOGI.

Birchwood AYH Hostel, 600 S Orange St, ☎ 728-9799.

Snowbowl Ski Area, 12 Mi nordwestlich.

Southgate Mall, South Ave/US-93, 105 Geschäfte.

Die Stadt entstand am Ausgang des Hell Gate Canyon und war früher oft Lagerplatz der Indianer. Auch Lewis und Clark schlugen hier während ihrer Expedition ihr Lager auf. In den 60er Jahren des letzten Jahrhunderts, den Tagen des Goldrausches, kamen auch die ersten Siedler hierher. Ein kleiner Ort entstand und wurde bald zu einem Versorgungszentrum für die Goldgräbernester der Umgebung. Für den Bergbau wurde in großem Umfang Holz benötigt, so daß in Missoula eine erste bescheidene Forstindustrie entstand.

⌘ Das **Museum im Ft. Missoula** im Südwestteil der Stadt, ausgeschildert, umfaßt das Gebiet des einstigen Militärpostens, der 1877 im Krieg gegen die Nez Perce entstand. Verschiedene Ausstellungen zur Geschichte des Gebietes. Außerdem existieren noch einige der ursprünglichen Gebäude, sie sind z.T. restauriert.

♦ Mo bis Sa 10:00 bis 17:00, So 12:00 bis 17:00 (Memorial bis Labor Day), sonst Di bis So 12:00 bis 17:00, Eintritt: Spende.

✱ **Smoke Jumpers Base**, Stützpunkt der Feuerbekämpfungsflieger, sieben Meilen westlich am W Broadway. Stündlich geführte Touren mit Erklärungen zu Flugzeugen und Arbeit in der Waldbrandbekämpfung.

♦ Tägl. 10:00 bis 11:00 und 13:00 bis 16:00 (Memorial bis Labor Day), Eintritt: Spende.

✞ **St. Francis Xavier Church**, 420 W Pine St, errichtet im Jahre 1889.

Ausflüge

✱ Lohnend ist eine **Fahrt auf dem Lolo Trail** zum Lolo Pass über die US-93/US-12. Schöne Landschaft auf dem Weg, den einst die Nez-Perce-Indianer auf der Flucht vor den Soldaten entlangzogen.

✱ **Fahrt in die Rattlesnake Wilderness**, nordöstlich von Missoula gelegen, eine landschaftlich reizvolle Gegend mit mehreren Seen und kleinen Flüssen. Gute Wandermöglichkeiten sind vorhanden. Näheres erfahren Sie in der **i**.

National Bison Range

➲ Liegt in Nordwest-Montana, westlich der US-93, etwa 36 Mi nördlich von Missoula. Zufahrt: Von Polson über die US-93 südwärts und nach 17 Mi auf die CR-212 nach Südwesten abzweigen. 7 Mi hinter Charlo zweigt links die Zufahrt in den Park ab. Oder von Missoula über die SR-200 bis Dixon und dort auf die CR-212. ☞ Route 1

i Visitor Center am Eingang, tägl. 8:00 bis 19:00 (15.5. bis 30.9.), ☎ 644-2211.

♦ **Eintritt in den Park**: $ 4.

Nur in Ronan (ca. 20 Mi nördlich), St. Ignatius und Missoula.

Auf dem rund 7.400 ha großen Gebiet lebt eine Bisonherde von 300 bis 500 Tieren. Außerdem gibt es in der Range viele kleinere Elk-, Mountain Sheep-, Antelope- und Deer-Herden.

Die heute hier lebenden Bisons gehen auf eine Initiative des Jahres 1908 zurück. Damals erwarb man zwei Bisons aus Texas zu den beiden, die es noch in Montana gab, und begann eine Bisonherde zu züchten. Kaum vorstellbar, daß zu dieser Zeit Bisons praktisch ausgerottet waren, gab es doch noch Anfang des 19. Jh. schätzungsweise 50 Mio dieser Tiere in Nordamerika.

i Ihren Besuch sollten Sie am **Visitor Center** beginnen. Dort erhalten Sie Informationen über die National Bison Range und vor allem über die Geschichte der Bisons. Außerdem bekommen Sie hier eine Karte mit Erklärungen zum Park und eine **Broschüre** zur **Self Guided Autotour**, die die wesentlichen Punkte auf der Rundfahrt, dem Scenic Drive, beschreibt.

Am Visitor Center beginnen zwei Rundtouren: eine kleine Rundfahrt, der **Buffalo Prairie Drive**, problemlos für alle Fahrzeuge befahrbar, beginnt gleich rechts hinter dem Visitor Center. Der **Red Sleep Mountain Scenic Drive** ist die andere Rundfahrt, eine schmale, oft gewundene, stark kurvige, an einige Stellen auch äußerst steile Straße, die durch einen Teil des Parks hindurchführt. Sie ist 19 Mi lang, lohnend! Auf dieser Fahrt, die durch verschiedene Landschaften führt, in vielen Kurven einen Bergrücken erklimmt und in einem mächtigen Gefälle wieder hinabführt, kann man einzelne Bisons, aber auch Herden sehen, außerdem hat man gute Chancen, andere im Park heimische Tiere zu erspähen.

✋ Bleiben Sie auf alle Fälle in Ihrem Fahrzeug, Bisons sind gefährlich! Auf dem Scenic Drive sind Motorräder und Anhängergespanne verboten!

Nevada City

➲ Liegt in Südwest-Montana, an der SR-287, ca. 80 Mi südöstlich von Butte.
⇧ 1.760 m, weniger als 100 Ew., ✆ 406/843, ☞ Route 1

ℹ In ☞ Virginia City, auch im Nevada City Hotel.

🛏 Nevada City Hotel, MT 59755, ☎ 5377, ca. $ 45, die viktorianischen Zimmer ca. $ 80.

♦ In ☞ Virginia City.

🚐⛺ In Alder ca. 5 Mi westlich: KOA, ☎ 842-5677 oder ☎ 800/KOA-1898.

♦ In ☞ Virginia City.

Der Ort entstand 1863 nach Goldfunden und wer heute durch Nevada City fährt, wird von den Häusern an die Tage des Goldrausches erinnert. Nach dem Goldrausch wurde die Stadt zu einer Geisterstadt. Auch heute wohnt (fast) niemand hier.

⌘ Sehr sehenswert ist das **Nevada City Museum**. Hier hat man zahlreiche Gebäude aus Nevada City und der Umgebung zusammengetragen. Sie sind zu einem großen Teil eingerichtet und man kann in viele der Bauten hineingehen. Das Ganze vermittelt einen hervorragenden Eindruck, wie eine kleine Goldrauschsiedlung Mitte des letzten Jahrhunderts ausgesehen hat. Es fällt auch auf, daß fast alle Häuser hier Blockhausbauten sind, nicht wie andernorts oft Holzskelettbauten. Lohnender Besuch! Für die Besichtigung gibt es nebenan im Nevada Hotel ein Infoblatt, das die notwendigen Erklärungen zu den Häusern enthält.

♦ Tägl. 🕘 10:00 bis 19:00 (15.5. bis 15.9.), Eintritt: $ 5.

✱ **Music Hall**, am Eingang zum Museum, in der man eine einzigartige Sammlung alter Musikboxen, automatischer Klaviere usw. bestaunen kann.

♦ wie Museum, Eintritt: kostenlos.

Nevada City Hotel & Cabins, welches weitestgehend im Stil der alten Zeit erhalten und eingerichtet ist. Schauen Sie sich im ersten Stock die beiden **viktorianisch eingerichteten Gästezimmer** an, die man übrigens auch anmieten kann.

☺ Im angeschlossenen Saloon kann man Kleinigkeiten in Westernatmosphäre essen und trinken.

Am alten Bahnhof gibt es mehrere **alte Eisenbahnwagen** und eine **Lokomotive** zu sehen, die allerdings still vor sich hinrotten. Derzeit kann man noch einen Wagen anschauen.

Außerdem verkehrt eine Art Zug von hier nach Virginia City, leider nicht mit einer alten Lokomotive und alten Wagen.

♦ Der Fahrpreis inklusive Museumsbesuch beträgt $ 7 ⇔; Fahrplan im Bahnhof erfragen.

Stevensville

➲ Liegt in West-Montana etwas abseits der US-93, etwa 30 Mi südlich von Missoula. ⇧ 1.070 m, 1.200 Ew., ✆ 406/777, ☞ Route 1

Kleiner Farmort.

⌘ **St. Mary's Mission**, 1841 errichtet. Es ist die älteste Mission im Nordwesten der USA. Außer der Kirche, die man besichtigen kann, gibt es noch ein kleines Museum, in dem alte Einrichtungsgegenstände usw. ausgestellt sind.

♦ Tägl. 10:00 bis 17:00 (15.4. bis 15.10.), Eintritt: $ 3 inklusive Führung.

Virginia City

➲ Liegt in Südwest-Montana, gut 60 Mi südöstlich von Butte an der SR-287. ⇧ 1.770 m, 100 Ew., ✉ MT 59755, ✆ 208/843, ☞ Route 1

CoC ist im kleinen alten Schulhaus am westlichen Ortsende untergebracht.
Hier gibt es eine **Broschüre für einen Rundgang** mit Beschreibung historischer Gebäude. Viele Informationen enthält auch die dort erhältliche Zeitung ***Virginia City Gazette***.

Fairweather Inn, ☏ 5377, ca. $ 40, das noch (fast) wie einst eingerichtet ist.
♦ In ☞ Nevada City.

Virginia City CG, etwas östlich an der US-287, ☏ 5493.
♦ In Alder, ☞ Nevada City.

Der Ort entstand, nachdem man Ende Mai 1863 im Alder Creek Gold gefunden hatte. Innerhalb weniger Wochen bildete sich eine erste kleine Siedlung, die bald wegen ihrer reichen Goldvorkommen bekannt wurde. Tausende von Abenteurern zogen herbei, um ihr Glück zu machen, bereits Ende des Sommers 1863 sollen in Virginia City und den Nachbarorten über 10.000 Menschen gelebt haben. Das Gold fand man auf einem ca. 30 Mi langen Stück entlang des Alder Gulch. Über $ 100 Mio in Gold sollen seit dieser Zeit aus diesem Goldgebiet herausgewaschen worden sein.

Doch nicht nur Goldgräber wurden durch die reiche Goldlagerstätte angezogen, sondern auch zweifelhafte Gestalten, darunter viele sogenannte Outlaws. Unter ihnen war auch ein gewisser **Henry Plummer**, eine brutale Gestalt, die bereits vorher in Kalifornien mit dem Gesetz in

Montana: Blick auf die Goldrauschstadt Virginia City

Konflikt geraten war. Ihm gelang es, sich als Ehrenmann auszugeben und sogar zum Sheriff gewählt zu werden. Auf der anderen Seite organisierte er das Gangsterleben und war der Boß der berüchtigten Plummer Gang. Systematisch ließ er alle Goldtransporte aus den Mining Camps überfallen und ausrauben. Insgesamt sollen innerhalb kürzester Zeit 190 Leute umgebracht worden sein.

Um diesen Zuständen ein Ende zu bereiten, formierten die Bürger von Virginia City eine Bürgerwehr, die sogenannten Vigilantes. Innerhalb weniger Wochen nahmen sie 21 der Gangster fest und hängten sie auf. Einer der Gehängten war übrigens Sheriff Plummer selbst. Erst danach kehrte in Virginia City wieder Ruhe ein.

Die Stadt wurde **1865** zur **Hauptstadt des Montana-Territoriums**. Im Gegensatz zu anderen Goldrauschstädten erschöpften sich die Minen hier nicht so schnell, so daß der Goldabbau bis weit in das 20. Jh. hinein andauerte. Mehr und mehr modernes Gerät wurde eingesetzt, darunter auch gewaltige Golddredges ("Goldwaschmaschinen"). Ihre Spuren sieht man noch heute in den weithin sichtbaren Tailing Piles, den Geröllhalden. Diesen Geräten fielen auch viele der ersten Mining Camps zum Opfer, sie wurden mit dem goldhaltigen Gestein schlichtweg umgegraben.

Virginia City war nie eine Ghosttown, jedoch wurde es in der Stadt in den 40er bis 60er Jahren dieses Jahrhunderts sehr still. Erst mit einsetzendem **Tourismus** erlebte der Ort einen langsamen, aber stetigen Aufschwung und ist heute ein bescheidenes Touristenzentrum.

Der Besucher von Virginia City wird vornehmlich diese Seite der Stadt kennenlernen, wenngleich die Häuser - denkt man sich einmal Autos und Touristen weg - durchaus den Eindruck einer einstigen Goldrauschstadt vermitteln.

✱ Lohnend ist ein **Rundgang** durch den Ort. Besorgen Sie sich dazu die Broschüre in der **i**. Es gibt eine Reihe restaurierter Originalgebäude oder rekonstruierter Häuser zu sehen. Darunter sind das **Wells Fargo Express Office**, der **Bale of Hay Saloon**, der **General Store**, der noch heute Waren verkauft, die auch 1860 bis 1880 hier angeboten wurden, und der **Zeitungsverlag**, wo man alte Druckstöcke usw. sehen kann. In einigen der alten Häuser sind ein Hotel und Restaurants untergebracht. Mehrere Häuser sind authentisch eingerichtet.

Im **Virginia City Opera House**, 340 N Wallace St, kann man Theaterstücke aus damaliger Zeit sehen.

- Di bis Fr und So um 20:00, Sa 18:00 und 20:00 (Mitte Juni bis Labor Day), Eintritt: $ 10.

In der **Gilbert Brewery** kann man eine Vaudeville-Show mit typischem Westernpiano, Cancan Girls usw. erleben.

- Tägl. außer Sa 20:30, Sa 18:00 und 21:00 (Juni bis Mitte September), Eintritt: $ 8, ☏ 5377.

Unbedingt sehenswert ist auch noch der **Boothill Graveyard**, zu dem man am östlichen Ortsausgang über eine holprige Zufahrtsstraße hinauffährt. Man findet dort die Gräber von fünf der Gangster, die man 1864 aufhängte. Panoramablick auf den Ort Virginia City.

Das Visitor-Büro veranstaltet kurze Führungen durch den Ort, $ 3. Außerdem werden auch Touren von einem privaten Anbieter durchgeführt, Plakat in der Hauptstraße beachten, ca. $ 5.

Oregon - Wissenswertes

Einwohner: 2.845.000
Größe: 251.000 km²
Hauptstadt: Salem
Höchster Punkt: Mt. Hood, 3.428 m
Tiefster Punkt: Meereshöhe an der Pazifikküste
Zeitzonen: Pacific Time im Westen, Mountain Time im Osten; Sommerzeit

Geschichte

Oregon war seit Mitte des letzten Jahrhunderts ein bevorzugtes Ziel der amerikanischen Siedler, die nach Westen zogen. Auch in heutiger Zeit erlebt der Staat einen gewaltigen Zuzug, vor allem aus Kalifornien und dem Osten des Landes. Die Ureinwohner dieses Gebietes waren Indianer, die erste Berührungen mit Weißen im 18. Jh. erfuhren. **1775** hatte Spanien das Gebiet des heutigen Oregon in Besitz genommen, aber schon **1792** beanspruchten es die USA. **1805** kamen Lewis und Clark bei ihrer Durchquerung des amerikanischen Kontinents am Ende ihrer Expedition auch durch den Nordteil Oregons, was zu neuem Interesse an diesem Gebiet führte.

Nur fünf Jahre später machte sich **John Jacob Astor** auf den Weg nach Oregon und folgte dabei jener Route, die später als **Oregon Trail** bekannt wurde. Ebenfalls zu dieser Zeit setzt sich eine zweite Expedition in Marsch, die jedoch mit dem Schiff um Cap Horn an die Westküste der USA fuhr und an der Columbia-Mündung an Land ging. Dort wurde dann das Ft. Astor, später Astoria, gegründet. Es war der erste Handelsposten in Oregon (1811).

Nach nur einem Jahr wurden der Posten und alle anderen Rechte an Oregon an die **Northwest Company** verkauft, um das Oregon-Territorium dem Zugriff der Engländer zu entziehen. Nach dem Zusammenschluß der Northwest Company mit der **Hudson's Bay Company** im Jahre 1821 herrschte letztere für etwa 20 Jahre in und über Oregon. John McLoughlin, ein Leiter der Hudson's Bay Company, stellte bis in die 40er Jahre des letzten Jahrhunderts praktisch die alleinige Regierung des gesamten Oregon-Gebietes dar.

Nach der Einigung von England und den USA über eine Grenze am 49. Breitengrad umfaßte das Oregon-Territorium damals zunächst noch den gesamten Nordwesten. Jedoch schon **1853** wurde der nördlichste Teil das Territory of Washington, während der südliche Teil das Oregon-Territorium blieb.

Natürlich ging auch an Oregon der Goldrausch nicht spurlos vorüber, wenn auch die Goldfunde hier niemals solches Aufsehen erregten wie jene in Kalifornien oder British Columbia. Es setzte ein Zustrom von Abenteurern und Siedlern noch in den 50er Jahren ein und **1857 wurde Oregon Staat der USA**.

Zwar entwickelten sich Städte wie Portland zu wichtigen Häfen und Umschlagsplätzen, doch es fehlte Oregon in den folgenden Jahrzehnten stets an der Verbindung nach Osten.

Erst **1883** stellte die Northern Pacific Railroad den Anschluß an das übrige Eisenbahnnetz der USA und damit an den Osten des Landes her. Schon bald danach setzte ein steter Zustrom von Siedlern ein, erste Industrien kamen und alsbald entdeckte man den ungeheuren **Holzreichtum** Oregons. Der Aufschwung kam hier jedoch niemals sprunghaft, aber dafür stetig und unaufhaltbar. Auch heute noch kann man Oregon immer noch als eines der aufstrebenden Gebiete in den Vereinigten Staaten bezeichnen.

Geographie

Oregon verfügt über eine große Zahl sehr verschiedener Landschaftsformen. Der Westteil des Landes wird durch die **Cascade Range**, einen Gebirgszug, der vor allem auf das Klima gewaltigen Einfluß ausübt, beherrscht. Das Land entlang der Küste, also am Westabhang jener Berge, wird durch die feuchten, aber recht milden Winde geprägt, die über den Pazifik heranwehen.

Häufiger Niederschlag, viel Nebel und besonders die feuchte Luft haben eine üppige Vegetation und landwirtschaftlich gut nutzbare Flächen entstehen lassen.

Die Berge sind teilweise bis zu 3.500 m hoch, wie zum Beispiel der Mount Hood. Viele sind vulkanischen Ursprungs und einige sind sogar noch heute aktiv. Sie gehören zum sogenannten **Ring of Fire**, der vom Norden Kaliforniens bis zum südlichen Teil British Columbias reicht. Vorgelagert vor die Cascade Range ist ein weiterer kleiner Gebirgszug, die **Coast Range**, die von tiefen Tälern durchschnitten und ebenfalls üppig bewaldet ist.

Die **Küste** Oregons ist zu Recht berühmt: Die schroffen Felsen mit sandigen Buchten, üppige Bewaldung, weiße Gischt vor farbigen Felsen und dem blauem Meer im Hintergrund bilden eine einzigartige landschaftliche Kulisse.

Kommt man über die Cascades hinweg nach Osten, so wird das Land immer trockener, das Klima heißer. Auch hier ist das Land zumeist vulkanischen Ursprungs, da jedoch der Niederschlag fehlt, ist die Vegetation weitaus trockener als an der Küste. Teilweise findet man, vor allem im Südosten und im äußersten Nordosten, geradezu wüstenhaften Charakter vor. Die Grenze im Nordosten markiert der **Snake River**, der sich gewaltig tief, zum Beispiel am Hells Canyon über 2.000 m, in die Landschaft eingefressen hat. Auch die anderen Flüsse der Gegend bilden vielfach tiefe, sehr schöne Felsschluchten.

Die Nordgrenze Oregons wird durch den mächtigen **Columbia River** gebildet, der dort ebenfalls eine berühmte Schlucht, die Columbia River Gorge, gegraben hat. Dem Reisenden werden vor allem die raschen Landschafts- und Klimawechsel bei einer Fahrt von der Küste ins Landesinnere auffallen. So kann es an der Küste bei Nebel und Wind durchaus unter 15 °C sein, nach einer Fahrt durch die Berge nach Osten, Luftlinie vielleicht 50 km, schwitzt man bei strahlend blauem Himmel und 35 °C im Schatten.

Wirtschaft

Die Wirtschaft Oregons basiert heute überwiegend auf der **Forstwirtschaft** und den angeschlossenen Industrien, so der Holzverarbeitung, Zellulose- und Papierproduktion. Selbst heute noch ist die **Landwirtschaft** ein bedeutender Faktor, d.h. daß in Oregon je nach Bodenbeschaffenheit praktisch alles wächst, was sich außerhalb der Tropen überhaupt an Obst, Gemüse und Korn ernten läßt. Jedoch auch **Viehzucht** und **Milchwirtschaft** sind wie der **Weinanbau** nicht unbedeutend.

Durch das ungeheure Energiepotential, das die gewaltigen Flüsse Oregons bieten, wurden in den letzten Jahrzehnten auch zunehmend neue Industrien angezogen. So gibt es Aluminiumfabriken in The Dalles und in Portland, in Albany Fabriken, die hochwertige Legierungen herstellen, und in Portland auch eine bedeutende Schiffsindustrie. Ebenso gewinnt hier die elektronische Industrie mehr und mehr an Bedeutung.

Der Oregon Trail

Der Oregon Trail ist wohl der berühmteste aller Wege, die die Siedler im letzten Jahrhundert nach Westen benutzt haben. Er begann in Independence, Missouri, verlief durch den Nordosten von Kansas nach Nebraska.

Dort folgte er ab Ft. Kearney dem Platte River westwärts. Vorbei an Scotts Bluff überschritt er die Grenze nach Wyoming und erreichte Ft. Laramie am North Platte River. Am Fluß verlief der Weg weiter westwärts vorbei am Independence Rock und Devil's Gate zum South Pass, wo die kontinentale Wasserscheide überschritten wurde - etwa der halbe Weg war geschafft. Kurz darauf teilte sich der Trail: eine Abkürzung führte durch die Wüste, der sicherere Weg war der nach Ft. Bridger.

Hier teilte sich der Weg nach Oregon und nach Kalifornien. Der Trail erreichte bald Idaho, folgte dem Bear River und führte nach Ft. Hall. Von dort ging es dem Snake River folgend nach Westen, vorbei an den Massacre Rocks, in Three Island Crossing über den Fluß und in Ft. Boise wurde die Grenze nach Oregon überquert. Nach Nordwesten gelangte man zum Summit Hill bei Baker und durch die Blue Mountains ins Tal des Columbia River. Diesem folgte man bis The Dalles, wo die Wagen den Fluß abwärts geflößt werden mußten und so das Ende des Trails am Ft. Vancouver erreichten. Über 2.000 Mi waren bewältigt!

Zuerst wurde der Trail von Trappern und Händlern ausgekundschaftet und ab 1840 von den ersten Siedlern genutzt. Waren es in diesem Jahr nur 12, zogen 1843 schon 125 und 1850 gar 65.000 Leute auf dem Trail westwärts. Die lange Reise war hart und entbehrungsreich. Viele erreichten das Ziel der Reise nie. Dabei waren es zumeist Krankheiten oder Unfälle, die die Opfer forderten, und nicht Konflikte mit Indianern. So starben allein 1849 Hunderte an der **Cholera** auf dem Trail! Die Bedeutung des Trails schwand mit dem Bau der Eisenbahnen in der Mitte des letzten Jahrhunderts.

Heute ist der Trail als National Historic Trail ausgewiesen, und zahlreiche markante Punkte auf seiner Route können besichtigt werden. Außer einigen "Landmarks", wie z.B. das Register Cliff, wo sich zahllose Siedler "verewigten", sind vor allem die Stellen sehenswert, an denen man noch heute die Wagenspuren sehen kann. Besonders eindrucksvoll sind dabei die Trail Ruts an einer Steigung bei Guernsey in Ost-Wyoming, wo sich die Wagenräder tief in den Fels eingekerbt haben.

Gute Informationen zum Trail gibt es im Oregon Trail Interpretive Center in ☞ Baker und in der Tourist Information in der Ft. Hall Replica, ☞ Pocatello, Idaho. Dort erhält man jeweils auch diverse Bücher zum Trail.

Das Heft ***Oregon Trail - The Story behind the Scenery*** beschreibt den Trail und einige seiner Geschichten und ist mit schönen Farbfotos versehen, $ 5,95.

Astoria

➲ Liegt im äußersten Norden Oregons an der Mündung des Columbia River in den Pazifik. 10.000 Ew., ✉ OR 97103, ✆ 503, ☞ Route 1

ℹ CoC, 111 W Marine Drive, ☎ 325-6311.

🛏 Bayshore Motor Inn, 555 Hamburg St, ☎ 325-2205, ca. $ 65.

♦ Dunes Motel, 288 W Marine Dr, ☎ 325-7111, ca. $ 65.

🚐⛺ KOA, am Ft. Stevens SP, ☎ 861-2606 oder ☎ 800/KOA-8506.

♦ Kampers West CG, 3 Mi nördlich, ☎ 861-1814.

♦ Ft. Stevens SP, 600 ⛺, im State Park, ca. 10 Mi nordwestlich.

Die Geschichte der Stadt geht auf das Jahr 1805/06 zurück, als Lewis und Clark am Ende ihrer Expedition im nahen ☞ **Ft. Clatsop** überwinterten.

1811 wurde hier das **Ft. Astoria** errichtet, die erste ständige Siedlung im amerikanischen Nordwesten. In den folgenden Jahren blieb das Fort zwar zunächst bestehen, doch mit dem Einzug der englischen Herrschaft fiel das Gebiet zuerst an die Northwest Company und später an die Hudson's Bay Company, die im Ft. Vancouver ihren Stützpunkt einrichtete. Astoria erhielt erst in den Tagen des Goldrausches wieder neue Bedeutung.

In jener Zeit war die Stadt Endstation für Raddampfer auf dem Columbia River. Heute ist Astoria eine Hafenstadt, in der man noch einige Überbleibsel aus alten Tagen besehen kann.

Wer von Osten kommt, durchfährt die Stadt auf der US-130, die dem Marine Drive folgt. Wer von Süden kommt, zweigt am Stadteingang von der US-101, die nordwärts über die Brücke führt, ab und fährt über Marine Drive und Comercial Street durch die Stadt.

❋ **Ft. Astoria**, Exchange/15th St, stellt einen Nachbau einer Ecke des Forts aus dem Jahre 1811 dar.

☺ Fragen Sie in der ℹ nach Vorführungen in Kostümen der damaligen Zeit zu typischen Verrichtungen und handwerklichen Tätigkeiten.

⌘ **Captain Flavel Museum**, 1885, in der 441 8th St, restauriertes viktorianisches Gebäude, im Stil seiner Zeit eingerichtet. George Flavel war Ende des letzten Jahrhunderts ein einflußreicher Schiffseigner.

♦ Tägl. 🕒 10:00 bis 17:00 (1.5. bis 1.10.), sonst 11:00 bis 16:00, Eintritt: $ 5.

✱ Die **Astoria Column**, auf dem Coxcomb Hill (vom Marine Drive aus der Beschilderung der 16. Straße hinauf folgen), wurde 1926 zum Gedenken an die Gründung von Astoria errichtet. Die Säule ist 67 m hoch und weist eine Aussichtsplattform auf, von der aus man einen prächtigen Rundblick hat.

♦ Tägl. 8:00 bis Dämmerung, Eintritt: kostenlos.

⌘ **Columbia River Maritime Museum**, 1792 Marine Drive, Ausstellung über die Geschichte des Columbia River und des Nordwestens der USA, Modellausstellung zur Seefahrt usw.

Zum Museum gehört auch das stillgelegte Feuerschiff "Columbia", das über 30 Jahre lang an der Columbia-Mündung Dienst ableistete.

♦ Tägl. 9:30 bis 17:00, Eintritt: $ 5.

⌘ **Heritage Museum**, 1618 Exchange St, mit Ausstellungen zur Geschichte von Astoria und dem Umland. Außerdem gibt es verschiedene Kunstausstellungen.

♦ Tägl. 10:00 bis 17:00 (1.5. bis 30.9.), sonst 11:00 bis 16:00, Eintritt: $ 5.

✱ Eine Art Wahrzeichen der Stadt ist die **gewaltige Brücke**, die den Columbia River überspannt. Kaum zu glauben, daß dieses breite Gewässer ein Fluß ist! Die Brücke ist ungefähr 6,5 km lang und gebührenpflichtig.

Ausflüge

✱ Zum ☞ **Ft. Clatsop National Memorial**.

⌘ Zum **Ft. Stevens SP**, westwärts auf der US-101 und dann nach Norden Richtung Hammond (ausgeschildert) abbiegen.

Ft. Stevens wurde z.Zt. des amerikanischen Bürgerkrieges angelegt und militärisch bis in den Zweiten Weltkrieg hinein genutzt. Militärmuseum.

♦ Tägl. 10:00 bis 18:00 (Memorial bis Labor Day), sonst Mi bis So 8:00 bis 16:00, Eintritt: $ 1.

In der Nähe liegt der riesige Ft. Stevens CG mit über 600 Plätzen.

✱ Empfehlenswert ist auch eine **Fahrt auf der US-101 nach Süden** entlang der fantastischen Küste von Nord-Oregon, mit vielen State Parks, Waysides und Stränden.

Baker City

➲ Liegt in Nordost-Oregon, 93 Mi südöstlich von Pendelton etwas abseits der I-84.
⇧ 1.050 m, 9.000 Ew., ✉ OR 97814, ✆ 541/523, ☞ Route 1

Visitors Bureau, 490 Campbell St, ☎ 3356, tägl. 8:00 bis 17:00.

Super-8-Motel, 250 Campbell St, ☎ 8282, ca. $ 45.

♦ Quality Inn, 810 Campbell St, ☎ 2242, ca. $ 50.

Montain View, ca. 2 Mi nördlich.

♦ Oregon Trails West RV Park, an der I-84.

Auch Baker entstand während des Goldrausches in den 60er Jahren des letzten Jahrhunderts. Später ließen sich erste Siedler hier nieder, so wurde die Stadt allmählich zu einer kleinen Rancher- und Farmerstadt. Etwas östlich des Ortes verlief übrigens der ehemalige Oregon Trail.

Im Visitor Center erhalten Sie eine Broschüre für einen **Rundgang durch den Ort** mit seinen historischen Sehenswürdigkeiten, der Sie auch Vorschläge für Ausflugsfahrten in das Goldrauschgebiet mit Ghosttowns oder in das schöne Bergland entnehmen können.

⌘ Das **National Historic Oregon Trail Interpretive Center**, fünf Meilen östlich des Ortes, bietet äußerst interessante Ausstellungen zum Oregon Trail. Nachgebaute Szenen aus dem Trailleben, Videos, Infotafeln, Tagebuchauszüge und vieles mehr veranschaulichen die unendlichen Strapazen der westwärts ziehenden Siedler.

Neben dem Center kann man auf vielen Meilen noch heute die damals eingefahrenen Wagenspuren auf dem Oregon Trail sehen (Trail Ruts). Außerdem gibt es eine Planwagenausstellung, die verschiedene Planwagentypen zeigt. Insgesamt sehr lohnender Besuch!

♦ Tägl. 9:00 bis 18:00 (1.4. bis 31.10.), Eintritt: kostenlos.

⌘ Das **Oregon Trail Regional Museum**, Campbell/Grove St, enthält neben geschichtlichen Stücken eine Mineralienausstellung.

♦ Tägl. 9:00 bis 17:00 (1.5. bis 31.10.), Eintritt: $ 2.

✱ Die **U.S. National Bank**, 2000 Main St, bietet eine Ausstellung von Gold in verschiedensten Formen, darunter auch das 80 oz (!!!) schwere Armstrong Nugget.

♦ Tägl. 10:00 bis 17:00, Eintritt: kostenlos.

✱ ☞ **Sumpter** und die Sumpter Valley Railroad.

✱ Baker gilt als das südliche Tor zur ☞ **Hells Canyon NRA**.

Burns

➲ Liegt im östlichen Oregon nahe der Einmündung der US-20 in die US-395.
⇧ 1.260 m, 2.900 Ew., ✉ OR 97720, ✆ 541/573, ☞ Route 5

🅸 CoC, 18 W D-St, ☎ 2636.

♦ Bureau of Land Management, Burns District Office, Hwy 20 W, ☎ 4400.

🛏 Best Western Ponderosa, 577 W Monroe, ☎ 2047, ca. $ 45.

♦ Royal Inn, 999 Oregon Ave, ☎ 5295, ca. $ 45.

⛺ Auf Mobile Home Park einige Plätze nur für RV, sonst kein Platz im Ort.

Die Stadt entwickelte sich im letzten Jahrhundert und war eine typische Westernstadt. Sie lag am Old Central Oregon Emigrant Trail, dem heute die US-20 ungefähr folgt.

Während das Gebiet um Burns damals Ranchgebiet war, in dem sogenannte Viehbarone lebten, ist Burns heute wichtiges Versorgungszentrum des riesigen, dünn besiedelten Umlandes. Nordwestlich des Ortes liegt übrigens die Burns Indian Reservation.

⌘ **Harney County Historical Museum** mit Ausstellungen zur Pioniergeschichte und zur indianischen Vergangenheit.

♦ Di bis Sa 🕘 9:00 bis 17:00 (1.5. bis 15.10.), Eintritt: $ 1,50.

Ausflüge

Das **Malheur Wildlife Refuge**, 25 Mi südwärts auf der SR-205, umfaßt ein 736 km² großes Gebiet entlang des Donner und Blitzen River sowie um den Malheur und Harney Lake. Der Malheur Lake ist ein großes Vogelschutzgebiet, in dem Wandervögel brüten und nisten, über 300 Vogelarten. Zu den Bewohnern zählen u.a. Enten und Wildgansarten.

🅸 **Visitor Center**, Mo bis Do 🕘 7:00 bis 16:30, Fr bis 15:30, Eintritt: kostenlos.

✱ Südlich des Malheur NWR liegt der 30 Mi lange, nach Westen abfallende **Steens Mountain**, der bis auf über 2.900 m ansteigt. Nach Osten stürzt er steil ab ins Alvord Valley, das südöstlich des Berges die Alvord-Wüste bildet. Zugang: von Frenchglen aus über eine Schotterstraße, die im letzten Teil des Weges rauh und bei schlechtem Wetter kaum befahrbar ist.

✱ 50 Mi westlich, etwas abseits der US-20, liegt **Glass Butte**, einer von mehreren Bergen, die überwiegend aus Obsidian bestehen. Sie dienten den Indianern über Jahrhunderte, wahrscheinlich sogar Jahrtausende, als Quelle zur Beschaffung von Pfeilspitzen und anderen Schneide-, Stech- und Schnittwerkzeugen. Diese Pfeilspitzen waren damals offenbar auch Handelsobjekte, man fand sie ebenfalls bei Ausgrabungen weit im Osten.

Cascade Lakes Highway

Die etwa 160 km lange Straße führt durch einen schönen Teil des Deschutes NF am Osthang der Cascade Range entlang. Die Straße verläßt Bend nach Westen, führt in die Cascades hinein, wendet sich dann südwärts und trifft nach knapp 100 Mi auf die SR-58, über die man auf die US-97 zurückfahren kann. Eine sehr empfehlenswerte Alternative zur US-97, wenn auch ungleich langsamer.

🕮 Für diejenigen, die diese Strecke befahren, empfiehlt sich der Kauf des kleinen Buches ***Cascade Lakes Discovery Tour***, in dem die Strecke gut beschrieben wird.

Die Straße verläuft teilweise auf den Wegen früher Siedler oder Trapper. Sie erleben eine fantastische Berglandschaft mit idyllischen Seen und Wäldern. Der mächtige Mt. Bachelor beherrscht lange das Bild, später sind es zahlreiche Seen, die unmittelbar an der Straße liegen und zu einem lieblichen Charakter der Landschaft beitragen.

Außerdem gibt es hier reiches Tierleben, man kann Vögel wie Osprey oder Nutcracker usw. beobachten.

✋ Das Stück zwischen dem Crane Prairie Reservoir im Süden und dem Mt. Bachelor im Norden ist oft bis weit ins Frühjahr wegen Schnee gesperrt.

Coos Bay / North Bend

➲ Liegt fast an der Pazifikküste an der US-101 unmittelbar südlich der Oregon Dunes NRA. 15.000 Ew., ✉ OR 97420, ✆ 541/267, ☞ Route 1

ℹ CoC, 50 E Central Ave, Mo bis Fr 🚪 8:30 bis 17:00, Sa 10:00 bis 16:00, So 13:00 bis 16:00 (1.6. bis Labor Day), sonst Mo bis Fr 9:00 bis 17:00, Sa 10:00 bis 16:00, ☎ 0215.

AAA 1705 Ocean Dr, Mo bis Fr 🚪 8:00 bis 17:00, ☎ 269-7432.

🛏 Best Western Holiday Motel, 411 Bayshore Dr, ☎ 5111, ca. $ 70.

🚐⛺ Lucky Loggers RV Park, nahe der US-101, ☎ 267-6003.

1854 gegründet, entwickelte sich **Coos Bay** aufgrund der geschützten Lage an einer Bucht des Pazifischen Ozeans bald zu einem wichtigen Hafen. Heute ist Coos Bay einer der größten Häfen für die Holzausfuhr an der Westküste der USA. Forstwirtschaft und holzverarbeitende Industrie sind die Haupterwerbsquellen der Einwohner.

North Bend, unmittelbar nördlich von Coos Bay gelegen, 9.600 Ew., lebt ebenfalls von der Holzverarbeitung sowie von der Fischerei und hat ein kleines historisches Museum.

✱ Rundgang durch den **historischen Stadtkern** von Coos Bay. Besorgen Sie sich dazu im Visitor Center die kleine Karte und ein Informationsblatt.

✱ Fahrt auf dem **Seven Devil's Loop Drive**, der von Coos Bay über Charleston nach Bandon verläuft. Unterwegs besteht die Möglichkeit zu Abstechern zur **Seven Devil's Wayside** an der Küste. Von Charleston aus führt eine Straße unmittelbar ans Meer und erreicht zunächst den **Sunset Bay SP**, wo es in einer geschützten kleinen Bucht einen schönen Sandstrand gibt, an dem man im Sommer manchmal sogar baden kann.

Ein Stück weiter gelangt man in den **Shore Acres SP**, der im wesentlichen den **Shore Acres Garden**, eine sehr interessante Gartenanlage, umfaßt. Diese besteht aus mehreren Teilen: einem kleinen japanischen Garten, zwei Rosengärten und einer Art botanischem Garten, alles nett angelegt und sehr gepflegt. Entstanden ist er aus dem Anwesen der Familie Simpson, die durch Handelsbeziehungen und Seefahrerei in alle Welt die Vielzahl der hier zu findenden Pflanzen zusammentrug.

Am Ende der Straße kommt man zum **Cape Arago SP**. Von einem Aussichtspunkt hat man einen herrlichen Blick auf die rauhe, aber malerische Küste. Auf dem Simpson's-Riff, unmittelbar vor der Küste, tummeln sich viele **Seelöwen**, die man schon von weitem hört. Einen guten Ausblick auf die Seelöwenfelsen hat man von einem Aussichtspunkt kurz vor dem Ende der Straße sowie von einem Weg hinab zur Felsküste.

☺ Zur Beobachtung der Seelöwen ist ein Fernglas empfehlenswert.

Außerdem ziehen hier vor der Küste manchmal Wale vorbei, die man dann ebenfalls beobachten kann.

Ausflugsmöglichkeiten

Fahrt zum **Golden and Silver Falls SP**, 24 Mi nordöstlich, wo zwei über 60 m hohe Wasserfälle steil über eine Felsbarriere hinabstürzen.

* Zur ☞ **Oregon Dunes NRA**.

Crater Lake NP

Liegt im südlichen Oregon und ist von Klammath Falls über die US-97 (23 Mi) und die US-62 (weitere 29 Mi) nach Norden erreichbar.

⇧ ca. 2.000 m, ✉ OR 97604, ✆ 541/594, ☞ Route 1

Steel Visitor Center, an der Zufahrt südlich zum Crater Lake. 9:00 bis 17:00.

♦ Rim Village Visitor Center, am Südrand des Crater Lake. 8:30 bis 18:00 (31.5. bis 30.9.).

♦ Infos unter ☎ 2211.

♦ **Eintritt in den Park**: $ 5 oder Golden Eagle.

An den Parkeingangsstationen erhalten Sie eine Informationsbroschüre (mit Karte) über den Park sowie die Parkzeitung ***Crater Lake Reflections***, beides sehr hilfreich und voller Informationen.

Wenn Sie im Park Unterkunft suchen, empfiehlt es sich, sich so früh wie möglich ein Zimmer zu sichern. Während der Hauptsaison ist meist schon Wochen im voraus alles ausgebucht.

♦ Crater Lake Lodge, Box 128, ☎ 2511, ca. $ 110.

♦ Mazama Village Motor Inn, Box 128, ☎ 2255, ca. $ 75.

Mazama CG, 200 ⩩, an der Südeingangsstation.

♦ Lost Creek CG an der Pinnacles Road, 16 ⩩, nur ⛺!

☺ Die Zeltplätze im Crater Lake NP sind in der Hochsaison immer frühzeitig gefüllt. Es empfiehlt sich daher, sich so früh wie möglich einen Zeltplatz auf dem Mazama oder Lost Creek CG zu sichern.

♦ Ausweichmöglichkeiten bestehen nördlich des Parks im Bereich der SR-138/230, südlich des Parks an der SR-62 und der US-97 sowie westlich des Parks an der SR-230 nördlich und südlich der Einmündung der SR-62. Dort bekommt man gewöhnlich auch noch am Nachmittag einen Platz.

Im Steel Visitor Center.

✕ Im Rim Village (Cafeteria und in der Lodge ein Restaurant).

Im Mazama Village, dort gibt es auch Camping-Utensilien.

Im Mazama Village.

Im Mazama Village.

Im Mazama Village.

Der Park umfaßt etwa 741 km^2 sagenhafte Waldlandschaft vulkanischen Ursprungs. In seinem Zentrum liegt der **fantastisch blaue Crater Lake**. Er ist die eigentliche Attraktion des Parks!

Vor etwa einer halben Million Jahren begann sich auf diesem Gebiet aufgrund vulkanischer Aktivität ein Vulkankegel aufzubauen. Im Laufe der Jahrtausende wuchs er empor und erreichte schließlich eine Höhe von etwa 3.600 m.

Vor etwa 7.000 Jahren nahm dann die vulkanische Aktivität stark zu, es bildeten sich zahlreiche Vulkanschlote und etwa 4860 v.Chr. kam es zu einer gewaltigen Eruption, die etwa 100mal so stark war wie der Ausbruch am Mt. St. Helens! Asche wurde über 40 km hoch in die Atmosphäre geschleudert, eine Flut aus Lava, glühender Asche und Schlacke ergoß sich in einem Umkreis von etwa 35 Mi um den Vulkan, den man heute **Mt. Mazama** nennt.

Der Aschenregen soll eine Fläche von über 13.000 km^2 mindestens 15 cm hoch bedeckt haben. Die gesamte Fläche des Aschenregens soll nahezu eine halbe Million km^2 betragen haben. Dies läßt ermessen, wie gewaltig die Eruption war. Folge: Im Erdinnern hatten sich die Magmakammern, aus denen all die Asche, Schlacke und Lava stammte, derart geleert, daß der so praktisch "unterhöhlte" Berg in sich zusammenbrach. Die Spitze sackte ins Erdinnere, während der Fuß als eine Art Kraterwand stehenblieb.

Es bildete sich eine Einbruchslandschaft, die man auch **Caldera** nennt. Der Einbruchskrater füllte sich im Laufe der Jahre mit Wasser, bis er schließlich so voll war, daß Verdunstung und Versickerung mit Zuflüssen durch Schnee und Regen etwa ausgeglichen waren: dies ist der **Crater Lake**.

Spuren des gewaltigen Ausbruches können Sie noch heute in der **Pumice Desert** wahrnehmen, wo die Asche bis zu 15 m hoch liegt. Noch in der Anfangsphase, nach dem Zusammenbruch des Berges, wurde durch einen tätigen Vulkanschlot im Inneren des neu entstandenen tiefen Loches ein neuer kleiner Vulkankegel aufgebaut, den Sie heute als Insel im See erkennen: **Wizard Island**.

Seit ungefähr 1.000 Jahren gilt der Vulkan als erloschen. Anfang der 90er Jahre glaubte man, daß am Grund des Sees ein heißer Zufluß besteht, was die allgemeine Theorie des Erlöschens ins Wanken brachte. Davon ist man derzeit aber wieder abgekommen. Der Vulkan gilt also (wieder) als erloschen (bis zur nächsten neuen Theorie ...).

Der Crater Lake ist mit fast 590 m **der tiefste See der USA**; es gibt auf der Welt nur sechs Seen, die tiefer sind!

Sein maximaler Durchmesser beträgt knapp zehn Kilometer und seine Wasseroberfläche liegt rund 1.880 m hoch. Der höchste Punkt des Kraterrandes ist Hillman Peak mit 2.488 m. Durchschnittlich fallen hier im Winter 15 m Schnee. Die maximale gemessene Schneehöhe im Winter beträgt am Rim Village 5,5 m. Die Fläche des Sees: über 53 km^2, Wassertemperatur: 15 °C im Sommer. Im Winter friert der See nur äußerst selten zu!

Das charakteristische Merkmal des Sees ist seine ungewöhnliche, faszinierende und unvergleichlich schöne **blaue Farbe**. Die Färbung kommt durch fehlende Zu- und Abflüsse zustande; das Wasser steht extrem still und hat daher wenig Schwebstoffe. Die Brechung des Sonnenlichts bei Einfall in das Wasser erfolgt daher anders als in den meisten anderen Gewässern.

Die Tierwelt des Parks

Im Park gibt es nicht sehr viele Tiere, überwiegend wird man Groundsquirrels und nur gelegentlich größere Tiere wie Fuchs, Kojote oder einen Elch sehen. Es gibt auch Bären und Deer, beide sieht man jedoch - vor allem in der Hauptsaison - nicht allzu häufig. Achten Sie auch auf Adler, die manchmal über dem Wasser kreisen.

Der Besuch des Parks

Ob man sich dem Park von Norden über die SR-138 oder von Süden über die SR-62 nähert - beide Wege führen durch stark bewaldetes schönes Gebiet.

i Beginnen sollte man den Besuch des Parks in einem der beiden **Visitor Center**. Hier erhalten Sie jede Art von Informationen, so zum Beispiel auch über die berühmte Fahrt um den Krater herum, den sogenannte ☞ **Rim Drive**, oder über Wanderungen im Park.

Im Steel Visitor Center sollte man sich den Film *"The Crater Lake Story"* anschauen, der jede halbe Stunde gezeigt wird.

📖 Empfehlenswert ist der Erwerb des ***Road Guide to Crater National Park***, ein kleines farbiges Büchlein, das den Rim Drive sehr ausführlich beschreibt und einige sehr hübsche Bilder enthält, $ 3,95.

✱ **Rim Village**. Hier liegt außer der **i** noch die 🛏 Crater Lake Lodge und das Rim Center, wo Filme über den Park gezeigt werden und andere Veranstaltungen der Park Ranger stattfinden. Schließlich liegt am großen Parkplatz im Rim Village die ✕ Cafeteria (Souvenirs, Karten, Bücher).

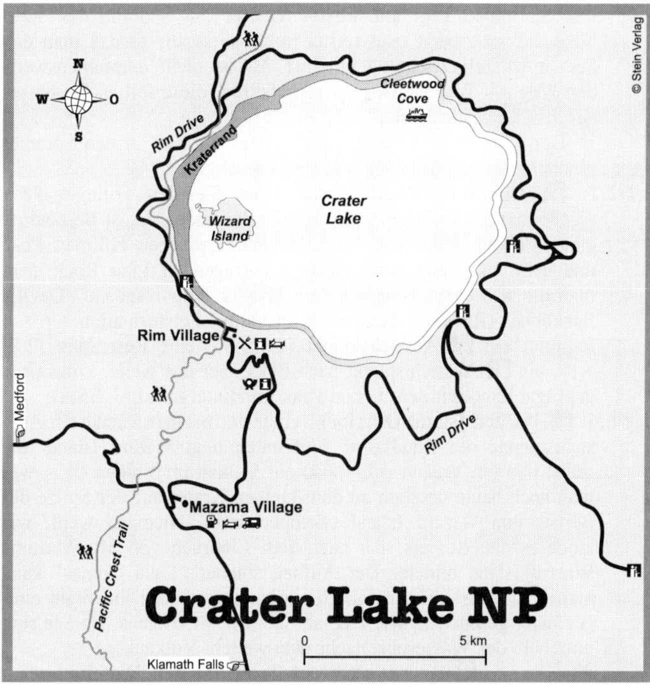

Gleich hinter dem Visitor Center führt ein Weg zum **Sinnot Memorial** hinab, von wo aus man einen einzigartigen Blick über den See hat. Man sieht von hier auch hinüber auf die Wizard Island, die rund 230 m aus dem Wasser herausragt, die wundervolle Felsformation Llao Rock und fast den gesamten Kraterrand.

☺ Schauen Sie sich auf der großen Reliefkarte die Landschaftsformen noch einmal an, die Sie jenseits des Sees sehen und auf der Rundfahrt aus der Nähe anschauen können.

Der Crater Lake Rim Drive

Die um den Crater Lake führende Straße wird nachfolgend kurz beschrieben (die erste Zahl gibt die Meilen, die zweite die Kilometer an!):

0/0: Der Startpunkt liegt am **Visitor Center** am Südrand des Sees. Nach 300 m zweigt man rechts (nordwärts) ab, so daß man den See in Uhrzeigerrichtung umfährt. Es ist nicht empfehlenswert, den Weg mit Wohnanhängern zu befahren, diese sollten Sie besser auf dem P zurücklassen.
Der Rim Drive kann wegen Schnees bis weit in den Sommer hinein (1996 bis Mitte Juli!) gesperrt sein!

1,3/2,1: **Discovery Point**, links sehen Sie den Hillman Peak (2.486 m), den höchsten Punkt des Kraterrandes. Er ist Bestandteil eines Vulkanschlots von Mt. Mazama. Zwischen Hillman Peak und dem im Hintergrund mächtig aufragenden Llao Rock sieht man die wie einen Grat aus dem Wasser emporragende "Devil's Backbone" (Rückgrat des Teufels) genannte Felsformation.
Es folgt ein Aussichtspunkt (2,4/3,9), eine Rest Area (2,7/4,3), ein Aussichtspunkt nach links über das weite, vulkanisch geprägte Land mit dem Union Peak im Hintergrund (3,2/5,2).

4,2/6,6: **Wizard Island Overlook**, einer der beeindruckendsten Aussichtspunkte der Rundfahrt. Tief unten liegt Wizard Island, die selbst mal ein Vulkan war - also ein Vulkan im Vulkan (!) -, was man noch heute deutlich an dem kleinen Krater auf der Spitze des Berges von Wizard Island erkennen kann. Niemand weiß, wie lange es dauerte, bis sich nach dem Einbruch von Mt. Mazama Wizard Island bildete. Der Aufbau solcher "Lava Domes" kann manchmal Jahrhunderte dauern, es kann aber auch innerhalb einiger Jahre geschehen, wie z.B. am ☞ Mt. St. Helens. Im See sind unterhalb der Wasseroberfläche drei weitere Vulkankegel.
Hier am P beginnt auch der **Trail auf den Watchman** mit einem Feuerbeobachtungsturm auf dem Gipfel, 2.446 m hoch. Traillänge 2,6 km (⇔). Schöner Ausblick.

4,7/7,6: **Mt. Thielsen Overlook**.

5,8/9,3:

6,2/10,0: Abzweigung zum Nordausgang des Parks. Die Straße zum Nordausgang verläuft durch die sogenannte Pumice Desert, wo beim gewaltigen Ausbruch des Mt. Mazama ein ehemals vorhandenes Tal meterhoch mit Asche und Schlacke bedeckt wurde. Da das Gestein und die Asche arm an Nährstoffen und nicht in der Lage sind, das Wasser festzuhalten, wächst hier praktisch nichts.
Auf dem nächsten Teil des Weges wird die Straße oft bis in den Sommer hinein von Schneebänken gesäumt. Von einem Aussichtspunkt hat man einen schönen Blick auf den Llao Rock.

9,0/14,4: , 200 m vorher eine Picnic Area.

9,6/15,5: und 500 m weiter eine Picnic Area.

10,8/17,5: sowie Beginn des **Cleetwood Cove Trail**. Über diesen Trail gelangt man zum Bootsanleger für die Bootsfahrten auf dem Crater Lake (☞ Weitere Unternehmungen im Park).

11,1/17,8: **Cleetwood Flow**, wo man erkennen kann, daß ein Lavastrom nicht mehr am Außenrand des Kraters hinabfloß, sondern durch den in diesem Augenblick erfolgten Einbruch in den neu entstandenen Krater zurück.

12,3/19,8; **12,7/20,4** und **14,2/22,8**: Über drei weitere Aussichtspunkte gelangt man zum

15,1/24,2: **Skalhead-Aussichtspunkt**. Von hier hat man einen Blick über fast den ganzen See. Infotafel über die Legende von Llao und Skell.

17,4/28,0: Beginn des Trails zum Mt. Scott (☞ Wandern).

17,6/28,3: Zufahrt zum Cloud Cap Viewpoint, 1,7 km. Am Ende dieser Stichstraße hat man einen sehr schönen Ausblick auf den Norden und Westen des Einbruchskraters. Dies ist übrigens der höchste Aussichtspunkt am See. Über Red Cloud Cliff, den Mt. Scott und den Pumice-Castle-Aussichtspunkt erreichen Sie bei

21,3/34,3: den **Kerr Notch Point**. Von hier aus hat man bereits einen recht guten Blick auf **Phantom Ship**, eine kleine Felsinsel in Ufernähe, tief unterhalb im Westen erkennbar. Auch wenn die Insel von hier aus winzig klein aussieht, erreichen ihre höchsten Spitzen immerhin Höhen eines mittleren Hochhauses!
Gleich hinter dem zweigt links die Straße zu den Pinnacles ab. Diese Straße passiert den Lost Creek CG und endet nach etwa zehn Kilometern an **The Pinnacles**, einer seltsamen Formation von Erosionstürmen. Die graue Farbe dieser Säulen kommt von dem erodierten Material, mit Asche vermischte Erde.

25,5/41,0: **Sun Notch Viewpoint**, schöner Ausblick auf Phantom Ship und den See. Wenn Sie dem kurzen Fußweg vom folgen, gelangen Sie zu der Stelle, von der man den besten Blick auf Phantom Ship genießen kann.

26,9/43,2: Zufahrt zu einem Picknickplatz und gleich darauf rechts die **Videy Falls**, hübscher, etwa 30 m hoher Wasserfall.
Über den Weg von der Picnic Area hat man Zugang zum Lost Creek CG an der Pinnacles Road, etwa fünf Meilen.

29,6/47,6: Trailhead des Castle Crest Wildflower Trail.

29,9/48,1: **Abzweigung** der Straße **zum Südausgang** des Parks und zum Mazama CG. An der Abzweigung liegt auch das **Park Headquarter**, das **Steel Information Center** und die .

Die Straße steigt kräftig an und hat einige scharfe Kurven und Kehren.

32,9/53,0: **Visitor Center**.

Weitere Unternehmungen im Park

Bootsausflüge kann man von der Cleetwood Cove aus unternehmen. Sie führen auf dem Crater Lake um Wizard Island herum. Sie können auch auf Wizard Island aussteigen, müssen dies aber beim Ticketkauf angeben (kostet extra). Zugang zur Cleetwood Cove hat man über den recht steilen **Cleetwood Cove Trail**. Tickets gibt's auf dem Parkplatz am Trail.

♦ Abfahrten: tägl. 10:00 bis 16:30, $ 12, Wizard Island zzgl. $ 2.

Geführte Touren der Park Ranger. Im Visitor Center fragen, wohin sie gehen, wann und wo sie beginnen, bzw. in der Parkzeitung nachlesen.

✱ Zusätzliche Veranstaltungen der Ranger finden im Amphitheater des Mazama Campground statt.

♦ Tägl. 21:00 (Mitte Juni bis 31.7.), 20:30 (1.8. bis Labor Day).

Oregon: Crater Lake NP

Wandern

Aus der Vielzahl von Wandermöglichkeiten (es gibt über 140 Mi markierte Wanderwege im Park!) werden im folgenden nur einige erwähnt.

* **Cleetwood Cove Trail**, beginnt am Cleetwood-Cove-Parkplatz und windet sich in Spitzkehren steil über rund eine Meile hinab zum See. Höhenunterschied rund 200 m. Gutes Schuhwerk ist empfehlenswert. Im Sommer Trinkwasser mitnehmen.

* **Garfield Peak Trail**, 1,7 Mi lang, beginnt gleich hinter der Crater Lake Lodge und steigt auf den 2.450 m hohen Garfield Peak hinauf. Der Höhenunterschied beträgt ungefähr 570 m. Großartiger Ausblick vom Gipfel.

* **Mt. Scott Trail**, 2,5 Mi lang, windet sich in zahllosen Spitzkehren auf den höchsten Berg des Parks, den Mount Scott, 2.721 m, herrliche Aussicht.

* **Annie Creek Trail**, 1,7 Mi langer Rundweg, beginnt am Mazama CG Amphitheater und führt durch eine schöne Waldlandschaft am Annie Creek Canyon entlang.

* **Godfrey Glen Trail**, ein 1 Mi langer Rundweg, beginnt an der Straße zur südlichen Eingangsstation.

* **Castle Crest Wildflower Trail**, 0,4 Mi lang, führt durch mehrere bunte, blumenreiche Wiesen, beginnt gegenüber vom Park Headquarter.

* Durch den Park verläuft auch ein 33 Mi langer Abschnitt des **Pacific Crest Trail**.

Über die zahlreichen anderen Wanderwege, besonders die längeren und schwierigen, informiert Sie das Visitor Center.

📖 Empfehlenswert ist auch das kleine Buch ***Crater Lake National Park Trails*** für $ 2. Es ist im Visitor Center erhältlich.

Deschutes NF

ist der zweitgrößte National Forest in Oregon, rund 4.000 km² groß, südlich und westlich von Bend an der US-95 gelegen. Er umfaßt ein prächtiges Stück Landschaft am Ostabhang der Cascade Range und ist in weiten Teilen stark vulkanisch beeinflußt (☞ Newberry National Volcanic Monument).

Es gibt hier viele hübsche Seen und im Hintergrund die oft schneebedeckten Berge der Cascade Range als Kulisse. Der größte Teil des Gebietes ist von sagenhaftem Wald bestanden und so hat sich hier insgesamt ein beachtliches, wenn auch relativ unbekanntes Erholungsgebiet entwickelt. Die schöne Gegend verfügt vor allem in der **Three Sisters Wilderness**, der **Mt. Jefferson Wilderness** und der **Diamond Peak Wilderness** noch über weitgehend unberührte Landschaften. Sie bietet

Bucht an der Küste von Oregon

zahllose Möglichkeiten zum Wandern, zum Angeln und Bootfahren (200 Seen, eine kaum überschaubare Vielzahl an Zeltplätzen).

🕮 Informationen über die Zeltplätze und die Möglichkeiten, den National Forest zu nutzen, enthält ***Volcanic Vistas***, eine kostenlose Zeitung des Deschutes NF, erhältlich im Lava Lands Visitor Center oder bei den Ranger Stations im Gebiet.

☺ Wer vorhat, länger hierzubleiben oder häufiger auf Campgrounds der National Forests übernachten möchte, sollte sich über den Kauf von sogenannten **Camp Stamps** erkundigen, eine Art Campinggutschein, der den Preis pro Übernachtung um etwa 15% senkt. Näheres in den Ranger Stations.

Besonders gut entdecken kann man das Gebiet des National Forest bei verschiedenen Ausflügen (☞ Newberry National Volcanic Monument) und bei einer Fahrt über den landschaftlich sehr interessanten ☞ Cascade Lakes Highway.

Florence

➲ Liegt an der Pazifikküste nördlich der Oregon Dunes NRA an der US-101 etwa 60 Mi westlich von Eugene.

5.200 Ew., ✉ OR 97439, ✆ 541/997, ☞ Route 1

🛈 CoC, 270 Hwy 101, ☎ 3128.

🛏 Money Saver Motel, 170 Hwy 101, ☎ 7131, ca. $ 50.

♦ Park Motel, 85034 Hwy 101, ☎ 2634, ca. $ 50.

🚐⛺ Honeyman Memorial SP, 3 Mi südlich an der US-101, 382 ⛺, dennoch meist voll.

♦ Woahink Lake RV Resort, 5 Mi südlich an der US-101, gepflegter Platz mit direktem Zugang in die gewaltigen Dünen, ☎ 6454.

♦ Nördlich an oder abseits der US-101 liegen mehrere NFCGs: **Driftwood II** (7 Mi), **Lagoon** (7 Mi), **Waxmyrtle** (5 Mi), **Tyee** (4 Mi).

♦ Südlich an oder abseits der US-101 liegen weitere Plätze: **Sutton Creek NFCG** (7 Mi), **Washburne Memorial SP** (14 Mi).

♦ Harbor Vista Park, 3 Mi nördlich an der Harbor Vista Rd.

☺ **Buggy-Miete**: Sandland Adventures, 1 Mi südlich an der US-101, ☎ 8087, ab ca. $ 25/Std.

Das hübsche Städtchen liegt geschützt an der Mündung des Siuslaw River und ist durch einen breiten, hohen Sanddünengürtel vom Meer getrennt.

Im Mai feiert die Stadt ein **Rhododendron-Festival**, die wilden Rhododendren verwandeln die Stadt dann in ein Blütenmeer.

Einen guten Überblick über den Ort und seine schöne Lage hat man vom **Harbor Vista County Park**.

⌘ **Dolly Wares Doll Museum** (Puppenmuseum), zwei Meilen nördlich an der US 101/36th St). Dort gibt es mehr als 2.500 Puppen unterschiedlichster Art aus verschiedensten Zeiten zu sehen.

♦ Di bis So 10:00 bis 17:00, Eintritt: $ 5.

Unmittelbar südlich der Stadt beginnt die ausgedehnte ☞ **Oregon Dunes NRA** mit gewaltigen Sanddünengebieten und einem Paradies für Dune-Buggy-Fahrer.

Während die US-101 von hier aus nach Süden durch das Dünengebiet führt, verläuft sie nach Norden alsbald durch eine bemerkenswerte Felslandschaft mit schroffen Klippen und - so die Sonne scheint - blauem Meer mit weißer Gischt.

Vier Meilen nördlich gelangt man zum **Indian Forest**, einem angeblichen Nachbau der damals typischen Indianerhäuser. Bei genauerem Hinsehen handelt es sich jedoch eindeutig um ein Souvenirgeschäft und ganz bestimmt nicht um ein Museum.

11 Mi nördlich an der US-101 liegen die **Sea Lion Caves**, in diese Höhlen ziehen sich im Winter gerne die **Seelöwen** zurück. Im Sommer halten sie sich überwiegend auf den der Küste vorgelagerten Klippen auf, so daß man sie gut beobachten kann. In die Höhle hinab kann man mit einem Aufzug fahren und sie bewundern - wenn sie dort sind!

♦ Tägl. 8:00 bis Dämmerung, Eintritt: $ 6.

12 Mi nördlich von Florence liegt oberhalb einer rauhen Felsküste der **Heceta-Leuchtturm**, ein bekanntes Fotomotiv.

Ft. Clatsop National Memorial

Liegt etwa 5 Mi südwestlich von Astoria etwas abseits der US-101, ausgeschildert. ☞ Route 1

Visitor Center, 8:00 bis 18:00 (15.6. bis Labor Day), sonst bis 17:00, ☎ 503/861-2471.

♦ **Eintritt in den Park**: $ 2 oder Golden Eagle.

Nicht im Park, ☞ Astoria.

☞ Astoria.

Die nationale Gedenkstätte umfaßt neben einem Visitor Center im wesentlichen das **rekonstruierte Fort von Lewis und Clark**, das diese zur Überwinterung im Jahre 1805 errichteten.

Im **Visitor Center** am Parkplatz gibt es eine kurze Dia-Show über Lewis und Clark und ihre Expedition sowie eine Ausstellung zur Geschichte des Forts und des Parks.

Von hier sind es nur ein paar Schritte bis zum rekonstruierten **Ft. Clatsop**. Es handelt sich um zwei Blockhäuser, jeweils bestehend aus einer Reihe nebeneinanderliegender Räume. Der zwischen den beiden Häusern liegende Platz ist zu beiden Seiten durch Palisaden begrenzt, die auf der einen Seite mit einer Toröffnung versehen sind.

Während des Winters arbeiteten Lewis und Clark vor allem an der Vervollständigung ihrer Aufzeichnungen und Tagebücher, die wertvolle Informationen über den fernen Westen enthalten. Man findet darin Beschreibungen der Lebensweise und Kultur der ehemals hier ansässigen Indianer. Die Hauptaufgabe der anderen Expeditionsmitglieder bestand darin, durch die Jagd den Nahrungsmittelvorrat zu sichern. Es sollen über 130 Hirsche und 20 Rehe erlegt worden sein.

Trotz äußerst harter Lebensbedingungen und des Zusammenlebens auf engstem Raum überstanden die Leute, wenn auch oft krank (viele bekamen Rheuma), diesen Winter relativ gut. Im März rüstete man sich zum langen Rückweg durch den amerikanischen Kontinent und verließ Ft. Clatsop.

Der heutige Posten vermittelt aufgrund der guten Rekonstruktion einen recht guten Eindruck vom damaligen Leben in einem Fort in der Wildnis. Man sieht das Schreibpult, an dem die Aufzeichnungen entstanden, die Fleischkammer, die Schlafräume von Lewis und Clark sowie die der Mannschaften.

Etwas nördlich des Forts liegt die Quelle, aus der sich die Bewohner des Forts mit Wasser versorgten. Rund 200 m südöstlich ist die Stelle, an der Lewis und Clark vermutlich seinerzeit an Land gingen.

Während des gesamten Sommers werden durch das Personal des National Park Service verschiedene **Vorführungen** veranstaltet, die die handwerklichen Tätigkeiten und Verrichtungen der Fortbesatzung in jenen Tagen wiedergeben. Insgesamt ein **sehr lohnender und interessanter Besuch**.

Küste in Oregon

Die Lewis & Clark Expedition

Seit den Reisen von James Cook und George Vancouver stieg der Einfluß der Briten an der Westküste Amerikas. Aber auch die Spanier drängten von ihren Stützpunkten in Kalifornien Richtung Norden und die Russen unterhielten in Ft. Ross in Kalifornien einen Posten. Die Amerikaner hatten mit der Reise von Robert Gray 1792 ebenfalls ihren Anspruch auf den Nordwesten der heutigen USA angemeldet.

Präsident Jefferson erkannte, welch ungeheure Möglichkeiten der weite Westen den jungen USA eröffnen könnte, sah aber gleichzeitig die Gefahr, daß diese Gebiete unter fremde Einflußsphären geraten könnten. Daher erwarb er im Jahre 1803 von Frankreich das Louisiana Territorium und förderte die erste kontinentale Expedition in den Westen der heutigen USA, um auf diese Weise Kenntnisse über das Gebiet zu erlangen, vor allem aber auch, um die Gebietsansprüche der USA zu festigen. Die Leitung der Expedition vertraute er **Meriwether Lewis** und **William Clark** an, die weitere 14 Militärs und 13 Zivilisten als Expeditionskorps aussuchten. Zusätzlich wurden noch Flußschiffer und Wachsoldaten angeheuert.

Am **14.5.1804** brach die Lewis & Clark Expedition in der Nähe von St. Louis auf, folgte dem Missouri aufwärts und erreichte am **30.7.** die Gegend des heutigen Omaha. In den Dörfern der Mandan-Indianer, im Gebiet der heutigen Stadt Bismarck, trafen sie Ende Oktober ein und errichteten das **Ft. Mandan**, wo sie überwinterten.

Lewis und Clark setzten ihre Reise Anfang **April 1805** unter Führung eines Mandan-Indianers fort und erreichten am 26.4. die Mündung des **Yellowstone** in den Missouri. Es waren 32 Männer und die Indianerin Sacajawea, die dem Missouri aufwärts durch das heutige Montana folgten.

Die großen Wasserfälle (heute Great Falls) erreichte die Expedition am **12.6.** Die Portage um die Fälle, 18 Mi, dauerte rund einen Monat! Sie passierten die Gates of the Mountains bei Helena und eine Woche später gelangten sie an die Stelle, an der sich der Missouri in seine drei Quellflüsse verzweigt (nahe Three Forks).

Nun wurde der Jefferson River für die Weiterreise ausgewählt. Bald traf man auf die ersten Shoshone-Indianer. Hier bekam die Expedition Pferde für die Weiterreise nach Westen und wertvolle Informationen, unter anderem über einen furchtbaren, unbefahrbaren Fluß - den Salmon River.

So verlief der Weg nordwärts das Bitterroot Valley hinauf und dann (ca. am 10.9.) westwärts über den **Lolo Pass** nach Idaho hinein. Dort folgten sie dem **Lolo Trail**, den die Nez-Perce-Indianer schon seit alter Zeit nutzten. Dieser Teil der Reise war sehr rauh und beschwerlich, die Zeit drängte, da der Winter bevorstand. In der Nähe von Lewiston wurden Kanus gebaut und die Expedition fuhr nun den Clearwater, den Snake und schließlich den Columbia River abwärts und erreichte so am **7.11.1805** den Pazifik etwa bei **Astoria**.

Dort errichteten sie das Ft. Clatsop, wo die gesamte Expedition überwinterte. Während des Winters fertigten Lewis und Clark viele wertvolle Aufzeichnungen über das Gesehene und Erlebte an.

Am **23.3.1806** traten sie die Rückreise an, zunächst auf dem gleichen Weg wie auf der Hinreise. Jenseits des Lolo-Passes teilte sich die Gruppe. Lewis zog mit neun Mann nordostwärts nach Great Falls, wo man ein Vorratslager angelegt hatte. Von dort fuhr er den Missouri abwärts bis zur Mündung des Yellowstone, wo er auf Clark wartete, der zunächst südwärts zum Beaverhead und Jefferson River vordrang. Ein Teil seiner Leute fuhr den Missouri abwärts, während Clark mit ein paar Leuten westwärts etwa entlang der heutigen I-90 zog.

Er erreichte den Yellowstone, den er abwärts paddelte. Unterwegs ritzte er seinen Namen in eine markante Felsformation, Pompey's Pillars, er ist noch heute sichtbar. Am 3.8. traf er den Rest der Expedition an der Mündung des Yellowstone. Am **23.9.1806** trafen Lewis und Clark wieder in St. Louis ein.

Diese Reise brachte eine Menge Wissen über Geographie, Landschaft, Tier- und Pflanzenwelt sowie über die dortigen Indianer. Sie trug erheblich dazu bei, das Interesse in den folgenden Jahrzehnten an dieser Wildnis stetig wachsen zu lassen.

Überall auf einer Reise durch den Nordwesten der USA wird man auf die Spuren jener beiden Entdecker stoßen, zwei Namen, die untrennbar mit der Geschichte des Nordwestens verbunden sind: **Lewis** und **Clark**.

Jacksonville

➲ Liegt in Süd-Oregon, etwa 5 Mi westlich von Medford abseits der I-5.
⇧ 500 m, 2.000 Ew., ✉ OR 97530, ✆ 541/773

🛈 Im Rogue River Valley Railway Depot an der Oregon/C St, 🕘 10:00 bis 16:00 (1.5. bis 31.8.), ☎ 899-8118. Broschüre für einen Ortsrundgang.

🛏 The Stage Lodge, 830 N 5th St, ☎ 899-3953, ca. $ 70.

⛺ Flumet Flat NFCG, 8 Mi südlich auf der SR-238, 9 Mi auf der CR-10, 27 ⛩.

♦ Squaw Lakes NFCG, 8 Mi südlich auf der SR-238 und 14 Mi auf der CR-10, 17 ⛩.

Die Stadt entstand innerhalb kürzester Zeit, nachdem man hier 1852 Gold entdeckt hatte. Heute gibt es noch mehr als 100 der ursprünglichen Gebäude.

✱ **Altstadt**. Für die Besichtigung besorgen Sie sich am besten im 🛈 ein Informationsblatt mit Beschreibungen zu den einzelnen Häusern.

⌘ **Jacksonville Museum**, im ehemaligen Gerichtsgebäude 1883 errichtet, Ausstellung zur Geschichte der Stadt.

♦ Tägl. 🕘 10:00 bis 17:00 (Memorial bis Labor Day), sonst nur Mi bis Sa, Eintritt: $ 2.

✱ **Beekman House** (1875), 352 California Ave, Haus eines wohlhabenden Geschäftsmannes. Originaleinrichtung.

♦ Tägl. 🕘 13:00 bis 17:00 (Memorial bis Labor Day), Eintritt: $ 2.

✱ **Beekman Bank** (1863), 3rd/California, war die zweite Bank, die in Oregon gegründet wurde. Originaleinrichtung.

♦ Tägl. 13:00 bis 17:00, Eintritt: kostenlos.

John Day Fossil Beds NM

➲ Besteht aus drei Teilen und liegt im Nordosten Oregons. ☞ Route 1
i Monuments Headquarters, 420 W Main St in John Day an der US-26.
♦ Visitor Center in der Sheep Rock Unit.
♦ In der Hancock Field Station in der Clarno Unit.
♦ **Eintritt in den Park**: kostenlos.

Alle drei Teile umfassen verschiedenfarbige Felsformationen, die vor allem wegen ihrer interessanten Farbgebung sehenswert sind. Das Farbspektrum reicht von weiß über goldfarben, Rot- und Bronzetönen bis hin zu braun und schwarz. Überall findet man Einschlüsse von Fossilien.

✋ Das Mitnehmen von Versteinerungen jeglicher Art ist streng verboten!

Sheep Rock Unit

➲ Liegt an der Abzweigung der SR-19 von der US-26 etwa 115 Mi nordöstlich von Bend.

i **Informationszentrum** für das gesamte Monument in einem schönen alten Gebäude. Neben guten geologischen Ausstellungen gibt es hier ein sehenswertes Video über die Geologie des National Monuments, das von einer Highschool-Klasse gedreht wurde. Außerdem bekommen Sie hier eine Infobroschüre zum National Monument und ein Faltblatt zu den Wanderwegen des National Monuments.

♦ Tägl. 8:30 bis 18:00.

Blue Basin, das man über eine kurze Wanderung (⇔ eine Meile) auf dem **Island in Time Trail** anschauen kann, der ca. vier Meilen nördlich des Visitor Center beginnt. Mehrere Infotafeln zeigen u.a. Versteinerungen eines Oreodonts, einer Säbelzahnkatze und einer Schildkröte. Ebenfalls lohnend ist der **Blue Basin Overlook Trail**, der herrliche Ausblicke auf das farbige Blue Basin und das Umland bietet.

Weitere Wanderwege finden Sie in der etwas weiter nördlich liegenden Foree Area.

✱ Lohnend ist die Fahrt auf der US-26 von Mitchell nach Dayville, besonders die **Picture Gorge**, Abzweigung der SR-19 von der US-26.

Painted Hills Unit

➲ Liegt etwa 9 Mi nordöstlich von Mitchel (etwa 80 Mi nordöstlich von Bend etwas abseits der US-26).

Umfaßt ebenfalls schöne farbige Felsformationen. Zwei Lehrpfade mit Infotafeln und zwei andere kurze Trails bieten die Möglichkeit, sich das farbenprächtige Land anzuschauen. Kleiner Picknickplatz mit Infotafeln.

Clarno Unit

➲ Liegt an der SR-218. Man erreicht sie, indem man von der US-97 rund 60 Mi nördlich von Bend auf die SR-218 abzweigt.

✱ **The Palisades**, eine Klippenformation an der SR-218. Hier beginnen zwei kurze Trails. Etwas östlich liegt eine kleine Picnic Area.

Klammath Falls

➲ Liegt in Süd-Oregon, 18 Mi nördlich der Grenze zu Kalifornien an der US-97. ⇧ 1.310 m, 18.000 Ew., ✉ OR 97601, ✆ 541, ☞ Route 1

ℹ Im Klammath County Museum, 1451 Main St , Mo bis Sa 🕘 9:00 bis 17:30, ☏ 884-0666.

♦ Oregon's Outback Visitor Association, 724 Main St, Suite 200, ☏ 883-8263, FAX 883-5294, E-Mail: oova@cdsnet.net.

AAA 2229 N Eldorado, ☏ 882-3439, Mo bis Fr 🕘 8:00 bis 17:00.

🛏 Oregon Motel 8, 5225 Hwy 97N, ☏ 883-3431, ca. $ 40.

♦ Super-8-Motel, 3805 Hwy 97N, ☏ 884-8880, ca. $ 50.

♦ Quality Inn, 100 Main St, ☏ 882-4666, ca. $ 65.

⛺ KOA, 3435 Shasta Way, ☏ 884-4644 oder ☏ 800/KOA-9036.

♦ Hagelstein County Park, 10 Mi nördlich auf SR-97 am Klammath Lake, 10 ⛺.

Die Stadt erstreckt sich um das Südende des Klammath Lake, dem größten See Oregons. Sie entstand in der zweiten Hälfte des 19. Jh., etwa zu der Zeit, als in dieser Gegend der Modoc Indian War stattfand, in dem sich die Modoc-Indianer gegen die Abschiebung in ein Reservat zur Wehr gesetzt hatten. Das Phänomen der Stadt sind ihre **unterirdischen Heißwasserreservoirs**. Man nutzt sie heute zum Heizen der Häuser.

🚋 Eine weitere Attraktion ist die altmodische **Straßenbahn**, die sich durch die Innenstadt windet.

⌘ **Baldwin Hotel Museum**, 31 Main St, ein typisches Hotel aus der Zeit um die Jahrhundertwende, authentisch eingerichtet.

♦ Di bis Sa 10:00 bis 16:00, Führungen $ 2 bis 4.

⌘ **Favell Museum of Western Art and Artifacts**, 125 Main St, mit Gegenständen aus indianischer Zeit und einer Ausstellung meist zeitgenössischer Künstler aus dem Westen der USA.

♦ Mo bis Sa 9:30 bis 17:30, Eintritt: $ 4.

⌘ Im **Klammath County Museum** können Sie viel über die Modoc-Indianer und ihren Widerstand gegen die amerikanischen Truppen erfahren, außerdem Ausstellungen, Interessantes zur Geschichte und über die Tierwelt der Gegend.

♦ Tägl. 9:00 bis 17:00 (1.6. bis 30.9.), sonst Mo bis Sa 8:00 bis 16:30, Eintritt: Spende.

✱ Lohnend in der Umgebung ist vor allem ein Besuch des **Lava Beds NM** in Kalifornien.

📖 ***USA - Südwesten*** von Hans Peter Richter, Conrad Stein Verlag, Kronshagen, ISBN 3-89392-235-0, DM 39,80.

Lower Klammath Lake NWR. Dieses riesige Vogelschutzgebiet stellt die Heimat unzähliger Wasservögel dar. Aber auch die Weißkopfadler überwintern hier alljährlich.

✱ Im Norden von Klammath Falls liegt der ausgesprochen schöne **Klammath Lake**. Er ist ebenfalls ein Vogelparadies, in dem die seltenen weißen Pelikane nisten, die man mit etwas Glück auch von der Straße aus sehen kann.

✱ Der **Collier Memoral SP** liegt etwa 30 Mi nördlich von Klammath Falls an der US-97. In einem Museum erfährt man viel über die Holzwirtschaft und deren geschichtliche Entwicklung in Oregon. Außerdem gibt es hier ein kleines Pioneer Village mit einer Sammlung alter Hütten der Trapper und Goldsucher.

Mt. Hood

➲ Liegt innerhalb des Mt. Hood NF im Norden Oregons, östlich von Portland. Das Gebiet ist von dort aus erreichbar über die US-26 oder die I-84.

Mit 3.427 m ist der Mt. Hood der höchste Berg Oregons und einer der höchsten Berge im Westen der USA. Er hat in seinem oberen Bereich zahlreiche Gletscher und ragt mächtig und weithin sichtbar aus der Landschaft auf.

Der Mt. Hood ist ein Vulkan, der zum **Ring of Fire** gehört, wie im Norden der Mt. St. Helens, der Mt. Rainier oder weiter im Süden der Crater Lake und Mt. Shasta sowie der Lassen Peak. In dem National Forest, der den Berg umgibt, findet man eine idyllische Waldlandschaft mit zahlreichen Wasserfällen, Flüssen und Seen. Sie dient vor allem Erholungszwecken für die Einwohner Portlands. Es gibt eine Vielzahl von Zeltplätzen, sehr viele Wanderwege, Möglichkeiten zum Bootfahren, Angeln usw.

Um den Mt. Hood herum und damit durch einen Großteil des schönen National Forests zieht sich der **Mt. Hood Loop Highway**. Er beginnt in Hood River am Columbia River und folgt der SR-35 nach Süden. Die Straße steigt dann kräftig an und passiert dabei auch den Barlow Pass, der schon in früher Zeit von Siedlern auf dem Oregon Trail benutzt wurde.

Gleich hinter der Einmündung der SR-35 auf die US-26, der man westwärts folgt, passiert man rechts die Abzweigung zur **Timberline Lodge**, die in ca. 1.800 m Höhe am Fuße des Mt. Hood liegt. Das Haus ist sehenswert, ein kurzer Abstecher hierher (im Winter Skigebiet) sehr empfehlenswert.

Weiter geht es in westlicher Richtung auf der US-26 unmittelbar unter dem Mt. Hood entlang, bis man schließlich aus der Cascade Range austritt und der Metropole Portland zustrebt. Insgesamt sehr lohnende Fahrt.

Newberry National Volcanic Monument

Liegt südlich von ☞ Bend, beidseits der US-97. ☞ Route 1

Lava Lands Visitor Center, liegt etwa 10 Mi südlich von Bend an der US-97. Tägl. 8:00 bis16:00, ☎ 541/593-2421, Eintritt: kostenlos.

♦ Kleines Visitor Center am Eingang zum Newberry Crater, tägl. 10:00 bis 16:00 (ca. 1.7. bis Labor Day).

Paulina Lake Resort am Paulina Lake.

♦ Weitere Unterkünfte in ☞ Bend.

Im Gebiet des Newberry Crater gibt es acht Zeltplätze mit über 300 ⩩.

♦ Im Deschutes NF westlich des NM sind zahlreiche Plätze, ☞ Bend.

Das Gebiet wurde erst kürzlich zum National Monument erklärt. Es ist identisch mit der Lava Lands Geological Area früherer Tage. Wie der Name bereits andeutet, handelt es sich um ein Gebiet starker vulkanischer Aktivität, die hier in verschiedener Form zu sehen ist. Es erstreckt sich über ein großes Gebiet südlich von Bend entlang der US-97.

Den Besuch beginnt man am besten im **Lava Lands Visitor Center**. Hier kann man bei einer Dia-Show und einer Reihe guter Ausstellungen und anschaulicher Modelle viel über den Vulkanismus dieser Gegend erfahren. Vor allem über den Newberry Crater, einen ehemaligen Vulkan, der wie Mt. Mazama (☞ Crater Lake NP) nach einer starken Eruption in sich zusammenbrach und eine Caldera-Landschaft bildete. Außerdem bekommen Sie hier Infos über andere Sehenswürdigkeiten des auch als Lava Lands bezeichneten National Monuments, z.B. die Lava River Cave und den Lava Cast Forest. Fragen Sie nach den deutschsprachigen Infos. Außerdem gibt es hier Infoblätter zu Trails und den anderen Teilen des National Monuments.

Hinter dem Visitor Center beginnen zwei Trails. Der **Trail of the Molten Land** führt durch ein 6.000 Jahre altes Lavafeld, das auf einen Ausbruch des Lava Butte zurückgeht. Informationstafeln finden Sie auf dem gesamten Weg. Sie veranschaulichen, was hier geologisch geschah, und bieten einen besonders guten Eindruck von der Schroffheit jener Lavawelt. Veranschlagen Sie für den Trail etwa 45 Minunten.

Der zweite Weg, **Trail of the Whispering Pines**, führt am Rande der Lava entlang und bietet von einem Viewpoint aus ebenfalls einen guten Blick auf die bizarre Welt des Lavaflusses.

Mit einem Shuttle Bus kann man auf einer kleinen Straße auf den Lava Butte fahren, der sich rund 150 m über dem Lavafeld erhebt. Von oben hat man einen hervorragenden Ausblick auf den endlosen schwarzen Lavafluß, der die Landschaft beherrscht. Dort gibt es den kurzen, aber sehr aussichtsreichen **Crater Rim Trail** und eine kleine Ausstellung.

♦ Tägl. 10:00 bis 16:00, $ 1,50; Tickets gibt es am Parkplatz.

Lava Cast Forest Area

➲ Liegt vom Visitor Center 4 Mi nach Süden und von dort über die FR-9720 noch 10 Mi östlich (Schotter).

✱ Vom Parkplatz führt ein kurzer Rundweg (eine Meile) durch das wirklich sehenswerte Gebiet. Die Besonderheit hier sind die Bäume des sogenannten **Lava Cast Forest**, der entstand, als sich dickflüssige Lava abwärts bewegte und die Bäume einschloß. An diesen Stellen erhärtete die Lava, während die andere Lava noch langsam ganz oder teilweise abfloß. So blieb zunächst um die Bäume eine Art Lavarinde bestehen, das Holz rottete später weg und es verblieb lediglich eine Lavahülle, die heute senkrechtstehend die Reste der Bäume markiert.

Ferner gibt es hier Lavaröhren, die entstanden, als die Lava Bäume umwarf und in gleicher Weise einschloß.

🕮 Besorgen Sie sich vor einem Besuch im Lava Lands Visitor Center die Broschüre zum ***Selfguiding Nature Trail*** durch den Lava Cast Forest mit Erklärungen zu den einzelnen am Weg befindlichen Nummern.

Lava River Cave

➲ Liegt 2 Mi südlich vom Visitor Center, fast unmittelbar an der US-97.

Bei der Höhle handelt es sich um eine rund eine Meile lange Röhre in einem Lavafluß. Sie zählt zu den längsten Lavahöhlen im Nordwesten der USA. Da in der Höhle nur etwa 4 bis 5 °C herrschen, ist warme Kleidung angebracht. Gutes Schuhwerk ist empfehlenswert. Sehr lohnender Besuch. (Zur Entstehung derartiger Lavatubes ☞ Craters of the Moon NM, Idaho.)

♦ Tägl. ◷ 9:00 bis 18:00 (15.5. bis 15.10.), Eintritt: $ 2. Laternen kann man mieten, $ 1,50.

🕮 Am besten besorgen Sie sich vor der Besichtigung der Höhle im Lava Lands Visitor Center die Broschüre ***Lava River Cave***, die eine genaue Beschreibung der Höhle in einzelnen Abschnitten enthält.

Newberry Caldera

➲ Zufahrt: 13 Mi südlich des Visitor Center ostwärts auf die SR-21 abzweigen, noch 13 Mi bis Paulina Lake.

✱ Kurz vor Erreichen des Paulina Lake passiert man die rund 30 m hohen **Paulina Falls**, zu denen ein kurzer Trail führt.

✱ Die Newberry Caldera, auch Newberry Crater genannt, stellt, ebenso wie der Crater Lake, eine **Caldera-Landschaft** dar. Die Gebiete sind jedoch völlig unterschiedlich entstanden. So entstand der Newberry Crater vermutlich über eine Zeitdauer von 500.000 Jahren. Durch kräftige Ausbrüche brach allmählich die Spitze des Newberry-Schildvulkans zusammen und bildete den heute kaum sichtbaren Krater. Darin entstanden der Paulina und East Lake, die vermutlich bis vor etwa 10.000 Jahren ein einziger See waren. Erst Vulkanausbrüche in jüngerer Zeit trennten sie. Der Newberry Crater gilt als erloschen - aber wer weiß das schon so genau? Der Durchmesser der Caldera-Landschaft beträgt etwa acht Kilometer, die beiden Seen sind 4 bzw. 6 km^2 groß und 50 bzw. 100 m tief. Die jüngsten Spuren vulkanischer Vergangenheit, Lava, Schlacke usw., findet man unmittelbar zwischen den beiden Seen.

Eine kurze Straße führt vom kleinen Visitor Center am Eingang bis ans Ende des East Lake durch die Caldera.

Hinter dem Eingang zweigt ein Fahrweg zum **Paulina Peak Viewpoint** ab. Herrlicher Ausblick auf die Caldera und das umliegende Land.

Das Gebiet um den Krater ist von einer Vielzahl hübscher Wanderwege durchzogen. **Crater Rim Trail**, 21 Mi, verläuft auf dem ehemaligen Rand des Kraters entlang. Der **Paulina Lakeshore Loop** umrundet den hübschen See, 7,5 Mi.

Informationen über weitere Trails bietet das Informationsblatt ***Newberry Caldera***, das Sie an der Eingangsstation am Krater oder im Lava Lands Visitor Center erhalten.

✱ In den Lava Lands gibt es eine Reihe von **Eishöhlen**. Zur Lage, Erreichbarkeit und Begehbarkeit fragen Sie in der **i** nach.

Newport

Liegt an der Pazifikküste, 50 Mi südlich von Florence an der US-101.
9.000 Ew., OR 97365, 541, Route 1

CoC, 555 SW Coast Hwy, ☎ 265-8801.

Puerto Nuevo Inn, 544 SW Coast Hwy, ☎ 265-5767, ca. $ 45.

Pacific Shores RV Park, 2 Mi nördlich auf der US-101.
♦ South Beach SP, 2 Mi südlich auf der US-101, 254 Ѫ.
♦ Beverly Beach SP, 7 Mi nördlich auf der US-101, 278 Ѫ.

Einst ein ruhiges Fischerdorf, ist Newport schon längst mehr Seebad als Hafen. Ein wenig von der alten Atmosphäre findet man noch unten an der Old Bay Front wieder, wo einige Häuser aus viktorianischer Zeit stehen. Die Rolle als Touristenort wird durch viele State Parks, Zeltplätze und Strände nördlich und südlich der Stadt unterstrichen.

✱ **Hatfield Marine Science Center** an der Südseite der Yaquina Bay, Zufahrt vom Südende der Brücke über die Bay. Hier bekommt man einen guten Überblick über die Tierwelt der pazifischen Küste und des

Ozeans, Informationen zur Geologie, zur Ozeanforschung usw. Außerdem erfährt man einiges über Wale. Ein großes Aquarium beherbergt praktisch alle an der Pazifikküste vorkommenden Lebewesen.

♦ Tägl. 10:00 bis 18:00 (Memorial bis Labor Day), sonst 10:00 bis 16:00, Eintritt: kostenlos.

Die **Undersea Gardens**, 250 SW Bay Blvd, ermöglichen es, durch große Fenster Pflanzen und Tiere in ihrer natürlichen Meeresumgebung zu beobachten. Zusätzlich gibt es noch Tauchvorführungen.

♦ Tägl. 9:00 bis 20:00 (15.6. bis Labor Day), sonst 10:00 bis 17:00, Eintritt: $ 5,75.

⌘ Im **Lincoln County Historical Society Museum**, 545 SW 9th St, erfährt man einiges über die Geschichte der Gegend, die indianische Urbevölkerung, Holzfällerei und Landwirtschaft.

♦ Di bis So 10:00 bis 17:00 (1.6. bis 30.9.), sonst 11:00 bis 16:00, Eintritt: Spende.

Oregon Coast Aquarium, 2820 SE Ferry Slip Rd, mit großem Innen- und Außenbereich, enthält das Meeresleben vor der Oregonküste.

♦ Tägl. 9:00 bis 18:00 (1.5. bis 31.8.), sonst 10:00 bis 17:00, Eintritt: $ 8.

Ausflüge

Devil's Punchbowl SP, etwa acht Meilen nördlich etwas abseits der US-101, ausgeschildert. Hier wird eine herrliche Aussicht auf den Pazifik und auf eine schüsselartige Auswaschung in den Felsen, in die das Wasser schäumend und gurgelnd hineingepreßt wird, geboten.

Yaquina Bay Lighthouse im **Yaquina Bay SP**, unmittelbar am Stadtrand beginnend, enthält einen Leuchtturm aus dem Jahre 1871.

♦ Tägl. 11:00 bis 17:00 (1.6. bis Labor Day), sonst nur Sa, So 12:00 bis 16:00, Eintritt: Spende.

Oregon Caves NM

Liegt im Südwesten Oregons nahe der Grenze zu Kalifornien, von Medford aus erreichbar über die I-5 bis Grants Pass, dort auf die US-199 bis Cave Jct (31 Mi ab Grants Pass) und von dort über die SR-46 noch 20 Mi bis zum Monument. Die 20 Mi lange Zufahrtsstraße steigt auf den letzten 2 km in vielen, z.T. sehr engen Kurven an, nicht empfehlenswert für Anhänger und übergroße Motorhomes. ☞ Route 1

FALLIN
ROCK

- Informationshäuschen am Parkplatz.
- ♦ Superintendent in Cave Jct, 19.000 Cave Hwy. ☎ 541/592-3400.
- Nicht im National Monument, in Grants Pass an der US-199.
- NFCGs liegen knapp 7 km und 13 km unterhalb der Höhlen an der SR-46.
- ♦ Country Hills Resort, 8 Mi östlich von Cave Jct an der SR-46.
- ♦ Mehrere Privatplätze liegen nördlich und südlich von Cave Jct an der US-199.

Vom Parkplatz muß man noch ein paar Schritte bis zum Eingang der Höhle gehen. Die **Höhlentouren** werden hier nicht vom National Park Service, sondern von einem privaten Konzessionär durchgeführt. Die etwa 75minütige Tour durch die Höhlen ist interessant. Man sieht die typischen Formationen in einer Tropfsteinhöhle mit vielen ungewöhnlichen Formen, die klangvolle Namen tragen. Einige Räume erreichen beachtliche Ausmaße, bis knapp 20 m hoch und 75 m lang.

Man nennt diese Höhlen auch **Marble Halls of Oregon** (Marmorhallen von Oregon). Entstanden sind sie, wie viele andere Tropfsteinhöhlen auch, durch Ablagerung von Kalk auf dem Meeresboden. Das kalkhaltige Gestein kristallisierte allmählich zu Marmor. Durch die Verschiebungen brach dieser Marmor und durch die entstandenen Ritzen tropft seit Tausenden von Jahren Wasser hinab und bildet jene bizarren Formationen in der Höhle, die man heute sieht.

Da es in den Höhlen ziemlich kühl ist, unbedingt einen Pullover mitnehmen; außerdem sind rutschfeste Schuhe notwendig.

- ♦ Führungen tägl. von 8:00 bis 19:00 (15.6. bis Labor Day), sonst 9:00 bis 17:00, Eintritt: $ 5,75.

Oregon City

- Liegt etwa 15 Mi südlich von Portland an der Brücke der I-205 über den Willamette River. ⇧ 10 m, 15.000 Ew., OR 97045, 503, ☞ Route 4
- CoC, 1795 Washington St, ☎ 656-1619. Hier gibt es auch eine Broschüre mit Vorschlägen für einen Stadtrundgang und eine Rundfahrt, $ 0,75.
- Val-U-Inn, 1900 Clackamette Dr, ☎ 655-7141, ca. $ 65.

Einst markierte Oregon City den Endpunkt des berühmten ☞ Oregon Trail. Die erste Ansiedlung an dieser Stelle geht auf ein um 1830 errichtetes Sägewerk der Hudson's Bay Company zurück. In den folgenden Jahren siedelten sich hier vornehmlich Amerikaner aus dem Osten an, die schließlich 1843 im nahen Champoeg beschlossen, Oregon eine eigene

Verfassung zu geben. So wurde Oregon City Hauptstadt des riesigen Oregon-Territoriums. Auch nach der Aufteilung des Gebiets in das Washington- und Oregon-Territorium blieb hier der Regierungssitz. Erst nachdem Oregon ein Staat der USA geworden war, verlegte man die Regierung nach Salem. Bekannt ist Oregon City für die schönen **Willamette Falls**, wo der Fluß etwa 12 m tief hinabstürzt.

⌘ Das **John McLoughlin House NHS**, 7th/Center St, umfaßt das ehemalige Haus von Dr. McLoughlin, einem Leiter der Hudson's Bay Company, das dieser 1845 errichtete. Es ist im Stil der damaligen Zeit mit vielen Originalstücken eingerichtet. Man erfährt viel über die Rolle, die die Hudson's Bay Company spielte.

♦ Di bis Sa 10:00 bis 16:00, So 13:00 bis 16:00, Eintritt: $ 3.

Das **Oregon Trail Interpretive Center**, 5th/Washington St, enthält eine Ausstellung mit vielen Informationen über den berühmten ☞ Oregon Trail, auf dem Tausende von Siedlern Mitte des letzten Jahrhunderts in den Nordwesten der USA zogen.

♦ Mo bis Sa 9:00 bis 18:00, So 10:00 bis 17:00, Eintritt: $ 4,50.

Erwähnenswert ist auch die **Lage von Oregon City**: der Ort ist in drei großen Terrassen angelegt. Die Geschäftsstadt liegt unten am Fluß, auf zwei Terrassen erstrecken sich Wohngebiete den Hügel hinauf. Zu den oben liegenden Terrassen kommt man mit einem kostenlosen Aufzug in der 7th St/Railroad Ave. Von oben hat man eine unglaubliche Aussicht auf die Stadt, den Fluß, die Wasserfälle und bis zum Mt. St. Helens im Norden.

⌘ Außerdem gibt es in der Stadt das **Clackmas County History Museum** und das **Stevens Crawford Museum**.

Oregon Dunes NRA

Liegt an der Pazifikküste in Oregon, beginnt etwas nördlich von North Bend/ Coos Bay und erstreckt sich bis Florence. ✆ 541, ☞ Route 1

Visitor Center, 855 Highway Ave in Reedsport, ☎ 271-3611.

♦ CoC in ☞ Florence.

☞ Florence.

♦ Tropicana Motel, 1593 Hwy Ave 101, OR 97467 Reedsport, ☎ 271-3671.

♦ Anchor Bay Inn, 1821 Hwy Ave 101, OR 97467 Reedsport, ☎ 271-2149.

- Es gibt 13 Zeltplätze des US Forest Service, daneben State Parks sowie private Plätze, insgesamt ca. 30.
- ♦ Dennoch: Da die Gegend ein sehr beliebtes Ferien- und Erholungsgebiet ist, sind vor allem die State Parks und die unmittelbar an den für Dune Buggies geöffneten Gegenden liegenden Plätze sehr früh voll belegt. Ausweichmöglichkeiten auf diverse Privatplätze, z.B.
- ♦ Woahink Lake RV Resort, 5 Mi südlich an der US-101, gepflegter Platz mit direktem Zugang in die gewaltigen Dünen, ☏ 6454.
- ♦ ☞ Florence.
- ☺ Mietbuggies ☞ Florence.

Die National Recreation Area umfaßt ein ca. 130 km² großes Gebiet, das zum Schutz, aber auch zur Freizeitnutzung der gewaltigen Sanddünen an der Westküste Oregons angelegt wurde.

Während ein Teil der Dünen unter strengem Schutz steht, gilt der andere Teil als Eldorado für alle Arten von **Dune Buggies**. Fast aus den gesamten USA kommen Leute mit ihren merkwürdigen kleinen Buggies hierher, um durch die Dünen zu kurven.

Noch vor gut 200 Jahren reichte dieser Dünengürtel weiter ins Inland hinein und umfaßte auch im Norden und Süden liegende Teile der Küste. Das heute hier überall zu findende **Strandgras** (auch Strandhafer genannt) wurde erst vor rund 200 Jahren aus Europa eingeführt und breitet sich seit dieser Zeit unaufhaltsam aus. So ist es kurioserweise nicht das Befahren durch Buggies, das diese Dünenlandschaft zerstört, sondern der Strandhafer, der dafür verantwortlich ist, daß diese einzigartige Dünenlandschaft in 50 oder 100 Jahren nicht mehr in ihrer ursprünglichen Form vorhanden sein wird. Da auch der Lebensraum seltener Vögel durch das Strandgras bedroht wird, versucht man derzeit an verschiedenen Stellen, wie man es wieder verdrängen kann.

Die Ansiedlung des Strandhafers führte außerdem zum Stillstand "der Wanderschaft" jener Dünen, dem Charakteristikum des gesamten Gebietes. Sie werden befestigt, überwachsen mehr und mehr und sind schließlich nicht mehr als Dünen erkennbar.

Genießen Sie daher den fantastischen Anblick der gewaltigen Dünen, die an einigen Stellen über 100 m aufragen!

Die US-101 führt zwischen North Bend und Winchester Bay in unmittelbarer Nähe hinter diesem Dünengürtel entlang.

i Ihr Besuch sollte möglichst im **Visitor Center** beginnen. Hier gibt es gute Informationen über den Park, z.B. auch über Zeltplätze und Wanderwege, über die Flora und Fauna, die Entstehung der Dünen usw.

Sehr freundliches Personal, das sehr hilfsbereit ist und gerne Auskünfte erteilt.

Man bekommt hier die Parkzeitung ***Sandtracks***, eine sehr gute Broschüre über Wanderwege ***Hiking Trails in the Oregon NRA***, ein Infoblatt zur Geologie auf deutsch, ein Merkblatt zu Campgrounds und diverse Infoblätter zur Flora und Fauna. Ferner gibt es Informationen zum Off-Road-Fahren, vor allem, welche Gebiete geöffnet und welche verboten sind. Man kann auch eine genaue Karte der National Recreation Area erwerben.

Besichtigung der Dünenlandschaft

Ein leicht zugänglicher Aussichtspunkt befindet sich am **Oregon Dunes Overlook**, unmittelbar an der US-101, ausgeschildert, wo man von einer Aussichtsplattform zumindest einen kleinen Teil des Dünengebietes übersehen kann.

Wesentlich besser ist der Eindruck, wenn man von Winchester Bay auf der **Umpqua Dunes & Beach Road**, die an der Küste entlang nach Süden führt, auf den Strand fährt. Hier befindet man sich im Bereich der gewaltigsten Dünen der National Recreation Area. Von den Parkplätzen kann man auch die Dune Buggies beobachten, die sich durch die Sandmassen hindurchwühlen.

Die **South Jetty Beach Road** zweigt südlich von Florence kurz nach der Brücke ab. Sie führt am Rande der Dünen zum Strand.

Die **Siltcoos Beach Acess Road** zweigt kurz nach dem Tyee CG ab. Sie führt mitten durch das Dünengebiet zum Meer.

Wesentlich besser erlebt man dieses unvergleichliche Dünengebiet aber auf einem **Spaziergang** oder einer **Wanderung**. Nach nur wenigen Schritten abseits der Straße glaubt man, mitten in der Sahara zu sein. Man sieht nichts als Sand!

Empfehlenswert ist der Weg vom Eel Creek CG oder vom Tahkenitch CG. Beide führen durch die Dünen zum Meer. Schließlich kann man das Gebiet auch vom Honeyman SP aus erlaufen.

☺ Vom sehr schönen Woahink CG hat man hinter dem Platz direkten Zugang in die "Sandwüste" und kann herrlich durch die Dünen stöbern.

Verlieren Sie nicht die Orientierung, das Dünengebiet ist bis zu 2,5 Mi breit! Bedenken Sie, daß Spaziergänge und Wanderungen im Sand ausgesprochen anstrengend sind!

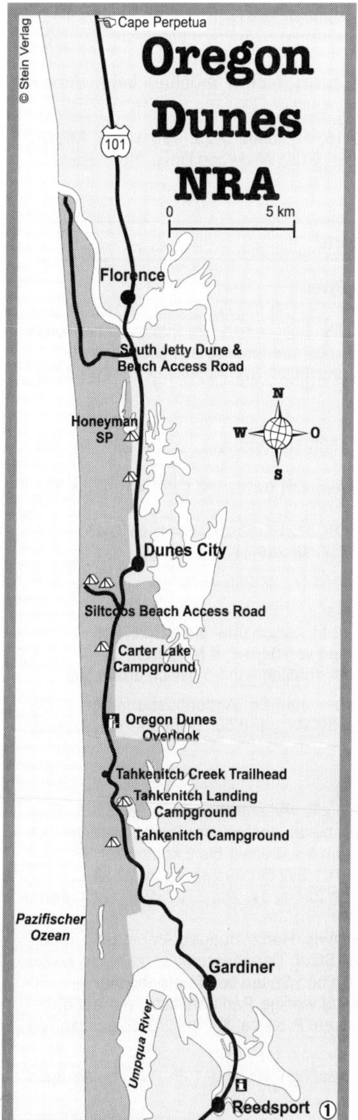
© Stein Verlag
Cape Perpetua
Oregon Dunes NRA
101
0
5 km
Florence
South Jetty Dune & Beach Access Road
N
W
O
S
Honeyman SP
Dunes City
Siltcoos Beach Access Road
Carter Lake Campground
Oregon Dunes Overlook
Tahkenitch Creek Trailhead
Tahkenitch Landing Campground
Tahkenitch Campground
Pazifischer Ozean
Gardiner
Umpqua River
Reedsport
①

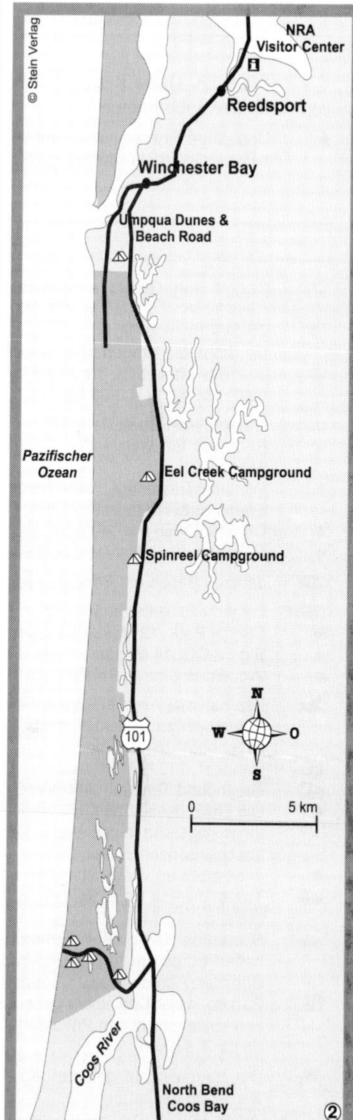
© Stein Verlag
NRA Visitor Center
Reedsport
Winchester Bay
Umpqua Dunes & Beach Road
Pazifischer Ozean
Eel Creek Campground
Spinreel Campground
N
W
O
S
101
0
5 km
Coos River
North Bend
Coos Bay
②

☺ Wer das **Dune-Buggy-Fahren** ausprobieren möchte, kann derartige Gefährte auch mieten.

♦ Ungefähre Preise: halbe Stunde $ 15, 1 Stunde $ 25, Tag $ 125. Mieten z.B. bei Spinreel Dune Buggy Rentals, 9122 Wildwood Drive, North Bend.

Portland

Liegt in Nord-Oregon am Columbia River.

⇧ 20 m, 440.000 Ew., OR 972xx, 503, Route 3, 4

25 SW Salmon St, ☏ 222-2223. Hier bekommen Sie Informationen über die Stadt, die Umgebung und eine Broschüre für eine Besichtigungstour.

600 SW Market St, ☏ 222-6734, und 8555 SW Appleway, ☏ 243-6444, beide Mo bis Fr 8:00 bis 17:00.

Downtown-Gebiet (teuer):

♦ Rodeway Inn Convention Center, 1506 NE 2nd Ave, OR 97232, ☏ 231-7665, $ 60.

♦ Portland Travelodge, 1441 NE 2nd Ave, OR 97232, ☏ 233-2401, ca. $ 70.

Etwas außerhalb in Portland:

♦ Chestnut Tree Inn, 9699 SE Stark, OR 97216, ☏ 255-4444, ca. $ 45.

♦ Delta Inn, 9930 N Whitaker, OR 97217, ☏ 289-1800, ca. $ 55.

Jantzen Beach RV Park, Hayden Island Dr, ☏ 289-7626.

Liegen alle weiter außerhalb, in Portland selbst keine Plätze für ⚠.

♦ Oxbow Park ,12 Mi von Gresham (10 Mi östlich über die US-28), 45 ⩨.

♦ Big Fir CG, 14 Mi nördlich bei Richfield von der I-5, 4 Mi östlich.

♦ Woodland Shores RV Park, ca. 21 Mi nördlich von I-5 östlich abzweigen.

International Airport, 9 Mi östlich über die I-84. Airportbusse fahren in die Downtown zu diversen Hotels, alle 30 Min., $ 8,50. Daneben fahren auch Linienbusse zum Airport.

Bahnhof: 800 NW 6th Ave.

Greyhound Terminal: 550 NW 6th St.

♦ Die Linienbusse TRI-MET verbinden alle wesentlichen Teile der Stadt. Eine Innenstadtzone (Fareless Square) bietet kostenlose Busbenutzung. Die anschließenden Zonen 1 und 2 kosten $ 1. Zone 1 bis 3 kosten $ 1,30.

♦ Infos gibt's an vielen Stationen und 701 SW 6th Ave sowie in der i.

Taxis: diverse Unternehmen, z.B. ☏ 227-1234, 282-7707, 227-1212. Fahrpreis: ca. $ 2/Mi.

Mietautos: Die großen Firmen wie Avis, Hertz, Budget, Alamo usw. unterhalten Büros am Airport und in der Stadt. Daneben gibt es zahllose lokale Anbieter, Adressen und ☏ in den Gelben Seiten der Telefonbücher.

P Parken in der Downtown geht, bis auf wenige Parkuhrplätze, nur auf diversen kostenpflichtigen Privatparkplätzen. Preis ca. $ 1 bis 2/Std., ganzer Tag ab ca. $ 8 bis 10.

Die Haupteinkaufsgebiete liegen zwischen 4th und 10th Ave, heute auch wieder im Altstadtbereich.

Wyoming: Oregon Trail Ruts bei Guernsey ☞

- **Shopping Malls**: Jantzen Beach Center im Norden an der I-5.
- Lloyd Center, Grand Ave/NE Weidler.
- Clackamas Town Center (180 Geschäfte) an der SE Sunnyside Rd, nahe der I-205.
- Washington Square in Beaverton an der I-5.
- Markt jeden Sa von 10:00 bis 17:00 und So 11:00 bis 16:30, mit Ständen, Straßenkünstlern usw.

Portland ist die größte Stadt Oregons, ein wichtiges **Handels- und Wirtschaftszentrum** und eine bedeutende Hafenstadt. Entsprechend ist auch der Charakter der Stadt, wenngleich Portland sich **"City of Roses"** nennt, da es hier fantastische Rosengärten und das Rose Festival gibt. Man versucht, die Stadt durch viel Grün, Blumenanlagen usw. wohnlich und schön zu machen, doch die ganz große Atmosphäre vermag dennoch nicht aufzukommen.

Schon früher war Portland stets als Übernachtungs- oder Handelsplatz, erst von Indianern, später von Pelzhändlern genutzt worden. 1844/45 begann man eine Dauersiedlung anzulegen, die bald den Namen "Portland" (nach der "großen Schwester" in Maine) erhielt. Z.Zt. der Goldfunde wurde der Ort zu einem Versorgungszentrum für die Abenteurer.

Nach einer Wirtschaftskrise infolge des Bürgerkrieges erlebte Portland mit dem Anschluß an das neue Eisenbahnnetz einen gewaltigen Aufschwung. So hatte Portland schon kurz nach 1900 ca. 90.000 Einwohner. Seit dieser Zeit wächst die Stadt stetig, und heute leben im Großraum von Portland rund eine Million Menschen.

Wie in vielen amerikanischen Städten ist die Fläche, die diese Stadt bedeckt, gewaltig; allerdings fällt auf, daß die sonst übliche Konzentration von Wolkenkratzern hier im Downtown-Bereich fehlt. Man bemühte sich, das Stadtbild ansprechend zu erhalten, und erließ ein Verbot, höher als 40 Etagen zu bauen. Außerdem gibt es hier etwa 160 Parks mit einer Gesamtfläche von rund 3.000 ha!

Auch in anderer Hinsicht ist Portland vorbildlich. So wird ein Großteil der hier ansässigen Industrie ausschließlich mittels elektrischer Energie, die man aus Wasserkraft gewinnt, betrieben.

Qualmende Schornsteine sind dieser Stadt weitgehend fremd. Portland war in den USA Vorreiter bei der Abschaffung schädlicher Treibgase und Einwegverpackungen.

☺ Zur Orientierung in Portland ist es wichtig, daß man stets darauf achtet, daß die Stadt fünf Bezirke hat: North, Northeast, Northwest, Southeast, Southwest. Entsprechend haben alle Adressen auch einen diesbezüglichen Zusatz, so z.B. oben bei der Tourist Information das SW (Southwest).

✱ **Altstadt** im Bereich um die W Burnside Ave mit bemerkenswerten Stahlskelettbauten. Gutes Beispiel: New Market Theatre, 50 SW 2nd Ave.

Der **Washington Park**, zugänglich von der W Burnside St, umfaßt beinahe 60 ha schöne Anlagen auf einem Hügel oberhalb der Stadt. Viele Spazierwege, Möglichkeiten zum Joggen, Tennisplätze usw.

Die Attraktion des Parks ist sicher der **International Rose Test Garden**, der 1917 angelegt wurde und über 400 Rosenarten enthält. Er ist in drei Terrassen aufgebaut und bietet einen schönen Blick auf die Downtown. Man läuft durch ein Blütenmeer mit unglaublichem Duft der mehr als 10.000 Rosensträucher. Blütezeit: ca. Mai bis September.

Ebenfalls im Washington Park liegt der **Japanese Garden** oberhalb des Rosengartens. Im Sommer fährt ein kostenloser Shuttle Bus vom Rosegarden hinauf, sonst muß man den Hügel zu Fuß erklimmen. Typische japanische Gartenanlage, die zudem einen schönen Blick auf Portland bietet.

♦ Tägl. 9:00 bis 20:00 (1.6. bis 31.8.), sonst 10:00 bis 18:00, Eintritt: $ 5.

Schließlich findet man im Park den **Zoo**, erreichbar über die US-26. Zugang vom Rosegarden auch mit einem kleinen Zug, der durch den Park fährt.

♦ Der Zoo ist zu ständig wechselnden Zeiten geöffnet, Eintritt: $ 5,50.

Peninsula Rosegardens, weiterer Rosengarten mit über 700 Rosenarten. Er liegt in der N Ainsworth/N Albina St im Peninsula Park.

Leach Botanical Park, 6704 SE 122th Ave, mit 600 verschiedenen Pflanzen und Blumenarten des Nordwestens.

♦ Di bis Sa 10:00 bis 16:00, So 13:00 bis 16:00, Eintritt: Spende.

⌘ **Portland Police Historical Museum**, 1111 SW 2nd Ave, mit Ausstellungen zur Geschichte der Polizei (Uniformen, Waffen usw.).

♦ Mo bis Do 10:00 bis 15:00, Eintritt: kostenlos.

⌘ Das **Oregon Museum of Science & Industry**, 1945 SE Water Ave, enthält Ausstellungen zur Forschung, Erdbeben- und Tornadosimulationen, ein Omnimax-Kino und ein Planetarium. Außerdem liegt im

Museum die USS-Blueback, das U-Boot, das im Film "Jagd auf Roter Oktober" verwendet wurde.

♦ Tägl. 9:30 bis 19:00, Eintritt: $ 7.

⌘ **Oregon Maritime Center and Museum**, 113 SW Front St, enthält Sammlung von Schiffsmodellen und Gegenständen aus der Seefahrt.

♦ Mi bis So 11:00 bis 16:00 (Memorial bis Labor Day), sonst Fr bis So 11:00 bis 16:00, Eintritt: $ 4.

⌘ **Oregon History Center**, 1200 SW Park Ave, Museum zur Geschichte Oregons von der Frühzeit bis zur Gegenwart.

♦ Di bis Sa 10:00 bis 17:00, Eintritt: $ 4,50.

⌘ Das **American Advertising Museum**, 524 NE Grand Ave, enthält eine Zusammenstellung von Werbung seit Ende des 17. Jh.!

♦ Mi bis So 11:00 bis 17:00, Eintritt: $ 3.

Die **Crystal Springs Rhododendron Gardens** auf Crystal Island enthalten über 2.500 Rhododendron-Büsche, die im April/Mai in Blüte stehen.

✱ **Hoyt Arboretum** zeigt 650 verschiedene Baumarten. In einem Visitor Center erhalten Sie eine kleine Broschüre für die insgesamt zehn Meilen langen Trails durch den Park.

✱ **Ira's Fountain**, 3rd/SW Clay St, Brunnen mit verschieden gestalteten Betonblöcken, über die das Wasser (fast 60.000 Liter jede Minute!) hinabplätschert.

⌘ **Bybee House**, gegründet 1858, im Howell Park, den man über die US-30 nach Norden erreicht, ausgeschildert, im Stil des letzten Jahrhunderts eingerichtet. Außerdem gibt es hier ein kleines Museum zur Landwirtschaftsgeschichte.

♦ Sa, So 12:00 bis 17:00 (1.6. bis Labor Day), Eintritt: $ 2.

⌘ **Pittock Mansion**, 3229 Pittock Drive, befindet sich mitten im Pittock Acres Park, von dort hat man eine herrliche Aussicht. Das Haus wurde im Stil französischer Renaissance errichtet. Es gehörte Henry Pittock, einem Zeitungsverleger.

♦ Tägl. 12:00 bis 16:00, Eintritt: $ 4,50.

⌘ **Portland Art Museum**, 1219 SW Park/Jefferson St, Kunstmuseum.

♦ Di bis Sa 11:00 bis 17:00, So 13:00 bis 17:00, Eintritt: $ 5.

⌘ **World Forestry Center**, Museum, das sich mit Wald in seinen verschiedenen Erscheinungsformen beschäftigt.

♦ Tägl. 9:00 bis 17:00 (Memorial bis Labor Day), sonst ab 10:00, Eintritt: $ 3.

✞ Die **Old Church**, 1422 SW 11th Ave, ist ein Beispiel für "Holzgotik", eines der ältesten Bauwerke der Stadt.

♦ Mo bis Fr 11:00 bis 15:00, Eintritt: kostenlos.

⌘ Außerdem gibt es noch ein **Cowboymuseum** und **Kindermuseum**.

Ausflüge

✱ ☞ **Astoria**.

✱ Fahrt durch die Columbia River Gorge auf dem ☞ **Columbia River Highway**.

✱ Besichtigung von ☞ **Ft. Vancouver**.

✱ Fahrt zum ☞ **Mt. St. Helens NM**.

✱ Fahrt auf dem Columbia River. Näheres erfahren Sie in der **i**.

✱ Flugexkursion zum Mt. St. Helens oder Mt. Rainier NP. Näheres in der **i**.

Salem

➲ Liegt etwa 50 Mi südlich von Portland an der I-5.
⇧ 50 m, 110.000 Ew., ✉ OR 973xx, ✆ 503, ☞ Route 4

i Visitors Bureau, 1313 Mill St, ☎ 581-4325.

AAA 2909 Ryan Dr, ☎ 581-1608, Mo bis Fr 8:00 bis 17:00.

🛏 Travelodge, 1875 Fisher Rd, OR 97305, ☎ 588-5423, ca. $ 45.

⛺ Salem CG & RVs, liegt an der SR-22 im Stadtbereich.

♦ Silver Falls SP, 26 Mi östlich auf der SR-214, 104 ⛺.

Die Stadt wurde 1834 von Methodisten gegründet und 1860 zur **Hauptstadt Oregons** gemacht. Das Wahrzeichen der aufstrebenden Stadt ist das **State Capitol**, ein neoklassizistischer Marmorbau, gekrönt von einer goldenen Pionierstatue.

❋ Das **State Capitol**, Court/State St, ist der Sitz der Staatsregierung von Oregon. Reliefs und Wandgemälde, Gedenktafeln usw. erinnern an bestimmte geschichtliche Ereignisse in Oregon. Beeindruckender Ausblick vom Turm. Die anderen Gebäude am Platz des Capitols sind Verwaltungsgebäude.

♦ Mo bis Fr 8:00 bis 17:00, Sa 9:00 bis 16:00, So 12:00 bis 16:00, Eintritt: kostenlos. Führungen vom 30.5. bis Labor Day stündlich Mo bis Sa 9:00 bis 16:00, kostenlos.

⌘ **Bush's Pasture Park**, 600 Mission St, eine Parkanlage mit kleinem Kunstmuseum, Bush Conservatory (1882) und Bush House Museum (1877), im Stil der damaligen Zeit eingerichtet.

♦ Di bis So 12:00 bis 17:00 (Juni bis August), Eintritt: $ 2,50.

⌘ Das **Mission Mill Village**, 1313 Mill St, umfaßt ein Gebiet mit historischen Gebäuden.

♦ Tägl. 10:00 bis 16:00. Eintritt für Hausbesichtigungen und Museum: $ 5.

❋ **Deepwood Estate**, 1116 Mission St, schönes Anwesen von 1894 mit großem Garten.

♦ So bis Fr 12:00 bis 16:30 (Mai bis September), Eintritt: $ 2,50.

Ausflüge

Der **Silver Falls SP**, 26 Mi östlich auf der SR-214, ist der größte State Park in Oregon. Seine Attraktionen sind mehrere Wasserfälle, von denen fünf über 30 m hoch sind. Eintritt: $ 3.

❋ Außerdem gibt es in Salem mehrere **Weinkellereien**, so die **Honeywood Winery**, 1350 Hines St, eine der ältesten und größten des Staates. Hier kann man den Oregon-Wein probieren.

♦ Mo bis Sa 10:00 bis 17:00 (Memorial bis Labor Day), So ab 13:00, Eintritt: kostenlos.

Tillamook

➲ Liegt im Nordwesten Oregons an der Pazifikküste etwa 65 Mi südlich von Astoria an der US-101. 4.000 Ew., OR 97141, ✆ 503/842, ☞ Route 1

CoC, 3705 Hwy 101, ☏ 7525.

Mar-Clair Inn, 11 Main Ave, ☏ 7571, ca. $ 60.

Pleasant Valley RV Park, 7 Mi südlich an der US-101.

♦ Cape Lookout SP, 12 Mi südwestlich an der Three Capes Rd, 248.

Die Stadt ist ein Zentrum der Milchwirtschaft in Oregon, bekannt sind auch die Käsefabriken. Außerdem hat Tillamook große Bedeutung als Fremdenverkehrsort. Es werden hier viele Ausflugsfahrten zum Angeln usw. angeboten.

Pioniermuseum, 2nd/Pacific Ave, verschiedene Ausstellungen zu Geschichte, Forstwirtschaft, Tierleben usw.

♦ Mo bis Sa 8:00 bis 17:00, So 12:00 bis 17:00, Eintritt: $ 2.

Empfehlenswert ist eine Fahrt auf der **Three Capes Road**, die etwas nördlich von Oretown, etwa 25 Mi südlich von Tillamook an der US-101 beginnt. Die landschaftlich schöne Straße führt zunächst in Richtung Meer bis Pacific City, wo man sich nach Norden wendet und an typischer Oregonküste, die man leider nicht immer sehen kann, oft hoch über dem Meer, oft durch dichte Wälder vorbei am Cape Kiwanda SP nordwärts fährt. Beim Cape Lookout SP und am Cape Meares SP kann man hervorragend die großartige Landschaft genießen. Die gesamte Strecke ist ungefähr 39 Mi lang, aber nur unwesentlich schmaler und kurviger als die US-101, die hier im Landesinnern verläuft. Es ist eine lohnende Alternativstrecke!

Weiter empfehlenswert: Eine **Fahrt auf der US-101 nach Norden**, wo man wieder ein interessantes Stück rauher Küste, besonders bis zum Arch Cape, vorfindet.

Willamette NF

umfaßt ein rund 6.700 km² großes Gebiet, das sich über einen Teil von Mittel-Oregon entlang der Cascade Range nach Süden erstreckt. Es handelt sich um dicht bewaldetes Land mit unendlich vielen Flüssen und Seen sowie hohen, oft schneebedeckten Gipfeln und viel Vulkanismus.

Der National Forest wird von mehreren Straßen durchzogen, darunter die SR-126 von Redmond nach Eugene, die US-20 von Bend nach Albany und die SR-242 von Sisters an der US-20 nach Belknap Springs an der SR-126.

Diese Straße, auch **McKenzie Pass Scenic Highway** genannt, überquert in 1.623 m Höhe den McKenzie Pass in einer einsamen Berglandschaft. Die Straße ist nur von Anfang Juli bis Anfang Oktober geöffnet, sonst wegen Schnee gesperrt. Sie ist eng und gewunden, hat teilweise kräftige Anstiege und ist nicht für Wohnwagengespanne geeignet!

Obwohl die Strecke kürzer ist, dauert die Fahrt auf dieser Straße meist doch länger als auf der SR-126. Entschädigt wird man dafür durch hervorragende Ausblicke auf die Three Sisters, Mt. Jefferson und andere schöne Berge. In der Nähe der Paßhöhe findet man noch sehr junge, ausgedehnte Lavafelder. Am Dee Wright Observatory, ebenfalls an der Paßhöhe, hat man einen eindrucksvollen Ausblick. Ferner gibt es hier einen kurzen Trail mit Erklärungstafeln zu den geologischen Besonderheiten des Gebietes.

Schließlich kreuzt hier der **Pacific Crest Trail** den Highway. Wenn Sie diesem ein paar Meilen nach Norden folgen, kommen Sie zum **Little Belknap Crater** mit vielen Lavatubes und anderen schönen Lavaformationen.

South Dakota -Wissenswertes

Einwohner: 721.000
Größe: 199.662 km²
Hauptstadt: Pierre
Höchster Punkt: Harney Peak, 2.207 m
Tiefster Punkt: Big Stone Lake, 293 m
Zeitzone: Mountain und Central Time, Sommerzeit

Geschichte

Erste Besiedlungen sollen auf das Jahr 8000 v.Chr. zurückgehen. Die damaligen **indianischen Ureinwohner** wurden etwa ab 1700 von den hier einfallenden Sioux vertrieben oder getötet. Die mächtigen **Sioux** herrschten über das ganze Gebiet des heutigen North und South Dakota. Die ersten Weißen kamen erst um 1800 in die Gegend. Danach wurde das Land von Frankreich, später von Spanien und dann wieder von den Franzosen als unter deren Herrschaft betrachtet, ohne daß sich diese aber in irgendeiner Form verfestigt hätte. 1803 erwarben die USA das Land im sogenannten Louisiana Purchase. Bis weit ins 19. Jh. waren es nur wenige Jäger, die hierher vordrangen.

Nach 1850 wurde das Land im Osten des Staates allmählich von ersten Farmern in Besitz genommen und **1861** wurde das Dakota Territory gegründet. Den Sioux garantierte man alles Land westlich des Missouri. 1874 fand man Gold in den Black Hills. Goldgräber und - ihnen folgend - Siedler strömten in das Gebiet, das den Indianern heilig war. So kam es zu heftigen Konflikten, die in der Niederlage von General Custer am Little Bighorn in Montana ihren blutigen Höhepunkt fanden.

1889 wurde Dakota als Staat in die Union aufgenommen. 1890 kam es zu den Massakern am Wounded Knee, die das Ende aller Indianerkämpfe markierten. Das Land war nunmehr fast völlig von Farmern und Ranchern eingenommen. Dürreperioden, die große Wirtschaftskrise und der Krieg trafen das Land wirtschaftlich schwer. Heute zeichnet sich Dakota durch eine sehr niedrige Kriminalität aus.

Geographie

Der größte Teil des Staates zählt zu den **Great Plains**, einer flachen, nur leicht hügeligen Prärielandschaft. Der Westen weist stärker hügeliges Land auf und an der Grenze zu Wyoming liegen die einzigen Berge in den Black Hills. Im Vorland haben sich großartige Erosionslandschaften gebildet. Der ganze Staat wird praktisch durch den mächtigen **Missouri River** geteilt. Der Fluß ist mehrfach aufgestaut und bildet so mehr eine Seenkette als einen Flußlauf.

Wirtschaft

Die Wirtschaft beruht heute wie einst überwiegend auf Landwirtschaft. Angebaut wird meist Weizen und Hafer, aber auch anderes Getreide und Sonnenblumen. Fleischvieh wird ebenso gehalten wie Milchvieh.

Forstwirtschaft spielt nur im Westen in den Black Hills eine kleine Rolle. Gold wird auch heute noch abgebaut, hat aber nur lokale wirtschaftliche Bedeutung, ebenso wie der Bergbau anderer Metalle. Produzierendes Gewerbe und Industrien sind selten und haben nur wenig Bedeutung. Im Westen spielt heute auch der Tourismus eine nicht unerhebliche Rolle.

South Dakota - Orte und Sehenswertes

Badlands NP

➲ Liegt im Westen des Staates südlich der I-90, ca. 75 Mi östlich von Rapid City. ⇧ 750 m, ✆ 605/433, ☞ Route 9

- Ben Reifel Visitor Center an der SR-240, ca. 8 Mi südlich der Ausfahrt 131 an der I-90. Tägl. 7:00 bis 20:00 (1.6. bis 31.8.), sonst 8:00 bis 16:30.
- White River Visitor Center an der IR-27 in der Pine Ridge Indian Reservation am Südrand des Parks, tägl. 9:00 bis 17:00 (1.6. bis Labor Day).
- Headquarters, Box 6, Interior, SD 57750, ☎ 5361.
- **Eintritt in den Park**: $ 5 oder Golden Eagle.
- **Parkzeitung *The Prairie Reamble***, gibt's in den Visitor Centers und an der Pinnacle Entrance Station. Sie enthält eine Fülle nützlicher Infos zum Park und den Aktivitäten, die hier angeboten werden.

Im Park:

- Cedar Pass Lodge, neben dem Ben Reifel VC, Box 5, Interior, SD 57750, ☎ 5460, FAX 5560, ca. $ 50 (kleine Hütten).

In Wall, Exit 110 an der I-90:

- Elk Motel, South Blvd, SD 57790, ☎ 279-2127, FAX 279-2599, ca. $ 50.
- Hitching Post Motel, 211 10th Ave, SD 57790, ☎ 279-2133, ca. $ 50.
- Sands Motor Inn, 804 Glenn St, SD 57790, ☎ 279-2121, ca. $ 60.
- Days Inn, Noriss St, SD 57790, ☎ 279-2000, FAX 279-2004, ca. $ 65.

In Interior:

- Badlands Budget Host Motel, Interior, SD 57750, ☎ 5335, ca. $ 40.

Im Park:

- Cedar Pass CG, am Ben Reifel VC, 96 ⩚.
- Sage Creek im Nordwesten des Parks, einfacher Platz an der rauhen Sage Creek Rim Road.

In Wall:

- Arrow Camp, am Business Loop in Wall.
- Sleepy Hollow CG, 4th Ave im Ort.

In Interior:

- Badlands Interior CG, an der Zufahrt zum National Park.
- KOA, 2 Mi westlich an der SR-44, ☎ 5337 oder ☎ 800/KOA-3897.
- Circle 10 CG, von Ausfahrt 131 knapp 1 Mi Richtung National Park.

✕ Cedar Pass Lodge am Ben Reifel VC.

Nicht im Park, nur außerhalb in Wall oder Interior.

Der Badlands NP umfaßt ein herrliches Stück sogenannter *badlands*. Das ist hier eine **wüstenartige Erosionslandschaft**. Das weiche poröse Gestein und Erdreich ist sehr stark verwittert und ausgewaschen und bildet so Türme, Schluchten, Berge usw., die in vielerlei Farben schimmern. Der Park umfaßt daneben große Fossilienfundstätten.

Umgeben werden Teile des National Parks von den **Buffalo Gap National Grasslands**, einer typischen Prärielandschaft mit schwach grasbewachsenen Hügeln. Im Süden liegt die große **Pine Ridge Indian Reservation**, in der Lakota Sioux leben.

Die Tierwelt des Parks

Erwähnenswert ist auch die Tierwelt des Parks. So gibt es hier vor allem zahlreiche Bighorn-Schafe und etwa 500 Bisons. Daneben leben hier Pronghorn-Antilopen, Kojoten, Adler und Prairie Dogs (Erdhörnchen).

Besuch des Parks

ℹ Der Besuch sollte möglichst im **Ben Reifel Visitor Center** beginnen. Hier bekommt man außer dem offiziellen Park-Infoblatt und der Parkzeitung auch alle anderen Infos, die man benötigen könnte, z.B. zum Wandern, Backcountry Camping usw. Außerdem gibt es ein einführendes Video zum Park und verschiedene interessante Ausstellungen.

☺ Fragen Sie nach den Angeboten der Ranger, z.B. Informationsgespräche, geführte Wanderungen oder dem Campfire Program.

ℹ **White River Visitor Center**, bietet neben den üblichen Infos und einem Video zum Park gute Ausstellungen zur Kultur der Lakota Sioux.

✱ **Park Road**. Die SR-240 führt durch den Nordteil des Parks. Auf insgesamt 10 Aussichtspunkten hat man z.T. fantastische Ausblicke auf die erodierte Landschaft oder die weite Prärie. Die Straße ist etwa 25 Mi lang (vom East zum Pinnacle Entrance) und unbedingt lohnend.

✱ **Sage Creek Rim Road**. Der unbefestigte Weg führt in den abgelegenen Nordwestteil des National Parks. Bevor Sie diesen befahren, sollten Sie sich in der ℹ nach dem Zustand erkundigen. Vorsicht bei Regen z.B. nach Gewittern, dann können Teile der Straße unbefahrbar sein. Sie zweigt beim Pinnacle-Eingang ab und führt durch unberührte Erosionslandschaft nach Scenic außerhalb des Parks.

✱ **Roberts Prairie Dog Town** an der Sage Creek Rim Road umfaßt eine große Kolonie der niedlichen Erdhörnchen, die überall herumsausen.

Sheep Mountain Table, Aussichtspunkt, den man von Scenic über die CR-589 und eine sieben Meilen lange, sehr rauhe Zufahrt erreicht, Allradfahrzeug empfehlenswert.

Wandern

Es gibt mehrere kurze Wanderwege im Park. Die Schönheit der Badlands läßt sich wirklich nur auf einer Wanderung erschließen, wenn man mitten in der von Erosion zerfurchten Landschaft steht.

* Der **Door Trail** ist ein "Muß" bei jedem Parkbesuch. Über gut einen Kilometer läuft man durch Badlands pur. Trailbeginn zwei Meilen nördlich des Ben Reifel VC am großen Door & Windows-Parkplatz.

* Der **Window Trail** beginnt ebenfalls dort und führt über 500 m zu einem "Felsfenster", sollte man auch "mitnehmen".

* Der **Notch Trail**, 2,5 km (⇔), führt durch einen Canyon zu einem schönen Aussichtspunkt, unterwegs muß man über eine kleine Leiter krabbeln.

* Der **Castle Trail** beginnt ebenfalls an diesem Parkplatz, führt aber zur anderen Seite über ca. acht Kilometer durch die Badlands zur Fossil Exhibit Parking Area.

* Dort gibt es den kurzen **Fossil Exhibit Trail**, einen ca. 500 m langen Lehrpfad mit Fossilienausstellungen. Besorgen Sie sich das Infoblatt in der i.

Black Hills

➲ Liegen im Westen des Staates zwischen Rapid City und der Grenze zu Wyoming. ⇧ bis zu 2.207 m

i In den Visitor Centers der einzelnen Sehenswürdigkeiten und Orte.

♦ Pactola Reservoir Visitor Center, an der US-385, 3 Mi südlich der Abzweigung der SR-44, tägl. 9:00 bis 18:00 (Memorial bis Labor Day).

Hotel: ☞ bei den einzelnen Orten und Parks.

Camping: ☞ bei den einzelnen Orten und Parks.

Die Black Hills bezeichnen ein etwa 12.000 km² großes Gebiet im Westen South Dakotas mit darin liegenden gleichnamigen Bergen. Der Name stammt von der Bewaldung, die am Abend und am Morgen das ganze Bergland schwarz erscheinen läßt.

Die Berge waren bei den hier ansässigen Lakota Sioux heilig und daher kam es zu lang anhaltenden Konflikten, als man 1874-76 im Gebiet große Goldfunde machte. Die herbeiströmenden Glücksritter kümmerten sich wenig um den Glauben der Indianer und so kam es immer wieder zu Kämpfen, die auch das herbeigerufene Militär nicht verhindern konnte. Aus der Goldrauschzeit stammen fast alle Städte und Orte der Gegend und überall stößt man auf Spuren der damaligen Zeit, sei es das Stadtbild z.B. von Deadwood oder eine der zahllosen Goldminen.

Heute ist das Gebiet ein Touristenziel erster Güte, da es neben der fantastischen gemäßigten Berglandschaft mehrere sehenswerte Tropfsteinhöhlen und das weltberühmte Mt.-Rushmore-Denkmal zu sehen gibt.

Im August bevölkern Tausende von Motorradfahrern die gewundenen Straßen (☞ Sturgis) und auch die Zahl der Radfahrer nimmt ständig zu. Schließlich gibt es auch noch mehrere Wintersportgebiete.

Crazy Horse Memorial

➲ Liegt 4 Mi nördlich von Custer in den Black Hills an der US-16/385.
✆ 605/673, ☞ Route 9

Visitor Center, ☎ 4681, tägl. morgens bis abends (keine festen Zeiten), Eintritt: $ 6.

☞ Custer.

☞ Custer.

Das Projekt des Bildhauers Ziolkowski ist die Schaffung einer riesigen Felsskulptur von Indianerhäuptling Crazy Horse auf einem Pferd. Sie soll aus einem Felsrücken herausgeschlagen werden, ähnlich wie Mt. Rushmore, allerdings in viel gewaltigeren Ausmaßen. Mit ca. 170 m Höhe und 195 m Länge wäre es die größte Skulptur der Welt - wenn sie fertig würde. Seit 1947 wird das Projekt betrieben, das nur aus Spenden und Eintrittsgeldern finanziert wird.

Auf dem Gelände können Sie auch ein 1:34-Modell der Skulptur sehen und vergleichen, wie weit die Arbeit am Fels schon gediehen ist.

⌘ Einem **Visitor Center** ist ein **Indianermuseum** mit zahllosen Ausstellungsstücken zur indianischen Kultur angeschlossen.

Abends wird der Felsen ab und zu angestrahlt, fragen Sie nach den Zeiten.

Custer

➲ Liegt in den Black Hills im Westen des Staates, ca. 40 Mi südwestlich von Rapid City an der US-14/385.
⇧ 1.610 m, 1.700 Ew., ✉ SD 57730, ✆ 605/673, ☞ Route 9

ℹ CoC, 447 Crook St, ☎ 2244.

🛏 American Presidents Motel, 1 Mi östlich, Box 446, ☎ 3373, ca. $ 40.
♦ Custer Motel, 109 Mt. Rushmore Rd, ☎ 2876, ca. $ 40.
♦ All American Inn, 437 Montgomery, ☎ 4051, ca. $ 45.
♦ Chief Motel, 120 Mt. Rushmore Rd, ☎ 2318, ca. $ 50.

🚐⛺ KOA, 3 Mi westlich an der US-16, ☎ 4304 oder ☎ 800/KOA-5828.
♦ KOA, 1 Mi nördlich an der US-16, ☎ 2565 oder ☎ 800/KOA-7658.
♦ Wheels West RV Park, 3 Mi östlich an der US-16 Alt.
♦ Stockade Lake CG im Custer SP, 3 Mi östlich an der US-16 Alt, 85 ⩩.
♦ Blue Bell CG, Custer SP, 5 Mi nördlich an der SR-87, 35 ⩩.
♦ Bismarck Lake NFCG, 4 Mi östlich an der US-16 Alt, 23 ⩩.
♦ Ca. weitere neun Privatplätze im Umkreis von 4 Mi um den Ort und weitere Plätze im Custer SP an der SR-87 im Süden, SR-89 im Norden und der US-16 Alt im Osten!

Der Ort entstand 1874 nach großen Goldfunden. Heute ist er ein wichtiges touristisches Zentrum in den Black Hills. Entsprechend lebhaft und voll ist es hier in den Sommermonaten. Guter Ausgangspunkt für Touren in den Black Hills.

✱ ☞ **Crazy Horse Memorial**, vier Meilen nördlich an der US-16/385.

⌘ Das **Custer County Courthouse Museum**, 411 Mt. Rushmore Rd, ist im Gerichtsgebäude des Jahres 1881 untergebracht und zeigt Gegenstände zur lokalen Geschichte.

♦ Mo bis Sa ⌛ 9:00 bis 21:00, So 13:00 bis 21:00 (1.6. bis 31.8.), Eintritt: Spende.

✱ Ausflug in den ☞ **Custer SP** und zum ☞ **Mt. Rushmore National Memorial.**

Custer SP

➲ Liegt im Südwesten des Staates an der SR-87, ca. 25 Mi südlich von Rapid City.
✉ SD 57730, ✆ 605/255, ☞ Route 9

ℹ Peter Norbeck Visitor Center, 15 Mi östlich von Custer an der US-16 Alt, ☎ 4464, tägl. ⌛ 8:00 bis 20:00 (Memorial bis Labor Day), sonst unterschiedliche Zeiten.

- Park Headquarters, ☏ 4515, Mo bis Fr 7:30 bis 16:00.
- **Eintritt in den Park**: $ 8 (kein Golden Eagle!).

Im Park:
- Blue Bell Resort, Box 63, ☏ 4531.
- Legion Lake Resort, Box 67, ☏ 4521.
- State Game Lodge, Box 74, ☏ 4541.
- Sylvan Lake Resort, Box 74, ☏ 2561.
- ☞ Custer.

Im Park:
- Blue Bell CG, 3 Mi südlich von Custer auf der SR-87, 35 ⩩.
- Center Lake CG, 5 Mi nordöstlich von Custer auf der SR-87, 70 ⩩.
- Game Lodge CG, 16 Mi östlich von Custer an der US-16 Alt, 55 ⩩.
- Grace Coolidge CG, 13 Mi östlich von Custer an der US-16 Alt, 26 ⩩.
- Stockade Lake CG, 3 Mi östlich von Custer an der US-16 Alt, 85 ⩩.
- Sylvan Lake CG, 7 Mi nordöstlich von Custer auf der SR-89, 40 ⩩.

Im Black Hills NF:
- Comanche Park NFCG, ca. 7 Mi östlich von Custer an der US-16, 23 ⩩.
- Diverse Plätze in und um ☞ Custer.

Der 292 km² große Park umfaßt ein herrliches Stück typischer Landschaft der Black Hills. Während im Norden mehr das stark bewaldete "schwarze" Bergland vorherrscht, finden Sie im Süden offenes, leicht hügeliges Land, das hier und dort von Baumgruppen durchsetzt ist.

Die Tierwelt des Parks

Bekannt ist der Park vor allem für seine große Bisonherde, die mittlerweile ca. 1.500 Stück zählt. Diese sieht man am besten auf einer Fahrt auf dem ☞ Wildlife Loop. Aber neben den eindrucksvollen Bisons gibt es auch noch zahlreiches anderes Wild, darunter Wapitis, Bighorn-Schafe, Pronghorn-Antilopen und Adler.

Besuch des State Parks

Der Besuch des State Parks sollte im **Norbeck Visitor Center** beginnen. Dort bekommen Sie allerlei Informationen zum Park, eine kleine Karte zum State Park, die Parkzeitung und verschiedene Infoblätter. Außerdem gibt es Videos zum Park und der Gegend, geführte Wanderungen, Informationsgespräche usw.

Wildlife Loop Road. Diese Straße beginnt an der SR-87, vier Meilen südlich der Einmündung auf die US-16 Alt. Auf insgesamt 15 Mi verläuft die Strecke z.T. etwas schmal und gewunden durch das Herz des Parks zur US-16 Alt, in die sie etwa 15 Mi östlich von Custer einmündet. Auf der Fahrt durch das hügelige Grasland bestehen gute Chancen, das hier heimische Wild, insbesondere die Bisons oder auch Wapitis, zu Gesicht zu bekommen.

☺ Besonders gut für Wildbeobachtungen sind die Morgen- oder Abendstunden, also die Dämmerung.

ℹ Unterwegs liegt ein kleines Info Center (Ranger Station).

✱ **Needles Highway** ☞ Crazy Horse Memorial (Route 9).

Mt. Coolidge Lookout, Feuerbeobachtungsturm auf dem gleichnamigen Berg, bietet einen fantastischen Weitblick. Zugang: von der SR-87 ca. eine Meile südlich der Einmündung auf die US-16 Alt auf einen Kiesweg abzweigen, noch ca. 1,2 Mi.

Wandern

📖 Der State Park bietet ausgezeichnete Wandermöglichkeiten. Lassen Sie sich dazu in der ℹ den ***Custer SP Trail Guide***, ein kleines, aber sehr informatives Papier geben. Darin werden die wesentlichsten Trails knapp, aber gut skizziert.

Deadwood

➲ Liegt im Westen des Staates am Nordrand der Black Hills, ca. 40 Mi nordwestlich an der US-14.

⇧ 1.380 m, 1.800 Ew., ✉ SD 57732, ✆ 605/578, ☞ Route 9

ℹ Visitors Bureau, 3 Siever St, ☎ 1876.

🛏 Super 8 Lodge, 196 Cliff St, ☎ 2535, FAX 3604, ca. $ 70.
♦ Bullock Hotel, 633 Main St, ☎ 1745, FAX 1382, ca. $ 70.

⛺ KOA, 1 Mi westlich an der US-14 Alt, ☎ 3830 oder ☎ 800/KOA-0846.
♦ Deadwood Gulch CG, 1 Mi nördlich an der US-385.
♦ Days of 76 RV Park, etwas westlich an der US-85 im Ortsbereich.
♦ Roubaix Lake NFCG, 14 südlich über die US-385, 56 ⊼.
♦ Drei weitere Privatplätze ca. 5 bis 6 Mi südlich an der US-385.

Deadwood entstand im letzten Jahrhundert nach den Goldfunden in den Black Hills. Der Ort liegt im engen Deadwood Gulch eingezwängt. Er war in den 70er Jahren des 19. Jh. berüchtigt wegen vieler Schießereien und als Spielhölle. Viele "Berühmtheiten" des Westens weilten hier, so Wyatt Earp, Doc Holliday, Calamity Jane und Wild Bill Hickok, der 1876 hier beim Pokern erschossen wurde.

Seit 1988 knüpft man wieder an alte Traditionen an, denn das Glücksspiel wurde wieder offiziell genehmigt - die Schießereien fehlen aber derzeit noch ... Spiel und Tourismus sind heute die Haupterwerbsquellen der Einwohner von Deadwood.

✱ **Stadtbild**. Die Main St vermittelt mit alten restaurierten Häusern einen guten Eindruck vom Aussehen zur Zeit der Earps & Company.

✞ Der **Boot-Hill-Friedhof** (Mt. Moriah Cemetary) ist am Ortsrand auf einem beschilderten Weg zu erreichen. Hier finden Sie u.a. die Gräber von Calamity Jane und Wild Bill Hickok.

♦ Tägl. 8:00 bis 20:00 (1.5. bis 30.9.), sonst 9:00 bis 17:00, Eintritt: $ 1.

☺ **Geführte Touren** durch den Ort und über den Boot-Hill-Friedhof werden von verschiedenen Unternehmen angeboten. Näheres in der **i**.

⌘ Das **Adams Memorial Museum** bietet Ausstellungen zu den Pioniertagen in den Black Hills.

♦ Mo bis Sa 9:00 bis 18:00, So 12:00 bis 17:00 (1.5. bis 30.9.), sonst Mo bis Sa 10:00 bis 16:00, Eintritt: Spende.

⌘ **Ghost of Deadwood Gulch Museum**, Wachsfigurenmuseum in der Old Town Hall.

♦ Tägl. 8:30 bis 18:00 (15.5. bis 30.9.), Eintritt: $ 3,50.

Trial of Jack McCall, ein Theaterstück über die Ermordung von Wild Bill Hickok und den Prozeß des Mörders McCall in der Old Town Hall.

♦ Vorstellungen: Mo bis Sa um 20:00 (1.6. bis ca. 31.8.), Eintritt: $ 6.

Hot Springs

➲ Liegt im Westen des Staates an der Abzweigung der US-385 von der US-18, ca. 55 Mi südlich von Rapid City.

⇧ 1.050 m, 4.300 Ew., ✉ SD 57747, ✆ 605/745

i 801 S 6th St, ☎ 4140.

Super-8-Motel, 800 Mammoth St, ☎ 3888, ca. $ 70.

♦ Comfort Inn, 737 S 6th St, ☎ 7378, FAX 3240, ca. $ 90.

KOA, 6 Mi östlich über die US-385 und SR-79, ☎ 6449 oder ☎ 800/KOA-0803.

♦ Larive Lake Resort, etwas nördlich über die US-385, beschildert.

♦ Angostura Reservoir SRA, 10 Mi südwestlich über die US-18/385 und Zufahrt, 165 ⩫.

Anders als die meisten anderen Orte der Black Hills verdankt Hot Springs nicht dem Goldrausch seinen Ursprung. Vielmehr waren es die heißen Quellen, die schon die Sioux kannten, die den Ort entstehen ließen.

⌘ Kleines lokales Museum.

✱ Ca. 20 Mi südlich über die SR-71 und eine beschilderte Zufahrt kommt man zu einem privaten Gebiet, auf dem man **Wildpferde** sehen kann. Die Zufahrt ist recht rauh. Die Wildpferde kann man auf einer geführten Tour (ca. zwei Stunden) sehen.

♦ Abfahrten tägl. um 9:00, 10:00, 11:00, 12:00, 14:00 (Memorial bis Labor Day), $ 15.

Jewel Cave NM

➲ Liegt im Südwesten des Staates nahe der Grenze zu Wyoming an der US-16, ca. 55 Mi westlich von Rapid City. ✆ 605/673, ☞ Route 9

ℹ Visitor Center, ☏ 2288, meistens tägl. 🕘 8:00 bis 17:00 (z.T. auch länger im Frühjahr, im Herbst auch kürzer).

🛏 Keine im Park, ☞ Custer.

🚐⛺ Keine im Park.

♦ Comanche Park NFCG, ca. 7 Mi östlich an der US-16, 23 ⩫.

♦ Diverse Plätze in und um ☞ Custer.

Die wunderschöne Tropfsteinhöhle bietet alles, was eine solche Höhle bieten kann: außer Stalagmiten und Stalaktiten vor allem auch sogenannten Frostwork, Popcorn und Helactiten sowie Draperies. Den Namen bekam die Höhle jedoch wegen ihrer Kristallansammlungen, den Juwelen der Höhle. Sie wurde etwa 1900 von Goldsuchern entdeckt und schon 1908 zum National Monument erklärt. Sie wurde aber immer weiter erforscht und heute sind ca. 130 km Tunnel und Gänge bekannt!

Besuch des Parks

ℹ Ihr Besuch sollte im **Visitor Center** beginnen. Hier erfahren Sie viel über die Entstehung der Höhle. Ausstellungen, Videos, Infoveranstaltungen bieten gute Möglichkeiten, sich auf die Besichtigung vorzubereiten.

Zur **Besichtigung der Höhle** werden drei verschiedene Touren angeboten:

✱ Die **Scenic Tour** ist die meist besuchte, ca. 800 m lang, dauert gut eine Stunde und erschließt die wesentlichen Formationen und Räume der Höhle. Sie ist stark gefragt und daher oft schon am Vormittag für den ganzen Tag ausgebucht. Sie ist mäßig anstrengend und verläuft auf befestigten Wegen mit ca. 700 Stufen!

♦ etwa von Mai bis September, mehrmals tägliche Führungen, $ 5.

✱ Die **Historic Tour** beginnt am ursprünglichen Eingang der Höhle, ist knapp ein Kilometer lang und erschließt die unbekannteren Teile der Höhle. Man ist mit Kerzenlicht unterwegs und muß auch durch engere Passagen krabbeln usw., daher etwas anstrengender, alte Klamotten anziehen. Unbedingt vorher in der reservieren.

♦ Mitte Juni bis Mitte August, Zeiten in der erfragen, $ 5.

✱ Die **Spelunking Tour** besucht einen unbekannten Teil der Höhle vom Visitor Center aus. Es müssen längere Passagen durchkrochen werden usw., daher recht abenteuerlich. Die notwendige Ausrüstung wird gestellt. Rechtzeitig reservieren, am besten schon Wochen im voraus!

♦ Mitte Juni bis Mitte August, mehrmals wöchentliche Führungen, Zeiten in der erfragen, $ 15.

Keystone

Liegt in den Black Hills im Westen des Staates an der US-16 Alt, ca. 20 Mi südwestlich von Rapid City.

⇧ 1.320 m, 200 Ew., SD 57751, 605/666, ☞ Route 9

CoC, Box 653, ☎ 800/456-3345.

Hillside Country Cottages, 13315 S Hwy 16, SD 57701, ☎ 342-4121, ca. $ 45.

♦ Holy Smoke Resort, 1 Mi östlich an der US-16 Alt, Box 684, ☎ 4616, ca. $ 50.

♦ Kelly Inn, Cemetary Rd, Box 654, ☎ 4483, ca. $ 70.

Battle Creek CG, ca. 1 Mi westlich auf der CR-323.

♦ Kemp's Kamp, ca. 2 Mi westlich auf der CR-323.

♦ Miner's RV Park, ca. 1 Mi südlich an der US-16 Alt.

♦ Old Home CG, ca. 6 Mi östlich an der SR-40.

♦ Horsethief Lake NFCG, ca. 5 Mi westlich an der SR-244, 36 ⩩.

Der Ort entstand nach Goldfunden im Jahre 1876. Heute ist er mindestens genauso lebhaft wie damals. Er gilt als das Tor zum ☞ Mt. Rushmore National Memorial.

✱ Die **Iron Mountain Road** ist eine sehr lohnende Strecke von Keystone nach Süden auf der US-16 Alt. Sie ist recht kurvig, weist mehrere Tunnel auf, bietet aber auch herrliche Ausblicke auf die Black Hills - Landschaft pur. Berühmt sind die Blicke durch die Tunnel auf die **Köpfe des Mount Rushmore**, das Ganze schaut aus wie ein (durch den Berg) gerahmtes Bild.

Die drei Tunnel auf der Route haben folgende Maße: Höhe 3,80 m, Breite 4,10 m! Checken Sie **vor Fahrtbeginn**, ob Ihr Gefährt zu hoch ist!

1880 Train, ☞ Hill City (Route 9).

⌘ **Rushmore Borglum Story**, Museum über den Bildhauer Gutzon Borglum, der die Präsidentenköpfe des Mt. Rushmore schuf.

♦ Tägl. 8:00 bis 20:00 (1.6. bis 31.8.), Eintritt: $ 5,50.

✱ **Big Thunder Gold Mine**, Besichtigung einer Goldmine des letzten Jahrhunderts, geführte Touren.

♦ Tägl. 8:00 bis 20:00 (1.6. bis 31.8.), Eintritt: $ 6.

✱ Die **Beautiful Rushmore Cave** liegt sechs Meilen östlich an der SR-40. Die Tropfsteinhöhle weist alle der hier üblichen Formationen auf. Geführte Touren.

♦ Tägl. 8:00 bis 20:00 (Memorial bis Labor Day), 9:00 bis 17:00 (1.5. bis 31.10.), Eintritt: $ 6,50.

Mt. Rushmore National Memorial

Liegt in den Black Hills, erreichbar von Rapid City aus über die US-16 und US-16 Alt bis Keystone und von dort über die SR-244, insgesamt ca. 23 Mi.

605/574, ☞ Route 9

Visitor Center, tägl. 8:00 bis 22:00 (Memorial bis Labor Day), sonst 8:00 bis 17:00.

♦ Offizielles Infoblatt.

♦ **Eintritt in den Park**: kostenlos.

Keine im Park, ☞ Keystone.

Keine im Park, ☞ Keystone.

Kann in der Hochsaison problematisch werden. Geduld! Irgendwo fährt immer jemand heraus!

Im Service Building nahe dem Visitor Center.

Das weltbekannte Monument umfaßt die in Granit gemeißelten Köpfe von vier Präsidenten der USA. Es sind von links nach rechts: **George Washington**, **Thomas Jefferson**, **Abraham Lincoln** und **Theodore Roosevelt**.

Im Alter von 60 Jahren begann der Bildhauer **Gutzon Borglum** mit seinen Arbeiten am Mt. Rushmore. Die folgenden 14 Jahre schuf er an seinem Lebenswerk. Sein Tod im Jahre 1941 ließ ihn die Vollendung des Projekts nicht mehr erleben. Sein Sohn setzte die Arbeiten fort, an denen insgesamt mehrere hundert Arbeiter beteiligt waren. Doch noch im gleichen jahr wurden die Arbeiten aus Geldmangel eingestellt und nie wieder aufgenommen.

Heute zählt der Park mit fast 3 Mio Besuchern zu den meistbesuchten der USA.

Die **Besichtigung** beginnt man vom Parkplatz aus. Über eine "Allee aus Fahnenmasten" führt der Weg zum Visitor Center. Die Masten präsentieren die Flaggen der Bundesstaaten in der Reihenfolge der Aufnahme in die Union. Unterwegs eröffnet sich dann der Blick auf die Köpfe, an die man ständig näher heranrückt.

Im **Visitor Center** kann man allerlei über die Arbeiten am Monument erfahren. Ausstellungen, Video, Infos. Von der Aussichtsterrasse hat man einen schönen Blick auf die gewaltigen Skulpturen.

☺ **Abendprogramm der Park Ranger im Amphitheater** mit anschließender Beleuchtung der Köpfe, eindrucksvoll!

Da die Köpfe in östliche Richtung schauen, setzt schon am Morgen Schattenwurf ein. Die beste Zeit für Fotos ist der frühe Morgen.

Rapid City

Liegt im Westen des Staates etwas östlich der Black Hills an der I-90.

⇧ 980 m, 55.000 Ew., SD 57701, 605/343, ☞ Route 9

Visitors Bureau, 444 Mt. Rushmore Rd, SD 57709, ☎ 1744.

815 St. Joseph St, ☎ 342-8482, Mo bis Fr 8:15 bis 17:00.

- Big Sky Motel, 4080 Tower Rd, ☏ 348-3200, ca. $ 45.
- Lazy U Motor Lodge, 2215 Mt. Rushmore Rd, ☏ 343-4242, ca. $ 50.
- Stardust Motel, 520 E North St, ☏ 343-8844, FAX 341-0500, ca. $ 60.
- Thrifty Motor Inn, 1303 La Crosse St, ☏ 342-0551, ca. $ 60.

- KOA, Ausfahrt 61 der I-90, ☏ 348-2111 oder ☏ 800/KOA-8504.
- Lake Park CG, 4 Mi westlich auf der SR-44.
- An der US-16 South (Mount Rushmore Rd) liegen: **Happy Holiday CG** (7 Mi), **Lazy J RV Park** (3 Mi), **Tee Pee CG** (5 Mi), **Mystery Mountain Resort** (9 Mi).
- NFCGs liegen an der SR-44 ca. 14 Mi westlich.

Mt. Rushmore Mall, 2200 N Maple Ave.

Klima	*Jan*	*Feb*	*Mär*	*Apr*	*Mai*	*Juni*	*Juli*	*Aug*	*Sep*	*Okt*	*Nov*	*Dez*
Ø max. °C	1	2	6	14	20	25	31	30	25	17	8	4
Ø min. °C	-12	-11	-7	0	7	12	16	14	9	3	-5	-9

Die Stadt wurde 1876 nach den Goldfunden in den Black Hills gegründet. Damals Ausgangspunkt für die Goldhungrigen, die den Black Hills zustrebten, ist die Stadt heute Ausgangspunkt für viele Touristen der Black Hills.

⌘ Das **Sioux Indian Museum**, 515 West Blvd, beschäftigt sich mit Geschichte, Kultur und Kunst der Indianer, insbesondere der Lakota Sioux. Gibt einen recht schönen Überblick. Nebenan liegt ein kleines **Pionier Museum**.

Beide Museen sollen 1997 oder 1998 in einen "The Journey - An Historical Center" genannten Museumskomplex in der New York St nahe dem Rushmore Plaza Civic Center umziehen!

- Mo bis Sa 9:00 bis 17:00, So 13:00 bis 17:00 (1.6. bis 30.9.), sonst Di bis Sa 10:00 bis 17:00, So 13:00 bis 17:00, Eintritt: kostenlos.

Sioux Pottery and Crafts, 2209 SR-79, hier können Sie Indianern bei Töpferarbeiten zuschauen und Waren kaufen.

- Mo bis Fr 8:00 bis 17:00, Sa 9:00 bis 16:00, So 11:00 bis 16:00 (1.6. bis 31.8.), sonst So geschlossen und Sa nur bis 14:00, Eintritt: kostenlos.

⌘ Das **South Dakota Air & Space Museum**, in der Ellsworth Airforce Base (Ausfahrt 66 der I-90), zeigt diverse Flugzeuge verschiedener Epochen und Videos zu Luft- und Raumfahrt. Geführte Bustour über die Basis, auf der man (aus der Entfernung) auch den B-1 (Atom-)Bomber sehen kann.

- Tägl. 8:30 bis 18:00 (15.5. bis 15.9.), sonst bis 16:30, Eintritt: kostenlos, Bustour (stündlich): $ 4.

⌘ **Dahl Fine Arts Center**, 713 7th St, Gemäldesammlung, die u.a. ein über 50 m großes Bildnis enthält, das 200 Jahre amerikanischer Geschichte darstellen soll.

♦ Mo bis Do 9:00 bis 19:00, Fr, Sa 9:00 bis 17:00, So 13:00 bis 17:00 (1.6. bis 31.8.), sonst Mo bis Do nur bis 17:00, Eintritt: Spende.

✞ ⌘ **Chapel in the Hills**, ca. vier Meilen westlich von der SR-44 auf die Chapel Lane abzweigen, noch etwa eine Meile. Sie können hier die originalgetreue **Nachbildung der Stabkirche von Borgund** (Norwegen) bestaunen. Die erstaunliche perfekte Kopie des Originals (ca. um 1150 erbaut) ist ein lohnender Abstecher.

Neben der Kirche ist ein typischer norwegischer Speicher erbaut, in dem ein kleines Museum und ein Laden mit norwegisch aufgemachten Souvenirs untergebracht ist.

♦ Tägl. ca. 7:00 bis 20:00 (variabel!), Eintritt: kostenlos.

✱ Der **Petrified Forest** liegt ca. 12 Mi nordwestlich an der I-90, Ausfahrt 46, noch eine Meile nach Osten. Hier kann man versteinertes Holz in verschiedenen Formen sehen. Videos und ein kurzer Trail durch das Gelände.

♦ Tägl. 8:00 bis 19:00 (Memorial bis Labor Day), Eintritt: $ 6.

Die **Black Hills Reptile Gardens** liegen etwa sechs Meilen südlich an der US-16. In einem Terrarium kann man verschiedene Reptilien, darunter Alligatoren, Krokodile, Kobras, Mambas, in tropischer Umgebung anschauen. Daneben gibt es fragwürdige Tierdressuren.

♦ Tägl. 7:00 bis 20:00 (Memorial bis Labor Day), sonst 9:00 bis 17:00, Eintritt: $ 8,50.

Skyline Drive, lohnende Straße im Südwesten der Stadt, die schöne Ausblicke bietet. Unterwegs liegt der Dinosaurier Park mit lebensgroßen Saurierstatuen. Zufahrt von der US-16 am südlichen Stadtrand.

✱ Die **Thunderhead Underground Falls** liegen zehn Meilen westlich an der SR-44. In einem ehemaligen Bergwerk kann man in einem Stollen einen kleinen Wasserfall sehen. Dieser entstand, als man bei Sprengungen einst eine Wasserader öffnete.

♦ Tägl. ca. 8:00 bis 20:00 (1.5. bis 31.10.), Eintritt: ca. $ 4.

✱ Der **Wonderland Cave Natural Park** liegt schwer zugänglich im Bergland zwischen Sturgis und Rapid City. Anfahrt über die Nemo

Road, schmal und kurvig, über 23 Mi bis Nemo, dort auf die CR-135 und nach sieben Meilen auf die CR-137 (Kiesweg) abbiegen, noch zwei Meilen. Die Höhle enthält sehr schöne Tropfsteinformationen aller Arten. Geführte Touren.

♦ 8:00 bis 21:00 (1.5. bis 31.10.), Eintritt: $ 6.

✱ **Black Hills Caverns**, ca. acht Meilen westlich etwas abseits der SR-44, beschildert. Mehrere Räume mit schönen Tropfsteinformationen. Kleines Museum. Verschiedene geführte Touren.

♦ Tägl. 8:00 bis 20:00 (15.6. bis 31.8.), 8:30 bis 17:30 (ab 1.5. bis 15.6. und ab 31.8. bis 15.10.), Eintritt: Museum kostenlos, Adventure Tour $ 6, Crystal Tour $ 4,75.

✱ **Crystal Cave Park**, ca. fünf Meilen westlich über die SR-44 und eine Zufahrt, zwei Meilen. Neben einer schönen Tropfsteinhöhle gibt es ein Visitor Center und geführte Touren.

♦ Tägl. 8:00 bis 20:00 (1.6. bis Labor Day), Eintritt: $ 6,50.

✱ **Sitting Bull Caverns**, ca. 11 Mi südlich von der US-16 auf eine Zufahrt, ca. zwei Meilen. Tropfsteinhöhle, geführte Touren.

♦ Tägl. 7:00 bis 19:00 (1.5. bis Labor Day), danach bis 17:00, Eintritt: $ 6.

✱ **Stagebarn Crystal Cave**, von der I-90 ca. 12 Mi westlich an der Ausfahrt 48 abfahren, beschildert. Diese Höhle zählt zu den längsten der Gegend und weist ebenfalls die typischen Tropfsteinformationen auf. Es gibt Erklärungen auf Kassetten in deutscher Sprache.

♦ 8:00 bis 20:00 (Memorial bis Labor Day), Eintritt: $ 6.

Sturgis

Liegt gut 20 Mi nordwestlich von Rapid City an der I-90.

1.050 m, 5.500 Ew., SD 57785, 605/347

CoC, 606 Anna St, 2556.

National Jct Inn, 1802 S Jct Ave, 5675, FAX 5695, ca. $ 60.

♦ National 9 Star Lite Inn, 2426 Jct Ave, 2506, ca. $ 60.

Days End CG, nahe der Ausfahrt 30.

Berühmt ist die kleine Stadt für die alljährlich stattfindende **Sturgis Rally and Races**, ein irres Motorradtreffen Anfang August. Dann wimmelt es hier von Bikern aus den ganzen USA, angeblich sollen es bis zu 30.000 sein, die es hierherzieht. Überall in den Black Hills trifft man dann auf Rudel der blubbernden Harleys, die meist gemächlich über die kurvigen Straßen ziehen. Zeltplätze und Unterkünfte bekommt man dann kaum in den Black Hills!

⌘ Das **National Motorcycle Museum**, 2438 Jct Ave, zeigt fast 100 Motorräder und Erinnerungsstücke an bekannte Motorradfahrer.

♦ Tägl. 9:00 bis 20:00 (Memorial bis Labor Day), sonst 9:00 bis 18:00, Eintritt: $ 3.

⌘ Das **Ft. Meade Cavalry Museum** liegt zwei Meilen östlich an der SR-38. Es umfaßt neben einigen Gebäuden des ehemaligen Militärpostens Gegenstände der US-Kavallerie, die 1878 hier für Ruhe zwischen den Cheyenne und Sioux einerseits und Goldsucher und Siedlern andererseits sorgen sollten.

♦ Tägl. 8:00 bis 19:00 (Memorial bis Labor Day), Eintritt: $ 3.

✱ Der **Bear Butte SP**, ca. sechs Meilen nördlich an der SR-79, umfaßt einen ca. 420 m hohen Berg vulkanischen Ursprungs, den die Indianer als heilige Stätte ansahen. Kleines Visitor Center.

♦ Tägl. 8:00 bis 19:00 (1.5. bis 15.9.), Eintritt: $ 2.

✱ **Wonderland Cave Natural Park** ☞ Rapid City.

Wind Cave NP

➲ Liegt im Südwesten des Staates am Rande der Black Hills, ca. 45 Mi südwestlich von Rapid City über die SR-79, 36 und 87.

⇧ ca. 1.200 m, SD 57747, 605, ☞ Route 9

Visitor Center an der Zufahrt von der US-385, tägl. 8:30 bis 17:00.

♦ Headquarters, RR1, Box 190, Hot Springs, SD 57747, ☎ 745-4600.

Parkzeitung ***Passages*** mit viel nützlicher Information.

♦ Offizielles Infoblatt mit Karte zum National Park.

Keine im Park, ☞ Custer oder Hot Springs.

Elk Mountain CG im Park, 100 ⛼, sonst ☞ Custer, Custer SP oder Hot Springs.

Der National Park umfaßt auf seinen 113 km² eine schöne Landschaft im Süden der Black Hills. Das leicht hügelige offene Land ist von Wald und Baumgruppen durchsetzt und damit typisch für diesen Teil Dakotas. Außerdem liegt hier die **Wind Cave**, eine fantastische Tropfsteinhöhle.

✱ Die Höhle ist sicher der Hauptanziehungspunkt des National Parks. Sie wurde 1881 entdeckt und schon 1903 zum National Park erklärt. Den Namen erhielt sie wegen der starken Luftzirkulation in Teilen der Höhle.

Sie umfaßt diverse Räume mit schönen Tropfsteinformationen unterschiedlichster Art. Bekannt ist die Höhle vor allem für ihre Frostworks und Boxworks genannten filigranen Formationen, sie ist äußerst sehenswert.

Besuch des Parks

Der Besuch des National Parks sollte im **Visitor Center** beginnen. Dort gibt es neben der offiziellen Parkbroschüre die Parkzeitung, Ausstellungen zur Geologie und zur Natur des Parks sowie Videovorführungen.

☺ Buchen Sie so früh wie möglich die gewünschte Besichtigungstour!

Die Höhle kann auf verschiedenen **Touren besichtigt** werden:

✱ Die **Natural Entrance Tour** ist sozusagen die Standardtour, ungefähr 1½ Std.

♦ Tägl. 9:00 bis 18:00, beginnt ca. jede halbe Std., $ 5.

✱ **Garden of Eden Tour**, kurz, aber schön, ca. eine Stunde.

♦ Tägl. mehrmals, Zeiten in der i erfragen, $ 3.

✱ **Fairgrounds Tour**, ca. 1½ Std., etwas anstrengender.

♦ Tägl. mehrmals, Zeiten in der i erfragen, $ 5.

✱ **Candlelight Tour**, mit Kerzenlampen, ca. zwei Stunden, etwas abenteuerlicher.

♦ Tägl. um 10:30 und 13:30, im voraus reservieren!, $ 6.

✱ **Spelunking Tour**, ca. vier Stunden, anstrengend und abenteuerlich, ab 16 Jahre!

♦ Tägl. um 13.00, Reservierung notwendig, $ 15.

Es gibt im Park viel **Wild** zu sehen, u.a. Bisons, Pronghorn-Antilopen, Wapitis und Adler. Beste Möglichkeit besteht am frühen Morgen oder späten Abend.

Die **Straßen im Park** erschließen viel von der schönen Landschaft und bieten gute Chancen, Tiere zu sehen. Schon die US-385 von Süden in den Park ist lohnend, erst recht aber die gewundene SR-87 zum Custer SP, ☞ Route 9.

Wandern

Es gibt gute Wandermöglichkeiten im Park. Dazu sollten Sie sich das Faltblatt ***Hiking in Wind Cave NP*** im Visitor Center geben lassen. Es enthält eine Übersicht über die wichtigsten Wanderwege im National Park.

Washington - Wissenswertes

Einwohner: 5.350.000
Größe: 172.190 km²
Hauptstadt: Olympia
Höchster Punkt: Mt. Rainier, 4.392 m
Tiefster Punkt: Meereshöhe an der Pazifikküste
Zeitzone: Pacific Time, Sommerzeit

Geschichte

Bereits in der zweiten Hälfte des 18. Jh. wurde die Küste des heutigen Washington von spanischen Eroberern teilweise gesichtet und für Spanien in Besitz genommen. **1792** segelte dann **Captain George Vancouver** an der amerikanischen Nordwestküste entlang. **1805/06** befuhren **Lewis** und **Clark** den Columbia River an der Südgrenze des heutigen Washington.

In den folgenden Jahren drangen von Norden und Westen immer mehr Pelzhändler in das Gebiet vor, die ersten Handelsposten wurden **1810** für die Northwest Company von **David Thompson** z.B. in Spokane errichtet. **1821** schlossen sich die Northwest und die **Hudson's Bay Company** zusammen und kontrollierten so praktisch den gesamten Pelzhandel in Washington.

Ebenfalls zu Beginn des 19. Jh. gelangten allmählich auch andere Leute hierher - so zum Beispiel Geistliche, Abenteurer und Siedler. Es entstanden erste Missionen und kleinere Siedlungen. **1853** wurde das Gebiet des heutigen Washington vom damaligen Oregon-Territorium abgeteilt. **1889** schließlich **wurde Washington ein Staat der Vereinigten Staaten**.

Der wirtschaftliche Aufschwung und ein stärkerer Zuzug an Siedlern begann zwar in bescheidenem Umfang bereits Mitte des 19. Jh., doch erst mit der Vollendung der North Pacific Railroad wurde die Voraussetzung für eine bessere Entwicklung geschaffen.

Mit dem Ausbruch des **Goldrausches im Klondike** wandelte sich die bis dahin recht unbedeutende Rolle Seattles als Hafenstadt über Nacht in eine Schlüsselrolle. Alle Welt schaute auf diesen Hafen, von wo aus die Schiffe mit den Abenteurern in Richtung Alaska ausliefen.

Auch in den 20er Jahren hielt das wirtschaftliche Wachstum in Seattle und anderen Teilen Washingtons an; zu Zeiten der Weltwirtschaftskrise brach jedoch auch hier die Wirtschaft nahezu zusammen. Mit dem Bau mehrerer Dämme im Columbia River in den 30er und 40er Jahren begann wegen der nun möglichen künstlichen Bewässerung ein Aufschwung der Landwirtschaft.

Geographie

Die Landschaft des Staates Washington ist äußerst vielgestaltig. Während der Nordwesten von einer **Fjordlandschaft im Puget Sound** geprägt ist, weist die davor liegende Halbinsel mit den Olympic Mountains fantastische, in Nordamerika **einzigartige Regenwälder** auf. Die Küstenstreifen sind von hoher Feuchtigkeit, viel Regen und Nebel, rauhen Stränden und mildem Klima geprägt.

Weiter im Landesinneren durchziehen die Cascade Mountains das Land von Süden bis zur kanadischen Grenze und bilden für das von Westen kommende Wetter eine nahezu unüberwindbare Barriere. Große Teile des Gebirgszuges sind vulkanischen Ursprungs, was der verheerende Ausbruch des **Mt. St. Helens** (1980) verdeutlichte. Auch andere Berge, z.B. der Mt. Rainier, der Mt. Baker oder der Mt. Adams, sind aus Vulkanen entstanden. Sie alle gehören zum sogenannten **Ring of Fire**, der den gesamten Nordwesten der USA durchzieht.

Die Berge in den Cascades sind überwiegend stark und üppig bewaldet und stellen für zahlreiche Tiere einen guten Lebensraum dar. In den Cascades liegen auch der ☞ **Mt. Rainier NP**, der ☞ **North Cascades NP** und das ☞ **Mt. St. Helens Volcanic NM** sowie zahlreiche National Forests und Wilderness Areas. So stellen die Cascades auch ein bedeutendes Erholungsgebiet und ein Stück relativ ursprünglich erhaltener Natur dar.

Zwischen den Cascades und den im äußersten Südosten liegenden Blue Mountains sowie den im Nordosten liegenden Selkirk Mountains liegt ein relativ **ebenes Hochland**, das durch die Abschirmung nach Westen eher trockenen, teils sogar fast wüstenhaften Charakter hat. Die Temperaturen steigen hier im Sommer oft kräftig an.

Das gesamte Hochland wird vom **Columbia River** durchzogen. Der mächtige Fluß führt von der kanadischen Grenze in mehreren Schleifen durch das Hochland und bildet dann schließlich etwa drei Viertel der Grenze zu Oregon.

Wirtschaft

Der wesentliche Wirtschaftsfaktor Washingtons ist die **Landwirtschaft**. Rund 40% der Fläche werden landwirtschaftlich genutzt, teils wird sie durch künstliche Bewässerung nutzbar gemacht, teils ist sie aber auch von Natur aus fruchtbar. Neben Obst- und Gemüseanbau wird auch **Viehzucht** betrieben, im Westen und Nordosten mehr Milchviehhaltung, in den Hochebenen hat die Fleischviehhaltung Vorrang.

Die **Forstwirtschaft**, um die Jahrhundertwende noch der wichtigste Wirtschaftszweig, hat stark an Bedeutung verloren. Zusammen mit der holzverarbeitenden Industrie kommt ihm jedoch auch heute noch eine wichtige Rolle zu. Erwähnenswert sind außerdem verschiedene Industriezweige, so die **Flugzeugindustrie** (Boeing) und entsprechende **Zulieferindustrie** (z.B. Aluminiumproduktion).

Der **Bergbau** spielt in Washington eine relativ geringe Rolle, wenngleich auch hier verschiedene Metalle aus der Erde herausgegraben werden.

In der Küstenregion ist zudem die **Fischindustrie** erwähnenswert, und schließlich ist auch der **Tourismus** zu einem nicht ganz unerheblichen Wirtschaftsfaktor herangewachsen.

Washington - Orte und Sehenswertes

Bellingham

➲ Liegt im äußersten Nordwesten Washingtons an der I-5.
52.000 Ew., ✉ WA 98225, ✆ 360

Visitors Bureau, 904 Potter St, ☎ 671-3990.
AAA 3600 Meridain St, ☎ 733-2740, Mo bis Fr 8:30 bis 17:00.

Lions Inn Motel, 2419 Elm St, ☎ 733-2330, ca. $ 40.
♦ Bay City Motor Inn, 116 N Samish Way, ☎ 676-0332, ca. $ 50.
♦ Travelodge, 202 E Holly St, ☎ 734-1900, ca. $ 50.

Ferndale CG & RV Park, 8 Mi nördlich bei Ferndale an der I-5.
♦ Larrabee SP, 7 Mi südlich auf der SR-11.

Fährhafen für die Alaska-Fähren. Von hier hat man einen einzigartigen Ausblick auf die ☞ San Juan Islands und die mächtigen Berge der Cascades.

⌘ Im **Whatcom Museum of History** gibt es Ausstellungen zur Vergangenheit des Gebietes sowie verschiedene Kunstausstellungen.
♦ Di bis So 12:00 bis 17:00, Eintritt: Spende.

☺ Empfehlenswert: Ein **Ausflug auf dem Chuckanut Drive** nach Süden um die Samish Bay herum (SR-11) mit herrlichen Ausblicken auf den Puget Sound. Weitere Ausflugsmöglichkeiten über die SR-542 zum Mt. Baker.

Chelan

➲ Liegt am Südostende des langgestreckten Chelan Lake in Nord-Washington an der US-97. ⇧ 380 m, 3.000 Ew., ✉ WA 98816, ✆ 509/682
CoC, ☎ 3503.

Apple Inn Motel, 1002 E Woodin Ave, ☎ 4044, ca. $ 50.

25-Mile Creek SP, 4 Mi südlich der Abzweigung der SR-150 an der US 97.
♦ Lake Chelan SP, 9 Mi westlich über die US-97 und die CR-971.

Der Ort entstand am Ostrand der Cascade Mountains mit einer einmalig schönen Landschaftskulisse.

Er ist ein guter Ausgangspunkt für Fahrten auf dem langgestreckten See oder für Bootstouren in die ☞ **Lake Chelan NRA**. Für schöne

Ausflüge auf dem See und in die National Recreation Area ☞ Lake Chelan NRA.

⌘ Im Ort gibt es ein kleines Museum.

Colfax

➲ Liegt im äußersten Osten Washingtons an der US-195, etwa 60 Mi südlich von Spokane. ⇧ 600 m, 2.900 Ew.

Boyer RV Park, ca. 20 Mi über die US-195 und die Almota Rd.

Von **Steptoe Butte**, 14 Mi nördlich im Steptoe Butte SP, hat man einen fabelhaften Ausblick. Hier erlitt die US-Army 1858 eine schwere Niederlage im Kampf gegen die Indianer. Auf den Berg führt ein Weg, lohnender Abstecher von der US-195.

Ferndale

➲ Liegt im äußersten Nordwesten Washingtons an der I-5, etwa 15 Mi südlich der Grenze zu Kanada. 5.400 Ew., WA 98248, 360/384

Ferndale RV Park, 1 Mi von Ausfahrt 263 nach Osten.

Der Ort ist ein kleines Zentrum für die umliegenden Ortschaften und Farmen.

Im **Pioneer Park** kann man Gebäude aus der Zeit von 1870 bis 1895 besichtigen, darunter befindet sich eine kleine Kirche, mehrere Blockhäuser, Hotels und Farmhäuser.

♦ Führungen Di bis So zwischen 12:00 und 16:00 (1.5. bis 30.9.), Eintritt: kostenlos.

✱ **Hovander Homestead**, Siedlerhaus von 1903, eine Meile südlich.

♦ Do bis So 12:00 bis 16:30, Eintritt: $ 3.

Ft. Okanogan SP

➲ Liegt im nördlichen Washington an der SR-17 zwischen Brewster und Bridgeport.

Visitor Center, ☏ 689-2243. Mi bis So 10:00 bis 18:00, Eintritt: kostenlos.

🛏 ☞ Okanogan.

🚐⛺ ☞ Okanogan.

1811 baute John Jacob Astor für die Pazifik Fur Company am Zusammenfluß des Columbia mit dem Okanogan River das Ft. Okanogan. Mehrere Jahre lang war es ein relativ wichtiger Handelsplatz und später auch ein beliebter Halteplatz der Kanubrigaden, die im Zeitalter des Pelzhandels die eingetauschten Felle in Richtung Osten transportierten.

Erst 1860, als sich die Hudson's Bay Company infolge des Anschlusses von Washington an die USA aus diesem Gebiet endgültig zurückzog, endete die Bedeutung von Ft. Okanogan. Heute ist von dem Fort nichts mehr zu sehen, die Stelle, an der es stand, wurde durch den aufgestauten Columbia River überflutet.

i Oberhalb legte man dann das **Visitor Center** des Ft. Okanogan SP an, das in einer kleinen Ausstellung einen guten Überblick über die Entwicklung des ehemaligen Forts und der Pelzhandelsgeschichte gibt.

Ft. Vancouver NHS

➲ Liegt in Vancouver etwas abseits der I-5 im Süden Washingtons gegenüber von Portland. Zufahrt (beschildert): Sie verlassen die I-5 am East Mill Plain Blvd, fahren diesen ostwärts bis zum Ft. Vancouver Way, in den Sie nach rechts einbiegen und bis zum East Evergreen Blvd befahren, auf den Sie dann nach links einbiegen. Über eine Zufahrt erreichen Sie das Visitor Center und das Fort. ☞ Route 2

i Visitor Center nahe dem Fort, ☎ 696-7655, tägl. 🕘 9:00 bis 17:00 (Memorial bis Labor Day), sonst 9:00 bis 16:00.

♦ **Eintritt in den Park**: $ 2 oder Golden Eagle.

🛏 ☞ Vancouver.

🚐⛺ ☞ Vanvouver.

Das National Historic Site umfaßt neben einem Visitor Center noch das rekonstruierte **Fort Vancouver**. Das Fort wurde **1825** angelegt und diente bis 1860 der **Hudson's Bay Company** als Hauptsitz für das Gebiet um den Columbia River herum. Bis Mitte der 40er Jahre war es ein bedeutendes Zentrum des Pelzhandels im Nordwesten und wurde von Dr. John McLoughlin, einem Schotten, geführt. Auch nachdem das Gebiet dann 1849 den Vereinigten Staaten zugesprochen wurde, trieb die Hudson's Bay Company weiter Handel, nunmehr vor allem mit den hier eintreffenden Siedlern. Erst als der Handel mehr und mehr zurückging, schloß man den Posten (1860), er verfiel in den folgenden Jahren fast vollkommen und brannte schließlich ab. Erst nach dem Zweiten Weltkrieg wurden die Reste des Forts freigelegt und rekonstruiert.

⌘ Im **Visitor Center**, das man zunächst aufsuchen sollte, gibt es ein kleines interessantes **Museum**, in dem man viel über den Pelzhandel, die Hudson's Bay Company und ihre damalige Rolle im Nordwesten der USA erfährt. Außerdem bekommen Sie hier Informationen zum Fort, Dia-Shows und Filme werden vorgeführt.

✱ Das **rekonstruierte Fort** ist von einem Palisadenzaun umgeben, der ein fast 220 m langes und 97 m breites Gebiet umschließt. Man kann einen der Wachtürme besichtigen, den General Store der Hudson's Bay Company, die Werkstatt des Schmiedes, die Bäckerei, ein Waschhaus und das Wohnhaus des Leiters von Ft. Vancouver. Interessant: der Arzt praktizierte in einem Raum des General Store in ausgesprochen bescheidener Umgebung.

Im Store, in der Bäckerei und in der Schmiede sind zeitweise Leute tätig, die Interessierten Erklärungen geben und Handwerksarbeiten verrichten, die auch damals anfielen.

Einige Gebäude kann man nur auf einer geführten Tour besichtigen (kostenlos), z.B. die Chief Factor's Residence (Wohnhaus des Leiters), in der man die prachtvoll eingerichteten Räume besehen kann. Kaum vorstellbar, daß man in der absoluten Wildnis damals so komfortabel leben konnte. Sehr interessant auch das Lagerhaus mit diversen Pelzen und der Store mit Waren, die damals hier gehandelt wurden. Insgesamt ein sehr lohnender Besuch.

Highway 20

Der Highway 20 beginnt an der Grenze zu Oregon in Newport, wo die US-2 den Pend Oreille River kreuzt. Die nach ca. 50 Mi beginnende Fahrt über die Berge nach Colville und danach über den Sherman Pass und Republic zur US-97 ist landschaftlich sehr beeidruckend. Man folgt dann der US-97 ein Stück südwärts, wendet sich in Okanogan wieder Richtung Westen, überquert in waldigem Bergland einen Paß und gelangt nahe Winthrop ins Tal des Methow River.

In immer grandiosere Berglandschaft windet sich nun die Straße hinein. Herrliche 70 Mi führt sie durch die North Cascade Range und den North Cascades NP hindurch. Dieses Straßenstück zählt sicher zu den großartigsten im ganzen Nordwesten - wenn das Wetter mitspielt! Die Strecke endet in Burlington an der I-5, etwa 60 Mi nördlich von Seattle.

Klondike Goldrush NHP

➲ Liegt im Pioneer Historic District in ☞ Seattle.

Visitor Center, 117 S Main St, Seattle WA, ☏ 553-7220, tägl. 9:00 bis 17:00, Eintritt: kostenlos.

☞ Seattle.

☞ Seattle.

Der National Historic Park besteht aus mehreren Teilen, die mit der Geschichte des Goldrausches im Klondike 1896 in Verbindung stehen. Während die anderen Teile in Alaska und im Yukon (Kanada) liegen, ist in ☞ **Seattle** der südlichste Teil des National Historic Parks zu finden.

Nachdem man 1896 am Bonanza Creek, einem Nebenfluß des Klondike River nahe des heutigen Dawson City, im Yukon Gold gefunden hatte, dauerte es noch eine ganze Weile, bis sich diese Kunde in den Süden verbreitete. Der eigentliche Goldrausch brach erst aus, als am **17. Juli 1897** der Dampfer "Portland" im Hafen von Seattle ankam. Tausende von Einwohnern wurden Zeuge, als unvorstellbare Mengen Gold, die man am Klondike ausgegraben hatte, entladen wurden. Noch am gleichen Tag war die Passage auf der "Portland" nach Norden wieder ausgebucht, der **Goldrausch** war ausgebrochen.

Und doch: Das Gebiet um Dawson City war damals nicht nur von den drei Verursachern des Goldrausches, **Skookum Jim**, **Tagish Charley** und **G. W. Carmack**, aufgesucht worden, sondern auch viele andere Abenteurer waren immer weiter nach Norden gezogen, um das kostbare Edelmetall aufzustöbern. Die Nachricht vom Gold verbreitete sich dort oben schnell, und nur kurze Zeit nach dem Goldfund im August 1896 waren alle guten Claims bereits gesteckt und vergeben. Die ersten 68 jener erfolgreichen Glücksritter waren es, die dann mit der "Portland" im Sommer 1897 zurück nach Seattle kamen.

Die wahren Gewinner jener Tage waren die Geschäftsleute in Seattle. Tausende von Abenteurern kamen nach Seattle und mußten sich für die lange Reise nach Norden ausrüsten. Man mußte für ein Jahr Vorräte und Gerätschaften mitführen, sonst durfte man nicht nach Kanada einreisen. So wurde in Seattle das entsprechende Ausrüstungsgut zusammengekauft, die Preise stiegen, die entsprechenden Waren waren auch gegen höchste Bezahlung kaum zu erhalten.

🕮 In meinem ReiseHandbuch ***Kanada-Alaska Highways***, ebenfalls im Conrad Stein Verlag erschienen, gehe ich auf den Goldrausch im Klondike detailliert ein. ISBN 3-89392-074-9, DM 26,80.

In diesen Tagen herrschte in Seattle rege Geschäftigkeit, der neue Reichtum prägte das Stadtbild deutlich, viele der damals errichteten Häuser stehen noch heute.

Die Seattle Section des Klondike Goldrush NHP besteht eigentlich nur aus einem **Visitor Center** im Union Trust Annex in der 117 S Main St. Hier findet man eine Reihe interessanter Ausstellungsgegenstände, z.B. die Tonne von Vorräten, die ein Goldgräber mit sich nach Kanada schleppen mußte. Man kann hier Informationen bekommen, die die Hintergründe und den Ablauf des Goldrausches verdeutlichen, außerdem zeigt man Dia-Shows und Filme, u.a. am ersten Sonntag des Monats um 15:00 den Klassiker *"The Goldrush"* mit Charlie Chaplin, sehr lohnend.

🕮 Im Visitor Center gibt es eine **Karte** des sogenannten **Pioneer Historical District**, also des Teils, der das Zentrum des Goldrausches in jenen Tagen in Seattle war. Hier stehen noch viele Gebäude aus den Jahren zwischen 1890 und 1900, z.T. restauriert. Auf der Karte sind diese Gebäude eingezeichnet und mit Erklärungen versehen (englisch). Empfehlenswerter Rundgang.

Lake Chelan NRA

- Liegt in Nord-Washington, südlich des North Cascades NP.
- Golden West Visitor Center, tägl. 8:30 bis 17:00.
- Lake Chelan NRA, Box 549, Chelan, WA 98816, ☎ 509/682-2549.
- Keine in der National Recreation Area.
- Nur zu Fuß erreichbare Plätze.

Die National Recreation Area stellt die südliche Fortsetzung des ☞ North Cascades NP dar. Sie umfaßt ein Gebiet um das Nordende des langen Lake Chelan und ist nicht mit dem Auto zugänglich. Zugangsmöglichkeiten bestehen von Chelan an der US-97 aus per Boot, mit dem Charterflugzeug oder auf Wanderwegen.

Das Boot verläßt Chelan tägl. um 8:30 (15.4. bis 15.10.), sonst Mo, Mi und Fr, ca. $ 20. Näheres: Lake Chelan Boat Company, Box 186, Chelan, WA 98816.

Auskünfte über Flugverbindungen: **Chelan Airways**, ☏ 682-5555, oder **Stehekin Air Service**, ☏ 682-5065.

Der **Lake Chelan** ist einer der längsten und tiefsten Seen in Washington (55 Mi lang, bis zu 450 m tief) und wird von einer unvergleichlichen Berglandschaft umgeben. Die einzige Siedlung der National Recreation Area ist **Stehekin**. Hier gibt es eine Ranger Station, die notwendige Permits für Backcountry-Wanderungen und Camping erteilt.

Das **Visitor Center** zeigt eine kleine Ausstellung zur Geschichte des Gebietes. Die Park Ranger veranstalten Dia-Shows und geführte Wanderungen.

Die National Recreation Area bietet gute Möglichkeiten zu längeren und kürzeren Bergwanderungen. Außerdem kann man auf dem See angeln und Boot fahren, Floßtouren und Trailrides unternehmen. Näheres bei Cascade Corrals in Stehekin Landing.

Mehr zum Wandern, auch über die Länge der Trails, Schwierigkeitsgrade und sonstige Bedingungen auf den jeweiligen Wanderwegen von den Rangern und in der i.

Der National Park Service unterhält einen Shuttle Bus Service zu verschiedenen Startpunkten der Wanderwege. Sie fahren an der North Cascade Lodge ab, Fahrpreis $ 5 bis 10.

Mt. Baker NF

umfaßt ein 6.838 km² großes Gebiet am Westabhang der Cascade Mountains, das sich von der kanadischen Grenze bis zum Mount Rainier erstreckt. In dem National Forest gibt es zahlreiche Wilderness Areas, völlig unberührte, meist auch sehr unzugängliche Gebirgslandschaften.

Den Nordteil des National Forests beherrscht der 3.285 m hohe **Mt. Baker**. Dieser Vulkan gilt als noch tätig, er ist ein Teil des sogenannten Ring of Fire, zu dem auch der Mt. St. Helens gehört. Weiter im Süden beherrscht der **Glacier Peak** (3.221 m) die Landschaft.

Zugang zum National Forest hat man von Seattle aus über verschiedene Straßen: In den Südteil über die I-90, die US-2 und im Norden über die SR-20 und SR-530. Zum Mt. Baker führt eine Stichstraße, die SR-542. Alle Straßen verlaufen durch schöne Landschaft, besonders die Fahrt zum Mt. Baker ist empfehlenswert.

Lohnend ist auch die Fahrt über den **Mountain Loop Highway**, der von Seattle aus über die I-5 und SR-92 nach Granite Falls erreichbar ist. Von dort fährt man ostwärts, folgt einem Fluß durch Wald- und Berglandschaft und kommt nach **Silverton**, einer ehemaligen Gold- und Silberbergbaustadt. Die Straße weiter nach Osten führt dann mitten in das Bergland der Cascades hinein und passiert einen Trail zu den **Big Four Ice Caves**, der vier Meilen hinter Silverton an der Straße beginnt.

Wenig später führt eine Stichstraße nach **Monte Cristo**, einer ehemaligen Goldrauschstadt.

Diese Straße ist oft unbefahrbar, da sie nach Regen häufig ausgewaschen ist.

Man fährt weiter nach Norden auf landschaftlich schöner Strecke bis nach **Darrington**, wo man die SR-530, eine Asphaltstraße, erreicht.

Der gesamte Mt. Baker NF bietet ausgezeichnete Wandermöglichkeiten. Besonders das Gebiet um den Mt. Baker ist von zahlreichen kurzen und langen Wanderwegen durchzogen. Zudem verläuft ein über 200 Mi langes Stück des Pacific Crest Trail durch den National Forest.

Die Zeitung ***Mt. Baker Experience*** gibt Informationen über Wanderwege im Gebiet um den Mt. Baker, entlang des Mt. Baker Highway, über den National Forest und über Möglichkeiten für verschiedene Unternehmungen. Man bekommt sie in den Ranger Stations und im Visitor Center, 2105 Hwy 20 in Sedro Woolley, Washington 98284.

Mt. Rainier NP

Der Park liegt gut 50 Mi südöstlich von Seattle. Zugang besteht von Norden her über die SR-410, von Osten über die SR-410 von Yakima aus bzw. über die US-12 und SR-123, die von Süden in den Park führt. Von Südwesten aus Zugang über die SR-706. In die Nordwestecke gelangt man auch noch über die SR-165 von Buckley sowie eine weitere kleine Zufahrt.

⇧ 540 m am Carbon-River-Eingang im Norden, bis 1.950 m in Sunrise. Der Mt. Rainier überragt mit 4.392 m alles. ☞ Route 2

Im Süden in **Paradise**: das Henry M. Jackson Memorial Visitor Center, tägl. 9:00 bis 19:00.

- **Longmire**: im Museum, tägl. 9:00 bis 17:00.
- Im Osten an der SR-123 in **Ohanapecosh**, tägl. 9:00 bis 18:00 (Juni bis September), sonst nur Sa, So 9:00 bis 17:00.
- In **Sunrise** nordwestlich des Berges, tägl. 9:00 bis 18:00, Sa bis 19:00 (Juli bis September).
- **Eintritt in den Park**: $ 5 oder Golden Eagle.

📖 Weitere Infos enthält die Parkzeitung ***Tahoma***. Dort finden Sie u.a. eine Zusammenstellung, wann und zu welchen Themen es Führungen und Veranstaltungen der Ranger gibt, wo man Zeltplätze und Unterkunft, Essen, Benzin, Post usw. findet.

♦ Das offizielle Infoblatt zum Park enthält neben einigen Infos zur Natur des Parks vor allem eine detaillierte Karte, auf der die 🅘 ⛺ 🛏 ✕ und einige 🚶 verzeichnet sind.

🛏 National Park Inn in Longmire, Paradise Inn in Paradise. Beide über Mt. Rainier Guest Services, Box 108, Ashford, WA 98304, ☏ 360/569-2275.

♦ Außerhalb finden Sie Unterkünfte in Ashford, Elbe an der SR-706, Morton Randle Packwood an der US-12.

🚐⛺ Sunshine Point bei Nisqually Entrance, 18 ⛩.

♦ Cougar Rock nördlich von Longmire, 200 ⛩.

♦ Ohanapecosh, im Südosten an der SR-123, 205 ⛩.

♦ White River CG im Nordosten, 117 ⛩.

♦ Ipsut CG im Nordwesten, 29 ⛩, über die unten beschriebene Zufahrtsstraße.

♦ Preise: $ 6 bis 10.

✕ In Sunrise, Paradise und Longmire.

⛽ Es gibt im Park **keine Tankstelle** mehr! Tanken nur südlich des Parks in Packwood an der US-12 und östlich an der SR-706 in Ashford.

Der 942 km² große Park umfaßt ein Gebiet in großartiger Landschaft um den 4.392 m hohen **Vulkan Mt. Rainier**. Auch er gehört zum sogenannten Ring of Fire und ist einer der 22 aktiven Vulkane im Nordwesten der USA. Der weithin sichtbare Berg beherrscht das Gebiet mit seinen mächtigen Gletscherfeldern und wird von einer schönen Wald-, Berg- und Schluchtenlandschaft umgeben.

Der Park wurde **1889** gegründet. Er ist ganzjährig geöffnet, Teile können jedoch im Winter infolge Schneefalls gesperrt sein.

Der Berg, der **1792** durch **George Vancouver** erstmals von Weißen entdeckt wurde, hatte seine größte Aktivität vermutlich vor einigen tausend Jahren, so soll es etwa vor 6.000 Jahren zu einem gewaltigen Mudflow gekommen sein, als durch eine Dampfexplosion gewaltige Mengen von Schnee und Eis abschmolzen. Spuren davon, Mudflows und Lavaströme, findet man noch heute in der Umgebung des Vulkans.

Nach einer Untersuchung (Crandell und Mullineaux 1967) scheint es nicht unwahrscheinlich, daß der Mt. Rainier in Zukunft wieder ausbricht. Bereits 1988 kam es zu einem kräftigen Erdbeben, das in etwa die Stärke aufwies wie jenes, das die Aktivität des Mt. St. Helens 1980 einleitete. Es blieb jedoch bei diesem einen Beben, seither ist es wieder weitgehend ruhig.

Der Berg ist von einem gewaltigen Eisfeld überzogen. Die Gletscher bedecken insgesamt über 120 km², womit dies das **größte Gletscherfeld**

der USA außerhalb Alaskas ist. Insgesamt gibt es hier über 25 Gletscher verschiedener Größe und Ausdehnung. Bemerkenswert ist, daß oben auf dem Berg infolge der Wärmeentwicklung ein Stück eisfrei ist, man kann den dunklen Felsrand von unten mit bloßem Auge erkennen! Auf Luftaufnahmen läßt sich deutlich ein kleiner Krater auf dem Gipfel erkennen.

Besuch des Parks

Man sollte möglichst an einem der Visitor Center beginnen. Besonders empfehlenswert ist dazu das **Henry M. Jackson Memorial Center** in Paradise. Es zeigt umfangreiche Ausstellungen und Erklärungen zur Geschichte und Natur des Parks. Man erfährt einiges über Vulkanismus und seiner Erscheinungsform am Mt. Rainier, das Pflanzen- und Tierleben der Gegend sowie die frühere Besiedlung durch

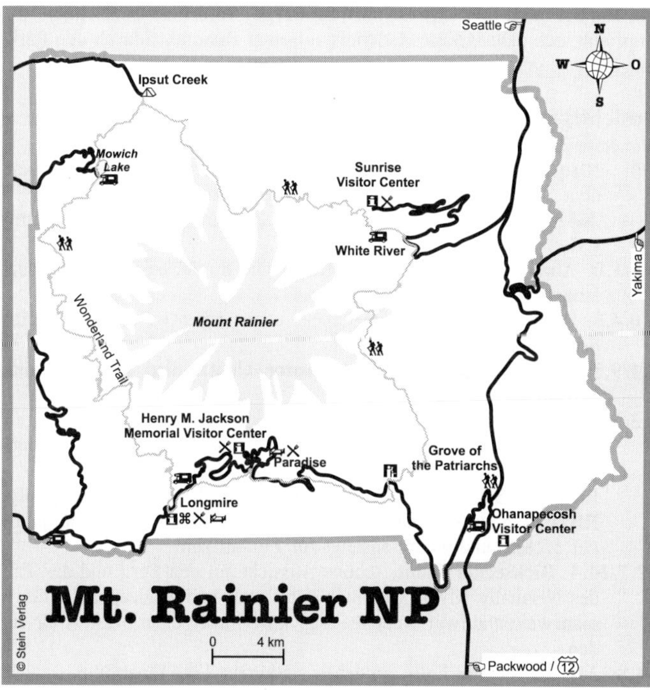

Küstenindianer, deren Kultur und das Auftauchen erster Weißer. Dia-Shows und Filmvorführungen ergänzen die Ausstellungen und außerdem stehen die Ranger mit Rat und Tat zur Verfügung.

In den Centers in **Longmire** und **Sunrise** gibt es ebenfalls kleine interessante Ausstellungen.

* Infos über Ranger-Programme, z.B. Wanderungen, Campfire Talks usw., enthält die Parkzeitung oder bekommt man in den .

Die eigentliche **Attraktion des Parks** ist der **Mt. Rainier**, den man von den Straßen aus verschiedensten Perspektiven betrachten kann. Immer neu fügt sich seine schnee- und eisbedeckte Spitze in die Landschaft ein und beherrscht sie in grandioser Weise. Zu Recht wird der Mt. Rainier als **einer der schönsten Berge Amerikas** bezeichnet. Es empfiehlt sich daher, dieses Erlebnis auf einer Rundfahrt durch den Park ausgiebig zu genießen.

Besichtigungstour auf den Parkroads

(die erste Zahl gibt die Meilen, die zweite die Kilometer an)

0/0: **Nisqually Entrance**, an der Eingangsstation erhalten Sie neben dem üblichen Infoblatt die Parkzeitung *Tahoma*.
Gleich darauf folgt rechts die Zufahrt zum **Sunshine Point CG**.

0,6/1,0: Abzweigung der Westside Road. Die Straße beginnt nun einen langsamen, aber stetigen Anstieg.

3,0/4,8: Brücke über den Kautz Creek, erster prachtvoller Blick nordostwärts auf den Berg.

6,1/9,8: ⌘ **Longmire Visitor Center** und **Museum** und **National Park Inn**.

8,5/13,6: **Cougar Rock** links und Rastplatz rechts. Auf kurviger Straße geht es weiter aufwärts vorbei am Trailhead zu den **Christine** und **Comet Falls** bei 10,3/16,6 und 10,7/17,2.
In weiten Schleifen zieht die Straße durch das Tal des **Nisqually River**, den sie unterhalb des oben sichtbaren Gletschers überquert (11,5/18,5) und weiter ansteigt zur Zufahrt zum

12,7/20,4: **Ricksecker Point**, schöne Aussicht auf den Berg und das Tal des Nisqually River. Oberhalb der Carter und Madcap Falls fährt man weiter aufwärts und gelangt kurz hinter einer Rest Area zu den

14,8/23,8: **Narada Falls**, zu denen ein kurzer Trail hinabführt.

16,1/25,9: Abzweigung der Zufahrt zum **Henry M. Jackson Visitor Center** in Paradise. Es ist empfehlenswert, hier nicht der Hauptstraße zu folgen, sondern den Umweg über Paradise zu machen. Man erreicht bald den großen P am Visitor Center.
Hier erhält man viele Tips für Wanderungen im Park. Es gibt das Merkblatt ***Paradise Trails*** und die ***Backcountry Planning Map***, die alle Trails des Parks im Überblick zeigt. Die Ranger helfen mit detaillierten Informationen und topographischen Karten weiter. Näheres ☞ Wandern. Hier steht auch das Paradise Inn.
Unbedingt von hier aus den wohl schönsten Blick auf den Berg von Süden aus genießen. Noch schöner wird das Erlebnis, wenn man einen der verschiedenen kürzeren und längeren Wanderwege in diesem Teil des Parks benutzt. Auf der Weiterfahrt geht es über eine Schleife zurück zur Hauptstraße.

17,0/27,3: Sie passieren den **Reflection Lake**, in dem sich der eisbedeckte Berg (manchmal!) spiegelt. Vorbei am ebenfalls hübschen **Louise Lake** (17,8/28,6) geht es weiter abwärts über eine Kehre (19,3/31,0) auf der sogenannten **Stevens Canyon Road**. Sie folgen dem Stevens Creek auf einer schier endlos scheinenden Gefällstrecke hinab zum

24,4/39,3: **Box Canyon**, wo sich der Cowlitz River tief eingegraben hat. Ein schöner kurzer Nature Trail erschließt das Gebiet. Die Straße steigt nun wieder bergan zu einem Aussichtspunkt (29,0/46,7) und fällt hinab zum P an der

39,7/55,8: **Patriarchs Grove**, sehr lohnender kurzer Spaziergang zu riesigen alten Bäumen.

35,1/56,4: **Stevens-Canyon-Eingangsstation**.
Während die Strecke von Nisqually Entrance nach Paradise landschaftlich schöner in West-Ost-Richtung zu fahren ist, erscheint der Weg von der Stevens Entrance Station nach Paradise in Ost-West-Richtung reizvoller.
Von Stevens Canyon kann man entweder südwärts drei Kilometer nach **Ohanapecosh** ( ) und aus dem Park hinausfahren oder aber nach Norden dem Ohanapecosh River aufwärts folgen. Dabei steigt die Straße erneut rund 800 m an bis zum

46,1/74,2: **Cayuse Pass**, 1.431 m. Auf der Paßhöhe trifft man auf die SR-410, den Mather Memorial Parkway. Diesem folgt man nach Norden (geradeaus) abwärts und bald kann man links auf die stark vergletscherte Nordostseite des Berges sehen.

49,7/80,0: **Abzweigung nach Sunrise**. Entweder verläßt man den Park über die SR-410 nordwärts oder man zweigt hier auf die **White**

River Road ab. Diese folgt von hier in etwa 1.000 m Höhe zunächst ein Stück dem White River aufwärts.

51,3/82,6: **White-River-Eingangsstation**. Über den Frying Pan Creek (54,1/87,0) und die Zufahrt zum **White River CG** (55,1/88,7) beginnt der **lange Aufstieg nach Sunrise**. Immer großartiger wird der Blick auf die völlig vergletscherte Nordseite des Mt. Rainier. Mehrere und bieten Möglichkeiten zum Anhalten, bevor man schließlich

65,5/105,4: **Sunrise** (1.950 m) erreicht. Hier gibt es ein **Visitor Center** in einem sehr schönen Blockhaus mit einer kleinen Ausstellung, Informationen zu Wanderungen und einem Restaurant. In Sunrise beginnen zahlreiche Wanderwege, Wandern.

☺ Bei schönem Wetter sollte man den Ausflug nach Sunrise keinesfalls versäumen.

Zugang zu den Trailheads im Westteil des Parks hat man über die **Westside Road**, sie zweigt bei km 0,6/1,0 nahe des Nisqually-Eingangs nordwärts ab. Sie war aber in den letzten Jahren oft nur ein kurzes Stück befahrbar. Örtlich über die Befahrbarkeit erkundigen!

Die **Carbon River Road** (Kiesstraße, recht gut befahrbar) führt in die äußerste Nordwestecke des Parks entlang des Carbon River bis zum Ipsut Creek Campground und der Ranger Station. Schöner Ausblick auf die Nordwestflanke des Berges mit den schönen Gletschern und dem davor liegenden Bergland. In der Ranger Station bekommt man viele Tips zum Wandern.

Die **Mowich Lake Road** führt ebenfalls in die Nordwestecke des Parks, es ist eine rauhe Kiesstraße, die nur im Sommer geöffnet ist. Bei schlechten Witterungsbedingungen, insbesondere nach längerem Regen, ist sie gesperrt. Sie endet nach einer landschaftlich schönen Fahrt am Mowich Lake, Ranger Station. Guter Ausgangspunkt für Wanderungen im Nordwestteil des Parks.

Wandern

Es gibt viele Wanderwege im Park, deren Gesamtlänge fast 500 km beträgt. Die Auswahl reicht dabei von kurzen halbstündigen Spaziergängen bis zu anstrengenden mehrtägigen Wildniswandertouren.

Bei Wanderungen, die länger als einen Tag dauern, ist ein entsprechendes **Backcountry Camping Permit** erforderlich. Man bekommt es von den Visitor Centers oder Ranger Stations.

✱ Der bekannteste Trail im Park ist der **Wonderland Trail**, ein ca. 150 km langer Wildnisweg rund um den Mt. Rainier. Für die gesamte Tour braucht man je nach Kondition und Laune zwischen sieben und 14 Tagen. Der Rekord eines Rangers soll übrigens bei 29 Stunden liegen! Wer diesen Weg begehen will, sollte zuvor unbedingt ausreichende Informationen einholen. Es gibt auf dem gesamten Trail eine Vielzahl von Campingplätzen in relativ kurzen Abständen (ca. drei bis sechs Meilen), so daß man die Tagestouren optimal einteilen kann.

☝ Man muß viele Pässe überqueren, kommt oft in Höhen, in denen das Wetter schnell wechselt und mit Kälte und auch mit Schnee gerechnet werden muß. Entsprechend gute Ausrüstung und Vorbereitung sowie Wildniswandererfahrung sind daher unbedingt erforderlich!

✱ Im äußersten Osten des Parks verläuft ein Teil des berühmten **Pacific Crest Trail** - hier sicher nicht einer der reizvollen Wanderwege.

🕮 Es gibt viele kürzere und längere Wege, die nahezu alle Teile des Parks erschließen. Einen guten Überblick gibt die ***Backcountry Planning Map***, die Wege sind mit Meilenangaben eingezeichnet.

✱ In Sunrise und Paradise liegen viele Trailheads für Wanderwege: In **Sunrise** beginnt u.a. der **Northern Loop Trail**, der ca. 17,5 Mi unterhalb des vergletscherten Berges zum Carbon River hinüberführt. Nach gut acht Meilen erreicht man den Winthrop Glacier. Nach insgesamt 13 Mi liegt jenseits des Dick Creek der Carbon Glacier, ebenfalls in unmittelbarer Nähe. Der Weg endet am Carbon River, dem man nun noch zwei Meilen weiter bis zum Ipsut Creek CG am Ende der Carbon River Road folgen kann.

Man kann jedoch auch nach Osten über die Yellowstone Cliffs, den James Lake (Ranger Station) und Firecreek CG zurück nach Sunrise laufen. Insgesamt eine wundervolle, etwa 36 Mi lange Rundtour. Zeitbedarf: drei bis vier Tage.

✱ Der **Burroughs Mountain Trail** führt in die Burroughs Mountains (1st Burroughs, fünf Meilen hin und zurück; 2nd Burroughs, sieben Meilen hin und zurück). Schöne Ausblicke auf den Mt. Rainier mit seinen Gletschern. Von 2nd Burroughs kann man hinab ins Glacier Basin laufen oder zum White River CG gelangen.

✱ **Mt. Fremont Trail**, drei Meilen (ein Weg) zum Aussichtspunkt mit fantastischem Ausblick auf den Berg, ca. 350 m Höhenunterschied.

✱ Weitere kürzere Wanderwege führen zum Shadow Lake über den **Sunrise Rim Trail** oder zum Forest Lake über den **Huckleberry Creek Trail**. Ein gewundener Weg führt zudem hinab zum White River CG. Daneben gibt es kurze Spaziergänge im Bereich um das Visitor Center.

🕮 Fragen Sie dort nach dem Informationsblatt ***Sunrise Trails***, das einen Überblick über die Wandermöglichkeiten in diesem Gebiet gibt.

☺ Vom **White River CG** aus besteht die Möglichkeit, in das **Glacier Basin** zu laufen (eine Strecke drei Meilen).

✱ Von **Paradise** aus bieten sich ebenfalls zahlreiche Wandermöglichkeiten, so vor allem der **Skyline Trail**, ein 4,5 Mi langer Rundweg, der gute Aussicht auf die Südseite des vergletscherten Berges bietet. Unterwegs, vom Panorama Point, hat man einen hervorragenden Ausblick. Außerdem kann man von diesem Weg mehrere Abstecher unternehmen, z.B. zum Paradise Glacier.

✱ Lohnend ist auch eine Wanderung auf dem **Lakes Trail** hinab zum Reflection und Louise Lake sowie von diesen abwärts auf den Wonderland Trail, über den man zu den Narada, Madcap und Carter Falls bis hinab nach Longmire laufen kann.

🗆 Ansonsten erhalten Sie zu mehreren kurzen und längeren Trails im Gebiet von Paradise Infos im Visitor Center.

☺ Auch die **Besteigung des Mt. Rainier** ist möglich.

✋ Dazu ist eine **Erlaubnis** erforderlich. Um sie zu bekommen, muß man nachweisen, daß man Erfahrung im Begehen von Eis und Schnee hat. Kann man dies nicht, so kann man an einem eintägigen Kurs, den der National Park Service organisiert, teilnehmen. Nach Absolvieren des Kurses wird eine Bescheinigung erteilt und man kann den Berg entweder alleine oder auf einer geführten Tour besteigen. Geführte Touren inklusive Verpflegung und Führer kosten ca. $ 250 bis 350. Die Tour auf den Gipfel dauert zwei Tage und soll ein großartiges Erlebnis sein.

Mt. St. Helens National Volcanic Monument

➲ Liegt im Südwesten Washingtons, nordöstlich von Vancouver. ☞ Route 2

🗆 Mt. St. Helens Visitor Center. Zufahrt: Von der I-5 in Castle Rock auf die SR-504 abzweigen, 5 Mi bis zum Visitor Center. Tägl. 🕘 9:00 bis 17:00. ☎ 206/274-2100.

- Coldwater Ridge Visitor Center, liegt knapp 40 Mi östlich des Mt. St. Helens VC an der SR-504, tägl. 9:00 bis 18:00 (1.4. bis 30.9.), sonst bis 17:00.
- Forest Learning Center der Weyerhaeuser Company, ca. 33 Mi östlich der Abzweigung von der I-5 an der SR-504, tägl. 10:00 bis 18:00 (1.5. bis 31.10.).
- Hoffstadt Visitor Center des NFS, ca. 27 Mi östlich der Abzweigung von der I-5 an der SR-504, tägl. 10:00 bis 18:00 (1.5. bis 31.10.).
- Woods Creek Info Station im Nordosten des National Monuments an der CR-25, ca. 6 Mi südlich von Randle an der SR-12, tägl. 9:00 bis 16:00 (ca. 1.6. bis 30.9.).
- Pine Creek Info Station im Südosten des National Monuments nahe der Abzweigung der CR-25 von der CR-90, ca. 17 Mi östlich von Cougar, tägl. 9:00 bis 16:00 (ca. 1.6. bis 30.9.).
- Randle Ranger Station, nördlich des National Monuments in Randle an der SR-12, tägl. 8:00 bis 16:30 (ca. 1.6. bis 30.9.).
- 1997 soll auch auf der Johnston Ridge ein kleines Info Center im Johnston Ridge Observatory fertig sein. vermutlich wie Coldwater Ridge VC.
- Mt. St. Helens Monuments Headquarters, 42218 NE Yale Bridge Rd, Amboy, WA 98601, ☎ 360/750-3900.

Volcano Review, die Parkzeitung, enthält eine Menge nützlicher Infos. Sie bekommen sie in den Visitor Centers.

Keine im National Monument. Die nächste Unterkunftsmöglichkeit ist in Cougar am Yale Reservoir im Süden.

Innerhalb des National Monuments gibt es keine Zeltplätze. In der näheren Umgebung liegen im Osten:

- Iron Creek CG an der FR-25, 10 Mi südlich von Randle, 98 ⛼.
- Tower Rock CG, an der FR-76, 22 ⛼.
- Im Westen Silver Lake SP am Mt. St. Helens Visitor Center, 92 ⛼. Etwas weiter an der SR-504 liegt Silver Lake Motel & RV Park.
- Im Süden Swift CG, Cougar CG und Beaver Bay CG an der FR-90 sowie an der FR-81 ein CG am Merril Lake.

Im Norden in Randle, im Süden in Cougar und nahe der Abzweigung der FR-90 von der FR-25.

Das National Monument umfaßt 440 km² um den Mt. St. Helens. Eingerichtet wurde das National Monument 1980 nach dem Ausbruch des Vulkans, um die einzigartige, durch den Ausbruch neu entstandene Landschaft in ihrem ursprünglichen Zustand zu bewahren. Forschern soll sie Erkenntnisse darüber verschaffen, wie schnell sich hier wieder Leben ansiedelt und die Natur die Folgen des verheerenden Ausbruchs bewältigt.

Der einst 2.949 m hohe Kegelvulkan gehört zum **Ring of Fire**, einer vulkanisch aktiven Zone, die im Nordwesten der USA vom Norden Kaliforniens bis nach Südkanada reicht. Der Berg wurde erstmals am 19. Mai 1792 von George Vancouver gesichtet. Er zeichnete sich durch die

schneebedeckte und vergletscherte Kuppel aus, die weithin sichtbar leuchtete. Auch Lewis und Clark sahen den aktiven Vulkan 1805 auf ihrer Expedition.

Untersuchungen ergaben, daß er zwischen 1600 und 1700, um 1800, 1831, 1835, vermutlich zwischen 1842 und 1844 sowie 1847 bis 1854 und 1857 aktiv war.

Die Umgebung wurde nach dem Zweiten Weltkrieg zu einem beliebten Ausflugsgebiet, zahlreiche Zeltplätze, Lodges am Spirit Lake und zahlreiche Wanderwege dienten der Naherholung der Einwohner von Portland und Seattle.

Eine umfangreiche Untersuchung über die Vulkane des Ring of Fire im Nordwesten der USA ergab 1978, daß der Mt. St. Helens als **äußerst gefährlich** einzustufen sei. Dieser Studie schenkte man jedoch kaum Beachtung, zu lange war der Vulkan ruhig gewesen.

Der Ausbruch im Jahre 1980

Am 20. März 1980 wurde die Gegend um den Vulkan jedoch durch Erdbeben der Stärke 4,2 auf der Richterskala erschüttert. Es folgten kontinuierlich Nachbeben, bis es schließlich am **27. März 1980** zu einer ersten Eruption kam. Sie wurde von kräftigen Erdstößen begleitet, allein an diesem Tag waren es 57 der Stärke 3,5 und stärker. Auch in der Folgezeit kam es zu zahlreichen Erdstößen und mehreren Eruptionen, die jedoch nur aus Rauch und Asche bestanden.

In den letzten Tagen des März zeigte sich am Gipfel des Berges ein deutlicher **neuer Krater**. Da auch in den folgenden Wochen ständig Erdstöße und kleine Eruptionen erfolgten, gewöhnte sich die Öffentlichkeit allmählich an diesen Zustand. Nach wie vor bestand um den Berg eine sogenannte rote Zone, in deren Gebiet der Zugang nur mit besonderer Erlaubnis gestattet war. Niemand glaubte mehr an den Ausbruch, zumal die vulkanische Aktivität in der ersten Aprilhälfte deutlich nachließ.

Am 23.4. stellten Vulkanologen bei Fotovergleichen fest, daß der Berg an seiner Nordostflanke eine ungewöhnliche Form angenommen hatte. Hier war etwas Unvorstellbares passiert: **der Berg wies eine Ausbeulung auf**! Zwischen den Goat Rocks und dem Gipfel blähte er sich förmlich auf. Man beobachtete, daß diese "Beule" permanent wuchs. Sie nahm täglich ca. um 1 bis 1,5 m an Höhe zu, auch die Ausdehnung wuchs ständig.

Es ist zwar kein unbekanntes Phänomen, daß sich Vulkane vor einer Eruption anheben oder ausdehnen, verursacht durch den gewaltigen Druck von Magma, das den Berg "anhebt". Daß sich jedoch nur auf einer eng umgrenzten Stelle des Berges eine Ausdehnung zeigte, war ungewöhnlich und wurde von den Vulkanologen als Alarmzeichen gewertet. Man muß sich vorstellen, daß **massiver Fels** sich sichtbar zu wölben begann! Am oberen Ende dieser "Beule" hatte sich zudem eine tiefe Furche gebildet.

Nach einigen Tagen war auch die Regierung des Staates Washington davon überzeugt, daß die Nordostflanke offenbar instabil geworden war und eine große Gefahr darstellte. Daraufhin wurde am 30. April eine weiter ausgedehnte rote Zone eingerichtet, was die **Evakuierung** zahlreicher Einwohner, u.a. auch aller Anlieger um das Erholungsgebiet am Spirit Lake, zur Folge hatte. Dieses Vorhaben durchzusetzen war nicht einfach, da die Öffentlichkeit von der Gefahr - was war schon so eine kleine Beule auf einem Berg - nicht überzeugt war.

Die Vulkanologen und Geologen sahen die **Gefahr einer gewaltigen Erdlawine**, die bis in den Spirit Lake hineinreichen und damit Überflutungen zur Folge haben könnte.

Während der folgenden Wochen dehnte sich die "Beule" an der Nordostseite ständig aus. Begleitet wurde dies von zahlreichen kleineren Eruptionen und ständigen Erdbeben. Bis zum 25. April registrierte man über **1.560 Erdstöße** in einer Stärke von 3,0 oder höher. Im Laufe des Monats Mai nahm die Aktivität des Berges ab, jedoch wuchs die Auswölbung stetig weiter und hatte am 17. Mai eine Ausdehnung von etwa 2,5 km Länge, 1,5 km Breite und eine Höhe von über 100 m erreicht.

Der 18. Mai 1980

Es war ein schöner Sonntagmorgen, die Aktivität des Mt. St. Helens war in den letzten Tagen äußerst gering. Noch am Tag zuvor waren auf Druck der öffentlichen Meinung zahlreiche Bewohner des Gebietes mit einem Konvoi zu ihren Hütten, Häusern und Unterkünften gefahren, um Habseligkeiten herauszuholen. Ein weiterer Konvoi war für diesen Sonntag geplant.

Der Vulkanologe **David Johnston** stand an der Beobachtungsstation Coldwater II, etwa 5,7 Mi nordwestlich des Berggipfels, und hatte an diesem Morgen erste Messungen vorgenommen und Fotografien gemacht. Die Geologen **Keith und Dorthy Stoffel** waren zu einem Flug über den Vulkan gestartet, um zu fotografieren. Diese scheinbare Ruhe wurde um **8:32** jäh unterbrochen.

Mit einem Erdstoß der Stärke 5,1 begann der spektakuläre **Ausbruch des Mt. St. Helens**. Was sich in den folgenden Minuten abspielte, war vollkommen ungewöhnlich und in historischer Zeit so nirgends auf der Welt in dieser Form beobachtet worden. Durch das Erdbeben wurden mehrere kleine Lawinen am Berg ausgelöst. Dann begann die Nordostseite des Berges, das Gebiet der Beule, das instabil geworden war, abzurutschen; zunächst erschienen kleine Rauchwolken und plötzlich kam es zu einer **gewaltigen Explosion**.

Es zeigte sich, daß die Beule des Berges nicht durch Magma, sondern durch eingeschlossene **Gase** verursacht wurde, die nun explosionsartig aus der Nordostflanke austraten. Sie sprengten nicht nur die gesamte Nordostflanke, sondern auch die Bergspitze vom Vulkankegel ab. Dies alles spielte sich innerhalb weniger Sekunden ab.

Durch die Explosion kam es zu einer **unvorstellbaren Druckwelle**, die in nordöstlicher Richtung über das Land raste und alles, was stand oder lebte, niederwalzte. David Johnston auf dem Beobachtungsposten Coldwater II rief noch in sein Funkgerät: "... This is it", ein zweiter, wenige Sekunden später erfolgter Funkspruch von ihm konnte nicht mehr aufgefangen werden. Coldwater II existierte nicht mehr. Auch ein Beobachter nördlich von Coldwater II konnte noch einen Funkspruch absetzen, doch auch für ihn gab es kein Entrinnen.

Mit einer unvorstellbaren Wucht wurden meterdicke Bäume umgeknickt, entwurzelt, Autos meterweit durch die Luft geschleudert, Felsbrocken von der Größe eines Einfamilienhauses flogen durch die Luft, eine **Schneise der Verwüstung** entstand.

Um sich eine Vorstellung von der gewaltigen Kraft des Ausbruches zu machen, mag man sich ein paar Daten vor Augen halten: die Druckwelle hatte eine Geschwindigkeit von etwa **400 km/h** und wies eine Temperatur von **250 bis 400 °C** auf (die Angaben dazu sind sehr unterschiedlich, abhängig davon, in welcher Entfernung vom Ausbruchsort man sie schätzte). Die Druckwelle breitete sich auf einer Schneise über den Spirit Lake hinweg auf einer Länge von etwa 18 Mi in nordöstlicher Richtung aus. Insgesamt wurden nahezu 400 km^2 Land, das einst mit hohen Bäumen üppig bewaldet war, in eine Wüste verwandelt. Die Gewalt der Explosion schätzt man auf **etliche Megatonnen TNT**. Die Schätzungen gehen dabei von einer Stärke aus, die mehrere **100- bis 1.000mal größer** war als die der **Atombombe von Hiroshima**!

Doch nicht nur die gewaltige Druckwelle war ein Merkmal des Ausbruches. Es folgte eine kräftige **Rauch- und Ascheneruption**, die eine Rauchsäule bis in eine Höhe von etwa 25 km hinaufschleuderte. Die Asche breitete sich schnell in östlicher Richtung aus und erreichte ungefähr eine Stunde später Yakima (140 km entfernt) und drei Stunden später Spokane (Washington). Eine **dicke schwarze Aschewolke** überzog

dort das Land, begleitet von zuckenden Blitzen, die durch atmosphärische Störungen infolge des Ausbruchs hervorgerufen wurden. Der Himmel verdunkelte sich, es wurde tiefe Nacht, die Straßenlampen gingen an. Die feine Asche drang in Luftfilter, ließ Motoren sterben, der Verkehr brach zusammen. In Yakima bildete sich innerhalb weniger Stunden eine 1 cm starke Ascheschicht, die alles bedeckte. Man schätzt, daß allein dort etwa **600.000 t Asche** niedergingen.

Die Aschewolke zog in östlicher Richtung weiter, hinterließ selbst in Oklahoma im mittleren Westen meßbare Spuren, und innerhalb von drei Wochen konnte man mikroskopisch **feine Spuren rund um die Welt** feststellen.

Die gewaltige Hitze, die frei wurde, führte außerdem dazu, daß die vergletscherte Spitze des Berges und seine verschneiten Hänge **in Sekundenschnelle abschmolzen**. Das Schmelzwasser verband sich mit Sand, Geröll und Asche zu einem schlammartigen Brei, der sich in nordwestlicher Richtung den North Fork Tootle River hinab ergoß und in südöstlicher Richtung den Muddy River und Pine Creek hinabströmte.

Mit unvorstellbarer Macht bewegte sich dort eine anfangs über 12 m hohe **Schlammwelle** mit einer Geschwindigkeit von über 40 km/h talwärts. Die Flußtäler wurden vollständig "umgestaltet", alles wurde meterdick mit Schlamm und Geröll bedeckt. Zu diesen Schlammlawinen (**Mudflows**) traten im Nordbereich des Vulkans noch **Pyroclastic Flows** hinzu. Das ist durch die ungeheure Hitze aufgeschmolzenes Gestein, das sich mit Asche und Geröll verband und talwärts floß. Dieser Flow ergoß sich in nördlicher Richtung und in den Spirit Lake hinein. Welch unvorstellbare Gewalt auch hier am Werke war, läßt sich dadurch ermessen, daß der **Wasserspiegel des Sees um über 60 m angehoben** und sein Abfluß in den North Fork Tootle River versperrt wurde.

Die Folgen des Ausbruchs

Über 60 Menschen (die Angaben schwanken zwischen 64 und 67) kamen entweder durch die Druckwelle oder die Mudflows ums Leben. Die meisten von ihnen hat man nie gefunden. Die Verluste an Tieren in den umliegenden Wäldern können nur geschätzt werden; allein die Zahl der Hirsche und Rehe, die umkamen, wird auf bis zu 20.000 geschätzt. Man vermutet, daß insgesamt **1,1 Mrd Vögel und Säugetiere** bei dem Ausbruch und seinen Folgen den Tod fanden.

Der Mt. St. Helens verlor außer seiner gesamten **Nordostflanke** praktisch den **Kern des Vulkankegels** sowie seine etwa **400 m hohe Spitze**. Um sich ein Bild von der gewaltigen Masse zu machen, die hier bewegt wurde, muß man sich vorstellen, daß jeder Bewohner der Erde mehr als eine Tonne Gestein aufnehmen müßte, um die Masse des bei der Explosion bewegten Gesteins zu erfassen. Milliarden Festmeter Holz wurden vernichtet, über 300 Häuser durch Flutwellen und Schlammlawinen zerstört oder beschädigt, 12 Brücken gingen verloren, über 20 Seen wurden zerstört.

Bemerkenswert ist, daß bei dem gesamten Ausbruch **keine Lava** ausströmte.

Die Tätigkeit des Vulkans hatte damit jedoch noch kein Ende. Auch in den folgenden Wochen, Monaten und Jahren blieb er aktiv. So kam es bereits am 25. Mai zu einer neuen großen Ascheneruption und im Juni zu einer weiteren. Seit Juni begann sich im entstandenen Vulkankrater ein kleiner Vulkankegel, ein sogenannter **Lavadome** aufzubauen. Dieser Lavadome wurde bei den folgenden Ausbrüchen wieder zerstört und baute sich dann erneut seit Oktober 1980 kontinuierlich auf. Er erreichte im April 1981 immerhin eine Höhe von über 100 m. Erst in der zweiten Hälfte des Jahres 1982 verringerte sich die vulkanische Aktivität und derzeit ist Mt. St. Helens kaum aktiv, der deutlich sichtbare Lavadome wächst im Augenblick nicht mehr.

Der Mt. St. Helens heute

Unmittelbar um den Berg herum wurde das Mt. St. Helens NM eingerichtet, das bis vor wenigen Jahren überhaupt nicht betreten werden durfte. Heute besteht nur noch im Kern des Vulkanmassivs eine Zone, bei der Einschränkungen bestehen. Der Besucher kommt heute relativ nah an den Vulkan heran. Die Landschaft ist noch immer deutlich von jenem Ausbruch gezeichnet.

Die durch die Druckwelle verwüstete Zone (**Blast Area**) kann man durchfahren und erleben. Auch die Mudflows sind noch deutlich sichtbar, auch zu ihnen kann man gelangen. Erstaunlich ist für den Besucher, daß sich pflanzliches Leben überall bereits mehr oder minder stark neu etabliert hat. Auch Tiere sind da und dort wieder heimisch, die Natur hat den verheerenden Ausbruch scheinbar wesentlich besser verkraftet, als man es ursprünglich annahm.

Der **Spirit Lake** hat seine Gestalt vollständig geändert: Der Wasserspiegel stieg über 60 m, jeder natürliche Abfluß fehlt. Da Wissenschaftler glaubten, der aus Pyroclastic Flow entstandene Damm, der den See aufstaut, könnte brechen, hat man einen kilometerlangen Tunnel als künstlichen Abfluß für den See geschaffen. In den umgebenden National Forests hat man Straßen und neue Zeltplätze angelegt und Visitor Centers gebaut, um so den Besuchern die Möglichkeit zu geben - aus respektvoller Entfernung -, sich über die Folgen dieses Naturereignisses an Ort und Stelle ein Bild zu machen.

Im Bereich des **Tootle River** kann man noch heute die gewaltige Macht der Mudflows sehen, die hier zu Tal rasten. Teilweise wurde das Flußbett in ein über ein Kilometer breites Schlamm- und Geröllbecken verwandelt. Doch die Natur ist gerade auf diesen Mudflows gewaltig dabei, sich wieder zu etablieren. Vermutlich wird in einem Jahrzehnt bereits alles frisch begrünt sein, erste kleine Bäume findet man bereits heute.

Auch im - heute schwer zugänglichen - South Fork Tootle River kann man die verheerenden Folgen der Flutwellen noch sehen. Damals wurden hier viele Häuser zerstört, mehrere Menschen kamen ums Leben.

Wie sich die Gegend um den Berg weiter entwickelt, vermag heute noch niemand genau abzuschätzen. Fest steht, daß die Natur offenbar solche Katastrophen wesentlich schneller überwinden kann, als man es bisher dachte. Ob der Berg seine ursprüngliche Form dadurch wieder annehmen wird, daß der Lavadome den entstandenen Krater auffüllt und eine neue Spitze bildet, kann man ebensowenig vorhersagen wie neue vulkanische Aktivitäten.

Ein Besuch des Mt.-St.-Helens-Gebiets

Der sehr empfehlenswerte Besuch des Mt.-St.-Helens-Gebiets sollte möglichst am **Mt. St. Helens Visitor Center** östlich von Castle Rock an der SR-504 beginnen. Hier erhalten Sie hervorragende Informationen über die Geschichte des Berges, den Ausbruch, die Folgen usw. Zahlreiche gute Fotos, Schaubilder und Skizzen sowie kleine Modelle usw. machen die Ausstellung sehr anschaulich.

☺ Unbedingt empfehlenswert ist der Film über den Ausbruch des Mt. St. Helens. Der Zusammenschnitt aus zahlreichen Dokumentaraufnahmen vermittelt einen einzigartigen Eindruck über das gigantische Naturereignis. Film zu jeder halben Stunde, dazwischen jeweils eine Dia-Show.

Coldwater Ridge Visitor Center. Hier genießt man einen schönen Blick über die Blast Area und das Tootle River Valley bis zum Berg. Unterhalb liegt schön der Coldwater Lake. Ausstellungen und Programme beschäftigen sich hauptsächlich mit der Erholung der Natur von diesen Verwüstungen. Auch hier kann man den Film und eine Dia-Show ansehen.

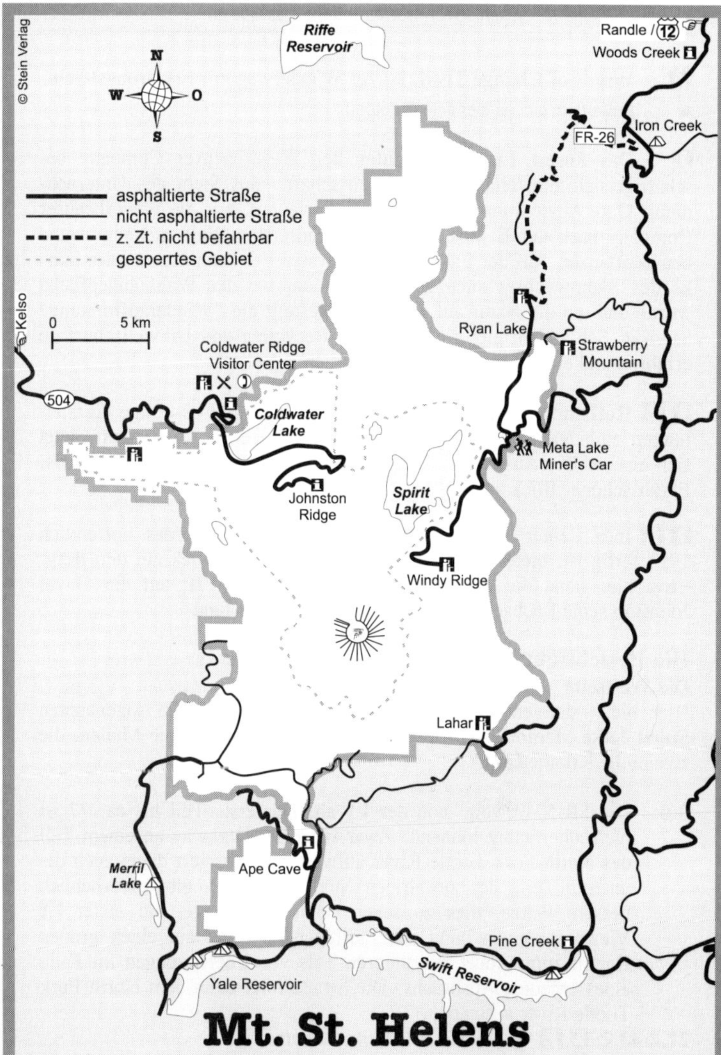

Mt. St. Helens National Volcanic Monument

Winds of Change Trail, kurzer Wanderweg mit Erklärungstafeln.

Außerdem gibt es hier eine Cafeteria.

Das **Forest Learning Center** der Weyerhaeuser Company beschäftigt sich zum einen mit Forstwirtschaft - aus Sicht des Unternehmens. Gute Ausstellung. Außerdem wird erläutert, wie die Weyerhaeuser Company nach der Explosion den ihr gehörenden Wald ausräumte und neu bepflanzte. Auf der Fahrt zum Coldwater VC kann man an der Stärke des Baumwuchses auch genau erkennen, wo der Wald angepflanzt wurde und wo die Natur auf sich selbst gestellt die "Wiederaufforstung" bewirkt. Schließlich gibt's einiges über Recycling und Umweltschutz zu erfahren und einen Film über den Ausbruch zu sehen.

Hoffstadt Visitor Center des NFS. Hier gibt es einige Ausstellungen zum National Forest um den Mt. St. Helens. Außerdem bietet sich eine schöne Aussicht auf den Boyt-Stausee und die Hoffstadt Bluffs. Erster schöner Blick auf den Mt. St. Helens.

Info Center im **Johnston Ridge Observatory**, das hoffentlich 1997 fertig ist, bietet vor allem einen noch näheren Blick auf den Berg. Etwa hier stand die Beobachtungsstation Coldwater II, auf der David Johnston seine Beobachtungen machte und den Tod fand.

Die Besichtigung des National Monuments

Die Westseite

Hier bietet sich eine Fahrt auf dem Highway 504, dem sogenannten **Spirit Lake Memorial Highway** an (die erste Zahl gibt die Meilen, die zweite die Kilometer an).

0/0: Die SR-504 zweigt von der I-5 ab. Der erste Teil bis ca. 27 ist nicht übermäßig lohnend. Zwar führt der Highway an einem Teil des North Fork Tootle River aufwärts und passiert dabei auch die unteren Teile des gewaltigen Mudflows, doch gibt es erheblich bessere Plätze, dies zu sehen. Unterwegs bietet ein erster Viewpoint einen nicht sehr aufregenden Blick auf einen großen Damm zum Schutz des unteren Tals vor Überflutungen im Falle eines erneuten Ausbruchs. Die Straße folgt dann dem North Fork Tootle River aufwärts.

27,2/43,7: ☞ **Hoffstadt Visitor Center**.

29,9/48,1: Aussichtspunkt an der Hoffstadt Creek Bridge. Sie fahren nun in die sogenannte Blast Area ein.

36,7/54,2: **Forest Learning Center**.
37,5/60,4: **Elkrock Viewpoint**, Ausblick auf den Mudflow im Tootle River Valley.
38,0/61,2: Summit, 1.150 m, der höchste Punkt des Weges. Aussichtsreich geht es weiter bis zum
44,0/70,8: **Coldwater Ridge Visitor Center**. Von hier führt die Straße zunächst hinab zum Coldwater Lake und dann weiter auf den Bergrücken gegenüber zum
53,0/85,2: **Johnston Ridge Observatory**.

Zugang von der Nordseite
Die früher beste Möglichkeit, den Mt. St. Helens zu sehen, bestand von Norden her, da man von dort durch die von der Druckwelle verwüstete Blast Area hindurchfahren konnte bis hinauf zur **Windy Ridge**, von wo aus man einen grandiosen Überblick über weite Teile des zerstörten Gebietes, den Vulkankegel und den Spirit Lake hat.

Zufahrt: Von Randle über die FR-25 bis zur Abzweigung der FR-26 (ca. acht Meilen).

☺ Halt an der Woods Creek Information Station.

Iron Creek CG, ca. 1 Mi hinter der Abzweigung der FR-26 an der FR-25.

Zur Windy Ridge folgt man der FR-25 südwärts. 13 Mi von der Information Station zweigt man dann westwärts auf die FR-99 ab. Der Weg führt ca. acht Meilen durch weitgehend unversehrten Wald. Hier bekommt man einen guten Eindruck, wie das gesamte Gebiet um den Mt. St. Helens einmal aussah. Unterwegs hat man mehrere schöne Ausblicke auf den Mt. St. Helens. Dann erreicht man die Blast Area. Nach etwa neun Meilen kommen Sie zur Abzweigung der ehemaligen FR-26. Hier steht (zum Schutz vor Souvenirjägern leider eingegittert) **Miner's Car**, ein Auto, daß von der Druckwelle an diese Stelle geschleudert wurde. Bemerkenswert: trotz der großen Hitze haben die Reifen kein Feuer gefangen!

Ein paar Meter weiter zum **Meta-Lake-Aussichtspunkt** über den kleinen Meta Lake, umgeben von totaler Verwüstung. Nachfolgend Mi/km ab der Abzweigung bei Miner's Car!

1,5/2,5: **Cascade Peaks Viewpoint**, wo sich ein Blick auf die Spitzen der Cascades und der erste Blick auf den Mt. St. Helens ergibt.

3,0/4,9: **Independence Pass**, hier beginnt ein empfehlenswerter kurzer Trail auf einen Bergrücken. Der Trail führt dann weiter nördlich über dem Spirit Lake entlang zu einem Aussichtspunkt, von wo aus man einen guten Blick hat, und mündet schließlich am Norway Pass in den Trail zum St. Helens Lake.

4,4/7,1: **Harmony Viewpoint**, Ausblick auf den Spirit Lake. Insgesamt sollen es 18.000 Stämme sein, die durch die Druckwelle in den See hineingeschleudert wurden und nun darauf treiben. Ein anstrengender Trail führt hinab zum See.

4,8/7,7: **Cedar Creek Viewpoint**, Ausblick über die Blast Area mit ihren gewaltigen Verwüstungen.

5,7/9,1: **Ausblick auf den Spirit Lake**.

6,2/10,0: **Swift Creek Viewpoint**.

7,3/11,7: am Ende der Straße am **Windy-Ridge-Parkplatz**. Von hier hat man einen ausgezeichneten Blick auf den Vulkan. Beachten Sie: das gesamte Gebiet von hier zum Vulkan ist nur auf wenigen Trails oder mit besonderer Erlaubnis zu betreten. Am P gibt es Informationstafeln zum Ausbruch und seinen Folgen. Außerdem finden hier im Sommer von 11:00 bis 15:00 stündlich **Vorträge der Ranger** statt, die oft sehr anschaulich und plastisch die Ereignisse um den Vulkanausbruch schildern. Sehr empfehlenswert!

Der Weg jenseits des Parkplatzes führt auf einen kleinen Bergrücken hinauf, von dem aus man zwar keinen besseren Blick auf den Berg, aber eine bessere Aussicht auf den Spirit Lake hat. Außerdem sieht man von hier ganz deutlich den Pyroclastic Flow, der den Abfluß des Spirit Lake versperrt. Die Brocken, die Sie innerhalb dieses Flows im Norden bis hinein in den gegenüberliegenden Hügelrücken sehen, sind Teile des einstigen Gipfels vom Mt. St. Helens, die bis hierher geschleudert wurden!

Trail 216 führt durch die Blast Area und über einen Mudflow, dann durch einen Canyon und Waldland. Trail 207 durchquert den Pyroclastic Flow, der im Hochsommer sehr heiß ist!

Anfahrt über die FR-26

Leider wurde im Frühjahr 1996 die Straße durch Regenfälle nahezu völlig zerstört (an ca. 30 Stellen wurde der Weg fortgespült!). Sie soll wohl auch nicht wieder repariert werden. Man hofft aber, das Wegstück von Miner's Car bis Ryan Lake wieder herrichten zu können. Dann sollte man diesen Abstecher unbedingt vornehmen. Erkundigen Sie sich, ob und gegebenenfalls wie weit die FR-26 geöffnet ist.

Die FR-26 beginnt kurz hinter der Ranger Info Station an der FR-25. Sie ist der bei weitem eindrucksvollste Weg zum Mt. St. Helens. Diese Straße ist schmal und kurvig, aber asphaltiert.

Zunächst führt sie durch schönes Bergland aufwärts und erreicht kurz vor dem Ryan Lake die **Blast Area**. Man fährt dem Vulkan entgegen und bemerkt den zunehmenden Grad der Verwüstung. Erst sieht man nur entlaubte Bäume, dann kommen die typischen Bruchflächen, wo die Bäume wie Streichhölzer umgeknickt alle in einer Richtung auf den Berghängen liegen. Ein unvergleichlicher Anblick.

Am **Ryan Lake** findet man mehrere Informationstafeln. Es gibt **gute Wandermöglichkeiten** hinüber zum Deadmans Lake und Vanson Lake im äußersten Norden des National Monuments. Auf der Weiterfahrt, weiter ansteigend, passiert man ein Gebiet starker Verwüstungen, ein unbeschreibliches Erlebnis. Achten Sie einmal auf die Randzone: oft wurde die Druckwelle durch die Form des Geländes abgeleitet, wodurch das plötzliche Ende der Verwüstungszone und der Beginn völlig intakten Waldes auf manchen Höhenrücken zu erklären ist. Außerdem kann man deutlich erkennen, daß auf den vulkanabgewandten Hängen Verwüstungen ungleich geringer waren als in den der Druckwelle unmittelbar ausgesetzten Gebieten.

Am **Norway Pass** beginnt der Norway Pass Trail, über den man auch zum St. Helens Lake unterhalb des Coldwater Peak gelangen kann. Kurz darauf mündet man auf die FR-99 ein. An der Einmündung sind zwei weitere Haltepunkte.

Von der FR-25 kann man 11 Mi südlich von der Woods Creek Information Station auf die FR 2516 (Schotterstraße) hinauf zum **Strawberry Mountain** abzweigen. Dieser Forstwirtschaftsweg führt zu einem Aussichtspunkt mit Blick auf den Vulkan und die Blast Area.

Zugang von der Südseite

Es empfiehlt sich, zunächst an der Pine Creek Information Station Erkundigungen über den Zustand der Straßen einzuholen. Von der Woods Creek Station zur Pine Creek Station fährt man auf kurviger, aber inzwischen ordentlich ausgebauter Straße durch Wald- und Bergland. So wie hier sahen einst auch die heute verwüsteten Flächen aus. Etwa fünf Meilen vor Pine Creek kann man an der **Brücke über den Muddy River** an einem Pfahl erkennen, wie hoch der Mudflow hier das Land bedeckte. Die Schlammwelle, die den Muddy River und den Pine Creek hinabraste, ließ den Wasserspiegel des Swift River Reservoirs um etwa einen Meter ansteigen! Gut eine Meile südlich beginnt der Cedar Flats Trail, der eine Meile weit durch schöne alte Baumbestände führt.

Von der **Pine Creek Ranger Station** folgt man dann der FR-90 entlang des schönen Stausees und zweigt nach 12 Mi nach Norden ab. Über die FR-83, zunächst noch asphaltiert, später guter Schotter, kann man zum

Lahar Viewpoint fahren, 11 Mi, wo man mitten in einem Mudflow steht. Hier erkennt man die gewaltigen Ausmaße der Schlammfluten. **Sehr eindrucksvoll**. Schöner Ausblick auf die Südostflanke des Vulkans.

✱ Von der FR-83 zweigt zwei Meilen nördlich der Abfahrt von der FR-90 die Zufahrt zur **Ape Cave** ab (eine Meile), der größten **Lavahöhle** in Nordamerika. Diese Höhle, die insgesamt einen ca. eine Meile langen Lavatunnel umfaßt, hat nichts mit dem jüngsten Ausbruch des Vulkans zu tun, sondern geht auf wesentlich ältere Zeiten zurück. Über Besichtigungsmöglichkeiten und Zugang zur Höhle in der Pine Creek Information Station erkundigen.

Die weiteren Straßen im Südteil des Monuments führen durch idyllisches Wald- und Bergland. Erkundigen Sie sich vor Befahren dieser Straßen nach deren Zustand, da sie oft rauh sind und bei stärkeren Regenfällen unpassierbar werden können.

☺ Die Ranger bieten zahlreiche Aktivitäten. Außer der **Informationsveranstaltung** an der Windy Ridge wird der **Ape Cave Lantern Walk** veranstaltet, eine Führung durch die gewaltige Lavahöhle, sehr interessant.

♦ Tägl. 12:00, 13:00 und 14:00.

Der **Meta Lake Walk** führt durch das Gebiet um den kleinen See und beschäftigt sich hauptsächlich mit der Tier- und Pflanzenwelt in der Blast Area.

♦ Tägl. 12:00 und 15:30.

Der **Lahar Walk**, tägl. 16:00, ist ein kurzer Spaziergang durch den Mudflow. An Wochenenden werden zudem Wanderungen am **Independence Pass** und vom **Harmony Viewpoint** aus angeboten.

Außerdem gibt es im Sommer am Swift und Cougar CG jeweils **Campfire Talks**.

Weitere Unternehmungen im Gebiet des Mt. St. Helens

✱ Die Fahrt am **Swift und Yale Reservoir** ist landschaftlich interessant und empfehlenswert.

✱ Außerdem lohnend: die Fahrt in das **Valley of the Falls** auf der FR-90 von der Pine Creek Information Station nach Osten. Über die FR-9039 und einen kurzen Fußweg kommt man zu den **Curly Creek Falls** und einige Meilen weiter nordöstlich auf der FR-90 zu den **Big Creek Falls** (auf Straßenschild achten, kurzer Zuweg).

Nach ein paar Meilen erreicht man die **Lower Falls of the Lewis River**, die man vom Zeltplatz aus (ausgeschildert) über einen kleinen Fußweg erreicht. Eine Meile weiter gelangt man zu den Middle und noch eine Meile weiter zu den **Upper Falls**, beide über einen 800 m langen Fußweg erreichbar.

☺ Organisierte **Sightseeing-Touren** zum Vulkan werden von Seattle oder Portland aus angeboten. In der dortigen Visitor Information erkundigen.

Bei schönem Wetter können auch **Rundflüge** lohnend sein, die von verschiedenen Orten aus angeboten werden. Aus der näheren Umgebung kann man auch **Helikopter-Flüge**, z.B. von Randle aus, unternehmen. Die Flüge sind unterschiedlich lang, ca. ab $ 50.

North Cascades NP

Liegt im Nordwesten Washingtons südlich der kanadischen Grenze.

☞ Route 1

Das North Cascades Visitor Center liegt am westlichen Ortseingang von Newhalem, beschilderte Zufahrt über den Skaguit River. Tägl. 8:00 bis 16:00 (Mitte Juni bis Labor Day), sonst Mo bis Fr 8:00 bis 16:30.

♦ NP Hauptquartier in Sedro Woolley an der SR-20. Tägl. 8:00 bis 16:30 (Mitte Juni bis Labor Day), sonst Mo bis Fr 8:00 bis 16:30.

♦ Weitere Informationen gibt es auch in Marble Mountain an der Ranger Station.

Hier können Sie ***North Cascades Challenger***, die Parkzeitung, erhalten. Darin finden Sie allerlei Nützliches und Wissenswertes über den Park.

Keine im National Park, nur (recht beschränkt) in den westlich liegenden Orten Marblemount, Concrete, Sedro Wooley.

Die Zeltplätze, die von der SR-20 aus zugänglich sind, liegen alle in der Ross Lake NRA. Von Ost nach West: Colonial Creek, 164 ⛼; Newhalem Creek, 129 ⛼; Goodell Creek, 22 ⛼.

- ♦ Im Südteil liegen mehrere Backcountry-Plätze, die von der ☞ Lake Chelan NRA aus zugänglich sind.
- ♦ Außerhalb des Parkbereichs liegen östlich und westlich an der SR-20 mehrere NFCGs und SP.

Keine im National Park oder in der National Recreation Area, nur in den Orten östlich (Winthrop) und westlich (Marblemount) an der SR-20, rechtzeitig volltanken!

✕ Keine Möglichkeit im National Park oder in der National Recreation Area.

Der Park wurde erst 1968 eingerichtet. Er umfaßt einen Teil der nördlichen Cascade Range. Der Nord- und Südteil des Parks wird durch die ☞ Ross Lake NRA getrennt.

Die Gesamtgröße des Parks beträgt 2.040 km². In seinem Gebiet liegen über 300 Gletscher, mehr als die Hälfte der Gletscher der gesamten USA (außerhalb Alaskas). Der Park ist über Straßen kaum erreichbar, nur im Südwestteil gibt es einige kleine Stichstraßen. Doch man kann den Park vom Auto aus trotzdem gut erleben, wenn man nämlich den Scenic North Cascades Highway, die SR-20, durch die ☞ Ross Lake NRA befährt. Dann hat man einen einzigartigen Blick auf die Bergwelt des North Cascades NP nördlich und südlich dieser Straße.

Die wahre Vielfalt und Schönheit des Parks läßt sich allerdings nur auf ausgedehnten Wanderungen erforschen.

Die **North Cascade Mountains** sind der Washington beherrschende Gebirgszug. Vor allem sind sie die Wetterscheide, die das Klima im Westen des Staates vom kontinentalen, teilweise gar wüstenhaften Klima im Osten trennt. Häufige Niederschläge, meist im Westbereich der Berge, führen zu den Schneemassen im Winter und auch im Sommer oft zu schlechtem Wetter. Auch im Hochsommer wird es in den höheren Lagen nicht sehr warm, nur in den Tälern gibt es manchmal wärmere Temperaturen.

Visitor Center in Newhalem. Gute Ausstellungen. Fragen Sie nach dem Infoblatt zum Park, das auch eine Karte enthält, die einen Überblick über die Wanderwege des Parks gibt.

Außerdem können Sie hier den ***North Cascades Challenger***, die Parkzeitung, erhalten. Darin finden Sie allerlei Nützliches und Wissenswertes über den Park. Schließlich gibt es für $ 0,50 ein Faltblatt zum Cascades Highway, zu dem Sie auch eine deutsche Übersetzung erhalten können.

Der **North Cascades Scenic Highway** verläuft in Ost-West-Richtung in der Ross Lake NRA zwischen den beiden Teilen des National Parks.

Er bietet eine herrliche Gebirgslandschaft mit prächtigen Ausblicken auf die Berge und mehrere Stauseen. Die ganze Strecke sowie die im Westen und Osten anschließenden Teile des Highway 20 sind gut in dem oben genannten Faltblatt beschrieben.

Das gesamte Parkland wird von 600 km **Wanderwegen** durchzogen. Viele führen in die angrenzenden National Forests hinein.

Die meisten der kurzen Trails liegen in der Ross Lake NRA, in dem Gebiet des North Cascades NP gibt es überwiegend längere Trails für mehrtägige Wanderungen. Durch den äußersten Südteil des Parks verläuft übrigens ein Stück des **Pacific Crest Trail**.

Olympia

Liegt an der I-5, etwa 60 Mi südlich von Seattle.
20 m, 34.000 Ew., WA 98507, 360, Route 1

CoC, 1000 Plum St, 357-3362.

1000 East Union Ave, WA 98501, 357-5561, Mo bis Fr 8:30 bis 17:00.

Golden Gravel Motor Hotel, 909 Capitol Way, WA 98501, 352-8533, ca. $ 40.

♦ Carriage Inn Motel, 1211 S Quince, WA 98501, 943-4710, ca. $ 55.

American Heritage CG, Ausfahrt 99 von der I-5, ca. 0,5 Mi südöstlich.

♦ Deep Lake Resort, Ausfahrt 95 von der I-5, ca. 3 Mi nördlich am State Park.

♦ Millersylvania SP, Ausfahrt 95 von der I-5, ca. 3 Mi nordöstlich.

Olympia ist die **Hauptstadt des Staates Washington**, ein wichtiger Handelsplatz und Verkehrsknotenpunkt. Bekannt ist Olympia zudem für die **Austernzucht**, die im vorgelagerten Puget Sound betrieben wird.

State Capitol, typisches Regierungsgebäude, dem Capitol in der amerikanischen Hauptstadt Washington nachgebaut. Der Bau ist weithin sichtbar. Kleines Visitor Center.

♦ Mo bis Fr 8:00 bis 17:00. Tägl. geführte Touren von 10:00 bis 15:00.

State Capitol Museum, Columbia/21st St, u.a. Ausstellungen zur Geschichte Washingtons, indianische Kunst.

♦ Di bis Fr 10:00 bis 16:00, Sa, So 12:00 bis 16:00, Eintritt: $ 2.

Nisqually NWR liegt etwa sieben Meilen östlich, etwas abseits der I-5, und umfaßt ein Küstengebiet mit dem typischen Tier- und Pflanzenleben, Zugang nur auf Wanderwegen.

✱ Die **Mima Mounds Natural Area** liegt ca. zehn Meilen südlich etwas abseits der I-5 (Ausfahrt 95). Sie umfaßt ein Gebiet seltsam gleichmäßig geformter kleiner Hügel, deren Entstehung wissenschaftlich nicht eindeutig geklärt ist. Kleines Visitor Center.

♦ Tägl. 8:00 bis Dunkelheit, Eintritt: kostenlos.

✱ Auf der Brücke in der 5th St und im Tumwater Falls Park (an der Fischleiter im Deschutes River) kann man im September/Oktober den **Zug der Lachse** sehen.

Olympic NP

➲ Liegt im äußersten Nordwesten Washingtons auf der Olympic-Halbinsel.
360, ☞ Route 2

Pioneer Memorial Visitor Center und Museum liegt am Südrand von Port Angeles, 3002 Mt. Angeles Rd. ☏ 452-0330. Tägl. 8:30 bis 18:00 (1.7. bis Labor Day), sonst 9:00 bis 16:00, Eintritt: kostenlos.

♦ Storm King Visitor Center am Lake Crescent, unregelmäßig.

♦ Hoh Visitor Center am Hoh Rain Forest, tägl. 8:30 bis 18:00 (1.7. bis Labor Day), sonst 9:00 bis 16:00.

♦ Kalaloch Ranger Station an der US-101 in der Pazifikregion des Parks.

♦ **Eintritt in den Park**: $ 5 oder Golden Eagle.

Die Parkzeitung ***The Bugler*** bietet eine Menge nützlicher und aktueller Informationen.

♦ Fragen Sie in den Visitor Centers nach verschiedenen Merkblättern, die Kurzbeschreibungen der Trails enthalten, z.B. ***Suggested Dayhikes***, ***Dayhikes in Soleduck Valley*** oder ***Lake Crescent Dayhikes***.

Log Cabin Resort, 3183 E Beach Rd, Lake Crescent, WA 98363, ☏ 928-3325, ab ca. $ 65.

♦ Kalaloch Lodge nahe der Kalaloch Information Station an der US-101, ☏ 962-2271.

♦ Lake Crescent Lodge, ☏ 928-3211.

♦ Lake Quinault Lodge, ☏ 288-2900.

♦ Soleduck Hot Springs Resort im Soleduck Valley, ☏ 327-3583.

♦ In zahlreichen Orten entlang der US-101.

Im Westen des Parks:

♦ Mora CG, 2 Mi nördlich von Forks westwärts 12 Mi, 94 ⛼.

♦ Ozette CG, von der SR-112 ca. 90 Mi westlich von Port Angeles südwärts abzweigen, ca. 20 Mi, 14 ⛼.

♦ Kalaloch an der US-101, 177 ⛼.

♦ Queets CG, ca. 7 Mi östlich von Queets an der US 101, 20 ⛼.

♦ Im Gebiet um den Quinault Lake der July Creek CG, 29 ⛼, und Graves Creek CG, 30 ⛼.

♦ Hoh CG, an der Hoh River Rd, nahe der am Hoh Rain Forest, 89 ⛼.

Im Norden des Parks:

- Sol Duc CG, 28 Mi westlich von Port Angeles 12 Mi südlich ins Soleduck Valley, 80 Ħ.
- Fairholm, 26 Mi westlich von Port Angeles an der US-101, 87 Ħ.
- Altaire CG, 30 Ħ, und Elwha CG, 41 Ħ, 9 Mi westlich von der US-101 nach Süden.
- Heart O'Hills CG, 5 Mi südlich von Port Angeles an der Hurricane Ridge Rd, 105 Ħ.
- Deer Park CG, 4 Mi östlich von Port Angeles auf die Deer Park Rd nach Süden, 18 Ħ.
- Log Cabin Resort (Privatplatz) am Lake Crescent.

Im Osten des Parks:

- Dosewallips CG, von Brinnon an der US-101 ca. 15 Mi nach Westen, 32 Ħ.
- Staircase CG, über die SR-119 von Hoodsport an der US-101, 16 Mi, 59 Ħ.
- Weitere Plätze liegen in dem den Park umgebenden National Forest, auf denen man, wenn die Plätze im Park gefüllt sind, immer noch Unterschlupf findet.
- Außerdem gibt es Privatplätze in ☞ Port Angeles und diversen Orten an der US-101.

Der National Park nimmt einen großen Teil der Olympic-Halbinsel zwischen dem Pazifik und Puget Sound ein. Der Park bedeckt eine Fläche von 3.660 km^2 und umfaßt einzigartige Regenwälder sowie Teile der rauhen Küstenlandschaft.

Gegründet wurde der Park 1909 als National Monument, 1938 wurde er zum heutigen National Park erweitert. Er umfaßt drei verschiedene Landschaftsformen: die rauhe **Küstenregion**, den einzigartigen **Regenwald** und die gewaltige **Gletscher- und Bergwelt**.

Erreichbar ist der Park über die US-101, die einmal um den Park herumläuft und Teile der Küstenregion durchzieht. Erschlossen wird der Park von dieser Straße aus durch mehrere Stichstraßen, die in verschiedene Teile des National Parks hineinführen. Sie erschließen jedoch nur die Randbereiche des Parks, das Zentrum mit den mächtigen Bergen um den Mt. Olympus ist nur über Wanderwege zugänglich.

Der Park ist ganzjährig geöffnet. Einzelne Teile können allerdings im Winter wegen Schneefalls gesperrt sein, nicht alle Einrichtungen sind das ganze Jahr über geöffnet.

Die Pazifikregion

Die Pazifikregion des Olympic NP umfaßt einen knapp 60 Mi langen Streifen an der Westküste der Olympic-Halbinsel. Dieser Teil der Küste ist außerordentlich rauh und wild und mag als Musterbeispiel für die

Nordwestküste der USA angesehen werden. Sie hat sich im Laufe der Zeit kaum verändert und sieht wohl heute noch so aus, wie sie die seit vielen tausend Jahren hier ansässigen Indianer kennen: Brandung, einzeln stehende Felsen, an denen die Gischt emporspritzt, Sandstrände, unterbrochen von Klippen und unzähligem Treibholz, das sich zum Teil bizarr auftürmt, prägen hier das Bild. Häufiger Nebel, Sturm und Regen unterstreichen den rauhen Charakter dieser Landschaft. Zahlreiche Vögel, aber auch andere Tiere (z.B. Waschbären) sind in diesem Teil des Parks zu Hause.

Zugang zu diesem Teil des Parks hat man über die US-101 von Port Angeles.

☺ Empfehlenswert ist ein kurzer Stopp an der **Beach No. 1**, wo man ein paar Schritte auf dem **Spruce Burl Trail** laufen kann und einen ersten Eindruck von der rauhen Küste und dem schönen, dahinterliegenden Wald gewinnt.

Ein wenig nördlich empfiehlt sich ein Stopp an der **Kalaloch Information Station**, wo man gute Infos zu Wanderungen im Pazifikteil des Parks erhalten kann.

Im weiteren Verlauf der Straße kommt man an verschiedenen Stränden sowie dem **Big Cedar Tree**, einer außerordentlich großen Zeder vorbei.

Kurz bevor die Straße ostwärts ins Landesinnere abzweigt, sollte man einen kurzen Abstecher zur **Ruby Beach** machen, wo sich der rauhe Charakter der Küste noch einmal besonders gut offenbart. Weitere Zufahrten in diesen Teil des Parks gibt es nur zur Rialto Beach, an der Mündung des Quillayute River und am Ozette Lake, von wo aus man dann allerdings noch etwa drei Meilen bis zur Küste laufen muß.

Man kann die gesamte Küstenregion auch auf **zahlreichen Wanderwegen** erforschen.

Bei Wanderungen im Strandbereich sollten Sie jedoch **äußerste Vorsicht** walten lassen, da die Gezeitenunterschiede nicht ungefährlich sind. Das Meer kann einem plötzlich den Weg zurück oder nach vorn abschneiden und den Wanderer am Steilufer einschließen. Besorgen Sie sich an der Kalaloch Information Station ein **Faltblatt mit den Hochwasserzeiten**.

Im Teil südlich der Hoh Indian Reservation entlang der US-101 gibt es mehrere kurze Spazierwege von der Straße zur Küste.

Den Teil nördlich der Hoh Indian Reservation kann man über eine unbefestigte Zufahrtsstraße nach Oil City erreichen. Von dort kann man über Wanderwege oder am Strand entlang hinauf laufen bis First Beach. Von Oil City bis dort sind es rund 15 Mi. Man durchquert eine **fabelhafte Küstenlandschaft**, die weitgehend unberührt und wenig bevölkert ist. Siedlungen und Zeltplätze gibt es unterwegs keine. Einige Teile des Weges kann man nur bei Niedrigwasser passieren.

Auch nördlich von First Beach/Mora kann man am Strand entlanglaufen. Die Gesamtdistanz von Mora bis Ozette beträgt knapp 19 Mi. Es gibt unterwegs drei **Zeltplätze**. Auch hier ist an verschiedenen Stellen der Weg am Strand nur bei Niedrigwasser passierbar. Außerdem gibt es um den **Lake Ozette** gute Wandermöglichkeiten (☞ Merkblatt *Lake Ozette*).

Der Regenwald

Das Interessante am Olympic NP ist sicher der einzigartige Regenwald. Außerhalb der Tropen gibt es einen solchen Regenwald nur in Neuseeland, in Chile und in Washington. Nur dort findet man die notwendigen Voraussetzungen: relativ mildes Klima, hohe Feuchtigkeit, entsprechende Bodenverhältnisse. Für die Existenz eines solchen Waldes sind mehr als 3,50 m Niederschlag jährlich erforderlich! Dazu kommt es hier, weil über den Pazifik heranwehende Luft sich an den Bergen auf der Olympic-Halbinsel abregnet. Andererseits fallen die Temperaturen durch die Wassernähe kaum jemals bis an den Gefrierpunkt und überschreiten wegen des ständigen Nebels und der vielen Wolken auch im Sommer kaum einmal 25 °C.

Zu einem Besuch des Olympic NP gehört ein Spaziergang durch einen der Rain Forests. Sie sind zugänglich über den **Quinault Lake**, im Gebiet um **Queets** und nahe des **Hoh Rain Forest**. Alle drei sind mit dem Auto erreichbar, die Region um Queets jedoch nur über eine rauhe Schotterstraße.

Der Hoh Rain Forest

Das **Hoh Rain Forest Visitor Center** liegt etwa 18,5 Mi von der US-101 entfernt. Die Fahrt dorthin führt durch immer dichter werdenden Wald und die letzten Meilen verlaufen bereits durch dichtbewucherten Regenwald. Am Hoh Rain Forest befindet sich ein hervorragendes

Visitor Center, das sehr viele Informationen über das Entstehen, das Aussehen, das Pflanzenleben usw. dieses Rain Forests gibt.

Vom Visitor Center aus gibt es **zwei verschiedene Rundwege**, die beide nicht sehr lang sind, aber einen ausgezeichneten Eindruck von der Gestalt dieses Regenwaldes bieten. Unbedingt empfehlenswert, da man die Wunderwelt des Mooses, das hier die Bäume in zum Teil abenteuerlicher Weise überwuchert, und die unerhörte Dichtheit des Pflanzenwuchses bestaunen kann.

Beachten Sie auf Ihrem Spaziergang auch die sogenannten *Nurse Logs*, umgestürzte Baumriesen, die jungen Bäumen als Nährboden dienen und über das Wurzelwerk des alten Baumes die Jungen mitversorgen. Dies führt dazu, daß die jungen Bäume erheblich schneller und stärker wachsen, als sie es könnten, wären sie auf ihr eigenes Wurzelwerk angewiesen.

Am Visitor Center beginnt auch ein ausgedehnter Wanderweg in die Berge des Olympic NP.

Die Queets-Region

Diese Region ist vergleichsweise wenig erschlossen, deshalb aber nicht weniger schön. Zwar hat man hier Wandermöglichkeiten, es gibt aber weder ein Visitor Center noch Erklärungstafeln an den Wegen. In Queets beginnt ein längerer Weg, der in die Berge hineinführt und nach ca. vier Meilen eine riesige Douglasfichte passiert, die die größte der Welt sein soll.

Das Quinault-Lake-Gebiet

Auch dieses ist besuchenswert und bietet schönen Regenwald. Die Südseite des Sees liegt außerhalb des Parks im Olympic NF. Hier gibt es zwei Zeltplätze und einen kurzen Rundwanderweg, den **Quinault Loop Trail**, der durch die verschiedenen Landschaftsformen, die man in einem derartigen Regenwald antreffen kann, führt (mit Erklärungstafeln). Am See gibt es zahlreiche Wassersportmöglichkeiten.

Die Straße verläuft am Südufer des Sees entlang bis zur Parkgrenze und dann weiter (Schotter) bis Graves Creek, ⛺ und Ranger Station, bzw. nach North Fork, ebenfalls ⛺ und Ranger Station. Auf dem Rückweg kann man im Park an der Nordseite des Sees entlangfahren.

Das Gebirge

Mächtige Berge beherrschen den Innenbereich des Parks. Der höchste ist der **Mt. Olympus** mit 2.428 m. Dieser ist von zahlreichen Gletschern

umgeben, die weite Teile des inneren Gebirges bedecken. Diese Gebirgswelt ist nur über Wanderwege, die an verschiedenen Stellen des Parks beginnen, zugänglich.

Gute Ausgangspunkte für Wanderungen zum Mt. Olympus sind der ☞ Hoh Rain Forest und das Soleduck Valley.

Eine **Besteigung des Mt. Olympus** ist aufgrund der großen Entfernungen sehr schwierig. Wegen der Schnee- und Eisverhältnisse muß man unbedingt Erfahrung für Hochgebirgstouren und Wandern auf Schnee und Eis haben.

* Vom **Soleduck Valley** aus kann man zudem recht hübsche Tageswanderungen in den Randbereich der Gebirgswelt des Parks unternehmen. Ein entsprechendes Merkblatt ist in den Visitor Centers und in der Sol Duc Ranger Station erhältlich.

Angenehm nach einer Wanderung ist ein schönes Bad im Swimmingpool in Sol Duc Hot Springs, der von **heißen Mineralquellen** des Gebietes gespeist wird.

Tägl. 9:00 bis 21:00 (15.5. bis 31.8.), im September bis 20:00, Eintritt: ca. $ 6.

* Die **Hurricane Ridge**, die leicht mit dem Auto von Port Angeles aus erreichbar ist, ist auch ein gutes Gebiet für Tageswanderungen. Sehr schöne Aussicht über die Berge.

Das Lake-Crescent-Gebiet

Das Gebiet um den schönen Lake Crescent wird von der US-101 durchzogen. Der See ist von hohen Bergen gesäumt und beliebtes Touristenziel. Mehrere Wanderwege beginnen bei der Lake Crescent Lodge, dazu gibt es im Storm King Information Center das Informationsblatt *Lake Crescent Dayhikes*.

Ein 1,3 km langer Weg vom Visitor Center führt zu den **Marymere Falls**, 27 m hohe Wasserfälle. Ein weiterer Trail führt vom Visitor Center auf den Mt. Storm King hinauf. Schöne Aussicht.

* **Deer Park** ist ein etwas östlich von Port Angeles gelegenes schönes Tal, Straße z.T. Schotter. Kurzer Trail auf den Blue Mountain.

* **Elwha River Valley**, schönes Tal mit dem Lake-Mills-Stausee.

Pioneer Memorial Visitor Center und **Museum** in Port Angeles. Hier bekommt man einen guten Überblick über die Regionen des Parks und die Möglichkeiten, dort etwas zu unternehmen.

Eine Dia-Show und eine Ausstellung im angrenzenden Museum geben weitere Informationen zum Park, zum Tier- und Pflanzenleben, zur Geologie, aber auch zur indianischen Kultur und Forstwirtschaft in diesem Gebiet.

An einigen Visitor Centers bieten die Park Ranger **geführte Wanderungen** an. Erkundigen Sie sich örtlich nach dem Programm.

Allgemeines zum Wandern im Park

Insgesamt durchziehen den Park nahezu **600 Mi Wanderwege** verschiedenster Länge und Schwierigkeitsgrade.

Einen Überblick über die Wandermöglichkeiten im Park, besonders in den Gebirgsgegenden, bietet die Karte, die vom National Park Service herausgegeben wird. Sie gibt allerdings wirklich nur einen Überblick; wer längere Wanderungen durch die Wildnis unternehmen will, sollte sich unbedingt besseres Kartenmaterial besorgen.

Auf den meisten Trails gibt es genügend Zeltplätze, selten weiter als drei bis vier Meilen voneinander entfernt.

Bei Wanderungen im Gebirge sollten Sie stets mit kühlen Temperaturen, im Frühjahr und Herbst mit Schneefall, ansonsten mit heftigen Niederschlägen rechnen. Entsprechende Ausrüstung ist unbedingt erforderlich. Es handelt sich bei den längeren Wanderungen nicht um Spaziergänge, sondern um Wildnistrips!

Port Townsend

Liegt am Ausgang des Puget Sound im äußersten Nordosten der Olympic-Halbinsel. 7.000 Ew., WA 98368, 360/385, Route 2

CoC, 2437 E Sims Way, 2722. Hier bekommt man einen Stadtplan, auf dem eine Rundtour zu den wesentlichsten Gebäuden und Plätzen der Stadt eingezeichnet ist.

Harborside Inn, 330 Benedict St, 7909, ca. $ 70.

Ft. Worden SP, in der Stadt.

♦ Old Ft. Townsend SP, 4 Mi südlich am Hwy 20.

Der Ort entstand im letzten Jahrhundert als Handels- und Seefahrtstadt.

✞ **St. Paul's Church** (Tyler/Jefferson St) aus dem Jahre 1865.

✱ Viele viktorianische Häuser, z.B. das **Courthouse** in der Walker St (1892), das im übertriebenen viktorianischen Stil errichtet wurde.

✱ Der **Old Ft. Townsend SP** ist heute ein Wildschutzgebiet, von dem einst hier errichteten Fort ist nichts mehr zu sehen.

✱ Der **Ft. Worden SP**, eine Meile nördlich, umfaßt eine ehemalige Küstenschutzstation. Einige restaurierte Unterkünfte sind noch vorhanden.

⌘ Das **Rothschild House** (1868) in der Franklin/Taylor St ist ein Beispiel eines viktorianischen Hauses (authentische Einrichtung).

♦ Tägl. 10:00 bis 17:00 (1.4. bis 31.10.), sonst Sa, So 10:00 bis 17:00, Eintritt: $ 2.

✱ Der **Ft. Flagler SP**, 20 Mi südöstlich, umfaßt eine Küstenstellung zur Verteidigung des Puget Sound.

Der **Mt. Walker Viewpoint**, ca. 30 Mi südlich an der US-101, ist über eine fünf Meilen lange schmale und gewundene Kiesstraße erreichbar. Von dem 855 m hohen Gipfel hat man einen **wunderbaren Ausblick** über den Puget Sound mit der weit im Osten liegenden Cascade Range und den nahen Olympic Mountains im Westen.

Ross Lake NRA

➲ Liegt zwischen dem Nord- und dem Südteil des Cascades NP, erstreckt sich entlang der SR-20 und folgt dann dem Ross Lake nordwärts bis zur kanadischen Grenze. Zugang außer über die SR-20 auch von Hope (Kanada) aus über eine Kiesstraße. ☞ Route 1

☞ North Cascades NP.

Außer dem **Ross Lake** liegen in der National Recreation Area auch noch der **Diabolo und der Gorge Lake**, beide unmittelbar unterhalb der SR-20. Alle drei Seen werden von Staudämmen gebildet.

Die National Recreation Area umfaßt ein schönes Gebiet entlang des Skagit River, das beidseitig von hohen Bergen gesäumt ist. Die tief unten eingebetteten Seen machen es zu einer prächtigen Landschaft.

Die Tierwelt ist reich an Rehen, Hirschen und Bären. Während man zum Gorge und Diabolo Lake von der SR-20 Zugang hat, kommt man mit dem Auto nur an das Südende des Ross Lake heran. Ansonsten muß man ihn von Süden auf Trails oder mit dem Boot erschließen (sehr lohnend). Am Diabolo Lake Resort beginnt ein 3,5 Mi langer Trail hinab zum Ross Lake.

Zahlreiche Wanderwege führen entweder in den North Cascades NP hinein oder auf die benachbarten Wilderness- und National-Forest-Gebiete. Näheres über die Wandermöglichkeiten, Wanderwege usw. erfahren Sie im ☞ North Cascades NP.

San Juan Islands

umfassen eine Inselgruppe zwischen Vancouver Island und dem amerikanischen Festland. Insgesamt sind es 172 Inseln verschiedenster Größe. Sie wurden **1775** entdeckt, und Spanien beanspruchte sie 1791 als Juan Islands. Doch schon ein Jahr später wurden sie von Captain George

Washington: Mt. Rainier NP

Vancouver als britisches Territorium bezeichnet. 1841 erklärte man sie zu amerikanischem Gebiet, wobei es bis heute blieb.

Auf den Inseln liegt das große **San Juan Islands NWR**, das 48 der kleinen Inseln umfaßt. Die meisten dürfen nicht besucht werden, die dort lebenden Tiere sollen ungestört bleiben. Hier gibt es übrigens die meisten Weißkopfadler außerhalb Alaskas. Vor den Inseln leben Seehunde, Delphine und Wale.

In den State Parks kann man baden (kalt!), angeln, wandern, Boot fahren und tauchen.

Sehr empfehlenswert ist eine Fahrt auf den 735 m hohen **Mt. Constitution** im Moran SP auf Orcas Island. Die schmale Straße führt auf den Gipfel des Berges hinauf, man hat einen **prachtvollen Ausblick** auf die Inselwelt.

Von Juni bis September ist San Juan Island eines der besten Walbeobachtungsgebiete überhaupt.

Zugang zu den Inseln hat man von Anacortes aus nach Orcas, Lopez, Shaw und Friday (bis zu 18mal täglich) sowie von Sidney auf Vancouver Island aus nach Friday Harbor (zweimal am Tag).

⌘ Im **Orcas Island Museum** in East Sound im Norden von Orcas Island gibt es eine Ausstellung zur Geschichte der Inseln.

♦ Mo bis Sa 13:00 bis 16:00 (Memorial bis Labor Day), Eintritt: $ 1.

⌘ Das **Whale Museum**, 62 First St in Friday Harbor, beschäftigt sich mit Geschichte, Biologie und Lebensweise der Wale.

♦ Tägl. 10:00 bis 17:00 (1.6. bis 30.9.), sonst 11:00 bis 16:00, Eintritt: $ 4.

San Juan Islands NHP

Liegt auf San Juan Island, ca. 20 Mi östlich von Victoria, British Columbia, Canada. ☞ Route 1

Visitor Center in beiden Teilen des Parks.

♦ Büro des National Parks, 125 Spring St, Friday Harbor, WA 98250, ☎ 360/378-2240.

♦ **Eintritt in den Park**: kostenlos.

In Friday Harbor, meist recht teuer.

Lakedale CG, 5 Mi nördlich an der Tucker Ave.

Der National Historic Park umfaßt zwei Teile: das **American Camp** und das **English Camp**. Es sind die Siedlungen der Engländer und Amerikaner, wie sie im sogenannten **Pig War** 1859 bestanden. Anlaß für diesen "Krieg" war, daß ein britisches Schwein das Kartoffelfeld eines Amerikaners verwüstete, woraufhin dieser das Schwein erschoß. Die Atmosphäre lud sich auf, die Rufe nach einem Krieg gegen die andere Nation wurden laut, doch es kam zum Glück nicht dazu. Das **britische Camp** im Norden der Insel war dann später ebenso zerstört und verschwunden wie das amerikanische am äußersten Südende.

Im britischen Camp, das etwa zehn Meilen nordwestlich von **Friday Harbor** liegt, stehen mehrere restaurierte Unterkünfte und Holzhäuser.

Das **American Camp** liegt ca. sechs Meilen südlich von Friday Harbor, hier gibt es ein paar restaurierte Gebäude. Der Park ist täglich von Sonnenaufgang bis Sonnenuntergang geöffnet, die Häuser kann man nur im Sommer besichtigen. Ranger geben Infos zu den Gebäuden und zur Geschichte.

Seattle

➲ Liegt im Nordwesten des Bundesstaates zwischen dem Puget Sound und dem Lake Washington.
520.000 Ew., 1,6 Mio im Großraum, ✉ WA 981xx, ✆ 206, ☞ Route 1, 2, 5

ℹ 800 Convention Place (unten im Convention Center), WA 98101, ☎ 461-5840, Mo bis Fr 8:30 bis 17:00, Sa, So 10:00 bis 16:00.

♦ Im ☞ Seattle Center gibt es vor der Space Needle einen Info-Kiosk.

♦ Im ☞ Klondike Goldrush NHP.

330 Sixth Ave N, WA 98109, ☎ 562-2582, Mo bis Fr 8:30 bis 17:00.

🛏 Vagabond Inn, 325 Aurora N, WA 98109, ☎ 441-0400, FAX 448-3353, ca. $ 70.

♦ Sixth Ave Inn, 2000 Sixth Ave, WA 98121, ☎ 441-8300, FAX 441-9903, ca. $ 75.

♦ Days Inn Town Center, 2205 7th Ave, WA 98121, ☎ 448-3434, FAX 441-6976, $ 90.

♦ Park Plaza Motel, 4401 Aurora Ave (4 Mi nördlich), WA 98103, ☎ 632-2101, ca. $ 35.

♦ Nach oben sind kaum Grenzen gesetzt, z.B. Four Seasons Olympic, 411 University St, ☎ 621-1700, FAX 682-9633, ab $ 240.
Weitere Hotels liegen in der **Nähe des Flughafens** (alle WA 98188):

♦ Tac-Sea Motel, 17024 Int. Blvd, ☎ 241-6511, FAX 635-0987, ca. $ 45.

♦ Sea-Tac Crest Motor Inn, 18740 Int. Blvd, ☎ 433-0999, FAX 248-7644, ca. $ 45.

♦ Sea-Tac Travelodge, 2900 S 192nd St, ☎ 241-9292, FAX 242-0681, ca. $ 50.

- Seattle South KOA, Abfahrt 152 von der I-5, 5801 S 212th St, Kent, WA 98032, ☏ 872-8652 oder ☏ 800/KOA-1892. Reservierung empfehlenswert!
- ♦ Lake Pleasant RV Park, von der I-405, Abfahrt 26, 1 Mi südlich auf der Bothell Rd.
- ♦ Twin Cedars RV Park, an der SR-99 zwischen 178th und 179th St.
- ♦ Issaquah Village RV Park, 17 Mi östlich über die I-90.
- ♦ Aqua Barn Ranch CG, Abfahrt 4 der I-405, noch ca. 4 Mi westlich über die SR-169.

AYH Hostel, 84 Union St, WA 98101, ☏ 622-5443, ca. $ 10 pro Person.

Autovermietungen:
- ♦ Am International Airport (alle großen Firmen).
- ♦ Budget, 801 4th Ave.
- ♦ Best Rent-A-Car, 6501 Aurora Ave N.
- ♦ Practical Rent-A-Car, ☏ 241-5858.
- ♦ A-19, 95-Rent-A-Car, ☏ 364-6300.

Wohnmobilvermieter:
- ♦ AAA-Recreation Services, Aurora Ave N.
- ♦ N.W. Vanmotorhome Rentals, 14800 Ambaum Blvd SW.

Außer den Department Stores und den Läden in der Downtown Area gibt es am Rande der Stadt mehrere Einkaufszentren (Shopping Malls).
- ♦ Northgate Mall, ca. 8 Mi nördlich an der I-5.
- ♦ South Shopping Center, etwa 19 Mi südlich an der I-5/405 in Flughafennähe.
- ♦ Westlake Center 5th/Pine St mitten in der Downtown.

Klima	*Jan*	*Feb*	*Mär*	*Apr*	*Mai*	*Juni*	*Juli*	*Aug*	*Sep*	*Okt*	*Nov*	*Dez*
Ø max. °C	8	9	12	15	19	21	24	23	20	16	11	9
Ø min. °C	3	3	5	7	9	12	13	13	12	9	6	4

Ursprünglich von Indianern besiedelt, wurde die Gegend des heutigen Seattle von Captain George Vancouver erstmals erforscht. Dennoch dauerte es bis **1851**, bevor eine Siedlung entstand. Sie lag am heutigen Alki Point im Südwestteil von Seattle. Das Zentrum der eigentlichen Stadt entstand etwas später im Bereich des heutigen **Pioneer Square**. **1861** gründete man die **University of Washington** und **1884** erhielt Seattle Anschluß an das neu geschaffene Eisenbahnnetz. Ein Großteil der Stadt brannte **1889** nieder.

Der große wirtschaftliche Aufschwung der Stadt begann mit dem **Goldrausch im Klondike**. Seattle war für Zigtausende von Abenteurern Startpunkt für den Weg nach Norden. Schiff um Schiff legte von den Piers ab, um die Leute nach Skagway und Dyea in Alaska zu transportieren. Die Ausrüstung beschafften sich die Goldgräber fast ausschließlich in Seattle, die Kaufleute und Händler profitierten in großem Maße.

Ein wirtschaftlicher Meilenstein fällt in das Jahr **1916**: die **Gründung der Boeing-Flugzeugwerke**. Im Zweiten Weltkrieg spielten Seattle als

Zentrum der Flugzeugindustrie und die Nachbarorte als Zentrum der Werftindustrie für den Marineschiffbau eine große Rolle. Auch heute noch sind Flugzeugbau, Export und Import, Forstwirtschaft, Schiffsbau, aber auch Fischerei und Finanzwirtschaft von wesentlicher Bedeutung.

Die **geographische Lage** Seattles ist ausgesprochen günstig. Geschützt vor Wind, Strömung und Wellen des Pazifiks, liegt die Stadt am Puget Sound mit den oft bis in den Frühsommer hinein schneebedeckten Bergen der Cascade Range im Hintergrund. Das Klima ist durch häufigen Regen geprägt, durchschnittlich gibt es hier nur 47 Sonnentage pro Jahr. Schnee ist relativ selten, die Temperaturen fallen fast nie unter 0 °C, es ist aber meist auch nicht mit mehr als 25 °C zu rechnen. Im Hinblick auf die Unbeständigkeit des Wetters sagen viele Einwohner, daß die Wetterregel Seattles die Regel ist, daß es keine Regel gibt!

Ankunft und Transport

Ankunft mit dem Bus: Greyhound/Trailways Terminal liegt in der Stewart/8th Avenue. ☏ 628-5508.

Wenn Sie mit dem Flugzeug ankommen, landen Sie im Süden der Stadt auf dem Seattle Tacoma International Airport. Dieser ist über die SR-99 oder die I-5 gut zu erreichen.

Vom Airport fahren ca. alle 20 Min. Busse (Airport Express) in die Stadt, $ 7,50. Metro Busse fahren ebenfalls in die Stadt und kosten $ 1,10 bis 1,60. Taxis kosten ca. $ 20 bis 30 in die Stadt.

Die Washington-State-Fähren legen am Pier 52 an, die Victoria Line aus Victoria in Kanada macht am Pier 48 fest.

Die Amtrak-Züge laufen in der King St Station, 3rd Ave/S King St, ein.

Wenn man mit dem Auto unterwegs ist, bietet sich das **Seattle Center** als Ausgangspunkt für eine Stadtbesichtigung an. Hier gibt es viele Parkplätze (gebührenpflichtig, Preise vergleichen!) und die Anfahrt ist von der I-5 und der SR-99 gut ausgeschildert. In der Innenstadt findet man nur sehr schwer einen Parkplatz. Vom Seattle Center gelangt man dann mit der **Monorail** billig und schnell ins Zentrum.

Parken in der Downtown geht fast nur an **Parkuhren**, meist nur für maximal ein oder zwei Stunden, Kosten ca. $ 1/Std. Es gibt einige **Parkhäuser**, ca. $ 3/Std., $ 10/Tag. Achten Sie auf zeitweises absolutes Parkverbot während der Rush-hour.

Seattle und Umgebung
Everett
Lynnwood
Edmonds
Alder-wood
Bothell
Fähre nach Kingston
Fähre nach Victoria
N
W
O
S
0
5 km
Univ. of Wash.
Lake Washington
Evergreen Point Floating Bridge
Downtown
Seattle Univ.
Mercer Island Floating Bridge
Bellevue
Lake Sammamish
Mercer Island
Yakima
Museum of Flight
Puget Sound
Renton
Tukwila
Olympia
Auburn
5
99
405
522
520
90
509
518
167
© Stein Verlag

In der Stadt bieten die Nahverkehrsbusse "**Metro**" gute Verbindungen. Man kommt mit diesen Bussen auch gut in die Außenbezirke. Zudem verkehren auch noch einige **Straßenbahnen** in der Stadt.

♦ Fahrpreis: $ 0,85 bis 1,60.

☺ In der Downtown zwischen Battery St im Norden, Jackson St im Süden und 6th Ave im Osten können Sie die Busse von 6:00 bis 19:00 kostenlos benutzen!

Die **Monorail**, eine Art Hochbahn, die auf einer Betonschiene, die auf Stützen steht, fährt, ist eigentlich ein Teil des Seattle Center. Sie verbindet dieses mit der Westlake Mall im Downtown-Gebiet.

♦ Tägl. 9:00 bis 24:00, Fahrpreis: $ 0,90.

Unten am Hafen verkehrt zwischen Broad St und S Main St die **Waterfront Trolley**, eine alte Straßenbahn.

♦ Fahrpreis: $ 0,85 bis 1,10.

Die **U-Bahn**, die von Union Station im Süden unterhalb der 3rd Ave verlaufen, dann in die Pine St nach Osten abbiegen und bis zum Downtown Transit Tunnel führen soll, ist noch im Bau. Nur ein kleines Teilstück ist derzeit in Gebrauch.

Ansonsten kann man auf eines der vielen **Taxis** zurückgreifen, sie kosten etwa $ 1,60/Mi.

Sehenswertes

✱ **Seattle Center**, wohl die bekannteste Sehenswürdigkeit der Stadt, wird überragt von dem zum Wahrzeichen gewordenen Turm **Space Needle**. Das Seattle Center wurde 1962 für die damalige Weltausstellung angelegt. Das Ausstellungsgebiet ist heute eine Art Park für verschiedene Veranstaltungen. Neben zahlreichen Restaurants und Geschäften gibt es hier viel Sport und Kultur, außerdem wissenschaftliche Ausstellungen.

♦ Der Zutritt zu dem Gelände ist kostenlos, Ausstellungen kosten Eintritt.

✱ **Space Needle**, über 180 m hoch, auf die man zu einer Aussichtsplattform in nur 43 Sekunden mit einem der drei Aufzüge hinauffahren kann. Oben gibt es ein Drehrestaurant, von dem aus man einen prachtvollen Ausblick hat.

♦ Tägl. 8:00 bis 24:00, Fahrpreis: $ 7.

Monorail ist eine Schnellbahn, die auf einer Betonschiene ins Zentrum Seattles fährt. Die ganze Fahrt dauert nur etwa 1½ Minuten und kostet $ 0,60!

Außerdem im Seattle Center:

✱ Im **Center House** gibt es vorwiegend Geschäfte, einige Restaurants und das Childrens Museum.

⌘ 10:00 bis 17:00, Eintritt: $ 4,50.

Wyoming: Geysir im Yellowstone NP

✱ Im **Pacific Science Center** findet man Großleinwandkinos und Vorführungen, z.B. über Raum- und Luftfahrt.

♦ Tägl. 10:00 bis 18:00, Eintritt: $ 6,50.

✱ Im **Fun Forest Park** kann man sich auf vielerlei Art vergnügen, z.B. mit Karussellfahren.

Pioneer Square Historic District

umfaßt jenen Teil der Stadt, in dem die ursprüngliche Siedlung nach 1852 entstand. Er liegt zwischen Waterfront und International District. Die meisten der hier befindlichen Bauten stammen aus der Zeit nach dem verheerenden Brand von 1889. So spiegelt das Gebiet vor allem die Stadt um die Jahrhundertwende zu Zeiten des Goldrausches wider. Viele der Häuser im District sind restauriert.

Lohnend ist es in jedem Fall, die ansprechende 1st Ave entlangzuschlendern, vom hübschen Pioneer Square bis zur Jackson St, und dabei den ☞ **Klondike Goldrush NHP** in der 117 Main St zu besuchen.

Aber vielleicht werfen Sie auch einmal einen Blick in die abgelegeneren Straßen, wo man malerisches Hinterhofmilieu entdecken kann. Eine besondere Art, diesen Teil Seattles kennenzulernen, bietet die ☞ **Underground Tour**.

Smith Tower, 2nd Ave/Yesler Way, war mit seinen 42 Stockwerken lange Zeit das höchste Gebäude im Westen der USA. Es wurde immerhin schon 1914 erbaut. Oben gibt es eine Aussichtsetage, prächtiger Blick auf die Stadt, den Sound und die Berge.

♦ Tägl. 10:00 bis 22:00, Fahrpreis: $ 2.

Downtown

Das Downtown-Gebiet umfaßt die weithin sichtbaren **Wolkenkratzer**, die die charakteristische Skyline der Stadt bilden. Einige der Hochhäuser sind durchaus alt und ehrwürdig, so z.B. das Four Seasons Olympic Hotel aus dem Jahr 1924. Zu den modernen und eindrucksvollen Bauten gehören daneben die Seattle First National Bank und die Rainier Bank.

Auch die beiden Türme des Westin Hotels sind weithin sichtbar. Ein kurzer Rundgang durch dieses elegante Geschäftsviertel mit Banken und Handelsunternehmen steht im Gegensatz zu den abgerissenen Gestalten, die sich südlich davon in der 1st bis 4th Ave herumtreiben. Arm und Reich leben hier unmittelbar nebeneinander.

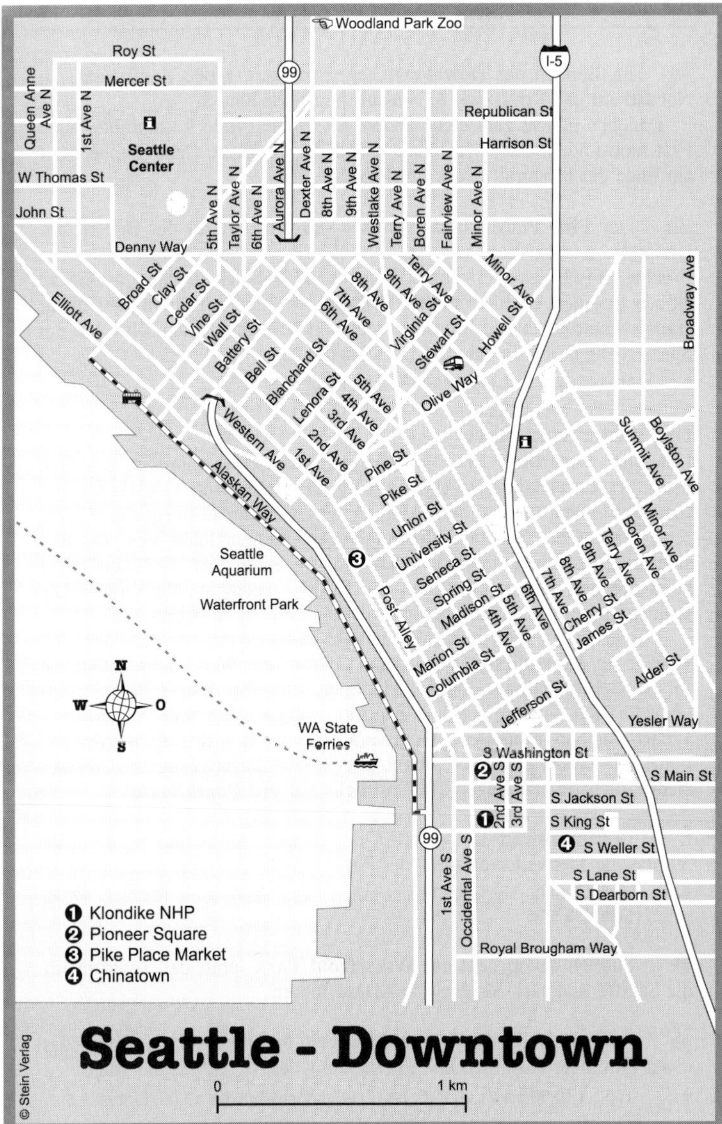
Woodland Park Zoo
Roy St
Mercer St
99
I-5
Queen Anne Ave N
1st Ave N
Seattle Center
Republican St
Harrison St
W Thomas St
John St
Denny Way
5th Ave N
Taylor Ave N
6th Ave N
Aurora Ave N
Dexter Ave N
8th Ave N
9th Ave N
Westlake Ave N
Terry Ave N
Boren Ave N
Fairview Ave N
Minor Ave N
Broad St
Clay St
Cedar St
Vine St
Wall St
Battery St
Bell St
Blanchard St
Lenora St
Elliott Ave
Western Ave
Alaskan Way
8th Ave
7th Ave
6th Ave
9th Ave
Terry Ave
Virginia St
Stewart St
Minor Ave
Howell St
Olive Way
Broadway Ave
5th Ave
4th Ave
3rd Ave
2nd Ave
1st Ave
Pine St
Pike St
Union St
University St
Seneca St
Spring St
Madison St
Marion St
Columbia St
Post Alley
Summit Ave
Boylston Ave
Minor Ave
Boren Ave
Terry Ave
9th Ave
8th Ave
7th Ave
6th Ave
5th Ave
4th Ave
Cherry St
James St
Alder St
Jefferson St
Yesler Way
Seattle Aquarium
Waterfront Park
WA State Ferries
N
W
O
S
S Washington St
S Main St
2nd Ave S
3rd Ave S
S Jackson St
S King St
S Weller St
S Lane St
S Dearborn St
1st Ave S
Occidental Ave S
Royal Brougham Way
1 Klondike NHP
2 Pioneer Square
3 Pike Place Market
4 Chinatown
Seattle - Downtown
0
1 km
© Stein Verlag

Im Bereich der Downtown liegen mehrere große Kaufhäuser, so **Nordstrom** und **Frederick & Nelson**, beide 5th/Pine St.

Daneben gibt es zahlreiche andere Geschäfte, viele Restaurants, auch Fast-food-Läden, z.B. McDonald's und das Westlake Center, eine Mall am Ende der Monorail in der 5th/Pine St.

Der **Pike Place Public Market** war einst Markt der Bauern des Umlandes und existiert seit 1907. Nach wie vor kann man hier frische Früchte, Fisch usw. erstehen. Zunehmend entwickelt sich das Ganze jedoch zu einer Art Flohmarkt und Bazar, wo man vor allem Andenken, Handwerksarbeiten und Ramsch angeboten bekommt. Dennoch lohnt ein Spaziergang durch die geschäftigen Stände.

♦ Mo bis Sa 9:00 bis 18:00, So 11:00 bis 17:00.

Die Waterfront Area

Unter der Waterfront Area versteht man das Gebiet unterhalb des Pike Place Market entlang des Alaskan Way. Die Waterfront reicht etwa von Pier 70 bis Pier 36. Auf dem Alaskan Way verkehrt übrigens die historische **Waterfront Trolley**. Hier entlangzubummeln lohnt sich, da man sich auf historischem Boden bewegt: Während der Goldrauschtage herrschte hier heftige Aktivität, die Schiffe legten an, die Goldsucher strömten an Bord und hofften ihr Glück im Norden zu finden.

Damals nahm der Hafen von Seattle einen großen Aufschwung und viele Jahre waren diese Piers das Tor Seattles zur Welt. Heute haben sie für die Schiffahrt kaum noch Bedeutung. Von Pier 59 bis Pier 52 entwickelte sich ein touristisches Zentrum, vergleichbar mit "Fisherman's Wharf" in San Francisco. Wenn man hier auch nichts Außergewöhnliches zu sehen bekommt, lohnt ein kurzer Spaziergang am Wasser sicher, nicht zuletzt wegen des **Ausblicks auf den Puget Sound**.

Erwähnenswert ist weiterhin das **Seattle Aquarium** an der Pier 59, das die Tierwelt, vor allem des Puget Sound, darstellt.

♦ Tägl. 10:00 bis 19:00 (Memorial bis Labor Day), sonst 10:00 bis 17:00, Eintritt: $ 6,95.

✱ Südlich davon liegt der **Waterfront Park**, einst das Zentrum für die Schiffe, die nach Skagway in Alaska fuhren.

An Pier 57 liegt der **Omnidome**, ein dreidimensionales Kino, das einen Film über Ausbruch und Entwicklung des Mt. St. Helens zeigt.

♦ Tägl. 10:00 bis 21:00 (1.5. bis 30.9.), sonst 10:00 bis 17:00, Eintritt: $ 6.

Im Bereich von Pier 51/50 steht man an der Stelle, wo Seattle seinen Ursprung nahm. Hier lag **Yesler's Sägemühle** und **Werft**, eine der ersten Ansiedlungen in diesem Gebiet. Davon ist nichts mehr erhalten.

Weiter beginnen an den Piers verschiedene **Ausflugs- und Fährfahrten**. So fahren von Pier 52 die Washington State Ferries ab, bei Pier 55 beginnen die Touren zum Tillicum Village im Blake Island SP. Verschiedene Hafenrundfahrten und Ausflugstouren starten ebenfalls an den Piers 54 bis 57; am Pier 69 liegt die Abfahrtstelle der Schiffe nach Vancouver Island in Kanada.

⌘ Am äußersten Südende der Waterfront Area befindet sich das **Coast Guard Museum**, Pier 36, mit Schiffsmodellen, Fotos und sonstigen Ausstellungen zur Schiffahrt und Küstenwacht.

♦ Mo, Mi, Fr 9:00 bis 15:00, Sa, So 13:00 bis 17:00, Eintritt: kostenlos.

International District

Chinatown und **Japantown** liegen etwa zwischen 4th und 8th Ave sowie Main und Lane St. Ein kurzer Rundgang durch dieses Gebiet ist interessant, wenn auch die chinesischen und japanischen Geschäfte schon relativ stark amerikanisiert sind. Dennoch: Wer in die Seitenstraßen schaut, kann noch einiges Ursprüngliches finden.

Universitätsgebiet

Neben der **Seattle University**, die etwas östlich der Downtown Area liegt, gibt es die große **University of Washington**, die nördlich des Lake Washington Canal, östlich der I-5, errichtet wurde. Man hat sie bereits 1861 eröffnet und sie zählt heute ca. 40.000 Studenten. In ihrem Umkreis liegt

⌘ die **Henry Art Gallery**, ein Kunstmuseum, wo auch ein Visitor Information Center eingerichtet wurde. Ist 1997 voraussichtlich geschlossen!

⌘ Außerdem liegt auf dem Gebiet der Universität das **Thomas Burke Museum** mit einer Ausstellung zur Geschichte und Kultur des pazifischen Nordwestens der USA sowie Funden aus Alaska.

♦ Tägl. 10:00 bis 17:00, Eintritt: $ 3.

Südlich des Kanals befindet sich das **Arboretum der University of Washington**, das ca. 5.000 verschiedene Pflanzenarten beherbergt.

Zudem gibt es hier einen **japanischen Teegarten** mit Teichen und vielen hübschen Pflanzen. Gut geeignet für einen erholsamen Spaziergang.

♦ Japanischer Garten: tägl. ⌚ 10:00 bis 20:00 (1.6. bis 30.8.), sonst kürzere Öffnungszeiten, Eintritt: $ 2,50.

ℹ Tägl. ⌚ 10:00 bis 16:00 (1.5. bis 30.9.).

⌘ **Seattle Art Museum**, 100 University St, Kunstmuseum, mit Ausstellungen zu verschiedenen Bereichen der Kunst.

♦ Di bis So ⌚ 10:00 bis 17:00, Eintritt: $ 6.

Weitere Sehenswürdigkeiten

✱ **Blake Islands Marine SP** ist nur per Boot von der Waterfront Area aus erreichbar.

⛴ Bootsabfahrten tägl. ⌚ 11:30, 16:30 und 18:30 (1.6. bis Labor Day), ca. $ 26 ⇔.

Unter anderem liegt hier das **Tillicum Village**, mit einem typischen Blockhaus, wie es die Küstenindianer einst bauten. Tanzvorführungen der Indianer. Besuch im Rahmen einer geführten Tour. Zeiten und Preise (teuer!) nennt die ℹ.

✱ Der **Discovery Park** liegt im Nordwesten der Stadt. Es gibt Strände, mehrere Wanderwege und ein Visitor Center.

♦ Tägl. ⌚ 8:30 bis 17:00.

✱ Unmittelbar nördlich des Parks beginnt der **Lake Washington Ship Canal**, mit dessen Bau bereits 1860 begonnen wurde. Er verbindet den Puget Sound mit dem Lake Washington und wurde 1917 eingeweiht.

An seinem Westende liegen die **Chittenden-Schleusen**, die 250 m lang und 24 m breit sind. Rd. 80.000 Schiffe werden hier jährlich durchgeschleust. Auch findet man Besichtigungswege, Gartenanlagen und Fischleitern. Ein Visitor Center bietet Informationen über die Geschichte und den Bau des Kanals.

ℹ Tägl. ⌚ 10:00 bis 19:00 (1.6. bis 30.9.), Eintritt: kostenlos.

⌘ Etwas nördlich des Kanals liegt das **Nordic Heritage Museum**, 3014 NW 67th St, das sich vornehmlich mit der Kultur der skandinavischen Einwanderer beschäftigt.

♦ Di bis Sa ⌚ 10:00 bis 16:00, So 12:00 bis 16:00, Eintritt: $ 4.

Im Norden des Kanals liegt der **Woodland Park** an der Phinney Ave, zwischen 50th und 59th St. Sein Kern ist der **Zoo** von Seattle.

♦ Tägl. 9:30 bis 18:00 (15.3. bis 15.10.), Eintritt: $ 7.

Der **Volunteer Park**, südlich des Kanals an der 15th Ave, umfaßt eine schöne Gartenanlage am Capitol Hill.

⌘ **Seattle Asian Art Museum** (Kunstmuseum) im Volunteer Park. Vorwiegend asiatischer Bereich, aber auch amerikanische und europäische Meister.

♦ Di bis Sa 10:00 bis 17:00, So 12:00 bis 17:00, Eintritt: $ 6.

Im Park steht eine **Statue von W. H. Seward**, der 1867 den Erwerb Alaskas von Rußland betrieben hatte. Ebenfalls im Parkgelände gibt es einen gut 20 m hohen **Wasserturm**, auf den man hinaufsteigen und einen herrlichen Blick auf die Stadt genießen kann.

✱ Die **Evergreen Point Floating Bridge** überbrückt nördlich des Downtown-Gebietes an der Mündung des Lake Washington Ship Chanal den Lake Washington. Mit einer Länge von fast 2,3 km ist es die längste Schwimmbrücke der Welt.

⌘ **Museum of History and Industry**, 2700 24th Ave E, Ausstellungen zur Geschichte von Seattle und der Umgebung.

♦ Tägl. 10:00 bis 17:00, Eintritt: $ 5,50.

⌘ **Museum of Flight**, 9404 E Marginal Way, südlich der Stadt. Die I-5 an der Ausfahrt 158 in nordwestlicher Richtung verlassen, ca. eine halbe Meile auf dem East Marginal Way. Ausstellungen und Informationen zur Geschichte und Technik der Fliegerei, zahlreiche Flugzeuge.

♦ Tägl. 10:00 bis 17:00 (Memorial bis Labor Day), sonst Mo geschlossen, $ 6.

✱ **Organisierte Touren**: Es werden in Seattle eine Vielzahl von Touren, Hafenrundfahrten, Stadtrundfahrten usw. angeboten. Näheres dazu erfährt man in der **i**.

☺ Besonders interessant: Die **Underground Tour**, die einen großen Teil des Pioneer Square Districts erschließt. Man geht durch unterirdische Gänge und kann teilweise Reste der Stadt besichtigen, die vor dem Feuer des Jahres 1889 existierte. Beim Wiederaufbau hatte man das

Straßenniveau um einige Meter angehoben. Origineller Spaziergang. Die Touren beginnen am Doc Maynard's Public House, 1st Ave/James St. Das Büro liegt am Pioneer Square.

♦ Reservierung (empfehlenswert!) unter ☏ 682-4646, $ 5,50.

✱ **Chinatown Tours**, Spaziergang durch den International District, Beginn an der 622 S/Washington St. Näheres erfährt man in der ℹ.

🚲 **Terrene Tours** bietet ganztägige geführte Touren durch die Stadt und Umgebung auf dem Fahrrad an. Ziemlich teuer!

♦ Näheres ☏ 325-5569.

Snohomish

➲ Liegt etwa 8 Mi östlich von Everett etwas abseits der US-2.
⇧ 20 m, 6.500 Ew., ✉ WA 98290, ✆ 360/568

ℹ CoC, 116 Ave B, ☏ 2526. Hier bekommen Sie auch einen Stadtplan.

🛏 Inn At Snohomish, 323 2nd St, ☏ 2208, ca. $ 60.

Wyoming: Echinus Geysir im Yellowstone NP

In dem 1859 gegründeten Ort stehen noch sehr viele viktorianische Gebäude.

⌘ In der 118th Ave gibt es ein **Museum** und in der Pine St/2nd Ave ein **Pioneer Village** mit Bauten aus der Anfangszeit der Stadt.

☺ Gute Ausflugsmöglichkeiten auf der US-2 in die Cascade Range.

Spokane

Liegt im Osten des Staates an der I-90, etwa 20 Mi westlich der Grenze zu Idaho. ⇧ 580 m, 177.000 Ew., WA 992xx, 509, ☞ Route 1

Visitors Bureau, 926 Sprague Ave, ☎ 747-3230.

1707 W 4th Ave, WA 99204, ☎ 358-6900, Mo bis Fr 8:00 bis 17:00.

In der Downtown Area:

- Town Centre Motor Inn, 901 W 1st Ave, WA 99204, ☎ 747-1041, ca. $ 50.
- Value Inn by Nendels, 1420 W 2nd Ave, WA 99204, ☎ 838-2026, ca. $ 50.
- Holiday Inn Express, 801 N Division St, WA 99202, ☎ 328-8505, ca. $ 75.

Außerhalb der Downtown:

- Bel Air Motel 7, 1303 E Sprague Ave, WA 99202, ☎ 535-1677, ca. $ 40.
- Shangri La Motel, 2922 W Government Way, WA 99204, ☎ 747-2066, ca. $ 45.
- Comfort Inn Broadway, 6309 E Broadway, WA 99212, ☎ 535-7185, ca. $ 70.

KOA, 10 Mi östlich an der Ausfahrt 293 von der I-90 abfahren, ☎ 800/KOA-3309.

- Alpine RV & Tent Park, 10 Mi östlich an der Ausfahrt 293 von der I-90 abfahren.
- Washington Ponderosa Hill RV Park, 8 Mi westlich an der Ausfahrt 272 von der I-90.
- Riverside SP, im Nordwesten der Stadt über SR-291 und die Gun Club Rd.

The Brown Squirrel AYH Hostel, 930 South Lincoln, ☎ 838-5968.

Klima	*Jan*	*Feb*	*Mär*	*Apr*	*Mai*	*Juni*	*Juli*	*Aug*	*Sep*	*Okt*	*Nov*	*Dez*
Ø max. °C	-1	3	8	15	20	23	29	27	23	15	6	2
Ø min. °C	-7	-6	-2	2	6	9	13	12	8	3	-2	-4

Die erste Ansiedlung in dieser Gegend war ein Pelzhandelsposten der Northwest Fur Company (1810). Doch es dauerte rund ein halbes Jahrhundert, bis eine bescheidene Siedlung entstand. Aber nicht mehr der Pelzhandel, sondern Holzverarbeitung und Getreide waren wirtschaftlich bedeutend. Ein baldiger Eisenbahnanschluß führte zu weiterem Aufschwung. Spokane ist inzwischen die zweitgrößte Stadt Washingtons.

✞ **Cathedral of St. John**, 12th/Grant St, eine neugotische Kirche.

♦ Geführte Touren am Mo, Di, Do und Sa 12:00 bis 15:00.

Manito Park, Grand Blvd, zwischen 17th und 25th Ave, hier gibt es neben verschiedenen Gartenanlagen auch einen schönen **Rosengarten** und einen **japanischen Garten**, beide sind nicht sehr groß, aber hübsch.

⌘ Das **Museum of Native American Cultures**, 200 Cataldo St, beschäftigt sich mit Kunst und Kultur nordamerikanischer Indianer.

♦ Di bis Sa 10:00 bis 17:00, So 12:00 bis 18:00, Eintritt: $ 2.

Die **Spokane Falls**, von der Monroe-St-Brücke aus zu sehen, sind im Frühjahr und Herbst nach den Regenfällen am schönsten, da der Fluß sonst nur wenig Wasser führt und man kaum einen Eindruck von den Wasserfällen bekommt.

⌘ **Cheney Cowles Memorial Museum**, 2316 1st Ave, Ausstellungen und Informationen zur Geschichte, Geologie und Natur des Staates. Das angeschlossene Campbell-Haus ist ein gutes Beispiel der Architektur um die Jahrhundertwende.

♦ Di bis Sa 10:00 bis 17:00, So 13:00 bis 17:00, Eintritt: $ 3.

Der **Riverfront Park**, auf dem Gelände der EXPO 1974, ist ein riesiger Freizeitpark mit verschiedenen Karussells, Ausstellungen, Planetarium, Filmtheater, japanischem Garten usw.

♦ Tägl. 12:00 bis 21:00 (Memorial bis Labor Day), Eintritt: $ 9,95 (alles inklusive).

Das **Spokane House Interpretive Center**, neun Meilen nordwestlich im Riverside SP, steht an der Stelle, an der sich einst der Handelsposten befand. Es gibt Ausstellungen zu dem Posten und zum Pelzhandel.

♦ Mi bis So 9:00 bis 18:00, Eintritt: kostenlos.

Fahrt auf den **Mt. Spokane**, 35 Mi nordöstlich über die SR-206, weiter Ausblick.

Stevenson

Liegt in Süd-Washington am Nordufer des Columbia River, etwa 50 Mi östlich von Vancouver an der SR-14. 1.100 Ew., WA 98648, 509/427

CoC, ☏ 8911.

Econo Lodge, 40 NE 2nd St, ☏ 5628, ca. $ 50.

Stevenson entstand an der Stelle, an der die ersten Siedler, die auf dem Oregon Trail westwärts zogen, vom Fluß aus an Land gingen. Später war hier eine Anlegestelle der Dampfer, die den Columbia River stromaufwärts fuhren.

Beacon Rock, ein über 250 m hoher Monolith, von dem behauptet wird, es sei der Schlot eines erloschenen Vulkans. Ein 1 Mi langer Trail windet sich auf den Gipfel hinauf. Von dort hat man einen wunderbaren Ausblick auf die Schlucht des Columbia River.

⌘ Im **Skamania County Historical Museum** in der Vancouver Ave gibt es eine Ausstellung zur Pionierzeit.

♦ Mo bis Sa 12:00 bis 17:00, So 13:00 bis 18:00, Eintritt: kostenlos.

Columbia Gorge Interpretive Center, 990 SW Rock Dr, Ausstellung zur Geschichte und Natur der Gegend.

♦ Tägl. 10:00 bis 17:00, Eintritt: $ 5.

Von Stevenson aus kann man mit dem **Raddampfer "Columbia Gorge"** Fahrten unternehmen.

♦ Abfahrten tägl. um 11:15 und 13:45, $ 11,95.

Tacoma

Liegt ca. 25 Mi südlich von Seattle.

176.000 Ew., WA 984xx, 206, ☞ Route 1

Visitors Bureau, 906 Broadway, ☏ 627-2836.

AAA 1801 S Union Ave, WA 98405, ☏ 756-3050, Mo bis Fr 8:30 bis 17:00.

Tacoma Travelodge, 8820 S Hosmer, WA 98444, ☏ 539-1153, ca. $ 60.

♦ Days Inn, 6802 Tacoma Mall Blvd, WA 98409, ☏ 475-5900, ca. $ 65.

Dash Point SP, 5 Mi nordöstlich über die SR-509.

♦ Gig Harbor RV Resort, ca. 17 Mi nordwestlich über die SR-16.

Tacoma ist die drittgrößte Stadt Washingtons. Ursprünglich waren es die Sägewerke, später dann die holzverarbeitende Industrie, die die kleine Siedlung wachsen ließen. Einen ersten Aufschwung nahm Tacoma 1873, als der Ort Eisenbahnanschluß erhielt. Die weitere Geschichte der Stadt

Wyoming: Petrified Tree im Yellowstone NP ☞

ist stark mit den jeweiligen wirtschaftlichen Aktivitäten in und um Tacoma verbunden. Jeder Eisenbahnbau in der Gegend brachte einen Aufschwung, nach dem Ende des Baus brach die Wirtschaft fast zusammen, Arbeitslosigkeit und Fortzug der Menschen waren die Folge.

Im Ersten Weltkrieg trat die Schiffsindustrie mehr und mehr in den Vordergrund und führte zu einem Zuzug von Arbeitskräften.

Die Weltwirtschaftskrise traf die Stadt schwer, doch im Zweiten Weltkrieg erlebte Tacoma erneut durch seine **Werftindustrie** einen gewaltigen Aufschwung, der bis heute anhält. Heute ist die Stadt nicht mehr nur von dem einen oder anderen Industriezweig abhängig, sondern weist eine weitgefächerte ökonomische Basis auf. Nach wie vor sind jedoch Holzverarbeitung und Schiffsindustrie die wesentlichen Faktoren.

✱ **Totempfahl** am Ende der 9th St. Er ist etwa 32 m hoch und wurde aus einer einzigen Zeder geschnitzt.

✱ Die **Narrows Bridge** überspannt den Puget Sound. Sie ist 57 m hoch und ca. 850 m lang. Die heutige Brücke, eine der längsten Hängebrücken der Welt, ersetzte die "Galloping Gertie", eine Brücke, die dafür bekannt war, daß sie im Wind hin- und herschwankte und schon vier Monate und sieben Tage nach ihrer Eröffnung im Jahre 1940 wieder zusammenbrach.

Washington State Historical Society Museum, Pioniermuseum.

♦ Di bis Sa 10:00 bis 17:00, So 13:00 bis 17:00, Eintritt: $ 2,50.

✱ Der **Point Defiance Park** liegt im äußersten Nordwesten der Stadt; es ist ein großes Erholungsgebiet mit vielen Wanderwegen, großartigen Ausblicken auf den Puget Sound, Gartenanlagen usw. Das hier gelegene Ft. Nisqually war einer der ersten Handelsposten der Hudson's Bay Company an der Pazifikküste im Norden der USA. Heute steht hier ein Nachbau des Forts, in dem man einige Informationen zum Pelzhandel in Washington erhalten kann.

♦ Tägl. 11:00 bis 18:00 (1.6. bis Labor Day), Eintritt: $ 1,25.

Außerdem liegt in diesem Park noch der **Zoo** von Tacoma und ein **Aquarium**.

⌘ Schließlich gibt es in Tacoma noch ein **Kunstmuseum**, ein **Militärmuseum**, ein **Flugzeugmuseum** und den **Wright Park** mit einem kleinen botanischen Garten.

Wyoming - Wissenswertes

Einwohner: 476.000
Größe: 253.487 km²
Hauptstadt: Cheyenne
Höchster Punkt: Ganett Peak, 4.207 m
Tiefster Punkt: Belle Fourche River Valley, 945 m
Zeitzone: Mountain Time, Sommerzeit

Geschichte

Als die ersten Weißen hierherkamen, war das Gebiet des heutigen Wyoming von Prärie-Indianern besiedelt. Zunächst waren es nur einzelne Trapper, die diese Gegend aufsuchten. Aber der Wildreichtum, vor allem viele Pelztiere im Westen, zog immer mehr Trapper an. Alsbald begann ein reger Handel, insbesondere in der Gegend um den South Pass.

In den 40er Jahren des letzten Jahrhunderts begann der Durchzug der Siedler auf ihrem Weg nach Oregon. Mit zunehmender Zahl von Durchreisenden sowie ersten Siedlern, die sich auch im Gebiet von Wyoming niederließen, kam es mehr und mehr auch zu blutigen Konflikten mit den Indianern. Der Menschenstrom verstärkte sich, als die Union Pacific Railroad gebaut wurde.

In der zweiten Hälfte der 1860er Jahre kam es zu zahlreichen Zusammenstößen mit Indianern, überwiegend mit den mächtigen Sioux. Ein Zuzug von Ranchern setzte dann in den 70er Jahren ein. Diese kamen meist aus dem Süden, aus Texas. Schnell führte diese Entwicklung zu einer Überbeanspruchung des Weidelandes und die gesamte Ökonomie in Wyoming brach zusammen.

Die Regierung förderte die Ansiedlung von Farmern auf kleinen Landstücken im Norden des Staates, um dort das Ranchwesen zu verdrängen. So kam es **1892** zum sogenannten **Johnson County War** zwischen Farmern und Ranchern, der erst durch Eingreifen der Armee beendet werden konnte. Obwohl diese Streitigkeiten noch lange anhielten und an vielen Stellen in Wyoming "wilde Zustände" herrschten, wurde das Gebiet **1890 Staat der USA**.

Wyoming war in mancher Hinsicht jedoch sehr fortschrittlich, so hatte man schon 1925-27 den ersten weiblichen Gouverneur in den USA! Frühe Ölfunde legten in den 20er Jahren den Grundstein für das zweite wirtschaftliche Standbein des Staates neben der Landwirtschaft.

Geographie

Wyoming liegt ausschließlich in Höhen über 1.000 m. Im Westen beherrscht der gebirgige Charakter die Landschaft, so z.B. die **Teton Range** im Grand Teton NP. Kleinere Gebirgszüge liegen im Norden (**Bighorn Range**) und im Südosten (**Medicine Bow Range** und **Laramie Mountains**). Im Südteil des Staates findet man viel **wüstenartiges Land**, so im Gebiet zwischen Rock Springs und Cheyenne. Dazwischen liegen Hochebenen, die oft steppenartigen Präriecharakter aufweisen, leicht hügelig sind und nur von wenigen Wasserläufen durchzogen werden. Teilweise haben sich diese Flüsse tief in das Land eingegraben und bilden Schluchten und Täler. Die wenigen natürlichen Seen im Staat liegen meist im gebirgigen Westen.

Den landschaftlich grandiosen Höhepunkt bietet natürlich der **Yellowstone NP** mit seinen **einzigartigen geothermalen Erscheinungen** wie Geysiren, heißen Quellen, Solfataren sowie anderen interessanten Punkten, die zudem in eine herrliche Gebirgslandschaft eingebettet sind.

Klima

So unterschiedlich wie die Landschaft des Staates sich darstellt, ist auch sein Klima. In den wüstenhaften Gegenden des Südens wird es sehr warm und im Sommer ist es trocken. Auch in den anderen Teilen Wyomings herrschen hohe Sommertemperaturen vor, wenngleich es in den Bergen, so z.B. im Yellowstone NP, vor allem nachts sogar im Sommer empfindlich kühl werden kann. Die Winter sind mit Ausnahme des südlichen Wüstengebietes streng und lang. In den Bergen setzt oft schon im September/Oktober der erste Schneefall ein.

Wirtschaft

War es einst die Viehzucht, die das Rückgrat der Wirtschaft von Wyoming bildete, so ist es heute die **Mineralölindustrie**. Mehr als 50% der gesamten Ölförderung aus dem Bereich der Rocky Mountains kommen aus Wyoming. Das Great Divide Basin zwischen Rock Springs und Rawlins ist eine der Hauptförderstätten. Hinzu kommen große **Erdgasvorkommen** im Bereich von Rock Springs. Neuerdings ist auch im Gebiet um Evanston, im äußersten Südwesten des Staates, die Ölsuche und Förderung in vollem Gange.

Wyoming: Das Norris Geyser Basin im Yellowstone NP

Wyoming: Die Minerva Terrace im Yellowstone NP

Auch andere Bodenschätze spielen eine wichtige wirtschaftliche Rolle, allen voran die **Kohle**. Riesige Kohlevorkommen finden sich in der Gegend von Rock Springs, Gilette und Kemmerer. Von regionaler Bedeutung sind noch verschiedene andere Bodenschätze.

Farmwirtschaft und **Viehzucht** sind immer noch von Bedeutung. Man schätzt, daß etwa eine Million Rinder in den weiten Ländereien Wyomings leben und etwa ebensoviele Schafe, wodurch neben der Fleischproduktion auch die Wollgewinnung ein beachtlicher Wirtschaftsfaktor ist. Die Viehzucht konzentriert sich mehr auf den Ostteil des Landes, Zentren sind Cheyenne, Laramie und Casper.

Schließlich ist in der Vergangenheit auch der **Tourismus**, vor allem im Westteil des Landes, zu einem nicht unbedeutenden Wirtschaftsfaktor geworden.

Wyoming - Orte und Sehenswertes

Casper

➲ Liegt in Zentral-Wyoming an der Einmündung der US-25/20 auf die I-25.
47.000 Ew., ✉ WY 82602, ✆ 307, ☞ Route 8

ℹ CoC, 500 N Center St, ☎ 234-5311, Mo bis Fr 8:00 bis 18:00, Sa, So 9:00 bis 18:00 (1.6. bis 31.8.), sonst Mo bis Fr 8:00 bis 17:00. Hier erhalten Sie Informationen über Sehenswürdigkeiten im Ort und der Umgebung.

♦ Visitors Bureau, Box 399, ☎ 800/852-1889.

🛏 National 9 Inn, 100 W F St, ☎ 235-2711, ca. $ 35.

♦ Westridge Motel, 955 Cy Ave, WY 82601, ☎ 234-8911, ca. $ 40.

♦ Hampton Inn, 400 W F St, WY 82601, ☎ 235-6668, ca. $ 50.

⛺ KOA, 2800 E Yellowstone, ☎ 237-5155 oder ☎ 800/KOA-3259.

♦ Casper Mountain County Park, 6 Mi südlich an der Mountain Rd, 68 Ⓐ. 1 Mi weiter liegt ein weiterer, 6 Mi weiter auf dieser Straße liegt noch ein County-Platz.

Caspers Anfänge gehen auf eine Fährstation über den North Platte River im Jahre 1847 zurück, da der Oregon Trail damals den Fluß kreuzte. Die Fähre wurde im folgenden Jahrzehnt durch eine Brücke ersetzt, ein Militärposten zu ihrem Schutz kam dazu und in den 70er Jahren auch die erste Eisenbahnlinie. Der große Aufschwung und die eigentliche Gründung der Stadt fiel jedoch erst in die 90er Jahre, nachdem man hier große Ölvorkommen entdeckt hatte. Viele vergleichen den Aufschwung Caspers und des Umlandes mit dem Goldrausch in Kalifornien oder Montana. Casper ist heute eine moderne Industrie- und Handelsstadt.

⌘ Das **Ft. Casper Museum**, 4001 Ft. Casper Rd, besteht u.a. in einem Nachbau eines typischen Forts, das einst hier stand. Verschiedene Ausstellungen zur Pionierzeit.

♦ Mo bis Sa 8:00 bis 19:00, So 12:00 bis 19:00 (15.5. bis 15.9.), sonst Mo bis Fr 8:00 bis 18:00, So 12:00 bis 16:00, Eintritt: kostenlos.

⌘ **Werner Wildlife Museum**, 405 E 15th St, mit verschiedenen Tieren aus Wyoming und anderen Teilen Nordamerikas.

♦ Tägl. 10:00 bis 17:00 (1.6. bis Labor Day), sonst Mo bis Fr 14:00 bis 17:00, Eintritt: kostenlos.

✱ Lohnender Ausflug zu ☞ **Hells Half Acre**, gute 40 Mi westlich an der US-20/26.

Empfehlenswert ist auch eine Fahrt auf den **Casper Mountain** (Skigebiet), von wo man einen schönen Ausblick hat.

Eine sehr große Attraktion der Stadt ist schließlich das **Central Wyoming Fair & Rodeo** Ende Juli, eines der größten Rodeos im Westen.

Historic Trails Expeditions bietet **Planwagenfahrten**, **Ausritte** usw. auf dem Oregon, California oder Mormon Trail an.

♦ Zeiten, Preise usw.: ☏ 266-4868.

Cheyenne

Liegt im äußersten Südosten des Staates an der Kreuzung der I-80 mit der I-25. ⇧ 1.840 m, 50.000 Ew., WY 82003, 307, ☞ Route 8

Visitors Bureau, 309 W Lincoln Way, ☏ 778-3133.

1450 Stillwater Ave, WY 82009, ☏ 634-8861, Mo bis Fr 8:30 bis 17:30, Sa 9:00 bis 13:00.

Fleetwood Motel, 3800 E Lincoln Way, WY 82001, ☏ 638-8908, ca. $ 40.

♦ Ramada Limited, 2512 Lincoln Way, WY 82001, ☏ 632-7556, ca. $ 45.

♦ Comfort Inn, 2245 Etchepare Dr, WY 82007, ☏ 638-7202, ca. $ 60.

AB Camping, am College Dr, ☏ 634-7035.

♦ Terry Bison Ranch RV Park, 2 Mi südlich von der Ausfahrt 2 der I-25, ☏ 634-4171.

♦ Curt Gowdy SP, 25 Mi südlich an der SR-210, 280 ⩩.

Frontier Shopping Mall, 1400 Dell Range Blvd, über 70 Geschäfte.

Klima	*Jan*	*Feb*	*Mär*	*Apr*	*Mai*	*Juni*	*Juli*	*Aug*	*Sep*	*Okt*	*Nov*	*Dez*
Ø max. °C	3	4	7	13	18	24	29	28	23	17	8	6
Ø min. °C	-10	-9	-7	-2	4	9	12	12	6	1	-6	-8

Benannt wurde der Ort nach den hier lebenden Indianern. Die Stadt entstand Ende der 60er Jahre des letzten Jahrhunderts mit dem Bau der Union Pacific Railroad.

Wie die meisten Städte, die durch Eisenbahnbau entstanden, wurden auch hier vor allem Spieler, Revolverhelden und andere zweifelhafte Gestalten in Massen angezogen und entsprechend waren die Zustände. Doch diese wilden Tage, über die viele Geschichten erzählt werden, sind vorüber.

1867 wurde der Ort **Hauptstadt des Wyoming-Territoriums** und blieb es auch, als Wyoming 1890 ein **Staat der USA** wurde.

❋ Das **State Capitol** an der Capitol Ave ist der typische Prachtbau, wie man ihn überall in den USA als Regierungsgebäude findet. Ungewöhnlich ist nur die goldene Kuppel (Durchmesser 15 m).

♦ Mo bis Fr 8:00 bis 16:30, Eintritt: kostenlos.

⌘ **State Museum**, 24th St/Central Ave, verschiedene Ausstellungen zur Geschichte und Kultur Wyomings und eine kleine Kunstausstellung.

♦ Mo bis Fr 8:30 bis 17:00, Sa 9:00 bis 16:00, So 12:00 bis 16:00 (1.6. bis 31.8.), sonst Mo bis Fr 8:30 bis 17:00, Sa 12:00 bis 16:00, Eintritt: kostenlos.

❋ **Historic Governor's Mansion**, 300 E 21st St, umfaßt das Wohnhaus der Gouverneure des Staates aus den Jahren 1905 bis 1976.

♦ Di bis Sa 9:00 bis 17:00 (1.6. bis 31.8.), sonst Di bis Fr von 12:00 bis 13:00 geschlossen, Eintritt: kostenlos.

⌘ **National First Day Cover Museum** an der I-25, Ausstellung diverser Ersttagsbriefe (Briefmarken) sowie der Nachbau einer Post und eines General Store aus der Westernzeit.

♦ Mo bis Fr 9:00 bis 12:00 und 12:30 bis 17:00, Eintritt: kostenlos.

⌘ **Cheyenne Frontier Days Old West Museum**, mit verschiedenen Ausstellungsgegenständen aus der Pionierzeit, u.a. auch Gegenstände der Sioux-Indianer und zur Union Pacific Railroad.

♦ Mo bis Fr 8:00 bis 18:00, Sa, So 10:00 bis 17:00 (Memorial bis Labor Day), sonst Mo bis Fr 9:00 bis 17:00, Sa, So 11:00 bis 16:00, Eintritt: $ 3.

FUN Bekannt ist Cheyenne für die **Frontier Days** (letzte Woche im Juli). Dann steht der ganze Ort Kopf, 100.000 Pfannkuchen sollen jedes Jahr hergestellt werden, den Teig mixt man übrigens in einem Zementmischer an! Man spricht von 300.000 Besuchern! Geboten werden Rodeos, Planwagenrennen, aber ebenfalls Indianertänze, nachgestellte Schießereien, Tanzvorführungen usw. Unbedingt rechtzeitig Unterkünfte reservieren!

Cody

➲ Liegt im Nordwesten Wyomings an der Kreuzung der SR-20 mit der US-14/16/20. ⇧ 1.550 m, 8.000 Ew., WY 82414, ✆ 307/587, ☞ Route 1

CoC, 836 Sheridan Ave, ☏ 2297.

- Holiday Motel, 1807 Sheridan Ave, ☏ 4258, ca. $ 45.
- Rainbow Park Motel, 1136 17th St, ☏ 6251, ca. $ 45.
- Skyline Motor Inn, 1919 17th St, ☏ 4201, ca. $ 55.

- KOA, 3 Mi östlich an der US-14, ☏ 2369 oder ☏ 800/KOA-8507.
- Camp Cody CG, 1 Mi westlich an der US-14, ☏ 9730.
- Ponderosa CG, an der US-14 im Ortsbereich, ☏ 9203.
- 7 K's RV Park, 2 Mi westlich an der US-14, ☏ 2532.
- An der US-16 liegen etwa 28 bis 50 Mi entfernt diverse NFCGs.
- Buffalo Bill SP, 6 Mi westlich an der US-14, 71 ⛼.

Der Ort wurde nach **Buffalo Bill Cody** benannt, der ihn 1898 gründete. Cody ist das westliche Tor zum Yellowstone NP, den man über die US-14/16/20 erreicht. Die Straße durch das Wapiti Valley zählt zu den schönsten im ganzen Westen Amerikas, Theodor Roosevelt nannte sie "Most Scenic 52 Miles in America". Sie zeichnet sich durch bizarre Felsformationen und eine beeindruckende Landschaft am North Fork des Shoshone River aus. Auch die nach Süden führende SR-120 ist landschaftlich äußerst reizvoll, ebenso wie die ostwärts verlaufende US-14 über Greybull bis Sheridan. Schließlich ist auch die US-14, die über Lovell durch die Bighorn Canyon NRA und die Bighorn Mountains bis hin zur US-14 im Osten führt, landschaftlich äußerst schön und lohnenswert.

Die Gegend um Cody wird von Ranchland und die sich im Westen erhebenden Berge bestimmt. Die Innenstadt des Ortes enthält noch einige der Gebäude, die um die Jahrhundertwende entstanden, darunter das Irma Hotel, 12th Ave/Sheridan Ave. Das **Paul Stock Center** ist ein Nachbau der Ranch von Buffalo Bill, die am Shoshone River stand. Auch sonst dreht sich im Ort eigentlich alles um Buffalo Bill, eine vielverehrte, aber nicht unzweifelhafte Person.

⌘ Als Sehenswürdigkeit gilt das **Buffalo Bill Historical Center**, 720 Sheridan Ave (US-14), mit Ausstellungen zur Kultur, Kunst und Geschichte des amerikanischen Westens. Das Center beherbergt vier Museen.

- Tägl. 7:00 bis 20:00 (1.6. bis 31.8.), Mai, September 8:00 bis 20:00, sonst kürzere Zeiten, Eintritt: $ 8.

⌘ **Buffalo Bill Museum** mit den Habseligkeiten des berühmten Mannes und anderen Ausstellungsgegenständen zur Pionierzeit.

⌘ **Plains Indian Museum** mit Ausstellungen zur Geschichte und Kultur der Sioux-, Blackfeet-, Cheyenne- und Arapaho-Indianer.

⌘ Die **Whitney Gallery of Arts** enthält Ausstellungen von Künstlern aus dem Westen der USA.

⌘ Das **Firearms Museum** hat eine umfangreiche Waffensammlung.

✱ Eine **Buffalo Bill Statue** befindet sich am Westende der Sheridan Ave.

Cody Chapel Murals Information Center, Wyoming Ave/18th St, mit Ausstellungen zur Besiedlung des Gebietes durch mormonische Emigranten. Filme und Führungen.

♦ Mo bis Sa 8:00 bis 20:00, So 15:00 bis 20:00 (1.6. bis 30.9.), Eintritt: kostenlos.

✱ **Caroline Lockhart Home**, 1,5 Mi westlich an der US-14, im viktorianischen Stil erbautes Haus mit authentischer Einrichtung.

♦ Tägl. 12:00 bis 17:00, Eintritt: kostenlos.

Cody Nite Rodeo, zwei Meilen westlich des Ortes an der US-14. Dies ist eine Art Kurzform eines Rodeos für Touristen. Man sieht Wildpferdreiten, Kälberreiten, Kälberfang usw., eigentlich alles, was auch ein richtiges Rodeo bietet, aber eben jeweils nur mit vier oder fünf Teilnehmern - daher dauert es auch nur ca. 1½ Std. Empfehlenswert, wenn man sonst kein Rodeo sehen kann.

♦ Tägl. um 20:30 (Anfang Juni bis Ende August), Eintritt: $ 8 bis 10.

⌘ Die **Old Trail Town** liegt etwa eine Meile westlich an der US-14/16/20 und umfaßt eine Gruppe historischer Gebäude an der Stelle, an der der erste Ort Cody entstand. Es sind verschiedene alte Gebäude aus der Umgebung erhalten. Hier haben sich in einer Blockhütte angeblich auch Butch Cassidy und Sundance Kid verborgen. In einem kleinen Museum kann man Waffen, Wagen und andere Gegenstände der Indianer anschauen.

♦ Tägl. 8:00 bis 19:00 (20.5. bis 15.9.), Eintritt: $ 3.

Devil's Tower NM

➲ Liegt im Nordosten des Staates und ist von Sundance an der I-90 aus erreichbar über die US-14, 22 Mi bis Devil's Tower Jct, dann die SR-24, 6 Mi, und eine Zufahrt. ⇧ 870 m, WY 82714, ✆ 307/467, ☞ Route 9

Visitor Center, tägl. 8:00 bis 19:45 (1.6. bis 31.8.), sonst 8:00 bis 16:45. ☎ 5283.

♦ **Eintritt in den Park**: $ 4 oder Golden Eagle.

Keine im National Monument. In **Sundance**, ca. 28 Mi:

♦ Arrowhead Motel, 214 Cleveland, WY 82729, ☎ 283-3307, ca. $ 50.

♦ Bear Lodge Motel, 218 Cleveland , WY 82729, ☎ 283-1611, ca. $ 50.

Im Monument: Belle Fourche River CG, 48 ⛼, Freilichttheater, Campfire Programs.

♦ KOA, am Eingang des National Monuments, ☎ 5395 oder ☎ 800/KOA-5785.

Tower Bike Rentals, im Laden des KOA vor dem Eingang zum National Monument, ca. $ 5 bis 6/Std.

Mietpferde: am Laden des KOA, ca. $ 10 bis 15/Std.

Das Monument ist etwa 540 ha groß und wurde 1906 eingerichtet. Es war das **erste National Monument der Welt**. Es umfaßt den **Devil's Tower**, einen 264 m hohen, weithin sichtbaren Felsblock aus Säulenbasalt. Wegen seines Aussehens bezeichnet man ihn auch als "überdimensionalen Baumstumpf". Er entstand aus einem Vulkanschlot, nachdem Gesteinsschichten, die ihn einst umgaben, wegerodierten. Der verbliebene Kern aus Säulenbasalt stellt also nur das Innere des Schlots, die erkaltete Lava dar.

Es ranken sich viele Legenden um den Berg und dessen Entstehung, u.a. diese: Als einst ein Indianerstamm am Fluß an dieser Stelle das Lager aufgeschlagen hatte, wurde sieben Mädchen aus dem Stamm plötzlich von einem Bären angefallen. Sie flohen, konnten aber nicht mehr ins Lager gelangen. Sie sprangen auf einen kleinen Felsen und beteten, der Felsen möge wachsen, so daß der Bär nicht hinaufgelangen könne. Ihre Gebete wurden erhört und der Fels wuchs gen Himmel. Der Bär versuchte den Fels zu erklimmen, rutschte aber immer wieder ab und hinterließ so die vielen Riefen im Fels. Der Fels wuchs indes in den Himmel empor, wo man die sieben kleinen Mädchen noch heute als Sterne im Bild des Großen Bären sehen kann.

Besuch des Parks

Das **Visitor Center** sollte Ihr erstes Ziel im Park sein. Hier gibt es eine Ausstellung über die geologische Geschichte dieses Monuments und die hier lebenden Tiere und Pflanzen. Die Ranger veranstalten Programme, z.B. Besichtigungswanderungen, Campfire Programs und Klettervorführungen. Außerdem bekommen Sie hier alle Infos, die Sie für Ihren Besuch benötigen könnten.

✱ Der Devil's Tower ist ein beliebtes Ziel für **Kletterer** aus den ganzen USA. Überall sieht man sie in den Basaltsäulen herumkrabbeln.

✋ Die Besteigung des Berges ist nur für erfahrene Kletterer möglich, Sie müssen sich im Visitor Center eine Erlaubnis besorgen.

✱ Etwa 0,5 Mi vom Eingang liegt an der Straße eine Kolonie der niedlichen Prairie Dogs.

Vom Visitor Center gibt es zwei lohnende Trails. Der **Tower Trail** ist ca. 1,25 Mi lang und verläuft an der Basis des Devil's Tower um diesen herum. Erklärungstafeln. Der **Red Beds Trail** verläuft durch den Wald unterhalb der Basis und ist etwa 2,8 Mi lang.

Flaming Gorge NRA

Liegt in Süd-Wyoming und ist von Rock Springs erreichbar über die SR-530 und mehrere Zufahrtsstraßen. ⇧ ca. 1.920 m, ✆ 801, ☞ Route 1

Flaming Gorge NRA, Box 279, Manila, UT 84046, ☎ 784-3445.

♦ Red Canyon Visitor Center, am Red Canyon Overlook, tägl. 10:00 bis 17:00 (Memorial bis Labor Day), ☎ 889-3713.

♦ Flaming Gorge Dam Visitor Center, am Staudamm, tägl. 8:00 bis 18:00 (Memorial bis Labor Day), sonst 9:00 bis 17:00.

Flaming Gorge Lodge, südlich des Damms, ☎ 889-3773, FAX 889-3788.

♦ Red Canyon Lodge, am Red Canyon, ☎ 889-3795.

Firehole Canyon, im Nordosten über die US-191 und die Firehole Canyon Rd. In schöner Landschaft oberhalb des Sees, 40 ⛺.

♦ Buckboard Crossing und Lucerne Valley, über die SR-530 und Zufahrten.

♦ Auf der Seite Utahs gibt es zudem zahlreiche Plätze, insbesondere in der Gegend um den Red Canyon: Antelope Flat, Mustang Ridge, an der Flaming Gorge Lodge, in der Cedar Springs Area, in der Red Canyon Area. Darüber hinaus gibt es hier Zeltplätze, die nur per Boot erreichbar sind.

Der Park umfaßt das Gebiet um den 91 Mi langen Flaming Gorge Lake, der durch den gewaltigen Flaming Gorge Dam aufgestaut wird. Er liegt teilweise in Utah, teils in Wyoming. Im Süden geht der See in die landschaftlich schönen Red und Horseshoe Canyons über. Er ist ein Erholungsgebiet und bietet gute Wassersportmöglichkeiten.

Während der Südteil des Flaming-Gorge-Gebietes an den Ashley NF grenzt und überwiegend von stark bewaldeten Hängen beherrscht wird, ist der Nordteil in Wyoming reine wüstenhafte Landschaft, die von stark erodierten, schroffen Felswänden geprägt wird.

Landschaftlich schön ist im Norden die **Firehole-Region** mit monumentartigen rötlichen Bergen, die sich über den See erheben.

Einfacher Zugang zum See besteht in Buckboard Crossing, durch das Lucerne Valley und durch den Firehole Canyon. Die übrigen Zugänge sind unbefestigte Sandstraßen, die wetterabhängig, selten ausgeschildert und schwer zu finden sind! Vorher genau erkundigen.

Im Süden sollte man den **Red Canyon Overlook** (Zufahrt von der SR-44/US-191) besuchen. Prachtvoller Blick in den von rotem Gestein gebildeten, tief unten liegenden Canyon. Der See befindet sich 400 m unterhalb des Visitor Center.

Red Canyon Visitor Center. Hier gibt es verschiedene Ausstellungen und Informationen.

✱ Fahrt durch den **Sheep Creek Canyon**, eine geologisch sehr interessante Gegend. Ein Infoblatt dazu gibt es im Visitor Center im Red-Canyon-Gebiet.

Flaming Gorge Dam, eine 150 m hohe Betonkonstruktion. Visitor Center mit Erklärungen über den Damm.

♦ Besichtigungstouren im Sommer tägl. von 9:00 bis 17:00.

Fossil Butte NM

Liegt im Südwesten des Staates an der US-30, etwa 95 Mi westlich von Rock Springs. WY 83101, 307, ☞ Route 1

Visitor Center, ☏ 877-4455, tägl. 8:00 bis 19:00 (1.6. bis 31.8.), sonst 8:00 bis 16:30, Eintritt: kostenlos. Fragen Sie nach dem offiziellen Infoblatt und diversen Faltblättern zu geführten Wanderungen, zur Geologie und zu den Wanderwegen.

Keine im Park. In **Kemmerer**, WY 83101, ca. 6 Mi östlich:

♦ Antler Motel, 419 Coral, ☏ 877-4461.

♦ Fossil Butte Motel, 1424 Central Ave, ☏ 877-3996.

Keine im Park. In **Kemmerer**:

♦ Riverside RV Park im Ort und Foothills RV Park, etwas nördlich an der US-189.

♦ Am Fontenelle Reservoir ca. 35 Mi nordöstlich des Ortes über die US-189.

Der Park umfaßt rund 33 km² wüstenhafte Gegend und wurde 1972 eingerichtet. Der Fossil-Butte-Felsen erhebt sich 300 m über das Umland und enthält eine der größten Ansammlungen von Frischwasserfossilien in den USA. Sie sind ca. 50 Mio Jahre alt.

Das **Visitor Center** zeigt sehr sehenswerte interessante Fossilienausstellungen und Schautafeln zur Geologie und Entstehung der Fossilien. Außerdem kann man sich ein interessantes Video anschauen. Lohnender Besuch.

☺ Im Visitor Center können Sie Archäologen und Rangern beim Präparieren der Fossilien zuschauen.

✱ Nicht nur die Fossilienfunde, auch die **außergewöhnliche Felslandschaft** in einer wüstenhaften Gegend ist sehenswert. Die Parkroad führt noch asphaltiert einige Meilen nach Norden, mehrere Rastplätze und der **Fossil Lake Trail** liegen am Weg.

Der **Quarry Trail**, ein etwa 2,5 Mi langer Trail, führt zu den Fossilienfundstätten oben an der Fossil Butte. Erklärungstafeln. Lassen Sie sich das Faltblatt mit vielen Informationen zum Trail geben. Der Trail beginnt gleich hinter den Bahnschienen rechts.

Die Ranger bieten **geführte Wanderungen** Sa und So um 10:30 und 13:30 an.

Wandern ist auch im sonstigen Teil des Monuments erlaubt, z.B. hinauf in den Nordteil. Bedenken Sie jedoch, daß es eine wüstenhafte Gegend mit hohen Tagestemperaturen ist. Wasser nicht vergessen! Weitere Infos bekommt man im Visitor Center.

Es ist streng verboten, irgendwelche Fossilien aus dem Park mitzunehmen!

Ft. Bridger SHS

Liegt im Südwesten des Staates etwas abseits der I-80, ca. 75 Mi westlich von Rock Springs. WY 82933, 307, Route 1

Im Museum, tägl. 9:00 bis 17:30 (1.5. bis 30.9.), sonst Sa, So 9:00 bis 16:30, Eintritt: $ 1.

Es gibt Informationsbroschüren mit einem Plan des Parks, den darin befindlichen Gebäuden und Informationen zur Geschichte des Forts.

KOA bei Lyman, einige Meilen östlich auf der US-30 und der SR-413.

Der Park umfaßt drei Forts aus verschiedenen Epochen. Das 1843 von Jim Bridger eingerichtete Fort war ein wichtiger Pelzhandelsposten. Da es am Oregon Trail lag, wurde es bald ein bedeutender Versorgungs- und Ausrüstungspunkt für die Siedler westlich von Laramie in den Zeiten der großen Wagentrecks. 1853 wurde das Fort von mormonischen Siedlern übernommen, in den 60er Jahren diente es als Station auf der Pony Express & Overland Stage Route. Im sogenannten Mormon War wurde es vollkommen niedergebrannt.

In der Folgezeit wurde das Fort durch die US-Armee neu errichtet und bis 1890 genutzt. Einige Häuser sind erhalten, andere rekonstruiert, vieles ist jedoch nur noch als Grundmauer zu erkennen.

Besichtigung

Gleich am Eingang rechts liegt das **zivile Fort**, das während der Trecks und des Pony Express als Versorgungsplatz diente. Man kann mehrere Wirtschaftsgebäude, Lagerräume usw. anschauen.

Im hinteren Teil des Parks liegt die **Rekonstruktion des ursprünglichen Forts** aus der Zeit von Jim Bridger, ein von Holzpalisaden umgebenes bescheidenes Bauwerk aus der Pelzhandelszeit mit einem kleinen originellen Laden.

Schließlich kann man einige Häuser, Wirtschaftsgebäude usw. aus der Zeit der militärischen Nutzung besichtigen. Lohnend ist der Besuch des authentisch eingerichteten Hauses, in dem der Befehlshaber des Forts wohnte.

⌘ Ein **Museum** gibt einen guten Überblick über die Zeiten der militärischen und vorangegangenen zivilen Nutzung durch Jim Bridger. Außerdem findet man in dem Museum Wissenswertes zur indianischen Kultur und Geschichte.

✱ Im Sommer gibt es Vorführungen typischer Arbeiten eines Forts zur damaligen Zeit durch die Angestellten des Parks.

Grand Teton NP

➲ Liegt im äußersten Westen des Staates, südlich des Yellowstone NP.
✉ WY 83013, ✆ 307, ☞ Route 1

ℹ Colter Bay Visitor Center im Norden des Parks, tägl. 🕒 8:00 bis 20:00 (1.6. bis 31.8.), sonst 8:00 bis 17:00. ☎ 739-3594.

♦ Moose Visitor Center im Süden des Parks, tägl. 🕒 8:00 bis 19:00 (1.6. bis 31.8.), sonst 8:00 bis 17:00. ☎ 739-3399.

- Jenny Lake Ranger Station im Jenny-Lake-Gebiet, tägl. 8:00 bis 19:00 (1.6. bis 31.8.).
- Flagg Ranch Information Station, nahe dem Nordeingang an der US-89, tägl. 9:00 bis 18:00 (1.6. bis 31.8.).
- **Eintritt in den Park**: $ 10, das Ticket gilt sieben Tage und wird auch im ☞ Yellowstone NP anerkannt, oder Golden Eagle.

Der Park ist ganzjährig geöffnet.

In den Visitor Centers und an den Parkeingängen erhalten Sie das offizielle Infoblatt mit einer Karte des Parks und die Parkzeitung ***Teewinot***, die eine Menge Informationen zu Aktivitäten der Ranger, z.B. Campfire Talks und geführte Wanderungen, aber auch Angaben zu Hotels, Restaurants, Läden, Floßtouren, Trailrides usw. enthält.

- Außerdem gibt es eine Vielzahl von Broschüren zu einzelnen Themen, die am Eingang der Centers ausgestellt sind. Bei Interesse danach fragen. Auch eine deutschsprachige ist dabei!

Flagg Ranch Village, Flagg Ranch, ☏ 543-2861, ab ca. $ 95.

- Colter Bay Village, in Colter Bay, Box 240, Moran, ☏ 543-2811, ab ca. $ 60.
- Jackson Lake Lodge, Box 240, Moran, ☏ 543-2811, ab ca. $ 100.
- Signal Mountain Lodge, Box 50, Moran, ☏ 543-2831, ab ca. $ 70.
- Jenny Lake Lodge, Box 240, Moran, ☏ 733-4647, ca. $ 350!!!
- Hatchet Motel, 8 Mi östlich an der US-26/287, Box 316, Moran, ☏ 543-2413, ca. $ 65.
- Außerdem gibt es einige Guest Ranches und das
- Colter Bay Tent Village, in Zelten, Box 240, Moran, ☏ 543-2811, ca. $ 25.

Gros Ventre, 360 ⛼, ♦, oft auch in der Hochsaison nicht voll belegt.

- Jenny Lake, 49 ⛼, nur für Zelte, meist schon am frühen Morgen voll!
- Signal Mountain, 86 ⛼, ♦, meist am frühen Vormittag voll.
- Colter Bay, 310 ⛼, ♦, häufig schon um die Mittagszeit gefüllt.
- Lizard Creek, 60 ⛼, im Nordteil des Parks, etwa um 14:00 voll.
- Snake River NFCG, 24 ⛼, liegt nördlich des Parks bei der Flagg Ranch.

Im Park gibt es auch einige **Privatplätze**:

- Colter Bay RV Park, an der US-89 in Colter Bay, Box 240, Moran, ☏ 543-2811.
- Flagg Ranch CG, Flagg Ranch, Box 187, ☏ 543-2861.

Außerhalb des Parks liegen mehrere Plätze:

- KOA, 6 Mi östlich an der US-26, ☏ 733-1980 oder ☏ 800/KOA-3948.
- Am Lower Slide Lake jenseits des Gros Ventre CG gibt es noch einen NFCG.

Flagg Ranch, Colter Bay, Jackson Lake Lodge, Signal Mountain Lodge in Moose.

Flagg Ranch, Leek's Marina, Colter Bay Village, Jackson Lake Lodge, Signal Mountain Lodge, Jenny Lake Lodge in Moose.

Flagg Ranch, Colter Bay, an der ⛽ der Signal Mountain Lodge, South Jenny Lake Store in Moose.

Colter Bay Village.

Der Park ist etwa 1.240 km^2 groß und umfaßt ein großes Stück der gewaltigen **Teton Range**. Er wurde 1929 eingerichtet und mehrfach vergrößert.

Neben der Teton Range, die schon bei den Indianern und später auch bei den Pelzjägern einen bekannten, weithin sichtbaren Orientierungspunkt darstellte, umfaßt der Park den **Jackson Lake** und Teile vom **Jackson Hole**, einem Winterweidegebiet für eine riesige Wapitiherde. Weitere sieben größere Seen und 12 Gletscher, zahlreiche Schneefelder, aber auch ausgedehnte Wälder und Grasländer prägen den Park.

Die **einzigartige Landschaft** des Grand Teton NP entstand, als sich die im Westen liegende Landmasse erhob, während die im Osten liegende absank. Durch Erosion bildeten sich die heute im Westen aufragenden gewaltigen Gipfel, die an ihrer Westseite nur mäßig abfallen. Ihre schroffe Ostseite, die man vom Park sieht, stellt die abgebrochene Stelle zu der tiefer liegenden Landplatte, heute Jackson Hole mit Jackson Lake und Jenny Lake dar. Die Längstäler wurden durch Wind, Regen, Eis und Gletscher im Laufe der Jahrtausende hineingewaschen und -gegraben.

1812 entdeckten Pfadfinder südöstlich des Parks den South Pass, der später ein wichtiger Gebirgsübergang auf dem Oregon Trail werden sollte. Die folgenden Jahrzehnte waren stark vom Pelzhandel geprägt, der zunächst von der North West Company und später von der Hudson's Bay Company beherrscht wurde. Mit dieser kamen auch die ersten Weißen in das Gebiet des heutigen Parks.

Der Besuch des Parks

Ihr Besuch im Park sollte an einem der beiden **Visitor Center** beginnen. Von Norden kommend ist es das Colter Bay Visitor Center am Jackson Lake, und von Süden kommend das Moose Visitor Center, etwas abseits der US-191 bei der Moose Jct.

⌘ **Colter Bay Visitor Center**. Videovorführungen zu verschiedenen Themen, verschiedene kleine Ausstellungen. Außerdem gehört zum Visitor Center eine Art **Indianermuseum**, mit Ausstellungen zur Kultur, Kunst und Lebensweise der hier ansässigen Indianer. Die Ausstellungsstücke reichen von Handwerks- über Kunstgegenstände, Schmuck, Waffensammlungen und Textilien bis hin zu einem typischen Indianerzelt (Teepee). Sehr lohnender Besuch.

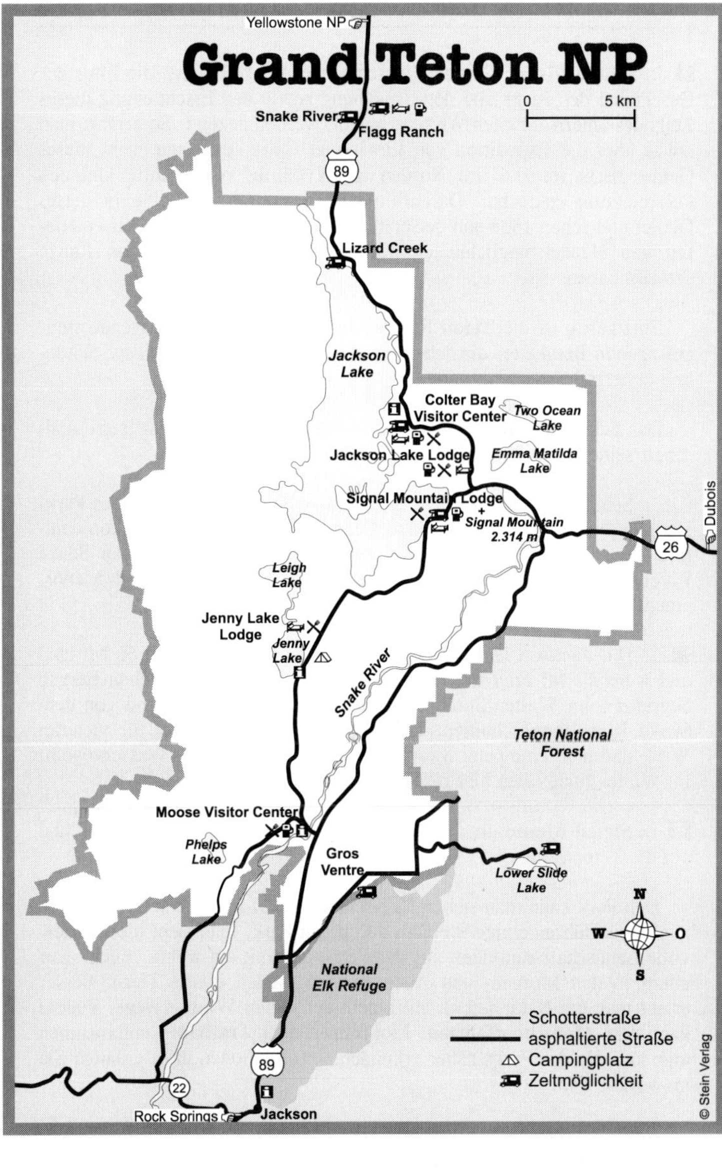
Grand Teton NP
Yellowstone NP
0
5 km
Snake River
Flagg Ranch
89
Lizard Creek
Jackson Lake
Colter Bay Visitor Center
Two Ocean Lake
Jackson Lake Lodge
Emma Matilda Lake
Signal Mountain Lodge
Signal Mountain 2.314 m
Dubois
26
Leigh Lake
Jenny Lake Lodge
Jenny Lake
Snake River
Teton National Forest
Moose Visitor Center
Phelps Lake
Gros Ventre
Lower Slide Lake
N
W
O
S
National Elk Refuge
Schotterstraße
asphaltierte Straße
Campingplatz
Zeltmöglichkeit
89
22
Rock Springs
Jackson
© Stein Verlag

Moose Visitor Center. Verschiedene Ausstellungen, die Infos zur Geschichte des Parks und der Umgebung sowie der Erschließung dieses Teils des amerikanischen Westens bieten, werden gezeigt. So erfährt man etwas über die Expedition von Lewis und Clark, die zwar nicht dieses Gebiet berührte, aber im Norden an Wyoming vorbeiführte und den Pelzreichtum entdeckte. Daraufhin kamen zahlreiche Weiße in dieses Gebiet und schon 1808 soll der erste Weiße - auf der Suche nach Pelztieren und Handelsmöglichkeiten mit den Indianern - die Teton Range erreicht haben.

Einzigartig ist die **Teton Range**, die jenseits der Seen liegende steilaufragende Bergkette, die scheinbar das ganze Tal in grandioser Schönheit beherrscht.

Das Schöne am Grand Teton NP ist neben seiner einzigartigen Landschaft seine reiche **Tierwelt**.

☺ Sehenswert ist außerdem die **Menors Ferry** in der Nähe des Park-Hauptquartiers am Moose Visitor Center. Zu sehen ist die Rekonstruktion einer "Fähre", die einst die einzige Möglichkeit war, den Snake River zu überqueren. Außerdem steht hier das Haus von Bill Menor, einem der ersten Siedler der Gegend.

✱ Das **Jackson Hole** ist ein Hochtal, das insgesamt etwa 50 Mi lang und 6 bis 12 Mi breit ist. Es wird auf beiden Seiten von hohen Bergen begrenzt - im Westen durch die gewaltige Teton Range - und von dem Snake River durchschnitten. Jackson Hole ist Lebensraum für vielerlei Wild, darunter Trumpeter Swans, verschiedene Arten von Wasservögeln; im Winter finden sich hier riesige Wapitiherden ein.

Signal Mountain, herrliche Aussicht über den Jackson Lake und auf die Teton Range.

Den Park kann man sich auf verschiedene Art und Weise erschließen: zum einen führen einige **Straßen** durch den Park, man sieht die wundervolle Landschaft zumindest aus der Ferne und mit ein wenig Glück - vor allem in den Morgen- und Abendstunden - auch einige Tiere. Besser erlebt man die Natur jedoch auf einem der vielen **Wanderwege**. Zudem kann man **Motorbootfahrten**, **Floßtouren** oder **Trailrides** unternehmen und so Teile des Parks näher erkunden. Informationen dazu erhalten Sie im Visitor Center.

Die Straßen im Park

Den gesamten Park durchzieht der **Rockefeller Parkway** von Norden nach Süden (Angaben in Mi/km).

0/0: Parkgrenze.
2,8/4,5: Zufahrt zum Lizard CG, der am Ufer des langgestreckten Jackson Lake liegt. Auf der gegenüberliegenden Seite des Sees erheben sich die ersten Gipfel der Teton Range. Es folgen mehrere Rastplätze.
10,1/16,3: Zufahrt zur Leeks Lodge am See.
11,0/17,8: Zufahrt zum **Colter Bay Visitor Center** und CG. Das gesamte Gebiet um das Visitor Center und den CG nennt man heute auch **Colter Bay Village**. Hier gibt es und natürlich Andenkenläden.
Ferner beginnen hier zahlreiche kürzere Wanderwege. Gegenüber liegt die mächtige Teton Range, die sich jenseits des Jackson Lake gewaltig erhebt. Lohnend ist daher ein kurzer Spaziergang vom Visitor Center hinab zum Seeufer, um den schönen Ausblick zu genießen.
Früh am Morgen bei Morgensonne fotografieren, dann ist die Beleuchtung am schönsten.
15,6/25,0: Zufahrt zur **Jackson Lake Lodge**, . Beginn mehrerer Wanderwege, u.a. zum Two Ocean Lake und Emma Mathilda Lake. Außerdem kann man hier Bootsfahrten, Ausritte und Floßtouren buchen.
16,2/26,0: **Willow Flats Overlook**.
16,7/26,8: **Abzweigung der Teton Park Road**. Der Highway 191 führt nun fort vom Jackson Lake und den Bergen und folgt dem Tal des Snake River nach Süden. Auch dabei bieten sich weiterhin fantastische Ausblicke auf die Teton Range und das flache Land. Dann und wann hat man auch einen Blick auf den Snake River.
20,3/32,7: **Abzweigung der US-26/287**, der westlichen Parkzufahrt nach Lander kurz hinter der Eingangsstation.
20,7/33,3: Zugang zum Snake River (Pacific Creek Landing).
26,2/42,2: Zufahrt zur **Cunningham Cabin Historic Site**, Erinnerungstafel an eine frühe Siedlung in diesem Gebiet, von der nichts mehr erhalten ist. In der Tourist Information gibt es eine kleine, aber interessante Informationsbroschüre zu einem Trail, in der das Leben des frühen Siedlers namens Cunningham im Jackson Hole beschrieben wird. Nur ein Stückchen weiter befindet sich auf der linken Seite die **Triangle X Ranch**.

30,3/48,7: **Snake River Overlook**, Halteplatz mit schöner Aussicht über den Snake River.
33,2/54,3: **Teton Point**, Erklärungstafel zur Entstehung der Teton Range.
35,1/56,4: **Glacier View**, prächtiger Blick auf die Teton Range.
37,3/60,0: **Blacktail Ponds Overlook**, achten Sie auf Biber und Elche. Gleich darauf erreichen Sie links die Antelope Flats Road.
38,6/62,1: Einmündung der **Teton Park Road** an der Moose Jct. Der Weg führt weiter, vorbei am Airport (Mi 42,3/68,0), bis zur
42,9/69,0: **Gros Ventre Jct**, Zugang zum Gros Ventre CG.
45,4/73,1: Südlicher Parkausgang.

Die Grand Teton Park Road
beginnt an der Jackson Lake Jct, oben Mi 16,7.

1,1/1,7: Jackson Lake Dam, vor dem Damm links unten oder hinter dem Damm auf beiden Seiten.
2,3/3,7: Chapel of the Sacred Heart, Panoramafenster, das die Teton Range umrahmt.
2,9/4,6: Zufahrt zur **Signal Mountain Lodge**, nach rechts sowie zum Signal Mountain CG.
4,0/6,4: Abzweigung der **Signal Mountain Road**, eine schmale, teils etwas gewundene Straße (Asphalt), die auf den Signal Mountain hinaufführt. Von dort oben, in 2.314 m Höhe, bieten sich einmalige Ausblicke über das Tal, den Jackson Lake, die gegenüberliegenden Berge und nach Norden bis in den Yellowstone NP hinein. Die Straße ist nicht geeignet für große Wohnmobile. Wohnanhänger verboten.
6,3/10,2: **Mt. Moran Turnout**, schöner Ausblick auf den 3.842 m hohen Mt. Moran in der Teton Range.
10,1/16,2: Nördliche Abzweigung der **Jenny Lake Road** zum Jenny Lake. Kurz davor der Mountain View Turnout. Die Park Road führt von hier aus links weiter.
11,4/18,4: **Cascade Canyon Overlook**.
12,4/19,9: Südliche **Zufahrt zum Jenny Lake**.
13,1/21,0: Zufahrt zur **South Jenny Lake Area**. Ranger Station, Mietpferde, Jenny Lake CG. Am Bootsdock beginnen die Fahrten über den Jenny Lake.
13,7/22,1: Zufahrt **Lupine Meadow**, Trailhead.
15,9/25,6: **Teton-Glacier-Aussichtspunkt**, schöner Ausblick auf die Teton Range mit ihren verschneiten, vergletscherten Bergspitzen.

Vorbei an einem Picknickplatz und am Windy-Point-Halteplatz erreicht man die

20,0/32,2: Moose-Eingangsstation.

20,3/32,7: **Moose Visitor Center**.

21,0/33,8: Einmündung der Park Road in den Rockefeller Memorial Highway.

Jenny Lake Road

beginnt an der North Jenny Lake Jct an der Park Road, ☞ oben Mi 10,1. Sie kann nur in dieser Richtung befahren werden.

0,7/1,2: **Cathedral Group Turnout**, schöner Ausblick, Infotafel zur Geologie.

1,5/2,4: Zufahrt zum **String Lake**. Beginn der Einbahnstraße.

1,7/2,7: Zufahrt zur **Jenny Lake Lodge**. Die Straße erreicht kurz darauf den Jenny Lake, an dessen Ufer sie ein Stück entlangführt. Jenseits des Sees sieht man die gewaltigen Berge.

3,0/4,8: .

4,0/6,4: **South Jenny Lake Jct**, wo man wieder auf die Park Road trifft.

Es gibt im Park noch ein paar weitere kleine Stichstraßen und einen Südausgang über die Moose Wilson Road. Diese ist jedoch nicht für Wohnanhänger und Wohnmobile geöffnet. Der mittlere Teil der Straße ist nicht asphaltiert und oft in sehr schlechtem Zustand.

Wandern

Im Grand Teton NP gibt es viele Wanderwege, insgesamt sind es über 200 Mi - das Angebot reicht vom kurzen Spaziergang bis zu ausgedehnten Mehrtageswanderungen. Nähere Informationen zu allen Wanderungen erteilen die beiden Visitor Center. Einige der Trails sind in der Übersichtskarte zum Park, die es überall kostenlos gibt, verzeichnet.

Man sollte zunächst eines der Visitor Center aufsuchen und sich informieren und beraten lassen. Für längere Touren mit Übernachtung empfiehlt sich dazu besonders die **Jenny Lake Ranger Station**.

Man kann diverse Faltblätter bekommen, z.B. ***Suggested Backpack Trips*** mit zehn Tourenvorschlägen, ***Backcountry Camping*** mit Touren und Campingmöglichkeiten, Dayhikes, Short Trails und Grand Teton Backcountry.

♦ Wer sich genauere Informationen verschaffen will, sollte die ***Teton Trails***, einen Führer zu den verschiedenen Trails des Parks kaufen. Er ist in den Visitor Centers erhältlich.

Das Gebiet um die Jackson Lodge

✱ In Colter Bay/Jackson Lodge gibt es den **Colter Bay Nature Trail**, 1,5 Mi, etwa eine Stunde, beginnt am Visitor Center.

✱ Der **Hermitage Point Trail**, 8,8 Mi, ca. 3 bis 4 Stunden, beginnt an der Colter Bay Marina. Außer der schönen Landschaft - beeindruckender Blick auf die Teton Range - kann man auch allerlei Wasservögel sehen, der Trail führt durch eine interessante Uferlandschaft und ein Gebiet kleiner Seen. Unter anderem kann man hier auch die Trumpeter Swans sowie Enten, Elche und Hirsche beobachten.

✱ Der **Emma Mathilda Two Ocean Lakes Trail** beginnt an der Jackson Lake Lodge an den Corrals. Er führt zunächst zum Christian Pond und dann entweder zum Emma Mathilda oder zum Two Ocean Lake. Es besteht auch die Möglichkeit, die Rundtour um beide Seen zu einer großen Tagestour zu verbinden. Interessante Landschaft, vom Grand Viewpoint auf dem Weg zum Two Ocean Lake hat man einen hervorragenden Ausblick.

Das Gebiet um den Jenny Lake

☺ Sehr empfehlenswert ist eine **Bootsfahrt** vom Bootsanleger über den See zum Westshore Boatdock.

✱ Von dort dann den **Hidden Falls Foot Trail** hinauf zu den hübschen Hidden Falls gehen, 0,5 Mi, etwa eine Stunde. Man kann dann noch weiter zum **Inspiration Point** (0,9 Mi) laufen - herrlicher Ausblick über den Jenny Lake - und dann in den Cascade Canyon hinein. Diese Schlucht wird von hohen Bergen gesäumt und bietet die Teton Range hautnah.

Die Wanderung kann man über den **Cascade Canyon Trail** aufwärts und über den **Lake Solitude Trail** zum Solitude Lake in über 3.000 m Höhe, 8,3 Mi, gut ausdehnen. Rückweg möglich über die **Paintbrush Divide** und den **Paintbrush Canyon Trail** hinab zum Leigh Lake, vorbei am String Lake und wieder zum Jenny Lake. Gesamttour: ca. 20 Mi - sehr anstrengende Tagestour oder Zwei-Tages-Tour.

✱ Weitere Möglichkeit: An den Cascade Forks nicht nach Norden abzweigen, sondern nach Süden über den **South Fork Cascade Canyon Trail** zum **Teton Crest Trail** laufen. Dieser Trail verläuft ein Stück durch einen großen Whitebark-Pine-Wald.

✱ Von der **Lupine Meadow Parking Area**, Zufahrt kurz hinter der Jenny Lake Ranger Station rechts ab. Von hier führt der **Amphitheater Lake Trail** in zahlreichen Kehren hinauf zum gleichnamigen See. Auf dem oberen Teil des Weges hat man einen fabelhaften Ausblick auf die flache Ebene des Jackson Hole. Gesamtdauer ca. sechs Stunden.

✱ **Valley Trail** zum Bradley oder Taggart Lake, weniger anstrengend, schöne Sicht auf die Berge.

✱ Ein anderes gutes Wandergebiet liegt um den **Phelps Lake** im Südteil des Parks. Entweder beginnt man am Granite Canyon Parkplatz, wo z.B. der **Valley Trail** beginnt, den man bis hinauf zum Leigh Lake entlanglaufen kann - zwar lang, aber nicht sehr anstrengend, da es keine allzu großen Höhendifferenzen gibt.

Oder Sie laufen den **Granite Canyon Trail** hinauf, der schließlich auf den Teton Crest Trail einmündet. Man kann aber auch an der Whitegrass Ranger Station beginnen, die ebenfalls vom Valley Trail passiert wird. Von hier aus kann man gut den Death Canyon hinauflaufen und von dort ins Alaska Basin oder zum Teton Crest Trail steigen. Beides sind längere Touren und recht anstrengend.

Der Rundweg von der Ranger Station den Granite Canyon Trail hinauf und über Open Canyon und Valley Trail zurück ist immerhin 19,3 Mi lang.

✱ Als ein großes Ereignis sehen viele Wanderer den **Teton Crest Trail** an. Er beginnt an der Südgrenze des Parks an der Moose Creek Divide und verläuft über Granite Canyon Trail Jct (2,1 Mi), Fox Creek Pass, wo der Death Canyon Trail einmündet (5 Mi), durch das Alaska Basin (10,7 Mi) zum Hurricane Pass (13,7 Mi). Von dort kann man hinab zum Jenny Lake oder zum Leigh Lake laufen.

☝ Es ist eine absolute Hochgebirgstour, die einiges an Erfahrung voraussetzt, bis zum Jenny Lake hinab ist es auf alle Fälle eine Zwei-Tages-Tour.

Weitere Unternehmungen im Park

✱ **Klettertouren** sind möglich, bedürfen jedoch der Erlaubnis, die Sie in den Ranger Stations erhalten können. Solche Klettereien sollten jedoch nur wirklich erfahrene Hochgebirgskletterer unternehmen. Für diejenigen, die es lernen wollen, gibt es Bergsteigerschulen.

☺ Für Bergtouren kann man auch Bergführer mieten, bei Hochgebirgstouren, die in Gletschergegenden führen, ist dies unbedingt empfehlenswert.

Für bergsteigerische Unternehmungen müssen Sie sich an der Ranger Station am Jenny Lake abmelden und nach Ende der Tour wieder zurückmelden.

Auch eine **Besteigung des Grand Teton** und anderer Berge ist möglich, dazu braucht man aber mindestens zwei volle Tage, eventuell mit Bergführer auch für weniger erfahrene Bergsteiger möglich.

Bootstouren werden auf dem Jenny und dem Jackson Lake angeboten, $ 10 bis 35, Näheres in der Teton Lodge. Auf dem Jenny Lake verkehrt ein Boot von der Ostseite des Sees hinüber zum Westshore, $ 4 ⇔.

Mietpferde werden an verschiedenen Stellen, z.B. an der Jackson Lake Lodge und der Grand Teton Lodge, angeboten. Es gibt geführte Touren, Planwagenfahrten und mehrtägige Ausritte.

Viele Unternehmen bieten **Floßtouren** auf dem Snake River an. Die Fahrten reichen vom 5-Mi-Trip (1½ Std., $ 15) bis Zwei-Tages-Touren (ca. $ 100). Die Unternehmen haben überall ihre Reklame ausgelegt, z.B. im Visitor Center in Jackson.

Kanus, Kajaks und/oder Boote kann man in Colter Bay, der Jackson Lake Lodge und in Dornan's Store in Moose mieten. Preis ca. $ 30 bis 40/Tag.

In Dornan's Store kann man verschiedene Mountainbikes mieten. Preise ab ca. $ 16/halber Tag, $ 24/ganzer Tag.

Erkundigen Sie sich unbedingt, wo Sie Mountainbikes benutzen dürfen. Sie sind auf den meisten Trails nicht zugelassen!

Guernsey

Liegt im Südosten von Wyoming am North Platte River an der US-26, etwa 15 Mi von deren Einmündung in die I-25 entfernt.

⇧ 1.330 m, 1.200 Ew., WY 82214, 307/836, Route 8

Visitor Center, Box 667, ☎ 2715.

🛏 The Bunkhouse Motel, 350 W Whalen, ☎ 2356, ca. $ 35.

🚐⛺ Guernsey SP, über die US-26 und die CR-317, ca. 4 Mi nördlich,142 ⛼.
♦ Larson City Park, im Ort, 16 ⛼.

1842 campierte John C. Fremont auf seiner Expedition hier am Ufer des Flusses. Bald darauf war die Stelle ein wichtiger Punkt auf dem Oregon Trail.

In der zweiten Hälfte des letzten Jahrhunderts baute man die Edelsteinvorkommen in dieser Gegend ab.

✱ Das **Oregon Trail Ruts SHS**, etwa eine Meile südlich über die Wyoming Avenue zu erreichen, umfaßt eine Stelle, die deutlich macht, daß hier einst der Oregon Trail lief.

Tausende von Planwagen, die über diese Felsen rollten, und die Hufe der Zugtiere haben tiefe Spuren eingegraben. Auch den Weg, den Reiter, Maultiere und neben den Wagen laufende Personen austraten, kann man noch heute sehen. Die bekannten tiefen Riefen im Fels sind wohl das eindrucksvollste Überbleibsel aller Spuren des Trails.

Ein kurzer Trail führt durch das Gebiet, man bekommt auch allerlei Erklärungen.

✱ Das **Register Cliff SHS**, drei Meilen südlich, ebenfalls über die South Wyoming Avenue erreichbar, umfaßt einen ca. 30 m hohen Felsen, in den Tausende von Pionieren ihren Namen eingeritzt haben.

⌘ Das **Guernsey State Park Museum**, gut eine Meile westlich auf der US-26 und knapp drei Meilen nördlich auf der CR-317, liegt im Guernsey SP und zeigt Ausstellungen zur Geschichte der Gegend.

♦ Tägl. 🚪 10:00 bis 18:00 (1.5. bis 1.10.), Eintritt: $ 3.

Hells Half Acre

➲ Liegt in Zentral-Wyoming an der US-20/26.

Die Gegend wird auch scherzhaft "**The Baby Grand Canyon**" genannt, sie umfaßt eine Felslandschaft mit seltsamen Felsfiguren und -färbungen in einem tiefliegenden Canyon. Er wurde damals von den Indianern als Büffelfalle benutzt.

Jackson

Liegt im Westen Wyomings, unmittelbar südlich des Grand Teton NP.
1.860 m, 4.500 Ew., WY 83001, 307/733, Route 1

CoC, 532 N Cache St, 3316.
- Wyoming Welcome Visitor Center am Nordende der Stadt an der US-26/89, tägl. 8:00 bis 18:00 (Memorial bis Labor Day), sonst 8:00 bis 17:00.

4 Winds Motel, 150 N Millward St, 2474, ca. $ 70.
- Pony Express Motel, 50 S Millward St, 3835, ca. $ 70.
- Best Western, Days Inn liegen bei $ 150 bis 200, einige Hotels noch deutlich höher!

KOA Teton Village, 6 Mi westlich über die SR-22 und SR-390, 5354.
- KOA Jackson South, 12 Mi südlich auf der US-26, 7078 oder 800/KOA-1878.
- Öffentliche Plätze im Grand Teton NP.

Auch wenn der Ort sich ein wenig Westerncharakter bewahrte, so ist er doch heute weitgehend vom Tourismus beherrscht. Im Winter ist Jackson Ausgangspunkt für die Skigebiete der Umgebung.

Jackson Hole ist eine Stadt, in der Wohnmobile unerwünscht sind und Touristen auf übelste Weise von der Polizei mit "Knöllchen" beglückt werden. Versteckte Schilder, die Parken untersagen, lassen einen in die Falle tappen, und selbst bei ordnungsgemäßem Parken ist der Cop schnell dabei, auch hier noch ein paar Dollar abzukassieren - eine Westernstadt, in der Outlaws - heute aber in Polizeiuniform - offenbar Narrenfreiheit haben.

Das **Wyoming Welcome Visitor Center** bietet gute Infos zum Staat Wyoming, speziell zur Jackson-Hole-Region. Hübsche Ausstellung, Aussichtsdeck, das weiten Blick über das Jackson Hole bietet.

12 Mi nordwestlich über die SR-390 kommt man zur Talstation der **Jackson Hole Aerial Tram**, die in Teton Village liegt. Die Seilbahn führt auf den 3.185 m hohen Rendevous Mountain. Von oben hat man herrliche Ausblicke auf die Teton Range und das Tal. Hier liegt auch das Skigebiet.

- Tägl. 9:00 bis 17:00 (15.6. bis Labor Day), sonst 10:00 bis 17:00, Fahrpreis: $ 14.

Jackson Hole Shootout. Entsprechend der Rolle als Touristenstadt zeigt man jeden Abend (außer sonntags) auf dem Town Square eine

Wildwest-Show, die aus einem Postkutschenüberfall mit Schießerei besteht.

Östlich des Ortes ist das **National Elk Refuge**, in dem sich im Winter Tausende von Wapitis aufhalten.

Im **Sleigh Ride Visitor Center** gibt es Ausstellungen und eine Dia-Show zu sehen.

♦ Tägl. 10:00 bis 16:00 (Ende Dezember bis März).

Zahlreiche Unternehmen bieten außerdem **Floßtouren** auf dem wilden **Snake River** an. Das riesige Angebot reicht von Halbtages- und Tagestrips (ab etwa $ 25) bis zu einwöchigen Touren (kosten etwa $ 800 bis 900). Näheres in der .

Andere Unternehmen veranstalten **Planwagentouren** (zwei bis sechs Tage ab $ 240). Näheres in der .

⌘ Außerdem gibt es in Jackson ein kleines **historisches Museum** (101 N Glenwood Ave), ein **Wildlife- und ein Kunstmuseum**, das fast ausschließlich Tierbilder zeigt.

Laramie

Liegt im Südosten des Staates an der I-80, etwa 45 Mi westlich von Cheyenne. ⇧ 2.180 m, 27.000 Ew., WY 82070, 307, ☞ Route 8

Albany County Tourism Board, 800 S 3rd St, ☎ 745-4195.

University Inn, 1720 Grand Ave, ☎ 721-8855, ca. $ 45.

♦ Downtown Motel, 165 N 3rd St, ☎ 742-6671, ca. $ 45.

KOA, 1271 Baker St, ☎ 745-8971 oder ☎ 800/KOA-4153.

Die Geschichte des Ortes beginnt Anfang des 19. Jh. mit der Ankunft der ersten Weißen, darunter ein Trapper namens Jack La Ramie, dem die Stadt ihren Namen verdankt.

In den 40er und 50er Jahren folgten Siedler, die über den Cherokee Trail nach Westen strömten und Laramie passierten. In den 60er Jahren kam der Eisenbahnbau hinzu und brachte, wie auch andernorts, Gesetzlosigkeit, Glücksspiel und zweifelhafte Moral hierher; Laramie wurde innerhalb kürzester Zeit zu einer berüchtigten Westerntown. Heute ist die Stadt ein kleines Versorgungszentrum für das Umland.

⌘ In der **University of Wyoming**, Ivinson/9th St, die 1887 gegründet wurde, gibt es mehrere Museen mit unterschiedlichen Öffnungszeiten, Eintritt: kostenlos.

⌘ **Laramie Plains Museum**, 603 Ivinson Ave, in einem viktorianischen Haus mit authentischen Einrichtungsgegenständen und Ausstellungen zur Geschichte der Gegend. Außerdem befindet sich hier eine alte Schule.

♦ Mo bis Sa 9:00 bis 19:00, So 13:00 bis 16:00 (Juli/August), sonst Mo bis Sa 13:00 bis 15:00, Eintritt: $ 4.

Der **Wyoming Territorial Park**, 975 Snowy Range Rd, nahe der I-80, ist eine Art Freilichtmuseum und Freitzeitpark. Es gibt hier das Territorial Prison, ein Museum, das sich mit US-Marschalls beschäftigt, und eine nachgebaute Westernstadt zu sehen.

♦ Tägl. 9:30 bis 18:00 (ca. 15.6. bis 15.8.), Eintritt: $ 8.

✱ Auf dem Sherman Pass, ca. zehn Meilen südöstlich an der I-80, steht auf dem Rastplatz das über 12 m hohe **Abraham Lincoln Monument**.

✱ Sieben Meilen weiter südöstlich auf der I-80 und zwei Meilen südlich befindet sich das **Ames Monument**, ein 18 m hoher Gedenkstein. Dort war einst der Ort Sherman, ein Eisenbahnhaltepunkt, der zur Ghosttown wurde, als die Schienen verlegt wurden.

☺ Lohnend ist im übrigen auch die landschaftlich schöne Fahrt auf der I-80 von Laramie westwärts.

Die **Wyoming Scenic Railroad** fährt vom Territorial Park in die Snowy Range Mountains. Dauer ca. fünf bis sechs Stunden.

♦ Kein fester Fahrplan, Fahrpreis ca. $ 35, Infos unter ☏ 800/845-2287.

Medicine Bow

➲ Liegt in Südost-Wyoming an der US-30/287, ca. 40 Mi nordwestlich von Laramie. ⇧ 2.000 m, 400 Ew.

Auch Medicine Bow entstand zur Zeit der großen Siedlerzüge nach Westen und war ein typisches Nest der damaligen Zeit. Die ältesten

Häuser des Ortes stammen aus der Zeit der Jahrhundertwende, z.B. das Virginian Hotel oder der Bahnhof mit Museum.

⌘ Mo bis Sa 10:00 bis 17:00, So 12:00 bis 17:00 (Memorial Day bis 31.8.), Eintritt: kostenlos.

Das älteste Haus dieser Stadt ist der General Store, der aus der Mitte des letzten Jahrhunderts stammt!

✱ Außergewöhnlich ist die **Como Bluff Fossil Cabin**, sieben Meilen östlich auf der US-30, die aus Dinosaurierknochen erstellt wurde.

✱ Interessant ist auch noch die große **Windturbinenanlage**, fünf Meilen südlich der Stadt. Sie liefert ausreichend Elektrizität für die Versorgung von 3.000 Häusern.

Sheridan

➲ Liegt in Nord-Wyoming an der I-90, rund 30 Mi südöstlich der Grenze zu Montana. ⇧ 1.130 m, 14.000 Ew., WY 82801, 307, ☞ Route 1

CoC, Box 707, Ecke I-90/5th St, ☎ 672-2485.

♦ An der Abfahrt Nr. 23 von der I-90 liegt ein Info Center für den Staat Wyoming.

Rock Trim Motel, 449 Coffeen Ave, ☎ 672-2464, ca. $ 40.

♦ Guest House Motel, 2007 Main St, ☎ 674-7496, ca. $ 40.

♦ Mill Inn, 2161 Coffeen Ave, ☎ 672-6401, ca. $ 60.

KOA, Ausfahrt 20 von der I-90 an der SR-338, ☎ 674-8766 oder ☎ 800/ KOA-7621.

Der Ort entstand in der Mitte des letzten Jahrhunderts und litt jahrelang unter den Angriffen der in der Umgebung lebenden Indianer. Insbesondere der **Bozeman Trail**, der von Douglas hinauf nach Montana an Sheridan vorbei verlief, erregte den Unwillen der Indianer, da er ihre Jagdgründe durchschnitt. Es kam zu zahlreichen Gefechten, in denen Siedler getötet oder von ihren Ländereien vertrieben wurden.

Zum Schutz der Siedler und der Reisenden auf dem Bozeman Trail wurden Militärforts errichtet, die die Wut der Indianer allerdings nur verstärkten. Zahlreiche **Indianerschlachten** fanden hier zwischen 1865 und 1875 statt. Dabei tauchten große Namen wie **Red Cloud** oder **Crazy Horse** auf, die gefürchtete Indianerführer waren.

Wegen der vielen Schlachten wurde der Trail auch "Bloody Bozeman" genannt und es war verboten, ihn mit weniger als 100 Planwagen zu befahren. Das Ende aller Schlachten war am Little Bighorn, als General Custer mit seinen Leuten unterging (☞ Little Bighorn Battlefield).

Als die Zeiten ruhiger wurden, wuchs Sheridan als Zentrum der Ranchwirtschaft heran, später entdeckte man Kohle, die der Stadt einen weiteren Aufschwung brachte.

Visitor Center. Hier erhalten Sie Informationen über die Stadt und einen Guide für Touren zu den Plätzen, an denen die vielen Indianerschlachten stattfanden.

⌘ **Bradford Brinton Museum**. Hier versucht man die typische Westernranch aufleben zu lassen. Viele Gegenstände aus historischer Zeit sowie die äußere Erscheinung der Ranch lassen Vergangenes wach werden.

♦ Tägl. 9:30 bis 17:00 (15.5. bis Labor Day), Eintritt: $ 3.

⌘ Das **Trail End Historical Center SHS**, 400 E Claredon Ave, umfaßt das ehemalige Wohnhaus des US-Senators John B. Kendrick von 1913. Er begann seine Karriere 1879 als Cowboy auf Viehtrieben von Texas nach Wyoming und endete als Gouverneur und Senator für Wyoming. In seinem Wohnhaus stehen wertvolle Einrichtungsgegenstände, u.a. kostbare Holzarbeiten; geführte Touren.

♦ Tägl. 9:00 bis 18:00 (1.6. bis 31.8.), sonst tägl. 13:00 bis 16:00, Eintritt: kostenlos.

Connor Battlefield liegt nördlich von Sheridan, Abfahrt von der I-90 in Ranchester, 1,3 Mi, ausgeschildert. Ein hübscher Park mit Infotafeln zu den Kämpfen.

South Pass City SHS

Liegt etwa 90 Mi nordöstlich von Rock Springs nahe der SR-28. ☞ Route 1

Visitor Center am Eingang zum Park, tägl. 9:00 bis 17:30, Eintritt: $ 1. ☏ 332-3684.

Der Ort liegt unweit des **South Pass**, z.Zt. der großen Trecks ein wichtiger Übergang über die kontinentale Wasserscheide. Über den South Pass führten vor allem der **Oregon Trail** und später die **Pony-Express-Route**. Man schätzt, daß zwischen 1840 und 1860 etwa 300.000 Siedler diesen Paß überquerten. Noch heute zeugen tief eingefahrene Wagenspuren auf dem Gestein von der Bedeutung des Weges.

Obwohl man 1842 etwas nördlich des Passes Gold fand, blieb der zu erwartende Rausch zunächst aus. Er setzte erst 1867 ein, als ein neuerlicher Goldfund Glücksritter aus allen Himmelsrichtungen herbeieilen ließ. Schon 1871 gab es hier einen Ort, **South Pass City**, mit über 4.000 Einwohnern.

Die guten Tage von South Pass City waren jedoch kurz, schon 1875 war der Goldrausch verflogen und die Stadt verlassen.

* Heute findet man im **South Pass City SHS** die Überbleibsel jener Ghosttown, die man derzeit noch restauriert. Von den insgesamt 24 übriggebliebenen Gebäuden sind einige restauriert, davon das Schulhaus, der General Store, ein Hotel und zwei Saloons.

i **Visitor Center**. Hier gibt es Filmvorführungen und Infos zum Park. Fragen Sie nach Darbietungen handwerklicher Tätigkeiten usw.

P Wenn der kleine Platz gegenüber dem Eingang belegt ist, fahren Sie zu einem großen Parkplatz 0,3 Mi oberhalb des Ortes.

* Etwa sieben Meilen nördlich von South Pass City liegt **Atlantic City**, ebenfalls eine ehemalige Boomtown, die aber bewohnt ist und keinen sehr ursprünglichen Eindruck mehr vermittelt.

* Die **Oregon Trail Ruts**, die Wagenspuren des Oregon Trail, kann man an der SR-28, etwa 24 Mi von Farson, Halteplatz mit Infotafel, anschauen.

Thermopolis

- Liegt an der US-20, etwa 85 Mi südöstlich von Cody am Bighorn River.
  ⇧ 1.320 m, 3.200 Ew., WY 82443, 307/864, Route 1
- i CoC, Box 768, ☎ 3192.
- El Rancho Motel, 924 Shoshoni Rd, ☎ 2341, ca. $ 40.
- ♦ Best Western, 600 Broadway, ☎ 2321, ca. $ 50.
- Fountain of Youth RV Park, 2 Mi nördlich an der US-20, mit eigenem riesigen Pool, der durch heiße Mineralquellen gespeist wird! ☎ 3265 (Reservierung ratsam).
- ♦ Weitere Plätze südlich im Wind River Canyon und am Boysen Reservoir (hübsch am See).
- ♦ Etwas südlich noch ein RV Park und zwei Mobile Home Parks mit Stellplätzen.

Der gepflegte Ort entstand am Rande der Wind River Reservation und ist bekannt für seine **heißen Quellen**.

✱ Diese kann man im **Hot Springs SP**, am Nordausgang des Ortes an der US-20, besuchen. Eine der Quellen gibt täglich 11 Mio Liter 57 °C heißes Wasser frei! Die Wassermenge nimmt z.Zt. laufend ab. Der Park bietet neben einem beheizten Freibad ein Hallenbad, schöne Parkanlagen.

✱ Riesige **Sinterterrassen**, die man von der US-20 aus sehen kann. Vom State Park aus führt ein kleiner Trail durch das Gebiet heißer Pools oberhalb der Terrassen zu dem Austritt der heißen Quellen. Von einer Zufahrt aus kann man unten an die Terrassen herangelangen.

✱ Südlich der Stadt beginnt der **Wind River Canyon**, der sich entlang des Bighorn River erstreckt. Er hat sich bis zu 600 m tief in das Land eingegraben, die Straße mußte in den Fels oberhalb des Flusses hineingesprengt werden. Die lohnende etwa acht Meilen lange Fahrt führt dann jenseits des Canyons zum Boysen Lake, der vom Boysen Dam aufgestaut wird.

✱ Interessant ist noch der **Chimney Rock**, eine Felsformation im Wind River Canyon, etwa zehn Meilen südlich von Thermopolis.

☺ Die SR-120 nordwärts nach Cody ist landschaftlich schön und empfehlenswert.

⌘ **Historisches Museum**, 700 Broadway, mit verschiedenen Ausstellungsgegenständen zur Indianerkultur usw.

♦ Di bis Sa 8:00 bis 17:00, Eintritt: $ 2.

Yellowstone NP

➲ Liegt im äußersten Nordosten Wyomings, schmale Landstreifen liegen in Montana und Idaho.
⇧ von 1.620 m am Eingang in Gardiner bis 3.124 m auf dem Mt. Washburn, abgesehen von den Berggipfeln, WY 82190, 307/344, ☞ Route 1

Albright Visitor Center in Mammoth Hot Springs, 8:00 bis 19:00 (Juni bis August), sonst 9:00 bis 17:00.

♦ Old Faithful Visitor Center, 8:00 bis 19:00 (Juni bis August), sonst 9:00 bis 17:00.

- Canyon Visitor Center im Canyon Village, 8:00 bis 19:00 (Juni bis August), sonst 9:00 bis 17:00.
- Grant Visitor Center, 8:00 bis 19:00 (Juni bis August), sonst 9:00 bis 17:00.
- Fishing Bridge Visitor Center, 8:00 bis 19:00 (Juni bis August), sonst 9:00 bis 17:00.
- Neben vielen Infos zum Park kann man in den Visitor Centers Bücher, Karten usw. erwerben. Dazu gibt es Ausstellungen und in den drei erstgenannten Centers auch verschiedene Filme und Dia-Shows über die Geologie und Tier- und Pflanzenwelt. Fragen Sie nach Zeiten und Inhalt.
- Madison Information Station, an der Madison Jct, 8:00 bis 19:00 (Juni bis August), sonst 9:00 bis 17:00.
- West Thumb Information Station, am Geysir Basin, 9:00 bis 17:30 (Juni bis August), sonst 9:00 bis 17:00.
- Weitere Informationen gibt es im Norris Museum, das aber 1996 aus Geldmangel geschlossen war und wohl auch in den nächsten Jahren geschlossen bleibt!
- Die Parkzeitung ***Yellowstone Today*** erhalten Sie an den Eingangsstationen und in den Visitor Centers. Sie enthält eine Fülle von Informationen für Ihren Besuch, z.B. über Camping, Unterkunft, Ranger-Programme usw.
- Das Infoblatt ***Yellowstone, Official Guide & Map***, eine Karte mit Kurzinformationen, ist sehr nützlich und hilfreich, da die Karte Ihnen auf Skizzen die Lage der Visitor Center usw. zeigt.
- ☺ Außerdem unterhält der National Park Service ein eigenes **Radioprogramm** für den Park, das Sie auf 1.606 kHz empfangen können.
- Eigentlich ist der Park das ganze Jahr über geöffnet. Wegen des Schnees sind die Straßen jedoch meist nur von Anfang Mai bis Ende Oktober befahrbar. Der Nordosteingang ist nur vom 1.6. bis 15.10. geöffnet, in dieser Zeit sind auch die meisten Einrichtungen geöffnet, Unterkünfte können nach dem 1.9. eingeschränkt sein.
- **Eintritt in den Park**: $ 10 (7-Tage-Permit, das auch im Grand Teton NP gilt) oder Golden Eagle.

- Bei den Unterkünften ist rechtzeitiges Erscheinen unbedingt erforderlich, in der Hochsaison sollte man keinesfalls auf gut Glück in den Park fahren, **rechtzeitige Reservierung** - möglichst einige Monate im voraus - ist ratsam!
- Die Unterkünfte im Park werden von privaten Konzessionären betrieben. Für alle laufen Reservierungen über: TW Recreational Services, 14001 E Iliff, Suite 600, Aurora, CO 80014, ☎ 303/297-2757. Die Preise liegen ca. zwischen $ 40 und 150, je nach Zimmer und Hotel.

  Es gibt **im Park** folgende Unterkünfte:
- Mammoth H.S. Hotel in Mammoth.
- Canyon Village Lodge in Canyon.
- Old Faithful Inn, Old Faithful Lodge und Old Faithful Snow Lodge am Old Faithful.
- Lake Lodge und Lake Yellowstone Hotel bei Fishing Bridge.
- Motor Inn in Grant Village.
- Roosevelt Lodge an der Tower Jct.

- Außerhalb gibt es zahllose Hotels in ☞ West Yellowstone am Westausgang.

In **Gardiner** liegen ebenfalls einige Häuser (alle MT 59030, ✆ 406-848):
- Wilson's Yellowstone River Motel, Box 223, ☎ 7303, ca. $ 55.
- Comfort Inn, 107 Hellroaring, ☎ 7536, FAX 7476, ab ca. $ 65.
- Yellowstone Village Motel, 1102 Scott St, ☎ 7417, ca. $ 70.
- Best Western, Box 646, ☎ 7311, FAX 7120, ca. $ 90.

Die Zeltplätze im Park **füllen sich immer sehr früh**. Eine Informationstafel an den Eingangsstationen informiert Sie, wo noch freie Plätze zu haben sind. Es ist auf jeden Fall empfehlenswert, sich in der Hochsaison bereits morgens, spätestens um etwa 9:00, auf dem gewünschten Platz einzufinden.
- Es gibt im Park **keine Notzeltplätze** (Overflow Areas), und über Nacht auf einem Rastplatz zu parken ist verboten. Wer keinen Platz findet, muß notgedrungen entweder auf einen der NFCGs oder aber auf die Privatplätze wie zum Beispiel in West Glacier oder Gardiner außerhalb des Parks ausweichen.
- Die **Preise der Zeltplätze** liegen zwischen $ 8 und 23. Ihre Ausstattung ist sehr unterschiedlich, alle verfügen jedoch über Trinkwasser, viele auch über WCs.
- **Reservierungen sind möglich** auf den nachfolgenden Plätzen. Dazu schreiben Sie an TW Recreational Services, 14001 E Iliff, Suite 600, Aurora, CO 80014, ☎ 303/297-2757. Vor Ort können Sie am Empfang in den Hotels in Mammoth, Canyon Village, Fishing Bridge und Old Faithful ebenfalls reservieren. Meist bekommt man für den übernächsten Tag einen Platz, manchmal auch schon für den nächsten.
- Grant Village, 428 ⛼, 🚿 💧.
- Bridge Bay, 434 ⛼, 🚿 💧.
- Fishing Bridge RV, 345 ⛼, 🚿 💧, einziger Platz mit Hookups, keine Zelte!
- Madison, 281 ⛼, 💧.
- Canyon, 273 ⛼, 🚿 💧.

Auf folgenden Plätzen kann man **nicht reservieren**:
- Lewis Lake, 83 ⛼, nahe dem Südausgang.
- Norris, war 1996 aus Geldmangel geschlossen, Zukunft ungewiß.
- Tower Fall, 32 ⛼, zwischen Tower Jct und Canyon.
- Indian Creek, 75 ⛼, zwischen Norris und Mammoth.
- Pebble Creek, 36 ⛼, zwischen Tower Jct und dem Nordostausgang
- Slough Creek, 29 ⛼, Zufahrt von der US-212 östlich von Tower Jct.
- Außerhalb gibt es diverse Plätze des NFCG an der US-14/16/20 nach Cody nahe dem Ostausgang und an der US-212 östlich von Cooke City.
- **Private Plätze** liegen außerhalb vor allem in ☞ West Yellowstone (u.a. KOA) und in Gardiner (Rocky Mountain CG, im Ort, recht ordentlich).

✕ Restaurants, Cafeterias usw. gibt es in den oben genannten Hotels im Park und im Old Faithful Village, im Canyon Village, im Grant Village, im Lake Village sowie in einigen der General Stores.

Im Old Faithful Village, im Canyon Village, im Grant Village, im Lake Village, in Fishing Bridge, in Bridge Bay, in Mammoth, an der Tower Jct und bei den Tower Falls.

Im Old Faithful Village, im Canyon Village, im Grant Village, in Fishing Bridge, in Mammoth, an der Tower Jct.

Old Faithful Lodge, Canyon Village CG, Grant Village CG, Lake Lodge, Fishing Bridge RV Park.

Im Old Faithful Village, im Canyon Village, im Grant Village, in Fishing Bridge.

Klima	*Jan*	*Feb*	*Mär*	*Apr*	*Mai*	*Juni*	*Juli*	*Aug*	*Sep*	*Okt*	*Nov*	*Dez*
Ø max. °C	-3	-1	3	9	14	19	24	23	18	11	3	-2
Ø min. °C	-12	-12	-8	-3	1	5	8	7	3	-2	-7	-11

Der Yellowstone NP wurde am 1. März 1872 gegründet und ist damit der **älteste National Park der Welt**. Er ist der größte National Park der Vereinigten Staaten außerhalb Alaskas. Seine Fläche beträgt ungefähr 8.879 km². Der Yellowstone NP ist in der ganzen Welt bekannt, insbesondere für seine einzigartige Ansammlung von Geysiren, heißen Quellen und Dampflöchern, die es sonst in dieser Konzentration nirgends auf der Welt gibt.

Schon den Indianern der Gegend war die seltsame Gestalt des Yellowstone Parks mit seiner ungewöhnlichen Natur bekannt. Auch die ersten Entdecker kamen bald in diese Wunderwelt und berichteten von ihr. Seit Beginn der Siedlerströme kamen mehr und mehr Fremde in dieses Gebiet, viele nur, um es zu sehen, praktisch die ersten Touristen.

Kurz nach der Gründung des National Parks - in einer Zeit, in der die Indianerkriege wie zum Beispiel 1877 mit den Nez Perce in der Gegend um den Park herum stattfanden - stieg die Zahl der interessierten Besucher rasch an.

Seit jeher ist der Park Naturgewalten ausgesetzt, die hier und dort seine Gestalt verändern. Erdbeben, die mit den starken geothermalen Aktivitäten des Parks eng im Zusammenhang stehen, haben stets zu kleineren Veränderungen im Park geführt, sei es auch nur, daß sich die Intervalle für die Ausbrüche der Geysire veränderten.

Die größte Veränderung fand 1988 durch die **gewaltigen Waldbrände** statt. Überwiegend durch Blitzschlag ausgelöst, begann es im Juni 1988 an insgesamt neun Stellen in und um den Park herum zu brennen. Wegen extremer Trockenheit und der Tatsache, daß man, wie überall, Waldbrände in National Parks möglichst sich selbst überläßt, wurden auch hier keine Löschversuche unternommen.

Das Feuer nahm aber ungeahnte Ausmaße an und vernichtete große Teile der Waldbestände des Parks. Die Einrichtungen blieben, bis auf Wanderwege und wenige Gebäude, unversehrt. So verheerend derartige Waldbrände auch erscheinen mögen, Ökologen behaupten, daß durch die

Natur (Blitzschlag) ausgelöste Waldbrände seit jeher zum Erscheinungsbild dieser Naturlandschaften gehören und für die Natur notwendig sind, damit sie ihren natürlichen Bestand erhalten kann.

Die Geologie des Parks

Die wesentlichen Zeugen der geothermalen Aktivität im Park sind **Geysire** und **heiße Quellen** sowie **Sinterterrassen** und **Solfatarenfelder**. Nur in Neuseeland oder Island findet man ähnliche Erscheinungen wie hier im Yellowstone NP. Nirgends auf der Welt sind sie jedoch so konzentriert und in derartigen Ausmaßen vorhanden. Ausgelöst wird all dies durch den Vulkanismus. Vor etwa 2 Mio Jahren, 1,2 Mio Jahren und 600.000 Jahren kam es im Gebiet des Yellowstone Parks jeweils zu verheerenden Vulkanausbrüchen. Die letzte dieser Eruptionen soll etwa 1.000 km^3 an Lavaschlacke usw. hervorgebracht haben. Nach diesem gewaltigen Ausbruch brach ein großes Stück des damals vorhandenen Vulkans in sich zusammen und bildete eine **Caldera-Landschaft**. Sie ist heute das Zentralgebiet des Parks und reicht etwa vom Lewis Lake im Süden bis zum Canyon Village im Norden und von der Grenze nach Montana im Westen bis an die Ostseite des Yellowstone Lake. Vulkanische Aktivität in Form von Vulkanen, Lava usw. bietet der Park heute aber nicht.

Im **Grand Canyon des Yellowstone** kann man einen "Einblick" in die Vergangenheit des Parks bekommen; die verschiedenen Gesteine, ihre Schichtungen usw. geben Aufschluß darüber.

Die Geysire

Ein Geysir ist eine besondere Form einer heißen Quelle, die eigentlich Springquelle genannt wurde. Der Stori Geysir in Island gab diesen Springquellen seinen Namen. Es war der deutsche Naturforscher **Robert Bunsen** (1811 bis 1899), der dieses Phänomen genauer untersuchte. Seine Theorie besagt, daß sich unter der Erdoberfläche Wasser in Spalten sammelt. Wegen ungewöhnlich hoher Bodentemperatur heizt sich das Wasser auf. Die Spalten haben unten größere Wasserkammern und verengen sich zur Oberfläche zu einem engen Rohr. Deshalb kann nicht all die Wärme, die unten dem Wasser zugeführt wird, nach oben an die Luft abgegeben werden.

Das Wasser beginnt zu sieden, was wegen des hohen Drucks erst bei über 130 °C geschieht. Es steigen Dampfblasen auf, Wasser schwappt über den Rand des Geysirbeckens und dadurch vermindert sich der Druck auf das in der Wasserkammer stehende Wasser, so daß es sich in Dampf umwandelt und dann den Ausbruch verursacht. Das Wasser sammelt sich, fließt in den Spalt zurück und erwärmt sich wieder - das Naturschauspiel beginnt von vorn.

Wesentlich für das Entstehen eines Geysirs ist demnach die stark zunehmende Erdwärme sowie ein entsprechendes Röhrensystem, das zuläßt, daß im Erdinnern die Wassermengen aufgeheizt werden.

Heiße Quellen sind ganz ähnlich angelegt, nur ist dort das Röhrensystem nicht so ausgeprägt, daß es zu einem Hitzestau unter der Erde kommen kann. Das Wasser sprudelt gleichmäßig heiß aus der Quelle heraus.

Dampflöcher sind mit den heißen Quellen eng verwandt, nur fehlt hier das Wasser in ausreichender Menge, um eine Wasserfontäne oder eine Quelle zu bilden. Es kommt so lediglich zu heißem Dampf.

Wyoming: Ein Bison auf dem Campingplatz des Yellowstone NP

Schlammlöcher schließlich sind nichts anderes als Dampflöcher, an deren oberen Ende sich aufgrund chemischer Umwandlungsprozesse Schlamm gebildet hat, dem von unten heiße Luft zugeführt wird, wodurch es zum charakteristischen Blubbern und Blasenaufstieg kommt.

Die Tierwelt des Parks

Der Yellowstone NP ist auch für seine reiche Tierwelt bekannt. Man verläßt den Park sicher nicht, ohne Wild gesehen zu haben. Neben Wapitis, Bighorn-Schafen und Rehen sind es vor allem Elche, Bären und Bisons, die man sehen kann. Weitere Parkbewohner sind Pronghorn-Antilopen, Kojoten, Murmeltiere, Erdhörnchen und manchmal auch weiße Pelikane und Trumpeter Swans.

✋ Die Tiere des Parks sind wild! Es geschehen alljährlich viele Unfälle. Nicht nur die Grizzlybären, auch die kleineren Schwarzbären sind unberechenbar!

Auch Elche und Bisons sind gefährlich. Nähern Sie sich diesen Tieren nie, bleiben Sie in respektvoller Entfernung und unternehmen Sie nichts, was die Tiere als Angriff deuten könnten (z.B. Porträtfotos). Sehen Sie während Ihrer Fahrt durch den Park Tiere, dann bleiben Sie im Auto, gehen Sie nicht auf sie zu.

✋ Selbstverständlich sollte sein, daß Sie das **Füttern von Tieren**, auch der kleinen Erdhörnchen, **unterlassen**. Außerdem sind diese und andere kleine Nagetiere Träger von Krankheiten, die auf den Menschen übertragen werden können.

☺ Besorgen Sie sich in einem der Visitor Center Informationen über die Gefahr beim Umgang mit Bären, vor allem bei Wanderungen im sogenannten Backcountry.

☺ Die besten Zeiten, Wild zu sehen, sind die frühen Morgen- oder späten Abendstunden.

Die Pflanzenwelt des Parks

Die Höhenlage des Parks prägt auch seine Pflanzenwelt. Ausgedehnte Nadelwälder sind hier typisch. Ansonsten reicht die Vegetation von wüstenhafter Gegend im Bereich des Nordeingangs bis zu alpinen Wiesenlandschaften um den Mt. Washburn. Insgesamt sind ca. 80% des Parks Waldgebiet.

Das Klima im Park

Das Klima ist von der Höhenlage (durchschnittlich über 2.000 m!) geprägt. Von Oktober bis Mai muß man im ganzen Park mit einer Schneedecke rechnen.

Im Sommer sind die Abende stets kühl, nachts sinken die Temperaturen häufig in die Nähe des Gefrierpunktes. Tagsüber kann man aber durchaus sommerliche Wärme von bis zu 30 °C erleben. Niederschläge sind über das ganze Jahr verteilt, nur im Sommer ist es meist trocken. Im Norden regnet es durchschnittlich 250 mm/Jahr, während der Südwesten bis zu 2.000 mm erreicht!

Die Teile des Parks

Das Canyon-Village-Gebiet

Zur Besichtigung des Canyon-Village-Gebietes sollten Sie zunächst das dortige **Visitor Center** aufsuchen und sich die kleine Broschüre ***Guide to the Grand Canyon Area*** geben lassen. Neben einer Kurzbeschreibung der Geologie und der Wanderwege des Gebietes finden Sie eine Karte, mit der Sie die interessanten Punkte am **Grand Canyon of the Yellowstone** finden können. Weiter gibt es hier Ausstellungen zu den Wildnisgebieten des Parks und den historischen Ereignissen des Canyon-Gebietes.

Die wesentliche Attraktion ist hier der **Grand Canyon of the Yellowstone** mit den beiden Wasserfällen, den **Upper** und den **Lower Falls**. Unbedingt lohnend ist eine Fahrt zu den Aussichtspunkten am Nord- und Südrand des Canyons. Er bietet eine Felslandschaft in gelben, weißen und rötlichen Tönungen. Seine Wände ragen ca. 360 m hoch auf.

Die Gesamtlänge des Canyons, der sich noch weiter nordwärts erstreckt, beträgt etwa 30 km. Klappern Sie ruhig alle Aussichtspunkte ab, vom **Inspiration** über den **Grandview** zum **Lookout Point**, wo man die beste Aussicht auf die über 90 m hohen Lower Falls hat. Den schönsten Eindruck vom Canyon bekommt man am Inspiration Point.

Vom Lookout Point kann man noch einen (etwas anstrengenden) Wanderweg hinab zum **Red Rock Point** laufen, von dem aus man ebenfalls die Wasserfälle beobachten kann. Etwas weiter westlich gelangt man über den **Brick of Falls Trail** zur Kante der Lower Falls, die Höhendifferenz beträgt 180 m. An die Kante der Upper Falls kann man von einem oberhalb der Fälle gelegenen Parkplatz hinablaufen; kurzer, wenig anstrengender Weg.

Auf der Südseite des Canyons lohnt unbedingt eine Fahrt zum Parkplatz oberhalb des **Artist Point**, den man über einen kurzen Fußweg erreicht. Von dort hat man einen wunderbaren Blick in den Canyon mit den Lower Falls im Hintergrund. Südwestlich davon kann man von der Uncle Tom's Parking Area ein Stück in den Canyon hinablaufen. Der **Uncle Tom's Trail** steigt dabei über 150 m in den Canyon hinab und endet etwa an der Kante der Lower Falls. Wem dieses zu anstrengend ist, kann unterwegs abzweigen und ein kurzes Stück zu einem Aussichtspunkt laufen.

Sehr lohnend ist es, die Besichtigung zu Fuß auf dem **South** und **North Rim Trail** zu unternehmen. Der Weg führt immer an der Kante des Canyons entlang und bietet stets großartige Aussicht, nicht schwierig. Es ist interessant, den Canyon zu verschiedenen Tageszeiten zu besuchen, da er unter verschiedenartiger Sonneneinstrahlung stets anders wirkt.

Das Old-Faithful-Gebiet

Auch hier sollte Ihr Besuch im **Visitor Center** beginnen. Besorgen Sie sich den ***Guide to the Upper Geyser Basin***, der eine detaillierte Karte der Gegend mit Wanderwegen und den Geysiren enthält. Hier gibt es auch Infos, Ausstellungen usw. zu Geysiren, ihrer Entstehung und zur Geologie des Parks. Sie sollten auf die Anschlagtafel achten, auf der die Ausbruchzeiten der Geysire aufgeführt sind. Sie können dann Ihren weiteren Besuch so planen, daß Sie einen Geysir bei einer Eruption beobachten können.

Praktisch vor der Tür des Visitor Center liegt der berühmte **Old Faithful Geyser**. Dieser inzwischen vielleicht berühmteste Geysir der Welt bricht alle 60 bis 90 Minuten für zwei bis fünf Minuten aus. Dabei schleudert er seine ungeheuren Wassermassen 30 bis 55 m hoch! Vor dem Old Faithful müssen Sie mit einem fürchterlichen Touristenrummel rechnen.

Sehr lohnend ist eine Wanderung durch das **Upper Geyser Basin**, das hinter dem Old Faithful beginnt. Asphaltierte Wege, die sich gut zu einem kleineren oder großen Rundweg kombinieren lassen, führen an zahllosen Geysiren und heißen Quellen mit interessanten Farbgebungen vorbei.

Die Karte enthält die genaue Lage der einzelnen Geysire, die gesamte Rundtour ist knapp fünf Kilometer lang und äußerst interessant.

Auch das **Black Sand Basin**, etwas abseits der Straße nach Madison Jct, kurz vor der Zufahrt nach Old Faithful, ist mit mehreren sehr schönen kleinen Seen und Pools einen Besuch wert.

Ebenfalls lohnend ist ein Besuch des **Biscuit Basin**, das etwas weiter in Richtung Madison Jct, nahe der Brücke über den Firehole River liegt. Auch hier gibt es heiße Quellen, Geysire und schön gefärbte Pools. Beide Gebiete sind durch kurze Wanderwege erschlossen.

Die Mammoth Hot Springs Area

Das Gebiet wird von den **Sinterterrassen** beherrscht, die sich durch Ablagerungen des hier austretenden Wassers gebildet haben. Ihren Besuch in der Mammoth Hot Springs Area sollten Sie im **Visitor Center**

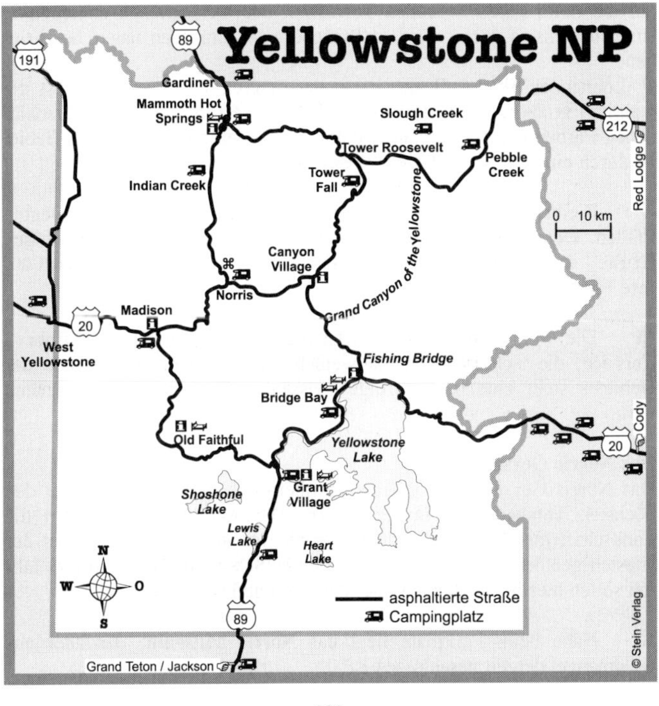

in Mammoth beginnen. Dort erhalten Sie außerdem die kleine Broschüre ***Mammoth Hot Springs Area***, die eine Übersichtsskizze und Beschreibungen zu den auf der Karte markierten Punkten enthält. Auch gibt es im Center Ausstellungen zur Naturgeschichte des Parks und zur Geschichte der Gegend.

Das Gebiet gliedert sich in zwei Teile, die **Upper** und die **Lower Terrace**. Das Gebiet der Upper Terrace wird durch eine kurze Straße erschlossen (nicht für Anhänger und Busse zugelassen!). Verschiedene Halteplätze an den einzelnen Felsformationen, die aber bei weitem nicht so schön sind wie die in den unteren Terrassen. Beachten Sie, wie der Wald unter den Gesteinsablagerungen förmlich erstickt.

Am **Lower Terrace Overlook** haben Sie einen schönen Ausblick auf die tiefer unten liegenden Terrassen. Die wesentlichen Haltepunkte sind übrigens in der erwähnten Broschüre im einzelnen näher beschrieben.

Lohnender ist eine Besichtigung der unteren Terrassen. Hier ist die wahrhaft großartige Wunderwelt der Sinterterrassen, die sich in verschiedenen Farben gegen den blauen Himmel wundervoll absetzt. Das Gebiet ist durch einige kurze Wanderwege erschlossen.

Bleiben Sie unbedingt auf den vielfach mit Holzplanken belegten Pfaden. Der Untergrund besteht häufig nur aus einer dünnen brüchigen Kruste - darunter lauert heißes Wasser, Matsch usw. Achten Sie auch auf Ihre Füße!

Die wohl schönste Formation dieser Terrassen ist die **Minerva Terrace**, die sich in leuchtend weißen Stufen erhebt. Am Rande des Gebietes steht eine merkwürdige Felssäule, die Liberty Cap genannt wird.

Das Norris Geyser Basin

Das Norris Geyser Basin gilt als das thermisch aktivste Gebiet mit den höchsten Temperaturen im Erdinnern. Die Aktivitäten verändern die Landschaft hier besonders schnell. Norris ist aber auch das Gebiet der ältesten geothermalen Aktivitäten im Park. Schon vor über 100.000 Jahren sollen hier heiße Quellen über das Land geflossen sein!

⌘ Nahe beim Parkplatz liegt das **Norris Museum**, das aber aus Geldmangel derzeit geschlossen ist!

Besorgen Sie sich daher die Broschüre ***Guide to Norris Geyser Basin*** in einem der Visitor Center. Sie enthält einen Plan für die kurzen Rundwanderwege durch das Gebiet, die an den interessantesten Geysiren und Quellen vorbeiführen. Kurze Erklärung zum Geyser Basin und zu einzelnen Geysiren und Quellen.

Außerhalb des Museums liegt der **Porcelain Basin Overlook**, der einen Blick über das Porcelain Basin bietet. Geysire, Matschlöcher und dampfende Quellen füllen ein ganzes Becken und bilden eine unglaubliche Wunderlandschaft. Durch das Gebiet führt ein kurzer Rundweg.

* Auf der anderen Seite kann man in das **Back Basin** gelangen, und von dort sind es nur wenige Schritte bis zum **Steamboat Geyser**, der als der größte aktive Geysir der Welt angepriesen wird. Er soll fast 100 m hohe Wassersäulen emporschleudern, wenn er (nur wenige Male im Jahr) ausbricht. Auf dem weiteren Rundweg findet man heiße Quellen, überflutete Waldgebiete, schillernde Pools und mehrere Geysire - sehr lohnend. Nähere Informationen erhalten Sie in den Visitor Centers.

* Etwas östlich von Norris liegt an der Straße nach Canyon Village die kurze Zufahrt zu den **Virginia Cascades**, ebenfalls interessant.

Die Mud Volcano Area

Dies ist das größte **Solfatarenfeld** des Parks. Wenngleich anderswo auf der Welt die Solfatarenfelder größer und eindrucksvoller sind, so bekommt man hier doch einen guten Eindruck von dem Aussehen solcher dampfenden und blubbernden Matschlöcher. Vom Parkplatz aus führt ein kurzer Rundweg durch das Gebiet, der **Mud Volcano Trail**, der Sie zu den wichtigsten Sehenswürdigkeiten bringt.

Besorgen Sie sich dazu in einem der Visitor Center bzw. am Eingang zu den Trails die Broschüre ***Mud Volcano Trail***, auf der die einzelnen Punkte am Rand des Weges beschrieben sind.

Sehr eindrucksvoll ist **Dragon's Mouth**; hier bewegt sich heißer Schlamm blubbernd in einer Felshöhle.

Bleiben Sie unbedingt auf den markierten Wegen, die Oberfläche außerhalb der Wege kann brüchig sein!

* Etwas nördlich des Mud Volcano liegt **Sulphur Caldron**, schwefel- und äußerst säurehaltige Quellen. Verschiedene Mineralien bewirken die unterschiedliche Färbung der Pools.

Das Tower-Roosevelt-Gebiet
Besteht aus einer Lodge und einigen anderen touristischen Einrichtungen und ist Ausgangspunkt für verschiedene Besichtigungstouren.

Es bietet sich an, von hier aus nach Osten über die schöne Straße hinauf zum Nordosteingang und von dort aus weiter über den herrlichen ☞ **Beartooth Scenic Highway** Richtung Red Lodge zu fahren. Viele Leute behaupten, dies sei der schönste Weg in den Park. Er führt auf einer atemberaubenden Straße durch die grandiose Berglandschaft. Sie ist allerdings nur von Anfang Juni bis Mitte Oktober geöffnet. Bis zur Parkgrenze versucht man sie innerhalb des Parks das ganze Jahr über offen zu halten. Unbedingt lohnender Ausflug, wenn auch sehr zeitintensiv.

Außerdem kann man von Roosevelt auf der Straße nach Canyon Village entlangfahren und gelangt zu den **Tower Falls**, ☞ Die Straßen im Park.

✱ Etwas westlich von der Abzweigung liegt die Zufahrt zum **Petrified Tree**, ☞ Die Straßen im Park.

Die Madison Area
Wichtiger Verkehrsknotenpunkt im Park.

✱ Etwas südlich von Madison liegen die schönen **Firehole-Wasserfälle**, die man über den Firehole Canyon Drive erreicht.

✱ Ganz in der Nähe befindet sich der **Fountain Flat Drive**, über den man zum Goose Lake kommt. Gute Wandermöglichkeiten. Hier liegt auch das **Lower Geyser Basin**.

✱ Etwas weiter südlich beginnt der **Firehole Lake Drive**, ☞ Die Straßen im Park. Dieser erschließt eine Reihe weiterer Geysire und farbiger Pools.

Besorgen Sie sich dazu die Broschüre ***Fountain Paint Pot & Firehole Lake Drive*** in einem der Visitor Center.

✱ Östlich von Madison kann man der Straße nach Norris folgen, wobei man die **Gibbon Falls** passiert, ☞ Die Straßen im Park.

Das Yellowstone-Lake-Gebiet
Der Yellowstone Lake ist 20 Mi lang und bis zu 14 Mi breit. An seiner tiefsten Stelle ist er fast 100 m tief und bedeckt insgesamt 352 km^2. Er

liegt ca. 2.350 m hoch. Das 176 km lange Ufer ist von herrlichem Waldland gesäumt - der See ist nur im Norden und Westen über Straßen zugänglich.

Geologen haben festgestellt, daß sich das Gebiet unmittelbar nördlich des Sees jährlich um über zwei Zentimeter hebt. Dies bestärkt die Vermutung, daß sich dort in Zukunft starke vulkanische Aktivitäten zeigen werden.

✱ Die eigentliche Attraktion hier ist die **Fishing Bridge**, eine massive Holzbrücke, die den Yellowstone River überspannt. Trotz des Namens ist das Angeln von der Brücke verboten, denn dies ist einer der besten Laichflüsse für Forellen. Daher kann man in dieser Gegend (vor allem im Hayden Valley) auch ab und zu Pelikane beobachten, denen die Forellen eine willkommene Nahrung sind.

✱ Im südlich gelegenen **Bridge Bay** befindet sich ein kleiner Hafen, eine Rangerstation und der Beginn eines kurzen Weges zu einer **Naturbrücke**.

West Thumb und **Grant Village** liegen am Westufer des Sees. Im **Visitor Center** gibt es eine Ausstellung, die sich vorwiegend mit den Wildnisgebieten des Parks beschäftigt. Außerdem liegt in West Thumb ein kleines Geyser Basin.

Die Straßen im Park

Die Straßen im Park sind von sehr unterschiedlicher Beschaffenheit. Sie sind überwiegend recht schmal und auf weiten Strecken in erbärmlichem Zustand. Dies und der im Sommer sehr starke Verkehr lassen hohe Geschwindigkeiten nicht zu. Es geschehen jedes Jahr viele Unfälle im Park, auch solche mit Todesfällen! Beachten Sie die Geschwindigkeitsbeschränkungen, nicht zuletzt auch wegen der Tiere!

Extreme Vorsicht ist geboten, wenn irgendwo Tiere zu sehen sind: dann achten die Autofahrer auf alles - nur nicht auf den Verkehr! Bevor Sie stoppen, anfahren, aussteigen oder über die Straße laufen, schauen Sie auf andere Fahrzeuge - mag das Tier, die Landschaft oder was auch immer noch so faszinierend sein.

Auf einigen Teilstrecken werden die Straßen ausgebaut oder ausgebessert, Sie müssen dort mit Stau und Zeitverlusten rechnen. Infos dazu gibt es in den Visitor Centers und in der Parkzeitung.

Canyon Village - Norris Jct
(die erste Zahl gibt die Meilen, die zweite die Kilometer an)

0/0: **Canyon Jct**, Abzweigung zum ☞ Canyon Village. Man befährt die Cascade Meadows, schöner Wald.

3,6/5,8: 🚶 Beginn eines Wanderwegs zum Grebe Lake (5 km), zum Cascade Lake (8 km) und zum Wolf Lake (8 km).

8,2/13,2: Links Ausfahrt des ☞ Virginia Cascade Drive.

8,7/14,0: Halteplatz in einem vom Feuer schwer geschädigten Gebiet. Ein kurzer Weg führt zu einer Aussichtsplattform mitten im zerstörten Wald. Dort gibt es gute Infotafeln zum Waldbrand, den verschiedenen Schweregraden des Waldbrandes usw.

10,1/16,3: Einfahrt auf den **Virginia Cascade Drive** (Einbahnstraße). Er führt zu den **Virginia Cascades**, die ca. 1,6 km von der Abzweigung entfernt in einem schönen Tal liegen. Die Hauptstraße führt dann vorbei an der Norris Picnic Area (Mi 11,3) zur

11,8/19,0: Norris Jct.

Norris Jct - Madison Jct

0/0: **Norris Jct**, geradeaus liegt die etwa 0,25 Mi lange Zufahrt zum **Norris Geyser Basin**, wo sich auch das ⌘ **Norris Museum** befindet. Man fährt zunächst durch eine wildreiche Gegend (Hirsche). Auf der Fahrt sieht man überall in der Ferne dampfende Wasserlöcher, was von der starken geothermalen Aktivität in diesem Gebiet zeugt.

3,2/5,2: Madison-Gibbon-Rastplatz, Fahrt durch die Gibbon Meadows.

4,8/7,7: Brücke über den Gibbon River. Kurz davor beginnt ein 🚶 Trail zum Gibbon Geyser Basin.

5,2/8,4: **Beryl Spring**.

6,0/9,7 und **6,9/11,1**: Brücken über den Gibbon River.

8,5/13,7: Zwei Halteplätze oberhalb der **Gibbon Falls**. Die Wasserfälle sind 26 m hoch und ergießen sich tief unten über eine Felskante in den Gibbon Canyon. Sehr hübsch. Kurz darauf eine Picnic Area, die mitten im Waldbrandgebiet liegt.

12,8/20,6: Man passiert die **Terrace Spring**, zu der ein kurzer Weg führt.

13,5/21,7: **Madison Jct**.

Madison Jct - Old Faithful - West Thumb

0/0: **Madison Jct**. Die Straße folgt dem Firehole River aufwärts. Etwa 0,5 Mi von der Abzweigung beginnt rechts der **Firehole Canyon Drive**, eine lohnende Alternativstrecke zur Hauptstraße. Über

2,3 Mi führt diese schmale und etwas gewundene Straße schön im Canyon des Firehole River entlang. Sie passiert nach ca. 1,9 Mi die **Firehole Swimming Area**, hier hat man die Möglichkeit, im erwärmten Fluß zu baden. Es herrscht allerdings in der Hochsaison fast regelmäßig ein Verkehrschaos.

2,3/3,7: Südliche Einmündung des Firehole Canyon Drive, von dieser Seite aus nicht zugänglich, da Einbahnstraße.

4,5/7,2: Rastplatz.

5,6/9,0: Abzweigung des **Fountain Flat Drive**. Diese Straße, zunächst Asphalt, später Kies, führt an mehreren heißen Quellen vorbei und endet an einem **P**. Von hier führt ein etwa 3,5 km langer Wanderweg zu den **Fairy Falls** und noch einen Kilometer weiter zum **Imperial Geyser**.

6,1/9,8: Informationstafel zu Chief Joseph und den **Nez-Perce-Indianern**, die auf ihrer denkwürdigen Flucht auch durch den Nordteil des Yellowstone NP zogen. Die Hinweistafel gibt einen kurzen Überblick über die Geschehnisse im Bereich des Parks. Näheres ☞ Nez Perce NHP, Idaho.

7,4/11,9: **Lower Geyser Basin**.

8,1/13,0: Zufahrt zum **P** am **Lower Geyser Basin** bei den Fountain Paintpots. Dieses Gebiet umfaßt mehrere farbenprächtige Wasserlöcher, blubbernde Schlammlöcher und kleinere Geysire. Hier ist besonders die intensive Färbung der einzelnen Löcher bemerkenswert. Durch das Gebiet führt ein kurzer Rundweg, lohnend.

9,2/14,8: Abzweigung auf den **Firehole Lake Drive**. Diese Straße ist eine interessante kurze Rundstraße durch ein **Geysirgebiet**. Sie führt um das Gebiet des Firehole Lake herum. Nach 1,4 km kommt man zum **Firehole Pot** und 300 m weiter zum **Great Fountain Geyser**. Der weithin sichtbare **White Dome Geyser** liegt noch 400 m weiter. Hier beginnt der **Three Senses Nature Trail**, ein Naturlehrpfad. Dies ist insgesamt ein empfehlenswerter kleiner Abstecher!

10,2/16,4: Zufahrt zum **P** am **Midway Geyser Basin**. Auch dieses Gebiet wird durch schöne kurze Wanderwege unmittelbar erschlossen. Man sieht kleinere und mittelgroße Wasserlöcher, prachtvoll gefärbt, und das riesige **Grand-Prismatic-Spring-Becken**, das groß und dampfend weithin sichtbar ist.

14,0/22,5: Zufahrt zum **P** am **Biscuit Basin**. Auch hier gibt es einen (relativ kurzen) Wanderweg zu den heißen Quellen und den Wasserlöchern. Ein weiterer Weg führt über etwa zwei Kilometer zu den **Mystic Falls**.

15,6/25,1: Zufahrt zum **Black Sand Basin**, das bereits zum Upper Geyser Basin um den Old Faithful zählt. Gegenüber von der Zufahrt beginnt auf der linken Seite ein Wanderweg, über den Sie ebenfalls ins Upper Geyser Basin und von dort auch weiter zum Old Faithful laufen können.

15,8/25,4: Zufahrt nach ☞ **Old Faithful**, ca. zwei Meilen bis zum P. Danach steigt die Straße hinauf zum **Craig Pass** (2.518 m).

18,2/29,3: Kepler Cascade, die Straße vom Firehole River wendet sich ab.

23,8/38,3: **Kontinentale Wasserscheide** und Isa Lake.

25,4/40,8: **Shoshone Point**, Ausblick auf den Shoshone Lake. Am Westufer des Sees liegt das **Shoshone Geyser Basin**. Es ist von hier über einen längeren Wanderweg erreichbar. Etwa vier Meilen weiter überqueren Sie noch einmal die kontinentale Wasserscheide.

33,0/53,0: **Blick auf den Yellowstone Lake**. Die Straße fällt nun ab, vorbei am Duck Lake.

33,8/54,4: **Grant Thumb Jct** in West Thumb.

Norris Jct - Mammoth Hot Springs

0/0: **Norris Jct**.

0,8/1,4: Zufahrt zum Norris CG (1996 geschlossen), auf der Weiterfahrt passieren Sie zunächst den Nymph Lake und dann die Twin Lakes.

4,9/7,9: **Roaring Mountain**. Der ganze Hang ist voller Dampflöcher. Der Geruch beweist, daß hier überall Gase entweichen. 1902 waren die Dampflöcher (Fumaroles genannt) derart aktiv, daß die meisten Bäume an diesem Berghang abstarben. So kam es zu diesem gespenstischen Aussehen. Mittlerweile ist der Roaring Mountain allerdings ruhig geworden. Die Straße folgt nun dem Obsidian Creek abwärts.

7,3/12,3: Beaver-Lake-Rastplatz.

8,5/13,8: **Obsidian Cliff**; es gibt eine Informationstafel über diesen Berg, der überwiegend aus Obsidian-Gestein besteht und dessen scharfkantiges Gestein seit jeher Pfeilspitzen, Speerspitzen und Schneidewerkzeuge für die Indianer liefert.

10,5/16,9: Halteplatz mit Informationstafel über Elche, die u.a. Hinweise gibt, wo die größte Wahrscheinlichkeit besteht, die Tiere im Park zu sehen.

12,6/20,3: **Indian Creek CG**.

13,3/21,4: Zufahrt zu den **Sheepeater Cliffs**. Hier lebten einst die Sheepeater-Indianer; interessante Ausstellung. Auf der Hauptstraße durchquert man nun die Swan-Lake-Ebene mit dem Swan Lake links.

16,5/26,6: Abzweigung der **Bunsen Peak Road**, die man kurz nach der Einfahrt in den Golden Gate Canyon passiert. Dieser Weg führt um den Bunsen Peak (2.610 m) herum und passiert dabei die Osprey Falls. Sie ist nicht geteert und für Fahrzeuge gesperrt, kann also nur als Fahrradweg benutzt werden. Sie mündet bei 20,1/32,3 wieder auf die Straße.

16,7/26,9: Informationstafel zur Geologie der Gegend.

19,3/31,0: Zufahrt zur **Upper Terrace Area**.

20,9/33,6: **Main Terrace Area**, drei P unterhalb der Terrassen an der Straße.

21,3/34,3: **Mammoth Jct**. Von hier sind es fünf Meilen bis zum nördlichen Parkausgang bei Gardiner.

Tower Jct - Canyon Jct

0/0: **Tower Jct**. Man passiert nach 0,9 Mi den Rainy Lake.

1,6/2,6: **Calcite Springs Overlook**. Blick über ein altes Thermalgebiet. Die Straße passiert nun einen Engpaß, **The Narrows**, und die überhängende Felswand **Overhanging Cliff**.

2,4/3,9: P oberhalb der **Tower Falls**. Der Wasserfall trägt seinen Namen wegen der vielen Felstürme und Felsnadeln, die in der Umgebung stehen. Die Fälle, tief unten im Tal des Yellowstone River gelegen, sind etwa 40 m hoch. Die Straße steigt nun langsam in mehr und mehr baumfreie Landschaft an, die den Blick über weite Teile des Yellowstone NP ermöglicht.

8,6/13,8: Zufahrt zum **Mt. Washburn**.

13,7/22,1: **Dunraven Pass** (2.700 m).

15,2/24,5: **Washburn Hot Springs**, die trotz der Entfernung gut zu sehen sind. Die Straße führt dann durch dichtbewaldetes Land hinab.

18,6/30,0: **Canyon Jct**.

Canyon Village - Fishing Bridge - Südeingang

0/0: **Canyon Jct**.

1,6/2,6: Zufahrt zu den **Upper Falls**.

2,3/3,7: Zufahrt auf den ☞ **North Rim Drive**. Die Straße führt durch das Hayden Valley. Es folgen mehrere Halteplätze mit Informationstafeln zu dem Tal, der Geologie und Tierwelt. In dieser Gegend kann man vor allem während der Abend- und Morgenstunden häufig Wild beobachten, hauptsächlich zahlreiche Büffel.

9,6/15,4: **Sulphur Caldron**. Kurz darauf Zufahrt zum P an der ☞ **Mud Volcano Area**. Die Straße danach führt an mehreren Rastplätzen vorbei und passiert dann die **Le Hardy Rapids** (12,6/20,3).

15,8/25,4: **Fishing Bridge Jct**. Von hier ist es nur ein kurzes Stück auf der Straße Richtung Cody bis zur **Fishing Bridge** über den Yellowstone River. Die Straße führt dann weiter am See entlang und passiert den geothermal aktiven **Steamboat Point**. Sie verläßt dann den See, steigt langsam hinauf zum 2.600 m hohen **Sylvan Pass** und erreicht nach etwa 43 km den Osteingang des Parks. Von dort geht es weiter bis nach Cody. Die hier beschriebene Route führt in Fishing Bridge weiter nach Süden.

17,4/28,0: Zufahrt zum **Lake Village**.

19,3/31,0: **Bridge Bay Area**. Links zweigt nach etwa 500 m der Gull Point Drive ab, der unmittelbar am See entlangführt. Rechts beginnt ein Weg zu einer **Natural Bridge**.

21,2/34,1: Ende des Gull Point Drive. Die Straße verläuft nun unmittelbar am See entlang. Sie bietet schöne Ausblicke und hat diverse Halteplätze, z.B. den Pumice Point (28,0/45,1).

36,7/59,0: Zufahrt zum **West Thumb Geyser Basin**.

36,9/59,3: **West Thumb Jct**, Abzweigung rechts nach Old Faithful.

38,7/62,2: Zufahrt nach **Grant Village**.

40,9/65,8: Kontinentale Wasserscheide, 2.435 m hoch.

44,7/71,9: Halteplatz am Lewis Lake.

47,1/75,8: Zufahrt zum **Lewis Lake CG**.

48,4/77,9: Rechts liegen die schönen **Lewis Falls**. Die Straße steigt dann an und führt ein Stück oberhalb eines Canyons entlang, schöner Ausblick in die Schlucht des Lewis River. Mehrere Halteplätze.

57,3/92,2: **Moose Falls** am Crawfish-Lake-Halteplatz.

58,5/94,2: **Eingangsstation**. Kurz darauf erreicht man den

58,9/94,7: **Südeingang des Parks**.

Mammoth Hot Springs - Tower Jct

0/0: **Mammoth Jct**. Die Straße folgt zunächst dem Lava Creek ein Stück aufwärts. Kurz hinter der Lava Creek Picnic Area beginnt ein kurzer Weg zu den Wraith Falls, wo ein Bach schräg über eine Felsplatte läuft, also keine Wasserfälle!

4,1/7,2: **Undine Falls**. Hier stürzt der Lava Creek etwa aus 18 m Höhe über eine Felsbarriere aus vulkanischem Gestein hinab. Die Straße führt weiter durch schönes Waldland.

8,3/13,4: Halteplatz mit Infotafel und Trail in das Waldbrandgebiet.

9,6/15,4: Beginn des **Blacktail Plateau Drive**, eine etwas rauhe Schotterstraße, die ungefähr parallel zur Hauptstraße verläuft und diese später wieder erreicht.
13,2/21,2: Halteplatz mit Infotafeln zu den Waldbrandschäden.
16,9/27,2: Abzweigung einer kurzen **Zufahrt zum Petrified Tree**. Einst standen hier drei versteinerte Bäume, ehemals Redwood Trees. Leider haben Touristen zwei von ihnen "abgetragen", so daß man gezwungen war, den letzten dieser Bäume durch ein massives Eisengitter zu schützen. Man findet selten aufrechtstehende versteinerte Bäume, die meisten Baumversteinerungen liegen. Gleich darauf findet man eine weitere Infotafel zum Waldbrand.
18,3/29,4: **Tower Jct** und Zufahrt zur **Roosevelt Lodge**.

West Entrance - Madison
Die Zufahrt in den Park von Westen bis Madison führt über 14 Mi durch schöne Wälder, meistens entlang am malerischen Madison River.

Tower Jct - Northeast Entrance
Viele behaupten, dies sei die grandioseste Zufahrt zum Park. Die Straße führt in eine einzigartige Hochgebirgswelt hinauf; der landschaftlich schönste Teil des Weges, auch Beartooth Scenic Highway genannt, liegt jedoch außerhalb des Parks zwischen Cooke City und Red Lodge.

0/0: **Tower Jct**.
0,7/1,1: Brücke über den Yellowstone River, ein Rastplatz befindet sich 0,5 Mi weiter.
5,9/9,5: Zufahrt zum Slough Creek CG. Die Straße folgt nun dem Lamar River aufwärts durch das weite Lamar Valley. Es folgen ein Rastplatz bei Mi 12,2 und zwei Halteplätze mit Infotafeln.
15,8/25,4: Halteplatz an der Soda Butte, einem ehemaligen Geysir.
19,1/30,7: Zufahrt zum Pebble Creek CG.
26,6/42,8: Grenze Montana/Wyoming, 0,7 Mi weiter ein Rastplatz.
28,4/45,7: Parkeingangsstation und bei Mi 29,9 Parkgrenze.

North Rim Drive
0/0: **Canyon Jct**.
0,9/1,4: Zufahrt zum **Inspiration Point**, 0,8/1,3 entfernt. Erster prachtvoller Blick in den Grand Canyon of the Yellowstone.
1,3/2,1: Halteplatz am **Grandview Point**.
1,6/2,5: **Lookout Point**. Hier sollten Sie den zwar etwas anstrengenden, aber sehr lohnenden Trail hinab zum **Red Rock Point**

laufen, 150 m Höhendifferenz, ca. 600 m lang. Schöner Blick auf die Lower Falls.

2,0/3,2: Halteplatz bei den **Lower Falls**. Ein Trail (180 m Höhendifferenz, 1,2 km lang) führt direkt an die Fälle heran.

2,2/3,5: **Ausfahrt** auf die Straße Canyon Jct/Fishing Bridge.

☺ Den North Rim kann man auch sehr gut als Wanderung erschließen. Die Aussichtspunkte sind durch den North Rim Trail verbunden. Sie vermeiden so das Chaos auf den Parkplätzen.

South Rim Drive

0/0: **Abzweigung** bei Mi 2,9/4,7 von der Straße Canyon Jct/Fishing Bridge. Sie überqueren den Yellowstone River, passieren einen Rastplatz und gelangen zur

0,6/1,0: Zufahrt zur **Uncle Tom's Parking Area**. Von hier hat man Zugang zu Aussichtspunkten auf die Upper Falls und die Lower Falls. Außerdem beginnt hier der **Uncle Tom's Trail** zu einem Viewpoint auf die Lower Falls, 150 m Höhendifferenz und über 300 Stufen!

1,6/2,5: Ende der Straße am **Artist Point**.

Wandern

Die Wandermöglichkeiten im Yellowstone NP sind nahezu unbeschränkt. Insgesamt bietet der Park **1.790 km Wanderwege**. Durch das Feuer 1988 waren viele Wege gesperrt, inzwischen sind sie jedoch wieder begehbar.

Die prächtige Landschaft, in weiten Teilen des Parks unerschlossen, bietet alles, von kurzen Spaziergängen an den touristisch gut erschlossenen Stellen bis zu tagelangen Wildniswanderungen.

Nähere Informationen zu den verschiedenen Wandermöglichkeiten geben die Visitor Center und mehrere Wanderführer, die Sie dort bekommen können.

Besonders empfehlenswert ist der ***Yellowstone Trails***-Wanderführer, $ 3,95. In ihm werden Tips für Wanderungen im Yellowstone NP gegeben und zahlreiche Trails kurz beschrieben, Skizzen erleichtern das Zurechtfinden.

Wer bei Wanderungen im sogenannten Backcountry übernachten will, benötigt ein **Permit**, das man an jeder Ranger Station und den

Visitor Centers erhält. Seien Sie bei Ihren Unternehmungen vorsichtig beim Umgang mit offenem Feuer - die riesigen Waldbrandflächen sollten eine Mahnung sein!

Nehmen Sie Ihren **Müll** wieder mit zurück! Vergraben Sie nichts! Denken Sie an die Sicherung Ihrer Vorräte vor Bären. Lesen Sie die Hiking Information in der Parkzeitung, die ausführlich Tips und Hinweise gibt.

Literatur

Zeitschriften

- abenteuer & reisen 8/1996: *Der große Nationalpark-Report: 52 US-Nationalparks.* Kurzinfos auf 16 Seiten.
- America 1/1995: *Glacier NP: Glanz und Gletscher.* Eindrücke auf 6 Seiten.
- America 1/1995: *Washington: Wanderungen durch den Regenwald des Nord-West-Staates (Olympic Mountains).* 4 Seiten.
- America 2/1995: *Weite, Wildnis, Abenteuer: Aktivurlaub in Oregon und Washington State.* Interessante 30 Seiten.
- America 4/1995: *Highway 1: Von Seattle nach San Francisco.* 7 Seiten.
- America 5/1995: *Grand Teton NP: Zeitlose Majestät.* 5 Seiten.
- America 1/1996: *Der pazifische Nordwesten: Oregon und Washington.* Interessante 48 Seiten.
- America 2/1997: *Oregon: Voller Überraschungen ...* Bericht über das Outback Oregons, seine Küste und seine Weine, 17 Seiten.
- Geo Special 2/1994: *Yellowstone: Wo die Erde Dampf abläßt.* Beeindruckende Fotos, 11 Seiten.
- Globo 3/1996: *Yellowstone: Bisons, Bären, Feuertöpfe.* Interessant und informativ, 16 Seiten.
- Globo 10/1996: *Seattlelliten-Stadt.* Bericht und Infos auf 14 Seiten.
- Globo 3/1997: *South Dakota: Das Volk der Sioux.* Interessante 17 Seiten.
- Globo Sonderheft 91001: *Crater Lake NP, Yellowstone NP, Grand Teton NP.* Interessante Berichte, tolle Fotos, Infos auf 35 Seiten.
- Globo Sonderheft 92001: *Mount Rainier NP: Im Banne des weißen Zauberbergs.* Interessant und informativ, 11 Seiten.
- National Geographic 2/1995: *Grand Teton.* 21 Seiten.
- tours 3/1995: *Washington: Wälder, Wüsten und Wale.* 6 Seiten.
- tours 1/1996: *USA - Oregon und Washington: "Go northwest, young man!".* Interessante 28 Seiten.

Karten

- ***Rand Mc Nally Reiseatlas USA***, DM 29,80 (für jeden Bundesstaat eine Karte, jährlich neu, unterschiedliche Maßstäbe).
- ***Hildebrand's Straßen-Atlas USA - Der Westen, - Der Nordwesten***, 1:3 Mio (Großraum Vancouver-Seattle 1:1 Mio).
- ***Gousha Atlas Pacific Northwest***, detaillierte Straßenkarten für Oregon und Washington.
- ***RV Karte USA - West***, brauchbare Übersichtskarte, 1:2 Mio, DM 14,80.
- ***Rand Mc Nally Karten der einzelnen Bundesstaaten*** (jeder Staat als Einzelkarte lieferbar, Maßstäbe unterschiedlich), 1:1 Mio, DM 7,80 pro Karte.
- ***Hallwag/Rand Mc Nally USA Road Guide Pacific Northwest***, 1:1,2 Mio, DM 16,80.
- Stadtpläne der Großstädte über Rand Mc Nally oder Gousha besorgbar. Meistens DM 7,80.

Index

Lieber Leser, liebe Leserin,

wir vom Conrad Stein Verlag möchten Sie näher kennenlernen, damit wir unsere Bücher noch weiter verbessern und uns auf Ihre Bedürfnisse und Wünsche einstellen können. Bitte helfen Sie uns dabei und beantworten Sie die folgenden Fragen.

❶ *Wie alt sind Sie?* ☐ unter 20 ☐ zwischen 21 und 29 ☐ zwischen 30 und 39 ☐ über 40

❷ *Reisen Sie meist* ☐ allein ☐ zu zweit ☐ mit der Familie ☐ als Gruppe?

❸ *Mit welchen unserer Reise- und/oder OutdoorHandbücher sind Sie gereist? (Titel, Aufl., Jahr auf S. 2)*

1 .... 2 .... 3 ....

❹ *Waren Sie zufrieden mit dem Buch/den Büchern?* ☐ ja ☐ so lala ☐ nein

❺ *Wie fanden Sie (falls vorhanden)*

	sehr gut	gut	ausreichend	nicht gut
Aufbau und Übersichtlichkeit	☐	☐	☐	☐
Aktualität Adressen, Preise, ☏ FAX	☐	☐	☐	☐
Routenbeschreibungen	☐	☐	☐	☐
Lexikon/Glossar	☐	☐	☐	☐
Inhaltsverzeichnis und Index	☐	☐	☐	☐
Abbildungen	☐	☐	☐	☐
Karten/Pläne	☐	☐	☐	☐
Schriftgröße	☐	☐	☐	☐
Piktogramme/Symbole	☐	☐	☐	☐
Kalender/Maßstabsleiste	☐	☐	☐	☐
Anzeigen	☐	☐	☐	☐
Buchformat und -gewicht	☐	☐	☐	☐
Verarbeitung, Bindung	☐	☐	☐	☐
Preis-Leistungs-Verhältnis	☐	☐	☐	☐

b.w.

✂ ....

❻ *Wie reisen Sie im Land selbst?* (Mehrfachnennung möglich)
☐ Eigenes Auto ☐ Leihwagen ☐ Wohnmobil ☐ Bahn ☐ Bus ☐ Fahrrad
☐ Flugzeug ☐ Trampen ☐ Motorrad ☐ Kanu ☐ Wandern

❼ *Wie übernachten Sie hauptsächlich?* (Mehrfachnennung möglich)
☐ Hotel/Motel ☐ Campingplatz ☐ Jugendherberge/Backpacker
☐ Bed & Breakfast / Pension ☐ Wildcampen ☐ Apartment

❽ *Würden Sie wieder eines unserer Bücher kaufen?* ☐ ja ☐ nein

❾ *Kennen Sie unsere ReiseHandbücher?* ☐ ja ☐ nein
Wie gefallen Sie Ihnen? ☐ sehr gut ☐ gut ☐ nicht so gut

❿ *Welches Thema vermissen Sie bei den OutdoorHandbüchern?* ....
Welches Land/Gebiet/Insel vermissen Sie bei den ReiseHandbüchern? ....
Wenn Sie zusätzlich Kritik oder Lob loswerden wollen, legen Sie bitte ein extra Blatt bei. Danke.

☺ Als Dankeschön für's Mitmachen verlosen wir zum Ende jeden Jahres (unter Ausschluß des Rechtsweges) unter allen Einsendern 20 wertvolle Preise.

1. Preis: ein Tagesrucksack **2. Preis**: ein Fernglas 8x40 **3. bis 5. Preis**: je ein Kompaß
6. bis 20. Preis: je eines unserer ReiseHandbücher nach Ihrer Wahl.
(Wenn Sie eines unserer Bücher gewinnen, welches wünschen Sie sich? ....)

Wichtig! Nur ausreichend frankierte Einsendungen nehmen an der Verlosung teil. Bitte vergessen Sie Ihren Absender nicht.

Name: ....

Straße: .... PLZ/Ort: ....

☞ Kreuzen Sie bitte an, ob wir Ihnen unsere Verlagsprospekte zusenden sollen ☐ ja ☐ nein